Smarte private Videoüberwachung

Europäische Hochschulschriften Recht

European University Studies in Law

Publications Universitaires Européennes de Droit

Band/Volume **6071**

Julia Kristina Krumm

Smarte private Videoüberwachung

Die Zulässigkeit intelligenter Videoüberwachung durch nicht öffentliche Stellen im öffentlich zugänglichen Raum gemäß § 6b BDSG

PETER LANG

Bibliografische Information der Deutschen Nationalbibliothek
Die Deutsche Nationalbibliothek verzeichnet diese Publikation in der Deutschen Nationalbibliografie; detaillierte bibliografische Daten sind im Internet über http://dnb.d-nb.de abrufbar.

Zugl.: Würzburg, Univ., Diss., 2018

D 20
ISSN 0531-7312
ISBN 978-3-631-78065-7 (Print)
E-ISBN 978-3-631-78620-8 (E-PDF)
E-ISBN 978-3-631-78621-5 (EPUB)
E-ISBN 978-3-631-78622-2 (MOBI)
DOI 10.3726/b15465

Peter Lang GmbH Internationaler Verlag der Wissenschaften Berlin

Peter Lang – Berlin · Bern · Bruxelles · New York ·
Oxford · Warszawa · Wien

Diese Publikation wurde begutachtet.

www.peterlang.com

Vorwort

Die vorliegende Arbeit entstand gefördert vom Bundesministerium für Bildung und Forschung im Rahmen des Programms der Bundesregierung „Forschung für zivile Sicherheit“ im Verbundprojekt MuViT (Mustererkennung und Video-Tracking), Teilprojekt MuViT-ReGI (Rechtswissenschaftliche Grundlagenfragen und Implementation). Sie spiegelt im Wesentlichen den Stand der Rechtslage von Februar 2017 wider. Zu beachten sind deshalb das Gesetz zur Änderung des Bundesdatenschutzgesetzes – Erhöhung der Sicherheit in öffentlich zugänglichen großflächigen Anlagen und im Personenverkehr durch optisch-elektronische Einrichtungen (Videoüberwachungsverbesserungsgesetz) vom 28. April 2017, das Gesetz zur Anpassung des Datenschutzrechts an die Verordnung (EU) 2016/679 und zur Umsetzung der Richtlinie (EU) 2016/680 (Datenschutz-Anpassungs-und-Umsetzungsgesetz EU – DSAnpUG-EU) vom 30. Juni 2017 sowie die am 25. Mai 2018 in Kraft getretene Verordnung (EU) 2016/679 des Europäischen Parlamentes und des Rates vom 27. April 2016 zum Schutz natürlicher Personen bei der Verarbeitung personenbezogener Daten, zum freien Datenverkehr und zur Aufhebung der Richtlinie 95/46/EG (Europäische Datenschutzgrundverordnung), auf die in Kapitel H. dieser Arbeit eingegangen wird.

Mein besonderer Dank gebührt meinem Doktorvater, Herrn Professor Dr. Ralf P. Schenke, für die engagierte Betreuung der Arbeit. Seine kritischen Anregungen, konstruktiven Anmerkungen sowie seine Diskussionsbereitschaft haben entscheidend zum Gelingen meiner Arbeit beigetragen. Bedanken möchte ich mich auch bei Herrn Professor Dr. Florian Bien für die freundliche Übernahme des Zweitgutachtens. Herzlich danke ich zudem meinen Kolleginnen und Kollegen aus dem Verbundprojekt MuViT, insbesondere Frau Professor Dr. Regina Ammicht Quinn, deren Freundschaft und Rat mich immer wieder aufs Neue motiviert haben, Herrn Dr. Cornelius Held für die kritischen fachlichen Gespräche sowie Frau Anna Hallmeyer und Frau Céline Gressel für die gute Zusammenarbeit.

Meine Eltern, Karin und Wolfgang Krumm, sowie meine Schwester, Christiane Krumm, und mein Partner, Michael Marx, haben mich auf dem langen Weg zur Vollendung dieser Arbeit, stets liebevoll, vorbehaltlos und unermüdlich unterstützt und so manche Entbehrung auf sich genommen. Dafür bin ich Ihnen unendlich dankbar. Diese Arbeit ist ihnen gewidmet.

Julia Kristina Krumm

Inhaltsübersicht

Inhaltsverzeichnis

Abkürzungen

Abkürzungen richten sich nach *Kirchner, Hildebert*, Abkürzungsverzeichnis der Rechtssprache, bearbeitet von Cornelie Butz, 8. Aufl., Berlin 2015.

A. Einführung

I. Bedeutung der herkömmlichen Videoüberwachung in Deutschland

1. Entwicklung

In Deutschland begann der dauerhafte Einsatz der herkömmlichen Videoüberwachung[1] mit der Einrichtung der landesweit ersten Verkehrsleitzentrale in München im Jahr 1958.[2] Später wurde die Videoüberwachung nicht nur zu verkehrspolizeilichen Zwecken, sondern auch zur Überwachung von Versammlungen und Großveranstaltungen verwendet.[3] Ab Mitte der 1970er Jahre wurde sie in öffentlich zugänglichen Räumen eingesetzt[4] und fand in den folgenden Jahrzehnten weite Verbreitung im privaten Bereich.[5] Heutzutage gehört die Videoüberwachung durch private nicht öffentliche Stellen in öffentlich zugänglichen Räumen zum Alltag[6] und wird beispielsweise an und in Tankstellen, Supermärkten, Einkaufspassagen, Stadien,[7] Schwimmbädern, Geschäftseingängen, Hotelhallen, Bahnhöfen, S- sowie U-Bahnen eingesetzt.[8]

Die genaue Zahl der durch Private eingesetzten Videoüberwachungsanlagen ist nicht bekannt. Hintergrund ist, dass es zwar im öffentlichen Bereich, zum Beispiel aufgrund des Informationsfreiheitsgesetzes des Bundes (IFG), zulässig ist, zu ermitteln, in welchem Umfang der öffentliche Raum von staatlichen

---

1 Unter herkömmlicher Videoüberwachung wird im Rahmen dieser Arbeit grundsätzlich jede Form visueller, nicht automatisierter Beobachtung mithilfe von Videokameras verstanden.

2 *Chen-Yu*, Öffentliche Videoüberwachung, 2006, S. 21; *Kammerer*, Anfänge der Videoüberwachung, 2010, http://www.zeitgeschichte-online.de/kommentar/die-anfaenge-von-videoueberwachung-deutschland (abgerufen am 23.02.2017).

3 *Kammerer*, Anfänge der Videoüberwachung, 2010, http://www.zeitgeschichte-online.de/kommentar/die-anfaenge-von-videoueberwachung-deutschland (abgerufen am 23.02.2017).

4 *Hempel*, in: Bücking (Hg.), Videoüberwachung, 2007, S. 14.

5 *Brink*, in: Plath (Hg.), BDSG, 2013, § 6b Rn. 2 und Rn. 6.

6 *v. Zezschwitz*, in: Roßnagel (Hg.), HdD, 2003, Kap. 9.3 Rn. 1.

7 *Harand*, Videoüberwachungssysteme, 2010, S. 23; *Lang*, Private Videoüberwachung, 2008, S. 35 f.; *Chen-Yu*, Öffentliche Videoüberwachung, 2006, S. 16; *Apelt/Möllers*, ZfAS 2011, 585 (586).

8 *v. Zezschwitz*, in: Roßnagel (Hg.), HdD, 2003, Kap. 9.3 Rn. 1.

Stellen zur Strafverfolgung und Gefahrenabwehr mit Videoüberwachungsanlagen beobachtet wird.[9] Gegenüber Privaten ist dies aber aufgrund fehlender Registrierungspflichten oder Genehmigungsvorbehalten kaum möglich. Dementsprechend schwanken die Angaben stark: Die deutsche Industrie bezifferte die Zahl privat betriebener Videoüberwachungskameras im Jahr 1998 beispielsweise auf etwa 500.000, während Datenschutzbeauftragte im Jahr 2000 lediglich 30.000 Kameras im Einsatz sahen.[10] Andere Stimmen schätzten die Zahl der in Deutschland durch Private eingesetzten Videokameras im selben Jahr auf Zahlen zwischen 300.000 und einer halben Million.[11] Auch im Jahr 2015 gab es noch keine allgemein anerkannte, belastbare Zahl.[12] Die stark wachsende Verwendung im privaten Sektor ist jedoch deutlich zu erkennen. Grund hierfür ist, dass die Möglichkeiten, den Einzelnen mithilfe von Videoüberwachungssystemen zu beobachten, sein Verhalten zu analysieren und zu überwachen, in den letzten Jahren dank leistungsstärkerer und fortschrittlicherer Videotechnik günstiger und vielfältiger geworden sind.[13]

2. Akzeptanz

Die Videoüberwachung ermöglicht es, den vielfältigen Bedrohungen einer sich ständig verändernden Sicherheitslage zu begegnen.[14] Der Einzelne erwartet aber auch in der Öffentlichkeit, zum Beispiel im Café, im Einkaufszentrum, im Flughafen oder beim Besuch eines Ärztehauses, ein gewisses kontextbezogen, abgestuftes Maß an Privatsphäre und Schutz seiner Persönlichkeitsrechte. Durch

---

9 So beantwortete bspw. BR-Drs. 18/10137 eine Anfrage durch BT-Drs. 18/9926 zur Zahl der Videokameras der DB AG, auf welche die Bundespolizei insgesamt zugreifen kann, mit rund 6.400.

10 *Chen-Yu*, Öffentliche Videoüberwachung, 2006, S. 15 f.

11 *Chen-Yu*, Öffentliche Videoüberwachung, 2006, S. 16; *v. Zezschwitz*, in: Roßnagel (Hg.), HdD, 2003, Kap. 9.3 Rn. 2 schätzte die Zahl auf etwa 400.000.

12 *FAZ-Online*, Datenschutz, 2015, http://www.faz.net/aktuell/politik/inland/datenschuetzer-besorgt-ueber-private-kameraueberwachung-13417886.html (abgerufen am 28.12.2016).

13 *Würtenberger*, in: Ruffert (Hg.), FS Schröder, 2012, S. 285 (287); *FAZ-Online*, Datenschutz, 2015, http://www.faz.net/aktuell/politik/inland/datenschuetzer-besorgt-ueber-private-kameraueberwachung-13417886.html (abgerufen am 28.12.2016); *Klingbeil (LfD B.-W.)*, 31. TB, 2012, S. 150, https://www.baden-wuerttemberg.datenschutz.de/wp-content/uploads/2014/01/31.-TB-2012-2013.pdf (abgerufen am 28.12.2016).

14 *Würtenberger*, in: Ruffert (Hg.), FS Schröder, 2012, S. 285 (289); *Würtenberger/Tanneberger*, in: Winzer et al. (Hg.), acatech DISKUTIERT, 2010, 221 ff.

die mediale Berichterstattung über Spähprogramme wie *PRISM* oder *Tempora*[15] sowie gerichtliche Entscheidungen wie zum Beispiel das *Google*-Urteil[16] des Gerichtshofs der Europäischen Union (EuGH),[17] haben insbesondere der Datenschutz und die Datensicherheit breite Aufmerksamkeit erfahren und sind stärker in das öffentliche Bewusstsein gerückt. Die Debatte um die Notwendigkeit und den Ausbau der Videoüberwachung wurde zuletzt durch Ereignisse wie den Bombenanschlag auf den Bostoner Marathon[18] im Jahr 2014, die Angriffe auf die französische Satirezeitschrift Charlie Hebdo[19] im Jahr 2015, den Amoklauf im Olympia-Einkaufs-Zentrum in München im Jahr 2016 und durch Fahndungserfolge aufgrund des Einsatzes von Videoüberwachung weiter angefacht.[20]

Bereits im Jahr 2009 wurde in einer Studie des Allensbacher Archivs zum Umgang mit personenbezogenen Daten die Skepsis des Einzelnen gegenüber der Verarbeitung seiner personenbezogenen Daten deutlich, denn 82 % der Befragten trauten privaten Unternehmen den Schutz ihrer persönlichen Informationen nicht zu.[21] Auch bei einer Umfrage am Flughafen Hannover im Jahr 2010 gaben 46,8 % der 1.400 Befragten an, „dass die durch die Videoüberwachung aufgezeichneten Daten zweckentfremdet werden können“[22]. Es gibt jedoch auch Studien zur Datenverarbeitung durch Videoüberwachung, die zeigen, dass Bürger präsente Videoüberwachung als weniger einschüchternd empfinden als

---

15 *Holland*, NSA-Überwachungsskandal-PRISM, 2013, http://www.heise.de/newsticker/meldung/NSA-Ueberwachungsskandal-Von-PRISM-Tempora-XKeyScore-und-dem-Supergrundrecht-was-bisher-geschah-1931179.html (abgerufen am 30.12.2016).

16 EuGH, Urt. v. 13.05.2014, Google Spain und Google, C-131/12, ECLI:EU:C:2014:317.

17 Im Folgenden wird statt der amtlichen Bezeichnung die gebräuchliche Bezeichnung „Europäischer Gerichtshof“ verwendet, und die Entscheidungen des EuGH werden, soweit verfügbar, nach dem ECLI-System zitiert (ECLI = European Case Law Identifier).

18 Zum Bostoner Attentat und der Rolle der Videoüberwachung bei der Aufklärung s. bspw. *RP-Online*, Bomben-Terror Boston, 2013, http://www.rp-online.de/politik/deutschland/videoueberwachunganschlaege-entfachen-neue-debatte-1.3347840 (abgerufen am 30.12.2016).

19 *FAZ-Online*, Terror in Paris, 2015, http://www.faz.net/-gpf-7yanw (abgerufen am 30.12.2016).

20 *de Maizière*, http://www.bmi.bund.de/SharedDocs/Kurzmeldungen/DE/2016/08/pressekonferenz-zu-massnahmen-zur-erhoehung-der-sicherheit-in-deutschland.html (abgerufen am 18.01.2017).

21 Allensbacher Archiv, IfD Umfrage 10032, Januar 2009.

22 *Kudlacek*, Akzeptanz von Videoüberwachung, 2015, S. 104; *Feltes et al.*, APFel-Schlussbericht, 2013, S. 16.

vermutet und diese stärker befürworten, als Kritiker dieser Technologie annehmen.[23] In einer Umfrage des Allensbacher Instituts für Demoskopie aus dem Jahr 2006 gaben beispielsweise 69 % der Personen an, eine verstärkte Videoüberwachung von Bahnhöfen könne ihre Sicherheit vor Terroranschlägen erhöhen.[24] Zehn Jahre später meinen dies bereits 90 % der Teilnehmer einer Studie, in der dieselbe Frage gestellt wurde.[25] Auch eine Forsa-Umfrage aus dem Jahr 2008 ergab, dass 76 % der Befragten den Ausbau der Videoüberwachung auf öffentlichen Plätzen befürworten, während nur 20 % diesen ablehnen.[26] Im Juni 2016 veröffentlichte die Landesnahverkehrsgesellschaft Niedersachsen (LNVG) eine von ihr in Auftrag gegebene Meinungsumfrage, wonach 93 % aller Bahnreisenden den Einsatz von Videokameras in Regionalzügen zur Erhöhung der Sicherheit befürworten.[27] Zur bedeutendsten technischen Veränderung der herkömmlichen Videoüberwachung,[28] der in dieser Untersuchung betrachteten intelligenten Videoüberwachung, ist nur eine nicht repräsentative Befragung am Flughafen Hannover aus dem Jahr 2010 bekannt.[29] Ihr Ergebnis war, dass drei Viertel der Passagiere intelligenter Videoüberwachung eine hohe kriminalpräventive Wirkung zumessen.[30] Gleichzeitig sind 67 % dieser Studienteilnehmer der Auffassung, dass gut ausgebildetes und erfahrenes Sicherheitspersonal gründlicher und erfolgversprechender kontrollieren könne.[31]

Diese Studien verdeutlichen die ambivalente Haltung gegenüber dem Einsatz von Videoüberwachung, zeigen, dass sie grundsätzlich akzeptiert[32] wird und

---

23 *Kudlacek*, Akzeptanz von Videoüberwachung, 2015, S. 55 ff., der empirische Studien aus den Jahren 2001 bis 2012 aufbereitete; *Strack/Markel*, Abschlussbericht MuViT-SozPsy, 2013, S. 27; *Apelt/Möllers*, ZfAS 2011, 585 (586).

24 Allensbacher Archiv, IfD-Umfrage 7093, September 2006.

25 Allensbacher Archiv, IfD-Umfrage 11052, Veröffentlichung in der FAZ Nr. 40 vom 17.02.2016, S. 8, unter dem Titel: „Diffuse Ängste. Viele fühlen sich heute unsicherer als noch vor einigen Jahren. Die gefühlte Bedrohung wuchs schon vor der Flüchtlingswelle“.

26 *Bitkom*, Videoüberwachung, 2008, https://de.statista.com/statistik/daten/studie/2003/umfrage/staerkere-videoueberwachung-von-oeffentlichen-plaetze/ (abgerufen am 31.12.2016).

27 *Wittke*, PM LNVG Nr. 142/2016, http://www.lnvg.de/uploads/media/2016-06-30.pdf (abgerufen am 30.12.2016).

28 *Held*, Intelligente Videoüberwachung, 2014, S. 15.

29 *Feltes et al.*, APFel-Schlussbericht, 2013.

30 *Feltes et al.*, APFel-Schlussbericht, 2013, S. 17.

31 *Feltes et al.*, APFel-Schlussbericht, 2013, S. 17.

32 Diese Untersuchung folgt beim Verständnis des uneinheitlich verwendeten Begriffs der Akzeptanz *Kudlacek*, Akzeptanz von Videoüberwachung, 2015, S. 34 ff. Dieser

lassen vermuten, dass das subjektive Sicherheitsgefühl durch den Einsatz von Sicherheitstechnologie verbessert werden kann. Dieses beruht auf persönlichen Einschätzungen von Sicherheit und Unsicherheit, die kontextabhängig sind, von persönlichen sowie sozialen Faktoren beeinflusst werden und die eigenen Wahrnehmungen einzelner Befragter widerspiegeln. Die statistischen Ergebnisse sind zudem vor dem Hintergrund jeweils aktueller Geschehnisse und der medialen Berichterstattung darüber zu betrachten.[33] Als Beispiele seien die Terroranschläge auf den Personennahverkehr in Madrid im Jahr 2004[34] und in London im Jahr 2005[35] oder die versuchten Attentate auf deutsche Regionalzüge im Jahr 2006[36] genannt. Jeder Mensch hat zudem in spezifischen Kontexten eigene Vorstellungen und Wahrnehmungen von Sicherheit. So fühlt sich zum Beispiel der eine in einer Wohngegend mit Graffiti an den Hauswänden unwohl und unsicher, während der andere gerade eine solche Nachbarschaft sucht.[37] Außerdem gibt es an verschiedenen Orten unterschiedliche Vorstellungen von und Erwartungen an Sicherheit. Es muss daher von einer Vielzahl von Faktoren ausgegangen werden, die Gefühle der Bedrohung und Angst verursachen und die dafür verantwortlich sind, dass Menschen glauben, eine solche Situation könne mithilfe von Sicherheitstechnologien verbessert werden.

---

erläutert die Begriffe „Akzeptanz", „Akzeptabilität" und „Akzeptanzbeschaffung", erörtert deren Dimensionen und Beziehungen und versteht sie im ursprünglichen Wortsinn positiv konnotiert, ohne daraus eine politische Rechtfertigung oder Begründung von technologischen Innovationen zu schlussfolgern. Zum Auseinanderfallen von Akzeptanz und subjektivem Sicherheitsgefühl siehe *Kniepert*, Videoüberwachung, 2010, S. 2; *Apelt/Möllers*, ZfAS 2011, 585 (586). Zum nicht eindeutigen Effekt von cctv auf Kriminalität an verschiedenen Einsatzorten siehe *Lösel/Plankensteiner*, CCJG – Review 2005, S. 3, http://www.kriminalpraevention.de/files/DFK/dfk-publikationen/2005_wirksamkeit_videoueberwachung.pdf, S. 3 (abgerufen am 18.01.2017).

33 Siehe dazu auch die Erkenntnisse von *Strack/Markel*, Abschlussbericht MuViT-SozPsy, 2013, S. 25 im Rahmen der Forschungsarbeit in MuViT-SozPsy. Dazu unten Kap. A. V. 2. a).

34 *Ingendaay*, Anschläge in Madrid, 2004, http://www.faz.net/-gpf-6osnm (abgerufen am 30.12.2016).

35 *Stutzer/Zehnder*, DIW Berlin 78 (2009), 119 (120).

36 Beispielhaft zur Debatte um Videoüberwachung im Fall des Kölner Kofferbombers, *Handelsblatt Online*, Kofferbomben, 2006, http://www.handelsblatt.com/politik/deutschland/kofferbomben-in-nahverkehrszuegen-bka-zeigt-mutmassliche-kofferbomber-seite-3/2694600-3.html (abgerufen am 30.12.2016).

37 *Matzner*, AI & Soc. 2013, S. 1.

II. Intelligente Videoüberwachung und der Zulässigkeitsmaßstab des § 6b BDSG – Erkenntnisinteresse

Die in dieser Untersuchung betrachteten nicht öffentlichen Stellen[38] sind gemäß § 2 Abs. 4 S. 1 BDSG natürliche und juristische Personen, Gesellschaften sowie Personenvereinigungen des privaten Rechts. Sie beherrschen und überwachen einen öffentlich zugänglichen Raum,[39] wie zum Beispiel einen Supermarkt, eine Tankstelle oder ein Einkaufszentrum.[40] In diesen setzen sie die Videoüberwachung, insbesondere zum Schutz ihres Eigentums vor Vandalismus, Einbrüchen oder Diebstählen[41] und zur Beweissicherung für die privatrechtliche Verfolgung von Straftaten,[42] für ihre wirtschaftlichen Interessen[43] sowie zum Schutz von Leben, Gesundheit, Freiheit oder Eigentum von Besuchern und Kunden ein.[44]

Dabei bereitet es bislang Schwierigkeiten, die oftmals hohe Anzahl von Videomonitoren gleichzeitig im Blick zu behalten,[45] insbesondere dann, wenn weniger Bildschirme als Kameras vorhanden sind und deren Daten daher im Wechsel eingeblendet werden müssen.[46] Eine solche Überwachung erfordert eine dauerhaft hohe Konzentration, um bei einem Zwischenfall adäquat reagieren zu können.[47] Diese lässt aber bei der andauernden Beobachtung von Monitoren schnell

---

38 Siehe für eine ausführliche Auseinandersetzung mit dem Begriff der nicht öffentlichen Stelle als für die intelligente Videoüberwachung Verantwortliche Kap. F. III 2.

39 Siehe zu diesem Begriff Kap. F. III. 1.

40 *Brink*, in: Plath (Hg.), BDSG, 2013, § 6b Rn. 6; *Scholz*, in: Simitis (Hg.), BDSG, 2011, § 6b Rn. 9; *Harand*, Videoüberwachungssysteme, 2010, S. 22; *Stöber*, NJW 2015, 3681 f.

41 *Wedde*, in: Däubler et al., BDSG, 2016, § 6b Rn. 33.

42 *Brink*, in: Plath (Hg.), BDSG, 2013, § 6b Rn. 7.

43 Zum beispielhaften Einsatz von Videoüberwachung zur Auswertung von Kundenverhalten im stationären Handel *Brandenburg/Leuthner*, ZD 2014, 617 (618).

44 *Caspar (HmbDSB)*, 23. TB, 2011, S. 144, https://www.datenschutz-hamburg.de/fileadmin/user_upload/documents/23._Taetigkeitsbericht_Datenschutz_2010-2011.pdf (abgerufen am 21.02.2017).

45 In der Gemeinde Corby Borough waren im Jahr 2011 zwei Beobachter für 67 Kameras zuständig, siehe *Macnish*, Ethics Inf Technol 14 (2012), 151 (152) und in Glasgow musste bspw. jeder Operator 50 Bildschirme beobachten, siehe *Evening Times Online*, Big Brother, 2007, http://www.eveningtimes.co.uk/big-brother-isn-t-watching-1.976256 (abgerufen am 28.12.2016).

46 *v. Zezschwitz*, in: Roßnagel (Hg.), HdD, 2003, Kap. 9.3 Rn. 3 Fn. 16 meint z. B., dass ein Beamter nicht mehr als vier bis fünf Monitore überwachen könne.

47 *Macnish*, Ethics Inf Technol 14 (2012), 151 (158); *Velastin*, in: Zaman et al., Visual Informatics, 2009, 22 (23).

nach.[48] Durch die vielen Kameras wird das gesammelte Bildmaterial zudem unübersichtlich und das Sicherheitspersonal ist bei dessen Auswertung oft überfordert.[49] Wertet man Videobilder in Echtzeit aus, erfordert dies außerdem viel Personal, verbunden mit entsprechend hohen Kosten.[50]

Das Ziel der Entwicklung intelligenter Videoüberwachung[51] ist es, diese Defizite der herkömmlichen Videotechnik zu beseitigen und so die Überwachung zu erleichtern und zu verbessern. Denn die Integration von Mustererkennungs- und Videotrackingsoftware[52] ermöglicht es, eine große Datenmenge für den menschlichen Beobachter automatisiert vorzuselektieren.[53] Ihm werden nur noch vorab als relevant definierte, vom System detektierte Vorgänge, Muster oder Merkmale gemeldet und nicht mehr alle Videobilder angezeigt. Dafür muss menschliches Verhalten in Algorithmen übersetzt werden. Dies sind – vereinfacht ausgedrückt – programmierte Verarbeitungsvorschriften zur Lösung von Problemen, die so exakt formuliert sind, dass sie von Computern abgearbeitet werden können. Deshalb ist mit „Intelligenz" in dieser Untersuchung die informationstechnische Möglichkeit gemeint, die menschliche Intelligenz nachzuzeichnen, keinesfalls jedoch, dieser zu entsprechen oder an diese heranzureichen. Die intelligente Videoüberwachung ersetzt also in einem ersten Stadium der Videoüberwachung die menschliche Beobachtungs- und Analyseleistung durch eine von Algorithmen gesteuerte automatisierte Datenverarbeitung. Sobald die technische Einheit einen Alarm auslöst, liegt es in der Hand des Überwachenden, die Situation einzuschätzen und genauer zu überprüfen.[54] Er entscheidet, ob und

---

48 *Burger*, Videoüberwachung, 2003, S. 102; *Gras*, Kriminalprävention, 2003, S. 213, wonach Studien zeigten, dass die Konzentrationsfähigkeit bereits nach 10 bis 20 Minuten nachlässt.

49 *Hornung/Desoi*, K&R 2011, 153 f.; *Stutzer/Zehnder*, DIW Berlin 78 (2009), 119 (129).

50 *Burger*, Videoüberwachung, 2003, S. 102 f.; *v. Zezschwitz*, in: Roßnagel (Hg.), HdD, 2003, Kap. 9.3 Rn. 3.

51 Zur Entwicklung von analoger hin zu digitaler Videotechnik, Kap. A. IV. 1. und 2.

52 Zur ausführlichen Erläuterung dieser Begriffe s. Kap. A. IV. 3.

53 *Matzner*, AI & Soc. 2013, S. 2. Anschaulich wurde dies bei den im Rahmen des 7. EU-Forschungsrahmenprogramms von 2007 bis 2013 geförderten Projekten MOSAIC, in denen erforscht wurde, wie Überwachungskameras mittels Gesichtserkennung Verdächtige identifizieren und über weite Strecken verfolgen können, sowie SECUR-ED, dessen Forschungsziel die Überwachung von Bahnhöfen durch mit Videokameras verbundenen Sensoren zur Luftdruck- und Temperaturmessung oder zum Aufspüren von chemischen Substanzen war. Das Projekt SEARISE widmete sich der Erforschung von Kameras zur Erfassung von Menschenmassen und deren typischen Bewegungs- und Verhaltensmustern, um Verhalten klassifizieren zu können.

54 *Matzner*, AI & Soc. 2013, S. 2.

wie zu reagieren ist.[55] Durch das wesentliche Merkmal der intelligenten Videoüberwachung, der Automatisierung menschlicher Beobachtungsleistung mithilfe der Integration von Mustererkennungs- und Videotrackingsoftware, wird die Qualität der Überwachung entscheidend verändert.[56] Dies hat eine modifizierte rechtliche Bewertung ihrer zulässigen Verwendung zur Folge.

Vor der Modernisierung des Bundesdatenschutzgesetzes (BDSG) im Jahr 2001 und der Einführung des § 6b BDSG gab es keine spezialgesetzliche Rechtsgrundlage für den Einsatz herkömmlicher Videoüberwachung durch nicht öffentliche Stellen im öffentlich zugänglichen Raum.[57] Vielmehr musste aus einem Konglomerat von Regelungen, die dem Einzelnen Abwehrrechte gewähren,[58] die im Einzelfall passende Rechtsnorm gewählt und angewendet werden. Nach § 6b Abs. 1 Nr. 2 und Nr. 3 BDSG ist die Videoüberwachung öffentlich zugänglicher Räume durch nicht öffentliche Stellen zur Wahrnehmung des Hausrechts oder zur Wahrnehmung berechtigter Interessen für konkret festgelegte Zwecke zulässig, wenn sie erforderlich ist und keine Anhaltspunkte bestehen, dass schutzwürdige Interessen der Betroffenen überwiegen. Die automatisierte Verarbeitung personenbezogener Daten durch die intelligente Videoüberwachung ermöglicht es, berufliche und private Verhältnisse von videoüberwachten Personen, ihr Verhalten und ihre Kontakte offenzulegen und zu verknüpfen. Dies kann ihr Recht auf informationelle Selbstbestimmung, ihre Privatsphäre und ihr Recht auf freie Persönlichkeitsentfaltung beeinträchtigen, wenn sie beispielsweise einem unberechtigten Verdacht oder gesellschaftlicher Stigmatisierung ausgesetzt werden.[59] Da der Algorithmus an biometrische Merkmale oder Verhaltens- und Bewegungsmuster anknüpft und die beobachteten Personen nach äußeren Kriterien,[60] zum Beispiel dem Geschlecht, der Haarfarbe, der Hautfarbe, der Bewegungsschnelligkeit oder der Größe, klassifiziert werden, kann es außerdem zu Diskriminierungen aufgrund dieser Eigenschaften kommen.[61] Die Interessen derjenigen, die von der Videoüberwachung betroffen sind, kollidieren also potenziell mit denen des Videoüberwachenden aus seiner

---

55 *Post*, Polizeiliche Videoüberwachung, 2004, S. 102 f.; *Macnish*, Ethics Inf Technol 14 (2012), 151 (158); *Hornung/Desoi*, K&R 2011, 153 (154).

56 So auch *Held*, Intelligente Videoüberwachung, 2014, S. 18 und S. 31.

57 *Weichert*, Private Videoüberwachung, Detektiv-Kurier 04 (2001), https://www.datenschutzzentrum.de/video/videpriv.htm (abgerufen am 18.01.2017).

58 Hierzu zählen bspw. §§ 22 ff. KUG und §§ 823 Abs. 1, 847, 1004 Abs. 1 BGB.

59 BVerfGE 115, 320 (351).

60 *R. P. Schenke*, in: Zöller et al. (Hg.), FS Wolter, 2013, S. 1077 (1085).

61 Siehe dazu Kap. F. IV.

Eigentums-, Berufs- und allgemeinen Handlungsfreiheit.[62] Diese konfligierenden Interessen der Beteiligten müssen durch die Anwendung und Auslegung des § 6b BDSG und mithilfe der dort normierten Interessenabwägung[63] miteinander in Ausgleich gebracht werden. Der Einsatz intelligenter Videoüberwachungssysteme durch nicht öffentliche Stellen im öffentlich zugänglichen Raum stellt den Rechtsanwender damit zum Teil vor datenschutz- und persönlichkeitsrechtliche Fragen, die aus der Verwendung herkömmlicher Videoüberwachung bekannt sind.[64] Sie erzeugt aber durch abstrakt-generelle und voreingestellte Entscheidungskriterien und die automatisierte Verarbeitung personenbezogener Daten neue Gefahren für das allgemeine Persönlichkeitsrecht und das Recht, nicht ungerechtfertigt unzulässig ungleich behandelt zu werden.

Die intelligente Videoüberwachung kann also in verfassungsrechtlich geschützte Interessen der Betroffenen eingreifen und muss daher kritisch analysiert und bewertet werden. Allerdings unterstützt und entlastet die Technisierung den menschlichen Beobachter zugleich und erhöht so die Chancen für eine verbesserte Sicherheitskontrolle. Die intelligente Videoüberwachung hat deshalb neben positiven auch negative Potenziale. Die technische Funktionsweise[65] verändert den juristischen Blickwinkel: Betrachtet man die Detektion eines Gegenstandes oder die Sicherung eines Raumes vor unbefugtem Betreten, so unterscheiden sich diese in der rechtlichen Betrachtung von der Erkennung und Verfolgung einer Person. Bei Letzterer muss danach differenziert werden, ob die Person als Muster erkannt wird und nur als solches erkennbar bleibt oder aufgrund einer Klarschaltung der Videobilder oder der Verwendung biometrischer Software identifizierbar ist. Darüber hinaus muss berücksichtigt werden, ob neben der Detektion einer Person eine Verhaltenserkennung stattfindet und welches Ziel diese verfolgt.

Die Prüfung der rechtlichen Zulässigkeit dieser und anderer Einsatzmöglichkeiten intelligenter Videoüberwachung durch nicht öffentliche Stellen im öffentlichen Raum am Maßstab des § 6b BDSG ist Gegenstand dieser Untersuchung. Ein erstes Zwischenziel ist es dabei, die Frage zu beantworten: Kann für diese Prüfung weiterhin § 6b BDSG als Rechtsgrundlage herangezogen werden? Dazu und für

---

62 Deshalb widmet sich insbesondere Kap. E der Frage der Drittwirkung der Grundrechte.

63 Das verfassungsrechtliche Verhältnismäßigkeitsprinzip prägt die Abwägung der Interessen im Rahmen des BDSG, weshalb im Folgenden auch von der verhältnismäßigen Interessenabwägung oder der Interessenabwägung unter Beachtung des Verhältnismäßigkeitsprinzips im Rahmen des § 6b BDSG gesprochen wird.

64 Siehe zur Untersuchung herkömmlicher Videoüberwachung z. B. *Byers*, Videoüberwachung am Arbeitsplatz, 2010; *Müller*, Videoüberwachung, 2008; *Bausch*, Videoüberwachung, 2004; *Büllesfeld*, Videoüberwachung, 2002.

65 Siehe dazu Kap. A. IV.

die sich anschließende Untersuchung ist es erforderlich, § 6b BDSG anzuwenden und auszulegen, wobei die systemkonforme Rechtsanwendung, konkret die mit höherrangigem Recht konforme Auslegung des § 6b BDSG, im Mittelpunkt steht.

III. Aufbau der Untersuchung

Impulsgeber für diese Arbeit war die Einbindung in das Forschungsprojekt MuViT. Deshalb folgt der für das Verständnis der weiteren Untersuchung entscheidenden Darstellung der technischen Funktionsweise der herkömmlichen und der intelligenten Videotechnik (Kap. A. IV.) ein Überblick über die geistes- und sozialwissenschaftlichen sowie die technischen Verbundprojekte des Forschungsprogramms für zivile Sicherheit, in dem MuViT angesiedelt war (Kap. A. V.). Anschließend wird untersucht, ob § 6b BDSG als normative Grundlage für die intelligente Videoüberwachung in Betracht kommt (Kap. B. I.) und aufgezeigt, welche Herausforderungen sich aufgrund der Normstruktur des § 6b BDSG stellen (Kap. B. II.). Danach wird erläutert, welche Methodik (Kap. C.) gewählt wurde, um zu untersuchen, ob und unter welchen Voraussetzungen die intelligente Videoüberwachung durch nicht öffentliche Stellen im öffentlich zugänglichen Raum nach § 6b BDSG rechtskonform eingesetzt werden kann. Sodann werden in Umkehrung der Normenpyramide die für die Anwendung und Auslegung des § 6b BDSG maßgeblichen Rechtsgrundlagen des Mehrebenengrundrechtsschutzes und das Verhältnis der Mehrebenenverfassungsgerichtsbarkeiten dargestellt (Kap. D.). Da für beide Parteien – die videoüberwachende nicht öffentliche Stelle und die Beobachteten – grundrechtlich geschützte Interessen im Rahmen der vom Verhältnismäßigkeitsgrundsatz geprägten Interessenabwägung des § 6b BDSG gewichtet werden müssen, schließt sich ein Abschnitt zur mittelbaren Drittwirkung des Grundgesetzes, der Charta der Grundrechte der Europäischen Union und der Europäischen Konvention für Menschenrechte sowie zu den aus diesen Normtexten folgenden Schutzpflichten an (Kap. E.).

Diese Kapitel bilden die Grundlage für den zentralen Teil der Arbeit, in dem die Zulässigkeit privater intelligenter Videoüberwachung an § 6b BDSG gemessen wird (Kap. F.). Die dort erlangten theoretischen Erkenntnisse werden in einem späteren Schritt in zwei praxisnahen Implementierungsszenarien illustriert (Kap. G.). Anschließend werden die für einen Vergleich mit § 6b BDSG und der intelligenten Videoüberwachung entscheidenden Regelungen der EU-Datenschutzgrundverordnung (DSGVO), der Gesetzesentwurf zur Anpassung des Datenschutzrechts an die Verordnung (EU) 2016/679 und zur Umsetzung der Richtlinie (EU) 2016/680 (Datenschutz-Anpassungs- und Umsetzungsgesetz EU – DSAnpUG-EU) und eines neue Bundesdatenschutzgesetz (BDSG-neu) beleuchtet (Kap. H.), um auch die künftige Perspektive für den Rechtsanwender in den Blick zu nehmen. Zuletzt werden die wesentlichen Erkenntnisse dieser Untersuchung zusammengefasst (Kap. I.).

IV. Techniken und Begriffe der Videoüberwachung

Um zu verstehen, wie die intelligente Videoüberwachung funktioniert, ist es erforderlich, die verschiedenen Techniken der Videoüberwachung und die wesentlichen Begriffe zu kennen.

1. Analoge Videotechnik

Analoge Videokameras sind auf eine direkte Verteilung der Signale über Leitungen oder Kabel angewiesen. Die elektronisch dargestellten Schwingungen und Schwankungen der Bilddaten entsprechen dabei denen des Originalbildes.[66] Bei der analogen Bildtechnik kann es aufgrund der reihenweisen Belichtung zu Verzerrungseffekten und Unschärfe in der Bilddarstellung kommen, wenn schnelle Bewegungen abgebildet werden sollen. Bedingt durch die geringere Auflösung der analogen Systeme können zudem Objekte und Personen auf Videobildern schlechter erkennbar sein. Dies kann zum Beispiel im Rahmen einer Personenidentifikation zu Problemen führen.[67]

2. Digitale Videotechnik

Bei der Umrüstung auf digitale Systeme sind bereits installierte analoge Videokameras kein Nachteil, da sie mit digitaler Videotechnik kombiniert werden können.[68] Diese erzeugt einen digitalen Datenstrom der analogen Schwingungen[69] und produziert Vollbilder.[70] Digitale Videogeräte sind zudem mit sog. IP- oder Netzwerkkameras ausgestattet, fest installiert und stellen einen durch digitale Signale erzeugten Videostrom bereit, der weiterverarbeitet werden kann. Bei der Verwendung digitaler Videotechnik ist keine direkte Kabelverbindung zwischen

---

66 *Müller*, Videoüberwachung, 2008, S. 24 f.

67 *Harand*, Videoüberwachungssysteme, 2010, S. 136 f.

68 *Müller*, Videoüberwachung, 2008, S. 25.

69 *Müller*, Videoüberwachung, 2008, S. 24.

70 Vollbilder entstehen, wenn die Videotechnik so aufgebaut ist, dass das Ausgabegerät direkt ein komplettes Bild wiedergibt und nicht im Wege des Zeilensprungverfahrens zwei Halbbilder übereinanderlegen muss. Dadurch gewinnt das Bild an Schärfe und flimmert weniger.

Kamera und Monitor erforderlich. Für den Zugriff auf die Bilddaten und deren Weiterverarbeitung genügt vielmehr ein Internetzugang.[71] Die Bilder können von den mit der Kamera verbundenen Rechnern sofort analysiert werden. Eine zentrale Installation von leistungsstarken Rechnern ist also nicht erforderlich[72] und es kann schnell und unmittelbar reagiert werden. Durch den ausgeweiteten Beobachtungsbereich sind Geschehensabläufe außerdem aus räumlicher Entfernung, an mehreren Orten gleichzeitig und ohne personalaufwendige Echtzeitbeobachtung analysierbar.[73] Aufgrund der Fortschritte beim Format, bei der Auflösung, der Lichtempfindlichkeit und der Sensortechnik werden die Bilder detailreicher und es kann stärker gezoomt werden.[74] Die detaillierteren Aufzeichnungen der digitalen Videotechnik erlauben eine komplexere Auswertung und Weiterverarbeitung der Daten. Verbesserungen zeigen sich auch in längeren Aufnahmezeiten sowie darin, dass Bilder sekundenschnell übertragen werden.[75] Die Möglichkeiten moderner Videoüberwachung reichen von der reinen Echtzeitbeobachtung räumlich abgegrenzter Bereiche ohne Datenspeicherung, wie beim sog. Kamera-Monitor-Prinzip, bis hin zur Aufzeichnung, Speicherung und späteren Auswertung von Daten aus miteinander verbundenen Netzwerkkameras, die beispielsweise ganze Stadtviertel überwachen können.[76]

Neben der Datenerhebung und Datenverarbeitung hat sich auch die Kameravorrichtung selbst verändert. Sie ist technisch verbessert worden. Videokameras sind inzwischen nicht mehr statisch installiert, sondern oftmals drehbar, mit Zoomfunktionen sowie mit Schwenk- und Neigetechnik ausgestattet.

3. Intelligente Videotechnik

In dieser Untersuchung sind drei technische Begriffe von zentraler Bedeutung: die Mustererkennung, das Tracking und die Automatisierung. Diese drei Begriffe werden im Folgenden erläutert.

a) Mustererkennung

Ist eine Mustererkennungssoftware in einem Videoüberwachungssystem

---

71 *Byers*, Videoüberwachung, 2010, S. 16.

72 *Harand*, Videoüberwachungssysteme, 2010, S. 136 f.

73 *Müller*, Videoüberwachung, 2008, S. 22 f.; *Chen-Yu*, Öffentliche Videoüberwachung, 2006, S. 13.

74 *Harand*, Videoüberwachungssysteme, 2010, S. 136 f.; *Chen-Yu*, Öffentliche Videoüberwachung, 2006, S. 13.

75 *Byers*, Videoüberwachung, 2010, S. 18; *Harand*, Videoüberwachungssysteme, 2010, S. 57; *Müller*, Videoüberwachung, 2008, S. 24.

76 *Post*, Polizeiliche Videoüberwachung, 2004, S. 91 f.

integriert, werden die Videodaten auf bestimmte Strukturen oder Regelmäßigkeiten, sog. Merkmale, hin untersucht.[77] Diese sog. optische Mustererkennung *im weiteren Sinne* erfolgt in mehreren Teilschritten: Zunächst werden Bilddaten mittels Videosensoren erfasst und digitalisiert. Anschließend liest das System anhand von Algorithmen automatisiert die Daten aus und reduziert die Datenmenge, indem es bestimmte Merkmale extrahiert. Die Mustererkennungsalgorithmen analysieren schließlich alle zur Verfügung gestellten Daten und werten diese anhand von Referenzdaten auf bestimmte Kriterien hin aus.[78] Unter Mustererkennung *im engeren Sinne* wird im Folgenden die Erkennung von Objekten verschiedener Klassen, zum Beispiel einem Menschen, einem Auto oder einem Koffer, sowie die biometrische Analyse[79] und die Verhaltenserkennung verstanden.[80]

---

77 *Bishop*, Pattern Recognition, 2006, S. 1.

78 *Matzner*, AI & Soc. 2013, S. 2.

79 Der biometrische Abgleich basiert auf physiologischen (passiven) und verhaltenstypischen (aktiven) Merkmalen des Menschen, die wiederum im System ausgewählt zusammentreffen, um eine Analyse zu ermöglichen. Passive Merkmale sind etwa der Fingerabdruck, die Netzhaut- und Irisstruktur oder die individuellen Maße des Gesichts. Aktive Merkmale sind veränderbar, z. B. die Stiftführung bei der Unterschrift oder die Stimme. Eine mögliche Vorgehensweise der biometrischen Analyse ist der 1 : 1-Vergleich des sog. Verifikationsverfahrens, das voraussetzt, dass ein gesicherter Datenbestand existiert, mit dem der Abgleich stattfinden kann. Das sog. Identifikationsverfahren geht nach dem 1 : n-Vergleich vor. Hierbei werden die biometrischen Referenzdaten verschiedener Personen mit den biometrischen Daten des zu identifizierenden Individuums verglichen. Bei der Nutzung von Videoüberwachung und Biometrie kann zum einen die Verifikation der Person im Vordergrund stehen, wobei die Nutzer ihre Daten freiwillig und informiert preisgeben können. Zum anderen kann eine biometrische Videoüberwachung einen Abgleich mit Daten aus dritten Quellen ermöglichen, ohne dass der Betroffene davon Kenntnis erhält. Die Videoüberwachung hat dann Identifikationsfunktion. Wenn beispielsweise ein System zur Gesichtserkennung eine Person detektiert, die Gesichtszüge analysiert und die Augen lokalisiert, kann es unter Außerachtlassen veränderbarer Merkmale wie Frisur oder Brille die spezifischen Merkmale herausfiltern und mit einer Datenbank abgleichen, um z. B. gewaltbereite Fans beim Betreten des Stadions zu melden oder Personen mit Hausverbot sofort erkennbar zu machen, siehe dazu *Chen-Yu*, Öffentliche Videoüberwachung, 2006, S. 11; *Post*, Polizeiliche Videoüberwachung, 2004, S. 104 f. Mittlerweile wurden Gesichtserkennungsalgorithmen entwickelt, die gleichzeitig verschiedene Aspekte wie Positionswechsel, Schattenwürfe oder Ausrichtungsfehler der Kameras, die aus der automatischen Ausrichtung auf ein Gesicht resultieren, ausgleichen können, siehe *Wong et al.*, CVPRW, 2011, 74 (81); *Feris et al.*, in: Yunqian/Gang, Video Surveillance, 2010, 47 (51).

80 *Chen-Yu*, Öffentliche Videoüberwachung, 2006, S. 12.

b) Videotracking

Mustererkennung bedeutet aber nicht nur, dass Daten erfasst, gefiltert, analysiert und klassifiziert werden, sondern auch, dass Objekte durch das sogenannte Videotracking verfolgt werden können. Tracking meint grundsätzlich die Analyse eines Objektes mithilfe der Berechnung seiner Position und Bewegung. Dabei findet ebenfalls eine Art von Mustererkennung in dem Sinne statt, dass Strukturen, zum Beispiel diejenige einer Person im Bild, erkannt werden. Die Bewegungsspuren, die sog. Bewegungstrajektorien, werden verbunden und ermöglichen im Rahmen des Videotrackings die Verfolgung des gefundenen und des markierten[81] Objektes durch mehrere Bildsequenzen und bei einer Reihenschaltung der Videokameras zugleich über verschiedene Orte und Zeiten hinweg.[82] Das Videotracking lässt sich unter den Oberbegriff der Mustererkennung *im weiteren Sinne* fassen, da hierbei Objekte – also Strukturen oder Regelmäßigkeiten – in Videobildern wiedererkannt werden müssen. Das Ergebnis des Trackings sind Merkmale, die einer Mustererkennung *im engeren Sinne* zugeführt werden können, das heißt, sie können anhand spezifischer Mustererkennungsalgorithmen auf weitere Informationen hin ausgelesen werden. Insofern sind die Mustererkennung *im weiteren und engeren Sinne* sowie das Videotracking nicht zwei getrennte Vorgänge. Die Mustererkennung ist vielmehr der Oberbegriff: zum einen für die Klassifizierung von Daten, zum anderen für die Objektverfolgung, also das Tracking.

c) Automatisierung

Der wesentlichste Entwicklungssprung von der herkömmlichen zur intelligenten Videoüberwachung liegt in der Automatisierung der Datenverarbeitung.[83] Dies bedeutet, vereinfacht ausgedrückt, dass der Mensch nicht mehr alle

---

81 Dieser vereinfachende Begriff wird benutzt, um den programmiertechnisch komplexen Vorgang zu verdeutlichen, wonach ein Computerprogramm zunächst eine Person im Videobild erkennt und das Sicherheitspersonal im Alarmfall diese Person auf dem Bildschirm oder Touchpad anklicken – also markieren – kann. Damit ermöglicht es ein derartiges Programm, das ausgewählte Individuum in anderen Bildern derselben Kamera oder denjenigen anderer Kameras wiederzufinden. So können die Bewegungen des Einzelnen verfolgt werden. Das Markieren entspricht der Auswahl der zu verfolgenden Person durch den Operator am Bildschirm.

82 *Maggio/Cavallaro*, Video Tracking, 2011, S. 1; *Feris et al.*, in: Yunqian/Gang, Video Surveillance, 2010, 47 (52); *Müller*, Videoüberwachung, 2008, S. 26.

83 *Müller*, Videoüberwachung, 2008, S. 26.

Videobilder sichtet und selbst nach Auffälligkeiten sucht, sondern bestimmte Abläufe definiert, die von Computern übernommen werden. Die ersten Schritte der Datenanalyse und Datenverarbeitung laufen dadurch systemimmanent und selbstständig ab.[84] Die in dieser Untersuchung relevanten Systeme arbeiten nicht selbststeuernd oder selbstregulierend, das heißt nicht ohne menschliche Vorgaben. Hiervon abzugrenzen sind die nicht betrachteten, automatischen Systeme, die die Daten selbststeuernd und selbstregulierend analysieren und teilweise selbstlernend sind. Bei den hier untersuchten automatisierten Datenverarbeitungsvorgängen entscheidet somit, im Gegensatz zu voll automatisierten oder automatischen Abläufen, der menschliche Operator oder der Betreiber des Systems über die Parameter der Detektion und deren Folgen.[85]

4. Systemarchitektur und Einsatzmöglichkeiten intelligenter Videoüberwachung

Ein intelligentes Videoüberwachungssystem kann verschieden aufgebaut sein. Zu unterscheiden sind sog. zentralisierte und dezentralisierte Systeme. Bei einem dezentralisierten System besitzt jede Videokamera einen eigenen Videospeicher und die Videoanalyse erfolgt automatisiert, bevor der Sicherheitsoperator die Ergebnisse über eine Schnittstelle abruft. Bei einem zentralisierten System besteht das intelligente Videoüberwachungssystem hingegen aus mehreren unabhängigen Videokameras, die ihre Daten an einen zentralen Videospeicher senden. Dieser leitet die Bilddaten an ein Element zur Videoanalyse weiter, auf das der Sicherheitsbedienstete zugreifen kann.[86]

Die Möglichkeiten, Videoüberwachung mit Mustererkennungs- und Videotrackingsoftware zu kombinieren, sind vielfältig. Inzwischen werden beispielsweise herrenlose Gepäckstücke detektiert, indem zunächst mithilfe eines Mustererkennungsalgorithmus Objekte als zusammengehörig erkannt werden. Anschließend werden diese durch eine Videotrackingsoftware verfolgt, um festzustellen, ob sie sich entgegen dem vorherigen Muster nicht mehr gemeinsam bewegen. Dies lässt auf ein Zurücklassen des Gepäckstücks schließen. Ein weiteres denkbares Szenario ist die Erkennung einer Person im Raum und die Verfolgung ihrer Bewegung mittels Tracking in Verbindung mit einem

---

84 *Schaup et al.*, Kriminalistik 2009, 635.

85 *Held*, Intelligente Videoüberwachung, 2014, S. 24.

86 Siehe für eine Beschreibung der Videoanalyse *Held*, Intelligente Videoüberwachung, 2014, S. 27 f.

Mustererkennungsalgorithmus. Dadurch kann untypisches Verhalten festgestellt werden, zum Beispiel ein plötzlicher Stillstand, eine Veränderung der Bewegungshöhe bei einem Sturz, eine unerwartete Massenbewegung oder große, schnelle Bewegungen in Richtung anderer Personen. Wenn zusätzlich Bildanalysesoftware zur Mustererkennung *im engeren Sinne* integriert wird, kann darüber hinaus ein biometrischer Abgleich erfolgen.[87] Ein weiterer Anwendungsfall der Objektdetektion durch Mustererkennungsalgorithmen ist der Schutz von Räumen vor unbefugtem Betreten. Hierfür müssen vorab kritische Bereiche oder Zonen festgelegt werden. Wenn diese von Personen betreten, durchquert oder verlassen werden, wird ein Alarm ausgelöst. Auf diese Weise können Eingänge, Schleusen, Drehkreuze, Kassenbereiche, Ladenregale, Grundstücksgrenzen oder ähnlich sicherheitsrelevante Bereiche überwacht werden. Der zusätzliche Einsatz von Gesichtserkennungsalgorithmen und Videotrackingsoftware ermöglicht eine Zugangskontrolle, einen Abgleich mit Datenbanken und eine Analyse des bisherigen und des zu erwartenden Weges einer Person.[88] Der Einsatz intelligenter Videoüberwachung bietet sich letztlich nicht nur bei der Erkennung oder Verhinderung von Gefahren an, sondern auch zu kommerziellen Zwecken. In Verbindung mit Zähldetektoren, sog. *People Countern*, kann zum Beispiel die Kundenzahl in einem Ladengeschäft gemessen werden. Dies ermöglicht es dem Inhaber zu analysieren, wo sich zu welchem Zeitpunkt wie viele Käufer im Geschäft aufhalten, um daraufhin zu entscheiden, wie welche Ware ausgelegt werden soll.[89]

V. Forschungsprogramm für die zivile Sicherheit

Die intelligente Videoüberwachungstechnik wurde in der vom Bundesministerium für Bildung und Forschung geförderten ersten Programmphase „Forschung für die zivile Sicherheit", die Bestandteil der Hightech-Strategie der Bundesregierung ist, von interdisziplinären Verbundprojekten untersucht.[90] Gefördert

87 *Chen-Yu*, Öffentliche Videoüberwachung, 2006, S. 11; *Hornung/Desoi*, K&R 2011, 153 (154).

88 Siehe bspw. *BMBF*, http://www.sifo.de/files/Projektumriss_APFel.pdf (abgerufen am 02.01.2017).

89 *Brandenburg/Leuthner*, ZD 2014, 617 (618).

90 *Thomas*, Mustererkennung, 2008, https://www.bmbf.de/foerderungen/.php?B=350 (abgerufen am 02.01.2017).

wurden unter anderem die Mustererkennungsprojekte *APFel*,[91] *ASEV*,[92] *ADIS*[93] und *CamInSens*,[94] die sich mit Verfahren zur Erfassung, Erkennung und Verarbeitung von Daten, insbesondere der Mustererkennung beschäftigten. Bei der Entwicklung und Implementierung wurden diese vier Mustererkennungsprojekte vom interdisziplinären Forschungsprojekt *MuViT*[95] begleitet. Die vorliegende Untersuchung ist im Rahmen des rechtswissenschaftlichen Teilprojektes *MuViT-ReGI*[96] entstanden.

1. Mustererkennungsprojekte

Ziel der vier technischen Projekte war die Entwicklung eines praxistauglichen und rechtskonformen Überwachungssystems auf der Grundlage der Mustererkennung.[97] Dieses sollte den Betreibern der Überwachungssysteme oder den Sicherheitskräften helfen, rechtzeitig kritische Situationen zu erkennen und gezielt zu reagieren, um so insbesondere die Sicherheit an Flughäfen[98] oder Bahnhöfen[99] zu erhöhen.

---

91 APFel steht für Analyse von Personenbewegungen an Flughäfen mittels zeitlich rückwärts- und vorwärtsgerichteter Videodatenströme, siehe *BMBF*, http://www.sifo.de/files/Projektumriss_APFel.pdf (abgerufen am 02.01.2017).

92 ASEV steht für Automatische Situationseinschätzung für ereignisgesteuerte Videoüberwachung: Verbesserte Sicherheit auf dem Flughafenvorfeld, siehe *BMBF*, http://www.sifo.de/files/Projektumriss_ASEV.pdf (abgerufen am 02.01.2017).

93 ADIS steht für Automatisierte Detektion interventionsbedürftiger Situationen durch Klassifizierung visueller Muster, siehe *Bertram/Menevidis*, ADIS, https://www.ipk.fraunhofer.de/fileadmin/user_upload/_imported/fileadmin/user_upload/IPK_FHG/publikationen/themenblaetter/at_adis.pdf (abgerufen am 02.01.2017).

94 CamInSens ist das Synonym für verteilte vernetzte Kamerasysteme zur in situ-Erkennung Personen-induzierter Gefahrensituationen, *Hähner et al.*, in-situ Erkennung, http://www.sifo.de/files/CamInSens.pdf (abgerufen am 28.01.2017).

95 *MuViT*, http://www.uni-tuebingen.de/einrichtungen/zentrale-einrichtungen/internationales-zentrum-fuer-ethik-in-den-wissenschaften/archiv/projekte/fruehere-projekte-sicherheitsethik/abgeschlossene-projekte/muvit.html (abgerufen am 18.01.2017).

96 *MuViT-ReGI*, http://www.jura.uni-wuerzburg.de/lehrstuehle/schenke/verbundprojekt_muvit/ (abgerufen am 18.01.2017).

97 *Thomas*, Mustererkennung, 2008, https://www.bmbf.de/foerderungen/bekanntmachung.php?B=350 (abgerufen am 02.01.2017).

98 *BMBF*, http://www.sifo.de/files/Projektumriss_ASEV.pdf (abgerufen am 02.01.2017); *ders.*, http://www.sifo.de/files/Projektumriss_APFel.pdf (abgerufen am 02.01.2017).

99 *Bertram/Menevidis*, ADIS, https://www.ipk.fraunhofer.de/fileadmin/user_upload/_imported/fileadmin/user_upload/IPK_FHG/publikationen/themenblaetter/at_adis.pdf (abgerufen am 02.01.2017).

CamInSens verwendete hierzu beispielsweise sich selbst organisierende Kameranetze mit ergänzender Spezialsensorik, die mithilfe von Algorithmen Personen in Videosequenzen detektieren und verfolgen sollten.[100] Dadurch wurden Bewegungsmuster der erfassten Personen erstellt und auffällige Verhaltensweisen herausgefiltert.[101] Im Rahmen von *APFel* wurde ein System entwickelt, dass es dem Sicherheitspersonal an Flughäfen ermöglichen sollte, auffällige Personen zu markieren und über mehrere miteinander vernetzte Kamerabildschirme hinweg auf dem Flughafengelände zu verfolgen.[102] Dazu wurden Personenbewegungen an Flughäfen mittels rückwärts und vorwärts gerichteter Videoströme analysiert, um sowohl den zu erwartenden weiteren Weg zu ermitteln (Vorwärtsanalyse) als auch Rückschlüsse auf die bereits zurückgelegte Strecke zu ziehen (Rückwärtsanalyse).[103]

Bezüglich der Projekte *ADIS*, *ASEV* und *CamInSens* ist nicht bekannt, ob über die Testphase mit Demonstratoren[104] und die Verwendung der Erkenntnisse zur Anschlussforschung[105] hinaus marktreife Systeme entstanden sind, die bereits eingesetzt werden.[106] Die im Rahmen von *APFel* entwickelten kamerabezogenen Verfahren zur Detektion und zum Tracken von Personen in Live-Videoströmen werden inzwischen verwendet. An der Technischen Universität Ilmenau verfügen Roboter über Kameras, um ihre Umgebung wahrzunehmen. Sie nutzen diese bei der Personendetektion, um die Position von Menschen im Raum zu erkennen. Die Wiedererkennung von Gesichtern hilft dabei, den aktuellen Nutzer von anderen zu unterscheiden und diesen zu einem bestimmten Ziel zu lotsen oder ihm zu folgen.[107] Die Ergebnisse aus *APFel* sind außerdem in

---

100 *Hähner/Grenz*, CamInSens, 2013, S. 4, http://edok01.tib.uni-hannover.de/edoks/e01fb14/790037327.pdf (abgerufen am 28.01.2017).

101 *Hähner/Grenz*, CamInSens, 2013, S. 4, http://edok01.tib.uni-hannover.de/edoks/e01fb14/790037327.pdf (abgerufen am 28.01.2017).

102 *BMBF*, http://www.sifo.de/files/Projektumriss_APFel.pdf (abgerufen am 02.01.2017).

103 *BMBF*, http://www.sifo.de/files/Projektumriss_APFel.pdf (abgerufen am 02.01.2017).

104 Siehe bspw. für ADIS *Menevidis/Ajami*, Schlussbericht Verbundprojekt ADIS, 2014, S. 48, http://edok01.tib.uni-hannover.de/edoks/e01fb15/815812493.pdf (abgerufen am 04.01.2017); für ASEV *Ostermann*, Schlussbericht ASEV, 2014, S. 21, http://edok01.tib.uni-hannover.de/edoks/e01fb15/819363235.pdf (abgerufen am 04.01.2017).

105 Siehe z. B. für CamInSens *Hähner/Grenz*, CamInSens, 2013, S. 31, http://edok01.tib.uni-hannover.de/edoks/e01fb14/790037327.pdf (abgerufen am 28.01.2017).

106 Stand: 26.12.2016.

107 Die Auskünfte zur Verwendung der Roboter an der TU Ilmenau wurden von Herrn Michael Eisenbach von der TU Ilmenau, einem ehemaligen Mitarbeiter im Projekt

die Produkte der *Safran Identity & Security (Société anonyme)* eingeflossen.[108] Im Rahmen von *Morpho Argus für Screening Anwendungen* werden systemautonom und in Echtzeit Gesichter mit einer Liste zu beobachtender Personen abgeglichen und im Trefferfall wird ein Alarm an das Sicherheitspersonal gesendet.[109] *Morpho Video Investigator für die Analyse von forensischen Videodaten* detektiert, verfolgt und klassifiziert Bewegungen oder Personen und reduziert so die für die Videoanalyse erforderliche Zeit.[110]

2. Begleitforschung

Über drei Jahre hinweg beforschte das interdisziplinäre Projekt *MuViT* sozialpsychologische (*MuViT-SozPsy*), soziologische (*MuViT-Soz*), ethische (*MuViT-E*) und rechtswissenschaftliche (*MuViT-ReGI* und *MuViT-ReviP*) Fragen rund um den Einsatz der von den Mustererkennungsprojekten entwickelten intelligenten Videoüberwachungssysteme.

a) MuViT-SozPsy

Im Rahmen von *MuViT-SozPsy* wurde festgestellt, dass Personen, die über die automatisierte Überwachung aufgeklärt wurden, ein stärkeres Bewusstsein für die Kamera besaßen, sich tendenziell beeinträchtigter fühlten, selbstaufmerksamer wurden und ihr Verhalten an vermeintliche Standards anpassten.[111] In den Laborsituationen des sozialpsychologischen Teilprojektes konnte jedoch bereits nach 90 Minuten eine Gewöhnung an die Überwachung beobachtet werden.[112] Inwiefern diese Erkenntnisse in der Praxis verifiziert werden können, ist aufgrund fehlender empirischer Untersuchungen derzeit nicht abzuschätzen. Ein weiterer Aspekt, der sozialpsychologisch beleuchtet wurde, war der vom

APFel, am 11.11.2016 per E-Mail erteilt, http://www.tu-ilmenau.de/neurob/team/dipl-inf-markus-eisenbach/.

108 *L-1 Identity Solutions AG*, Schlussbericht APFel, 2014, http://edok01.tib.uni-hannover.de/edoks/e01fb15/835346005.pdf (abgerufen am 28.01.2017).

109 *Safran Identity & Security*, Morpho Argus, 2016, http://www.morpho.com/en/public-security/check-id/video-screening/morpho-argus (abgerufen am 18.01.2017).

110 *Safran Identity & Security*, Morpho Video Investigator, 2016, http://www.morpho.com/en/public-security/investigate/video-analysis/morpho-video-investigator (abgerufen am 18.01.2017).

111 *Strack/Markel*, Abschlussbericht MuViT-SozPsy, 2013, S. 18, wonach z. B. der beim Anspitzen eines Bleistiftes anfallende Müll in den Mülleimer und nicht auf den Boden geworfen wurde.

112 *Strack/Markel*, Abschlussbericht MuViT-SozPsy, 2013, S. 18.

Bundesverfassungsgericht im *Volkszählungsurteil*[113] aufgegriffene Einschüchterungseffekt. In einer Studie mit 87 Probanden wurde festgestellt, dass eine bloße Anwesenheit von Videoüberwachung nicht zu einer Einschüchterung führt.[114] Hieraus wurde gefolgert, dass weniger die installierte Technik als vielmehr frühere Erfahrungen oder die mediale Berichterstattung die Person beeinflussen und sie im Moment der Überwachung selbstaufmerksamer werden lassen, um gegebenenfalls negative Konsequenzen einer Überwachung zu vermeiden.[115]

b) MuViT-Soz

Im Rahmen des Teilprojektes *MuViT-Soz* wurde erforscht, inwieweit die intelligente Videoüberwachung durch die systemimmanente Vorstellung einer sog. Normalität zur gesellschaftlichen Disziplinierung und (Verhaltens-)Kontrolle beitragen kann. Befürchtet wurden unter anderem die gesellschaftliche und soziale Exklusion bestimmter Bevölkerungsgruppen durch die Implementierung bestimmter sozialer Normen in die bei der intelligenten Videoüberwachung verwendeten Algorithmen.[116] Das Ergebnis des soziologischen Teilprojektes war ambivalent. Die Forscher stellten fest, dass die (intendierte) Einschreibung bestimmter äußerlicher Eigenschaften, etwa dunkler Hautfarbe als einfach zu detektierendes biometrisches Merkmal oder gewisser Verhaltensweisen wie längeres Sitzen oder Liegen, und die vermehrte Aufmerksamkeitslenkung des Sicherheitspersonals auf diese Muster, zur Verdrängung der Betroffenen aus den überwachten Bereichen führen können.[117] Dies führten sie auf eine natürliche Reaktion zurück, da Menschen, die sich einer vermehrten, unangenehmen Kontrolle gegenübersähen, dieser permanenten Unannehmlichkeit aus dem Weg gehen wollen würden.[118] Es wurde deshalb empfohlen, für die Programmierung der Algorithmen keine Stereotypen zu verwenden.[119] Allerdings betonten die Forscher das Potenzial der intelligenten Videoüberwachung, vorurteilsbehaftete Entscheidungen zu vermeiden, wenn die Algorithmen neutral programmiert würden.[120] Dies sei möglich, da das Sicherheitspersonal in der Regel keine

---

113 BVerfGE 65, 1.

114 *Strack/Markel*, Abschlussbericht MuViT-SozPsy, 2013, S. 25.

115 *Strack/Markel*, Abschlussbericht MuViT-SozPsy, 2013, S. 25.

116 *Apelt/Möllers*, ZfAS 2011, 585 (590).

117 *Apelt/Möllers*, ZfAS 2011, 585 (590 f.).

118 *Apelt/Möllers*, ZfAS 2011, 585 (589).

119 *Apelt et al.*, Schlussbericht MuViT-Soz, 2013, S. 50.

120 *Apelt et al.*, Schlussbericht MuViT-Soz, 2013, S. 48.

Möglichkeit habe, auf die Algorithmen Einfluss zu nehmen.[121] Die Gefahr der Produktion sowie der Verfestigung von Stereotypen und Vorurteilen, wie sie in empirischen Studien zur herkömmlichen Videoüberwachung habe festgestellt werden können,[122] sei jedoch weiter zu beforschen.[123]

c) MuViT-E

Die Spannweite ethisch-moralischer Themen, die vom Teilprojekt MuViT-E bearbeitet wurden, reichte von Dual-Use-Aspekten über die Diskussion unvorhersehbarer Veränderungen des Einsatzzweckes bis hin zur Forderung nach umfassender Aufklärung der Beobachteten und Fragen ausreichender Privatheit.[124] Aus ethischer Perspektive ist problematisch, dass das Fundament der intelligenten Videoüberwachungssysteme eine Klassifikation ist, die darauf beruht, dass anhand äußerer Merkmale differenziert wird.[125] Das Ergebnis der diesbezüglich untersuchten Aspekte Normalität, Normativität und Normalisierung ist, dass eine Verhaltensanpassung oder eine Vermeidung von bestimmten Verhaltensweisen droht, wenn in das intelligente Videoüberwachungssystem eine auf empirischen Daten, Expertenwissen oder Anwenderpräferenzen fußende Normalitätserwartung implementiert wird.[126] Ebenso wie von *MuViT-Soz* wurde deshalb eine erhöhte Aufmerksamkeit bei der Programmierung der Algorithmen und der Schulung des Sicherheitspersonals empfohlen.[127]

d) MuViT-ReGI und MuViT-ReviP

MuViT-ReGI hatte sich zum Ziel gesetzt, Mustererkennungs- und Video-Tracking-Techniken aus der Perspektive der deutschen Rechtsordnung zu analysieren und die Möglichkeiten des konkreten Einsatzes dieser Systeme zu dokumentieren.[128] Es wurde festgestellt, dass der polizeiliche Einsatz intelligenter

---

121 *Apelt et al.*, Schlussbericht MuViT-Soz, 2013, S. 50.

122 *Norris/Armstrong*, CCTV, 1999; *Introna/Wood*, S&S 2004, 177 (190); *Helten/Fischer*, S&S 2004, 323 f.; *Lianos/Douglas*, Brit. J. Criminol. 2000, 261 (266).

123 *Apelt/Möllers*, ZfAS 2011, 585 (590).

124 Siehe hierfür bspw. *Koch et al.*, EJLT 4/2 (2013).

125 *Held et al.*, IEEE Computer Society 45 (2012), 83 (84).

126 *Held et al.*, IEEE Computer Society 45 (2012), 83 (84).

127 *Matzner*, AI & Soc. 2013, S. 5.

128 *MuViT-ReGI*, http://www.jura.uni-wuerzburg.de/lehrstuehle/schenke/verbundprojekt_muvit/ (abgerufen am 18.01.2017).

Videoüberwachung auf der Grundlage bestehender Regelungen nicht zulässig ist.[129] Eine zu schaffende Norm müsste unter anderem hinreichend klar und bestimmt sein, möglichst einen Behördenleitervorbehalt, eine zeitliche Befristung und räumliche Begrenzung enthalten[130] sowie unzulässige Diskriminierungen dadurch vermeiden, dass Zufallsfunde nur bedingt verwertet werden dürfen.[131]

MuViT-ReviP widmete sich der rechtsvergleichenden Betrachtung von Mustererkennungs- und Videotrackingtechniken.[132] Besonderes Augenmerk wurde dabei auf die Vereinigten Staaten von Amerika gelegt und festgestellt, dass dort keine geeigneten rechtlichen Kontrollinstrumente für die Videoüberwachung im öffentlich zugänglichen Raum bestehen.[133]

3. Relevanz verschiedener Aspekte

Im Oktober 2016 teilte die Bundesregierung mit, dass im Verantwortungsbereich des Bundes keine Videosysteme mit algorithmischer Mustererkennung im Einsatz seien und keine Erkenntnisse zum Produktentwicklungsstand intelligenter Systeme vorlägen.[134] Allerdings seien „signifikante Verbesserungen" auf dem Gebiet biometrischer Gesichtserkennungssoftware aus US-amerikanischen Studien bekannt.[135] Sicherheitstechnologien wie die intelligente Videoüberwachung besitzen das Potenzial, durch neuartige Kontrollmechanismen Gesellschaftsstrukturen zu verändern.[136] Um die volle Bedeutung der intelligenten Videoüberwachung zu ermessen, müssen daher verschiedene Blickwinkel berücksichtigt

---

129 *Held*, Intelligente Videoüberwachung, 2014, S. 219.

130 *R. P. Schenke*, in: Zöller et al. (Hg.), FS Wolter, 2013, S. 1077 (1093).

131 *R. P. Schenke*, in: Zöller et al. (Hg.), FS Wolter, 2013, S. 1077 (1094).

132 *Würtenberger*, Abschlussbericht MuViT-ReviP, 2014, S. 3, https://www.tib.eu/de/suchen/id/TIBKAT%3A817955216/Mustererkennung-und-Video-Tracking-sozialpsychologische/?tx_tibsearch_search%5Bsearchspace%5D=tn (abgerufen am 19.01.2017). Auf die von MuViT-ReviP gewonnenen Erkenntnisse für die rechtsvergleichende Forschung, dargestellt von *Würtenberger*, in: Becker et al. (Hg.), FS Schwarze, 2014, S. 453 ff., wird hier mit Blick auf das Thema der Arbeit lediglich verwiesen.

133 *Wittmann*, ZaöRV 73 (2013), 373 (374); ausführlich *ders.*, Schutz der Privatsphäre, 2014.

134 BT-Drs. 18/10137, S. 5.

135 BT-Drs. 18/10137, S. 6.

136 *Würtenberger/Tanneberger*, in: Winzer et al. (Hg.), acatech DISKUTIERT, 2010, 221.

werden.[137] Die dargestellten soziologischen, sozialpsychologischen und ethischen Perspektiven geben dieser Untersuchung wichtige interdisziplinäre Hinweise für die Abwägung der konfligierenden Interessen der Privatrechtssubjekte. Die Mustererkennungsprojekte ermöglichen die Einsicht in Implementierungsszenarien und liefern die fundamentalen Informationen zur Funktionsweise der intelligenten Videoüberwachung, von der ihre rechtliche Einordnung nicht zuletzt abhängt.

137 *Würtenberger/Tanneberger*, in: Winzer et al. (Hg.), acatech DISKUTIERT, 2010, 221 sprechen insofern von der Ergänzung „durch eine breite sozial- und geisteswissenschaftliche Forschungsflanke".

B. § 6b BDSG als normative Grundlage für die intelligente Videoüberwachung

Im Zuge der Umsetzung der Datenschutzrichtlinie 95/46/EG[138] wurde das Bundesdatenschutzgesetz im Jahr 2001 angepasst und § 6b BDSG aufgenommen. Diese Vorschrift normiert die datenschutzrechtlichen Voraussetzungen für den Einsatz von Videoüberwachung im öffentlich zugänglichen Raum durch nicht öffentliche Stellen.[139] Die Videotechnik hat sich, wie soeben gezeigt, seit der Schaffung des § 6b BDSG weiterentwickelt, weshalb sich die Frage stellt, ob die hier untersuchte, neue Form der Videoüberwachung von § 6b BDSG erfasst wird. Um diese Frage zu beantworten, wird die Vorschrift im Folgenden ausgehend von dem durch *v. Savigny*[140] begründeten Auslegungskanon nach dem Wortlaut, der Entstehungsgeschichte und dem Sinn und Zweck sowie richtlinienkonform ausgelegt.

I. Anwendbarkeit des § 6b BDSG auf die intelligente Videoüberwachung

Grundsätzlich formuliert der Gesetzgeber Normen zum Einsatz von Videoüberwachungssystemen technisch offen, um diese flexibel und unbeeinflusst von technischen Fortschritten anwenden zu können.[141] In einigen der Polizei- und Ordnungsgesetzen der Länder werden beispielsweise „Bild- und Tonaufzeichnungen“[142] oder das Beobachten und das Aufzeichnen „mittels Bildübertragung“[143] genannt, ohne technische Komponenten zu erwähnen. Andere

---

138 BT-Drs. 14/4329, S. 33, wonach in der Bundesrepublik Deutschland im Rahmen der Umsetzung der Datenschutzrichtlinie 95/46/EG die Erhebung personenbezogener Daten im privaten Sektor dem Vorbehalt des Gesetzes unterstellt wurde.

139 *v. Zezschwitz*, in: Roßnagel (Hg.), HdD, 2003, Kap. 9.3 Rn. 18.

140 *v. Savigny*, System des heutigen Römischen Rechts, Bd. I, 1840.

141 *Wedde*, in: Däubler et al., BDSG, 2016, § 6b Rn. 16 f.; *Scholz*, in: Simitis (Hg.), BDSG, 2011, § 6b Rn. 36; *Held*, Intelligente Videoüberwachung, 2014, S. 20, spricht von der Wertneutralität der Rechtsgrundlagen, die einen Einsatz von Videoüberwachung erlauben.

142 § 21 PolGBW.

143 § 31 Abs. 2 BbgPolG; § 8 Abs. 3 HmbPolDVG; § 29 Abs. 2 BremPolG; § 8 Abs. 3 HmbPolDVG; § 14 Abs. 3 HSOG; § 32 Abs. 3 SOG (NDS); § 15a Abs. 1 PolG; § 33 Abs. 2 PAG (TH).

Vorschriften sprechen vom „Einsatz technischer Mittel zur Anfertigung von Bildaufnahmen oder -aufzeichnungen“[144], um Videoüberwachungsanlagen zu erfassen.

Die generalklauselartigen Normen des Bundesdatenschutzgesetzes sind ebenfalls technikneutral und offen formuliert.[145] Dennoch finden sich im Bundesdatenschutzgesetz außer in § 6b BDSG keine Regelungen zur Videoüberwachung oder zu Mustererkennungs- und Videotrackingtechniken. Der Begriff „Videoüberwachung“ wird im Bundesdatenschutzgesetz auch nicht legaldefiniert. § 6b Abs. 1 BDSG enthält aber die Begriffe „optisch-elektronische Einrichtungen“ und „Videoüberwachung“. Da die Vorschrift nicht zwischen herkömmlicher und intelligenter Videoüberwachung unterscheidet, ist die intelligente Videoüberwachung als eine optisch-elektronische Einrichtung[146] somit vom Wortlaut der Norm erfasst.

So will es auch der Gesetzgeber. Er warnte ausdrücklich vor der zunehmenden Leistungsfähigkeit der Informationstechnologien als Gefahr für das Recht auf informationelle Selbstbestimmung und nannte als eine Form dieser risikobehafteten automatisierten Datenverarbeitungen biometrische Verfahren.[147] Der Einsatz intelligenter Videoüberwachung als einer Form der automatisierten Datenverarbeitung, die mithilfe biometrischer Verfahren verwendet werden kann, soll also durch § 6b BDSG geregelt werden.

Dies entspricht dem Zweck des § 6b BDSG, das in § 1 BDSG festgelegte Ziel zu erreichen, den Einzelnen möglichst umfassend davor zu schützen, dass er durch den Umgang mit seinen personenbezogenen Daten in seinem Persönlichkeitsrecht beeinträchtigt wird. Der Begriff „Videoüberwachung“ in § 6b Abs. 1 BDSG ist deshalb weit auszulegen. Denn nur so können die unterschiedlichen Videotechniken[148] und Arbeitsweisen wie das Beobachten, Aufzeichnen oder Speichern erfasst werden.[149] Um den technologischen Fortschritt abbilden zu können, darf der Anwendungsbereich des § 6b BDSG also nicht auf eine bestimmte Videotechnik beschränkt werden.[150]

---

144 Art. 33 BayPAG.

145 *Simitis*, in: ders. (Hg.), BDSG, 2011, Einl. Rn. 18 f., 82.

146 Siehe dazu Kap. A. IV. 3.

147 BT-Drs. 14/5793, S. 62.

148 Siehe dazu Kap. A. IV.

149 *Held*, Intelligente Videoüberwachung, 2014, S. 20.

150 Deshalb werden bspw. auch sog. Dashcams (On-Board-Kameras) von § 6b BDSG erfasst, siehe bspw. OLG Stuttgart, Beschluss v. 04.05.2016 – 4 Ss543/15; LG Memmingen, Urt. v. 14.01.2016 – 22 O 1983/13.

Auch die Auslegung des Begriffes „Videoüberwachung“ in § 6b BDSG am Maßstab der Datenschutzrichtlinie 95/46/EG stützt diese Bewertung. Die Richtlinie dient der Harmonisierung des Datenschutzrechts.[151] Sie enthält zwar keine besondere Vorschrift zur Zulässigkeit von Videoüberwachung durch nicht öffentliche Stellen im öffentlich zugänglichen Raum. Dem Wortlaut des Erwägungsgrundes Nr. 14 DSRL lässt sich aber entnehmen, dass die Richtlinie auf Informationen Anwendung findet, die aus der Verarbeitung personenbezogener Bilddaten hervorgehen. Erwägungsgrund Nr. 15 DSRL präzisiert, dass die automatisierte Verarbeitung von Bilddaten vom Anwendungsbereich der Richtlinie erfasst wird. Nicht eröffnet ist dieser hingegen nach Erwägungsgrund Nr. 16 DSRL, wenn Ton- und Bilddaten für Zwecke der öffentlichen Sicherheit, der Landesverteidigung, der Sicherheit des Staates, der Tätigkeiten des Staates im Bereich des Strafrechts oder andere Tätigkeiten verarbeitet werden, die nicht unter das Unionsrecht[152] fallen. Der vorliegende Untersuchungsgegenstand dient nicht den in Erwägungsgrund Nr. 16 DSRL genannten Zwecken, da die Videoüberwachung durch nicht öffentliche Stellen im öffentlich zugänglichen Raum betrachtet wird. Die Datenschutzrichtlinie 95/46/EG nennt als Beispiel für die Verarbeitung von Ton- und Bilddaten ausdrücklich die Videoüberwachung.[153] Sie ist weit[154] und technikneutral[155] formuliert, um ihre Offenheit gegenüber neuen Formen der automatisierten Datenverarbeitung zu zeigen.[156] Ihr Sinn

---

151 Wenngleich eine Richtlinie nach Art. 288 Abs. 3 AEUV nicht eine tatsächliche Vollharmonisierung bewirken kann und soll, wurde der Datenschutzrichtlinie 95/46/EG doch vollharmonisierende Wirkung bestätigt, siehe EuGH, Urt. v. 24.11.2011, ASNEF/FECEMD, C-468, C-469/10, ECLI:EU:C:2011:777; Urt. v. 06.11.2003, Lindqvist, C-101/01, ECLI:EU:C:2003:596, Rn. 96; Urt. v. 16.12.2008, Huber, C-524/06, ECLI:EU:C:2008:724.

152 Der Wortlaut der Datenschutzrichtlinie 95/46/EG enthält noch den Begriff „Gemeinschaftsrecht“. Seit Inkrafttreten des Vertrags von Lissabon am 01.12.2009 und dem Zusammenschluss von Europäischer Gemeinschaft und Europäischer Union wird nur noch der Begriff „Unionsrecht“ gebraucht. Die für die Gemeinschaft und die Gemeinschaftsgrundrechte entwickelten Leitlinien der Rechtsprechung, Kommentierungen und Aussagen in der Literatur gelten weiterhin. Insofern wird im Folgenden mit Blick auf die Darstellbarkeit unterschiedslos nurmehr von Unionsrecht und Unionsgrundrechten gesprochen, es sei denn, es ist im unmittelbaren Zusammenhang notwendig, die Unterscheidung zu verdeutlichen.

153 Erwägungsgrund Nr. 16 DSRL.

154 *Schild*, EuZW 1996, 549 (550).

155 *Taeger/Schmidt*, in: Taeger/Gabel (Hg.), BDSG, 2010, Einf. Rn. 36.

156 *Roßnagel/Brühann*, in: Roßnagel (Hg.), HdD, 2003, Kap. 2.4, Rn. 19.

und Zweck ist es, zu vermeiden, dass ihre Vorgaben aufgrund einer geschickten Auswahl der Technik umgangen werden. Videoüberwachung fällt also in den Anwendungsbereich der Richtlinie, soweit es sich dabei um eine automatisierte Datenverarbeitung handelt.[157] Die intelligente Videoüberwachung verwendet Videotechnik mit automatisierter Datenverarbeitung[158] und unterfällt damit der Datenschutzrichtlinie 95/46/EG. In richtlinienkonformer Auslegung erfasst deshalb auch § 6b BDSG die intelligente Videoüberwachung.

Im Ergebnis ist die intelligente Videoüberwachung als optisch-elektronische Einrichtung[159] in der Verwendung durch nicht öffentliche Stellen unter § 6b BDSG subsumierbar. Dies hat die sprachlich-grammatische, genetisch-historische, teleologische und richtlinienkonforme Auslegung ergeben. § 6b BDSG bildet deshalb die normative Grundlage der weiteren Prüfung.

II. Deutungs- und Wertungsspielräume innerhalb des § 6b BDSG

Der Wortlaut des § 6b BDSG ist durch Formulierungen wie die „Wahrnehmung berechtigter Interessen für konkret festgelegte Zwecke", „erforderlich" sowie „schutzwürdige Interessen" geprägt und erfasst die „Videoüberwachung" allgemein. Diese Begriffe werden im Bundesdatenschutzgesetz nicht definiert oder konkretisiert. Sie sind wertausfüllungsbedürftig und bilden eine Untergruppe der unbestimmten Rechtsbegriffe,[160] die wiederum Tatbestandsmerkmale einer Generalklausel sind.[161] § 6b BDSG ist eine Generalklausel, da sein Tatbestand von unbestimmten und wertausfüllungsbedürftigen Rechtsbegriffen geprägt ist. Diese müssen im Einzelfall konkretisiert werden.[162]

---

157 EuGH, Urt. v. 11.12.2014, František Ryneš, C-212/13, ECLI:EU:C:2014:2428, Rn. 24.

158 Dazu Kap. A. IV. 3.

159 Siehe zu den verwendeten technischen Baukomponenten, der Automatisierung der Datenverarbeitung und der integrierten Mustererkennungs- oder Videotrackingsoftware Kap. A. IV. 3.

160 *Engisch*, Einführung in das juristische Denken, 2010, S. 193; *Kumanabrou*, AcP 202 (2002), 662 (664).

161 Damit *Kumanabrou*, AcP 202 (2002), 662 (663) folgend. Sie stellt dar, dass über den Begriff und die Konkretisierung von Generalklauseln keine Klarheit und Einigkeit bestehen. Als Argument für die Unterscheidung von wertausfüllungsbedürftigen Rechtsbegriffen als Tatbestandsmerkmalen einer Generalklausel führt sie aber überzeugend den Sprachgebrauch an, wonach ein Begriff nur Teil eines Rechtssatzes ist, während eine Klausel ganze Sätze bezeichnet (a. a. O., 665).

162 *Engisch*, Einführung in das juristische Denken, 2010, S. 197.

Die Verwendung von unbestimmten Rechtsbegriffen in ergebnisoffen formulierten Generalklauseln ist für einen effizienten Schutz personenbezogener Daten sinnvoll. Sie gewährleisten die nötige Flexibilität für die Interessenabwägung im Einzelfall und erfassen eine Vielzahl von Sachverhalten.[163] Damit erlauben sie grundsätzlich eine Anpassung an technologische Entwicklungen und Veränderungen gesellschaftlicher Wertvorstellungen, ohne dass neue Gesetze verabschiedet oder bestehende Gesetze ergänzt oder verändert werden müssten.[164] Die Elastizität der Tatbestandsmerkmale des § 6b BDSG ermöglicht es, die gesetzgeberische Wertung zu reflektieren, automatisierte Datenverarbeitungsvorgänge grundsätzlich als besonders intensive Eingriffe in das Recht auf informationelle Selbstbestimmung der Betroffenen zu betrachten.[165]

Allerdings eröffnen sich durch die Offenheit des § 6b BDSG erhebliche Deutungs- und Wertungsspielräume. Diese führen zu Rechtsunsicherheit und sind daher gerade bei grundrechtsintensiven Eingriffen kritisch zu betrachten, weshalb sie im weiteren Verlauf der Untersuchung im Zentrum stehen und entsprechend der im folgenden Kapitel dargestellten methodischen Vorgehensweise (Kap. C.) ausgefüllt werden.

---

163 *Engisch*, Einführung in das juristische Denken, 2010, S. 218.

164 *Simitis*, NJW 1998, 2473 (2479).

165 BT-Drs. 14/4329, S. 62.

C. Methodisches Vorgehen

Im Folgenden wird erläutert, welche Methodik zur Beantwortung der Frage, ob der Einsatz intelligenter Videoüberwachung durch nicht öffentliche Stellen im öffentlich zugänglichen Raum nach § 6b BDSG zulässig ist, gewählt wurde.

I. Konkretisierung des § 6b BDSG durch Auslegung

Die Konkretisierung des § 6b BDSG erfolgt, ausgehend vom Kanon *v. Savignys*[166], durch Auslegung nach dem Wortlaut, der Systematik, der Entstehungsgeschichte und dem Sinn und Zweck. Zunächst wird der Zweck der Norm im Erlasszeitpunkt ermittelt und danach die Verbindlichkeit im Anwendungszeitpunkt geprüft.[167] Im Anwendungsbereich des Unionsrechts ist daraufhin die Grenze mitgliedstaatlicher Kompetenzübertragung zu beachten.[168] Der im Zeitpunkt der Anwendung maßgebende Sinn des Gesetzes ergibt sich bei Generalklauseln nicht unmittelbar aus dem Wortlaut, weil der Gesetzgeber sie offen für Wertungen im Einzelfall gestaltet hat.[169] Hilfestellung bieten insbesondere die systematische und die systemkonforme Auslegung, wobei Letztere die Beachtung der Vorgaben des jeweils höherrangigen Rechts bedeutet.[170] In Bezug auf § 6b BDSG und die intelligente Videoüberwachung sind insbesondere Art. 2 Abs. 1 GG i. V. m. Art. 1 Abs. 1 GG und Art. 3 GG sowie Art. 7 GRCh, Art. 8 GRCh und Art. 8 EMRK zu beachten. Denn die Rechtsordnung wird als ein hierarchisch abgestuftes System aus wertungsmäßig miteinander verbundenen Normen verstanden.[171] Das Ziel der systemkonformen Auslegung ist es deshalb, „sich im Rahmen der inhaltlichen Vorgaben des höherrangigen Rechts"[172] zu bewegen.

---

166 *v. Savigny*, System des heutigen Römischen Rechts, Bd. I, 1840.

167 *Höpfner*, Systemkonforme Auslegung, 2008, S. 165.

168 *Höpfner/Rüthers*, AcP 209 (2009), 1 (5).

169 Das Auslegungsergebnis ist dann mittelbar durch die Berücksichtigung der Wertungskriterien das Abbild seiner Vorstellungen, so *Kumanabrou*, AcP 202 (2002), 662 (680), oder seines Werturteils, siehe *Höpfner/Rüthers*, AcP 209 (2009), 1 (13).

170 *Höpfner*, Systemkonforme Auslegung, 2008, S. 142; *ders./Rüthers*, AcP 209 (2009), 1 (12).

171 BVerfGE 7, 198 (207); *Engisch*, Einführung in das juristische Denken, 2010, S. 163 und S. 275, dessen Gedanke nach *Höpfner/Rüthers*, AcP 209 (2009), 1 (12), auch im Bereich des Unionsrechts als Ausgangspunkt juristischer Überlegungen dienen kann, obgleich dieses noch kein in jeder Beziehung stimmiges System ist.

172 *Höpfner*, Systemkonforme Auslegung, 2008, S. 155.

Sie dient also dazu, das Auslegungsergebnis auf seine Vereinbarkeit mit höherrangigem Recht hin zu überprüfen[173] und entspricht der Pflicht des Rechtsanwenders, bei der Auslegung stets das Ergebnis zu wählen, das mit höherrangigem Recht zu vereinbaren ist.[174]

Die richtlinienkonforme Auslegung gründet nicht auf der Einheit der Rechtsordnung, sondern auf der Umsetzungspflicht der Mitgliedstaaten.[175] Die für § 6b BDSG maßgebliche Datenschutzrichtlinie 95/46/EG nimmt deshalb nicht am Anwendungsvorrang teil. Da die richtlinienkonforme Auslegung aber ein zwingender methodischer Baustein der Anwendung sekundärrechtlich determinierten nationalen Rechts bei der Entscheidung ist, welches der möglichen Auslegungsergebnisse vorgezogen werden muss,[176] steht sie in dieser Untersuchung im Vordergrund.

II. Rechtsprechung als Wegweiser

Die Rechtsprechung zur herkömmlichen Videoüberwachung[177] dient dieser Arbeit als Referenz, da bislang keine Gerichtsentscheidungen zur intelligenten Videoüberwachung ergangen sind. Die Analyse einzelner Entscheidungen und ein durch eine induktiv-deduktive[178] Vorgehensweise gewonnener

---

173 Dazu *Höpfner*, Systemkonforme Auslegung, 2008, S. 158 f., der zwischen der systematischen Auslegung als Untersuchung der „inhaltlichen Auswirkung der gesamten Rechtsordnung auf die auszulegende Norm" (a. a. O., S. 158) und der systemkonformen Auslegung trennt. Die systemkonforme Auslegung wird dabei nicht als Erkenntnismittel der Auslegung betrachtet, sondern als Mittel der Verwerfung einer Norm in einer ganz bestimmten Auslegung, die gegen höherrangiges Recht verstößt (a. a. O., S. 170); *ders./Rüthers*, AcP 209 (2009), 1 (21).

174 *Höpfner*, Systemkonforme Auslegung, 2008, S. 151.

175 *Höpfner/Rüthers*, AcP 209 (2009), 1 (25, 36).

176 EuGH, Urt. v. 10.04.1984, Colson Kamann, C-14/83, ECLI:EU:C:1984:153; Urt. v. 04.07.2006, Adeneler, C-212/04, ECLI:EU:C:2006:443.

177 Hierfür wurden einige Urteile zur herkömmlichen Videoüberwachung und automatisierten Datenverarbeitung des Europäischen Gerichtshofs für Menschenrechte, des Europäischen Gerichtshofs, des Bundesverfassungsgerichts, des Bundesgerichtshofs, des Bundesarbeitsgerichts, des Bundesverwaltungsgerichts und einiger Verwaltungsgerichtshöfe, Oberverwaltungsgerichte, Oberlandesgerichte, Landgerichte, Landesarbeitsgerichte und Amtsgerichte betrachtet.

178 Zur Erklärung *Bydlinski*, Methodenlehre, 1991, S. 394 f., wonach Induktion der abstrahierende Schluss aus beobachteten Phänomenen auf eine allgemeine Erkenntnis ist und Deduktion das Schließen aus gegebenen Voraussetzungen oder generellen Regeln auf einen speziellen Fall bedeutet.

Kriterienkatalog, der die Interessenabwägung des § 6b BDSG bestimmt,[179] bilden kein eigenständiges Kapitel dieser Arbeit; sie dienen vielmehr als Werkzeuge und Wegweiser. Bedeutsam ist beispielsweise die Entscheidung in der Sache *Köpke* durch den Europäischen Gerichtshof für Menschenrechte vom 5. Oktober 2010 zur Frage der Verletzung des von Art. 8 Abs. 1 EMRK geschützten Persönlichkeitsrechts durch eine heimliche Videoüberwachung am Arbeitsplatz.[180] Aus der Feststellung, dass der Begriff „Privatsphäre“ gleichfalls die Identität einer Person umfasst und das mittels einer Videoaufzeichnung gewonnene Bildmaterial zu einer Identifizierung genutzt wurde, folgerte das Gericht, dass das Recht auf Achtung des Privat- und Familienlebens gemäß Art. 8 Abs. 1 EMRK betroffen war.[181] Dementsprechend muss grundsätzlich auch die intelligente Videoüberwachung an Art. 8 Abs. 1 EMRK gemessen werden. Die Fallgruppen haben keine Bindungswirkung und die Urteile besitzen keine Präjudizwirkung.[182] Das Beispiel verdeutlicht aber, dass aus den untersuchten Entscheidungen die entscheidungserheblichen gesetzlichen Grundlagen, wesentlichen Rechtmäßigkeitskriterien und Abwägungstopoi für den Einsatz privater Videoüberwachung ermittelt werden können. Mit ihrer Hilfe können der Anwendungsbereich der Generalklausel strukturiert und Rechtssicherheit gewonnen werden.[183] Bei ihrer Anwendung auf die intelligente Videoüberwachung muss aber stets berücksichtigt werden, dass die intelligente Videoüberwachung aufgrund der Automatisierung etwas qualitativ anderes ist als die herkömmliche Videoüberwachung.

---

179 Siehe Kap. F. III. 8, wo im Rahmen der am Verhältnismäßigkeitsgrundsatz orientierten Interessenabwägung bspw. die Kriterien der Automatisierung, der Heimlichkeit, des Anlasses und des Verdachts erörtert werden.

180 EGMR, Urt. v. 05.10.2010, Köpke (No. 420/07) = EuGRZ 2011, 471 f., dem Entscheidungen deutscher Gerichte zugrunde lagen, in denen der Sachverhalt am Maßstab des § 6b BDSG und Art. 2 Abs. 1 GG i. V. m. Art. 1 Abs. 1 GG geprüft wurde, da der für diesen Fall aufgrund einer Videoüberwachung am Arbeitsplatz einschlägige § 32 BDSG noch nicht in Kraft getreten war.

181 EGMR, Urt. v. 05.10.2010, Köpke (No. 420/07) = EuGRZ 2011, 471 (474), wonach die heimliche Videoüberwachung zulässig war, da die Persönlichkeitsrechte der Betroffenen durch die Rechtsprechung der nationalen Gerichte zu Art. 2 Abs. 1 GG i. V. m. Art. 1 Abs. 1 GG ausreichend geschützt waren (a. a. O., 475).

182 *Kumanabrou*, AcP 202 (2002), 662 (674), wonach den Gerichtsentscheidungen im Sinne der Kontinuität der Rechtsprechung und der Einheitlichkeit der Rechtsanwendung sowie der Rechtssicherheit ein gewisses Maß an Verbindlichkeit zukommt.

183 *Kumanabrou*, AcP 202 (2002), 662 (677).

III. Unterschiedliche Normstrukturen und die Betrachtung des positiven Rechts

Obgleich die europäischen Grund- und Menschenrechte sowie das Verfassungsrecht den Maßstab für den Schutz personenbezogener Daten und der Persönlichkeitsrechte festlegen,[184] können die Antworten auf öffentlich-rechtliche Fragestellungen nicht unreflektiert für die private Videoüberwachung übernommen werden. Die unterschiedlichen Normstrukturen des öffentlichen und des privaten Rechts müssen beachtet werden. Die Rechtsgebiete besitzen wesentliche Strukturunterschiede innerhalb der Rechtsnormen und der mit ihnen zu lösenden spezifischen Probleme.[185] Das öffentliche Recht ist geprägt vom Vorbehalt des Gesetzes, der unmittelbaren Grundrechtswirkung[186] und dem Gebot einer normenklaren, spezifischen Regelung.[187] Zivil- und datenschutzrechtliche Normen sind dank Generalklauseln und unbestimmten Rechtsbegriffen flexibel und offen für Wertentscheidungen durch Auslegung. Anstelle der Frage des verhältnismäßigen Eingriffs steht oftmals der in den Rechtsnormen verankerte Aspekt des gerechten Ausgleichs zwischen den Interessen der Beteiligten im Mittelpunkt, in diesem Falle des Überwachenden und des Überwachten. Auch die Art der Grundrechtswirkung ist eine andere, weshalb die privat- und datenschutzrechtliche Untersuchung von einer rein verfassungsrechtlichen abweicht.[188] Sie kann sich deshalb nicht mit einem Verweis auf öffentlich-rechtliche Ergebnisse begnügen, sondern muss eigene Antworten finden.

---

184 Siehe dazu Kap. D. I.

185 *R. P. Schenke*, in: Dreier (Hg.), Macht und Ohnmacht des Grundgesetzes, 2009, S. 51 (70); *Rüthers*, Rechtstheorie, 2008 Rn. 672.

186 Zur Wirkung der Grundrechte unter Privaten siehe Kap. E.

187 Eine verfassungsrechtliche Untersuchung intelligenter Videoüberwachung im polizeilichen Einsatz nimmt *Held*, Intelligente Videoüberwachung, 2014, vor.

188 *Buchner*, Informationelle Selbstbestimmung, 2006, S. 62, stellt insofern fest, dass „die Ausgestaltung eines privatrechtlichen Datenschutzmodells [sich] ganz wesentlich von der eines öffentlich-rechtlichen Datenschutzmodells unterscheidet".

D. Grundrechtsschutz und Verfassungsgerichtsbarkeit im europäischen Mehrebenensystem als Maßstab der Auslegung des § 6b BDSG

Das Verständnis der Rechtsordnung als hierarchisch abgestuftes System, das aus wertungsmäßig miteinander verbundenen Normen besteht,[189] und die systemkonforme Auslegung als Mittel der Normverwerfung haben Auswirkungen auf den Grundrechtsschutz und die Kompetenzverteilung zwischen den Verfassungsgerichtsbarkeiten im europäischen Mehrebenensystem.[190] Tauchen zum Beispiel während eines Gerichtsverfahrens bezüglich der unionsrechtskonformen Anwendung des § 6b BDSG Fragen auf und ist die Entscheidung nicht mehr mit Rechtsmitteln des innerstaatlichen Rechts anfechtbar, muss das Gericht diese Frage gemäß Art. 267 Abs. 3 AEUV dem Europäischen Gerichtshof vorlegen. Entspricht es dieser Pflicht nicht, kann eine Verfassungsbeschwerde wegen eines Verstoßes gegen Art. 101 Abs. 1 S. 2 GG erhoben werden, über die nach Art. 93 Abs. 1 Nr. 4a GG das Bundesverfassungsgericht entscheidet.[191] Da sich die Bundesrepublik Deutschland als Vertragspartei der Europäischen Menschenrechtskonvention gemäß Art. 1 EMRK verpflichtet hat, die Garantien dieses völkerrechtlichen Vertrages zu achten,[192] müssen zudem die Konventionsrechte und die dazu ergangene Rechtsprechung des Europäischen Gerichtshofs für Menschenrechte beachtet werden. Hat der Einzelne vergeblich den Rechtsweg zu den Fachgerichten beschritten und erfolglos eine Verfassungsbeschwerde eingelegt, kann er vor dem Europäischen Gerichtshof für Menschenrechte eine Individualbeschwerde nach Art. 34 EMRK erheben.

In diesem Spannungsfeld bewegt sich der Rechtsanwender bei der Prüfung, ob die Verwendung intelligenter Videoüberwachung durch nicht öffentliche Stellen im öffentlich zugänglichen Raum zulässig ist. Das Verständnis für die Grundlagen des europäischen Mehrebenensystems ist im Hinblick auf die

---

189 BVerfGE 7, 198 (207).

190 In Bezug auf das Verhältnis von EuGH und BVerfG sprechen *Höpfner/Rüthers*, AcP 209 (2009), 1 (22 f.) bspw. von einem Kooperationsverhältnis mit strikter Aufgabentrennung; Näheres dazu in Kap. D. II. 1.

191 BVerfG 128, 157 ff.

192 *Ekardt/Lessmann*, KJ 2006, 381 (382).

Auslegung des § 6b BDSG unerlässlich. Deshalb werden im Folgenden zunächst die höherrangigen Rechtsgrundlagen erörtert, die für die Konkretisierung der unbestimmten Rechtsbegriffe im Tatbestand des § 6b BDSG maßgeblich sind (I.). Anschließend wird das Zusammenspiel der für die Auslegung dieser Normen zuständigen Mehrebenenverfassungsgerichtsbarkeiten[193] erläutert (II.).

I. Maßgebliche Rechtsgrundlagen

Für die Auslegung des § 6b BDSG maßgeblich sind Normen folgender Rechtsgrundlagen des Mehrebenensystems: der Datenschutzrichtlinie 95/46/EG, der Charta der Grundrechte der Europäischen Union, der Europäischen Konvention für Menschenrechte und des Grundgesetzes. Sie stehen nicht isoliert nebeneinander, sondern beeinflussen sich,[194] weshalb es sinnvoll ist, sie in Umkehrung der Normenpyramide aus der Perspektive des Rechtsanwenders darzustellen. Die folgenden Ausführungen erörtern die genannten Rechtsgrundlagen und ihre Verflechtungen zunächst im Überblick. Einzelne für die Tatbestandskonkretisierung des § 6b BDSG relevante Rechtsvorschriften und Verfassungsgarantien, wie Art. 8 EMRK, Art. 7 GRCh, Art. 8 GRCh, Art. 2 Abs. 1 GG i. V. m. Art. 1 Abs. 1 GG, Art. 3 GG oder Artikel der Datenschutzrichtlinie 95/46/EG werden später in Kapitel F. untersucht, wenn es um die konkrete, themenspezifische Auslegung des § 6b BDSG geht.[195]

1. Datenschutzrichtlinie 95/46/EG

Der Europarat hatte sich seit dem Jahr 1968 darum bemüht, europäische Regelungen zum Datenschutz zu schaffen.[196] Einen Meilenstein des europäischen Datenschutzes bei der Verarbeitung personenbezogener Daten stellte die

---

193 Begriff von *Ekardt/Lessmann*, KJ 2006, 381.

194 Siehe *Streinz*, Europarecht, 2012, § 3 VII 1 Rn. 200 f.

195 Siehe dazu Kap. F. Da sich die Arbeit auf Fragen der Privatheit und des Datenschutzes konzentriert, stehen die europäischen Gleichheitsrechte nicht im Fokus. Eine Auseinandersetzung mit dem Verbot ungerechtfertigter Ungleichbehandlung nach Art. 3 GG erfolgt in einem Exkurs im Rahmen der Konkretisierung des § 6b BDSG (Kap. F.). Die Erörterung des Rechts auf Schutz personenbezogener Daten gem. Art. 16 Abs. 1 AEUV ist aufgrund der Parallelität von Schutzbereichs- und Eingriffsvoraussetzungen mit dem wortlautidentischen Art. 8 Abs. 1 GRCh für die weitere Untersuchung von untergeordneter Bedeutung und unterbleibt deshalb.

196 *Simitis*, in: ders. (Hg.), BDSG, 2011, Einl. Rn. 151.

Datenschutzrichtlinie 95/46/EG (DSRL) dar.[197] Sie zwang die Mitgliedstaaten, nationale Datenschutzregelungen umzugestalten und zu erweitern.[198] Die DSRL nimmt deshalb eine Schlüsselrolle im Normengeflecht zum Schutz personenbezogener Daten bei der automatisierten Verarbeitung durch die intelligente Videoüberwachung ein. Die Rechtsnatur einer Richtlinie (a) sowie die richtlinienkonforme Auslegung (b) sind für die Konkretisierung des § 6b BDSG unverzichtbare Grundlagen. Sie werden daher im Folgenden erläutert.

a) Rechtsnatur von EU-Richtlinien

Eine Richtlinie ist gemäß Art. 288 Abs. 3 AEUV „für jeden Mitgliedstaat, an den sie gerichtet wird, hinsichtlich des zu erreichenden Ziels verbindlich, überlässt jedoch den innerstaatlichen Stellen die Wahl der Form und der Mittel". Sie besitzt deshalb eine gestufte Verbindlichkeit.[199] Erst durch die nationale Umsetzung einer Richtlinie werden dem Einzelnen unmittelbare Rechtspositionen eingeräumt.[200] Die Mitgliedstaaten sind dabei jedoch oft wenig zielstrebig.[201] Der Europäische Gerichtshof hat vor diesem Hintergrund entschieden, dass Richtlinienbestimmungen vom Einzelnen gegenüber dem Mitgliedstaat vor den nationalen Gerichten geltend gemacht werden können, sog. vertikale Direktwirkung.[202]

---

197 Im Anschluss an ihre Unterzeichnung am 24.10.1995 hätte die Datenschutzrichtlinie 95/46/EG bis zum 24.10.1998 umgesetzt werden müssen, siehe BT-Drs. 14/4329, S. 1. Die Datenschutzrichtlinie 95/46/EG vereint mitgliedstaatliche Grundgedanken und Leitlinien zur Privatsphäre und dem Datenschutz mit dem, in den Erwägungsgründen Nr. 3 und Nr. 8 DSRL postulierten, gemeinschaftsrechtlichen Ziel der Harmonisierung und Beseitigung von Hindernissen für den Binnenmarkt und dem Ziel, europaweit den Datenschutz zu vereinheitlichen, siehe BT-Drs. 14/4329, S. 27; *Simitis*, in: ders. (Hg.), BDSG, 2011, Einl. Rn. 219; *Taeger/Schmidt*, in: Taeger/Gabel (Hg.), BDSG, 2010, Einf. Rn. 35; *Westphal*, in: Bauer/Reimer (Hg.), HD, 2009, S. 57.

198 BT-Drs. 17/8999, S. 11.

199 *Streinz*, Europarecht, 2012, § 5 II 3 Rn. 474.

200 GA *Reischl*, Schlussanträge v. 20.02.1979, Ratti, C-148/78, ECLI:EU:C:1979:44; *Heiderhoff*, Gemeinschaftsprivatrecht, 2007, S. 35.

201 *R. P. Schenke*, in: Müller-Graf et al. (Hg.), FS Scheuing, 2011, S. 149 (153), der die Gründe hierfür in der Unklarheit darüber sieht, wie die Richtlinie umzusetzen ist, und in der Schwierigkeit, innerstaatlich die erforderlichen Mehrheiten im Parlament zu organisieren.

202 EuGH, Urt. v. 06.10.1970, Franz Grad, C-9/70, ECLI:EU:C:1970:78; Urt. v. 04.12.1974, van Duyn, C-41/74, ECLI:EU:C:1974:133, Rn. 12; Urt. v. 12.07.1990, Foster u. a., C-188/89, ECLI:EU:C:1990:313; Urt. v. 06.03.2014, Napoli, C-595/12, ECLI:EU:C:2014:128, Rn. 46. Dies gilt nach Urt. v. 07.01.2004, Delena Wells, C-201/02,

Begründet wird dies mit dem *effet utile* der Richtlinie, ihrer Verbindlichkeit für die Mitgliedstaaten und dem aus dem Grundsatz von Treu und Glauben erwachsenden Bestreben, eine Nichtumsetzung zu sanktionieren.[203] Voraussetzung ist, dass die Umsetzungsfrist ohne vollständige Umsetzung des sekundären Rechtsakts verstrichen ist und die anzuwendenden Richtlinienbestimmungen inhaltlich unbedingt und hinreichend genau sind.[204] Grundsätzlich abzulehnen ist die horizontale Direktwirkung von Richtlinienbestimmungen unter Privaten.[205] Gegen eine solche sprechen der Wortlaut des Art. 288 Abs. 3 AEUV, der eine Verbindlichkeit für die Mitgliedstaaten festlegt und Private nicht als Adressaten der Richtlinien begreift, sowie ihr staatsgerichtetes, zweistufiges Regelungskonzept und die drohende Verwischung der Grenze zwischen Verordnungen und Richtlinien.[206] Außerdem kann den Maßgaben einer Richtlinie auch ohne ihre

ECLI:EU:C:2004:12, zugleich, wenn negative Auswirkungen auf die Rechte Dritter zu erwarten sind.

203 EuGH, Urt. v. 05.04.1979, Ratti, C-148/78, ECLI:EU:C:1979:110; Urt. v. 04.12.1974, van Duyn, C-41/74, ECLI:EU:C:1974:133 Rn. 12.

204 EuGH, Urt. v. 05.04.1979, Ratti, C-148/78, ECLI:EU:C:1979:110; Urt. v. 07.01.2004, Delena Wells, C-201/02, ECLI:EU:C:2004:12; *Riesenhuber*, in: Wolff/Brink (Hg.), BeckOK DatenSR, 2016, § 32 BDSG Rn. 10; *Heiderhoff*, Gemeinschaftsprivatrecht, 2007, S. 37, mit Erläuterung der Direktwirkung bei Nichtumsetzung und der Frage, ob der Staat oder die private gegnerische Partei haftet (a. a. O., S. 38 f.), sowie der Warnung vor einer Drittwirkung durch die Hintertür bei richtlinienkonformer Auslegung (a. a. O., S. 52 f.). Siehe *Kerwer*, Europäisches Gemeinschaftsrecht, 2003, S. 89, Fn. 42, für eine ausführliche Auflistung der Rechtsprechung des EuGH zur Direktwirkungsfrage seit den 1970er Jahren.

205 EuGH, Urt. v. 14.07.1994, Faccini Dori, C-91/92, ECLI:EU:C:1994:292, Rn. 19; Urt. v. 22.11.2005, Mangold, C-144/04, ECLI:EU:C:2005:709. Eine horizontale Direktwirkung aus der Mangold-Entscheidung schlussfolgernd: *Heiderhoff*, ZJS 2008, 25 (29). Laut *Bauer/Arnold*, NJW 2006, 6 (9), habe der EuGH mit „Mangold" eine „Bombe" platzen lassen; ebenso *Reich*, EuZW 2006, 17 (21). Ablehnend: *Forschner*, ZJS 2011, 456 (464), der von einer Missinterpretation der *Mangold*-Entscheidung spricht und die Falllösung des EuGH allein auf primärrechtlicher Ebene sieht.

206 *Kerwer*, Europäisches Gemeinschaftsrecht, 2003, S. 113 f. Zur Auseinandersetzung mit Ansichten, die eine Direktwirkung von Richtlinien aufgrund der Direktwirkung des Primärrechts verlangen, siehe *Kerwer*, a. a. O., S. 116 f. Letztlich müsse eine horizontale Direktwirkung im Bestreben der Gewährleistung von Rechtssicherheit und Vertrauensschutz abgelehnt werden (*Kerwer*, a. a. O., S. 125 f.).

unmittelbare Wirkung mithilfe der richtlinienkonformen Auslegung des nationalen Rechts Genüge getan werden.[207]

b) Richtlinienkonforme Auslegung

Das nationale Recht ist im Regelungsbereich der Richtlinie, aufgrund der Umsetzungspflicht aus Art. 288 Abs. 3 AEUV und dem Loyalitätsgebot aus Art. 4 Abs. 3 EUV, richtlinienkonform anzuwenden und zweistufig auszulegen.[208] Auf der ersten Stufe wird die nationale Rechtsvorschrift anhand der klassischen Auslegungskriterien interpretiert.[209] Die zweite Stufe dient der Prüfung, ob das Auslegungsergebnis den Vorgaben der Richtlinie entspricht.[210] Hierfür muss diese in einem Zwischenschritt autonom anhand ihres Wortlauts, ihrer Systematik und ihres Telos sowie unter Zuhilfenahme ihrer Erwägungsgründe ausgelegt werden. Es besteht ein absoluter Vorrang derjenigen Auslegung des nationalen Gesetzes, die zur Richtlinienkonformität führt.[211] Wurde im ersten Anlauf eine solche nicht gefunden, ist die Prüfung auf der ersten Stufe mit vorrangiger Berücksichtigung der richtlinienkonformen Auslegung erneut zu beginnen.[212]

---

207 EuGH, Urt. v. 19.11.1991, Francovich, C-6/90, C-9/90, ECLI:EU:C:1991:428; Urt. v. 13.06.2006, Traghetti del Mediterraneo, C-173/03, ECLI:EU:C:2006:391; *Voßkuhle*, NVwZ 2010, 1 (3).

208 EuGH, Urt. v. 10.04.1984, Colson Kamann, C-14/83, ECLI:EU:C:1984:153. Nach dem Urt. v. 13.11.1990, Marleasing, C-106/89, ECLI:EU:C:1990:395, Rn. 8, ist grundsätzlich das gesamte nationale Recht richtlinienkonform auszulegen, unabhängig davon, ob es der Umsetzung einer Richtlinie dient oder bereits früher erlassen wurde; auch vor Inkrafttreten der Richtlinie müssen dieser künftig entgegenstehende oder widersprechende Maßnahmen somit unterbleiben, siehe *Herresthal*, JuS 2014, 289 (290). Die Pflicht zur unionsrechtskonformen Auslegung gilt vom Ablauf der Umsetzungsfrist an und erstreckt sich auf den Zeitraum nach der ordnungsgemäßen Umsetzung der Richtlinie, siehe EuGH, Urt. v. 04.07.2006, Adeneler, C-212/04, ECLI:EU:C:2006:443. *R. P. Schenke*, in: Müller-Graf et al. (Hg.), FS Scheuing, 2011, S. 149 (163), bezeichnet die richtlinienkonforme Auslegung bei Gesetzen, die zur Umsetzung einer Richtlinie verabschiedet wurden – wie dies bei § 6b BDSG der Fall ist – als Unterfall der historischen Auslegung.

209 Zweistufenlösung i. S. v. *Canaris*, in: Koziol/Rummel (Hg.), FS Bydlinski, 2002, S. 47 (80). Für ein einstufiges Vorgehen, bei dem die richtlinienkonforme Auslegung bereits zu Beginn Teil des Auslegungsvorganges ist, siehe *Herrmann*, Richtlinienumsetzung durch die Rechtsprechung, 2003, S. 133.

210 *Canaris*, in: Koziol/Rummel (Hg.), FS Bydlinski, 2002, S. 47 (80).

211 *Canaris*, in: Koziol/Rummel (Hg.), FS Bydlinski, 2002, S. 47 (65); *Herresthal*, JuS 2014, 289 (291).

212 *Canaris*, in: Koziol/Rummel (Hg.), FS Bydlinski, 2002, S. 47 (80).

Da gegenüber Privaten grundsätzlich nur jene Rechtsfolgen eintreten dürfen, die das nationale Recht durch die Wahl einer von mehreren Auslegungsvarianten bereithält, werden dabei rechtmethodische Grenzen eingehalten.[213]

Zum Zwecke der begrifflichen Abgrenzung kurz erwähnt sei die zur unionsrechtskonformen Rechtsgewinnung zählende richtlinienkonforme Rechtsfortbildung.[214] Sie wird relevant, wenn „das innerstaatliche Gesetz unter voller Ausschöpfung des Beurteilungsspielraums, den ihm das nationale Recht einräumt, in Übereinstimmung mit den Anforderungen“[215] des Unionsrechts ausgelegt wurde, aber an Wortlautgrenzen stößt.[216] In systematischer Fortbildung der aus nationalen und unionalen Normen bestehenden Gesamtrechtsordnung wird dann das festgestellte systemwidrige Regelungsdefizit der nationalen Rechtsvorschrift mithilfe richtlinienkonformer Analogie oder Reduktion behoben.[217]

2. Charta der Grundrechte der Europäischen Union

Die Charta der Grundrechte der Europäischen Union wurde gemäß Absatz 4 ihrer Präambel geschaffen, um das durch die ständige Rechtsprechung des Europäischen Gerichtshofs erreichte gemeinschaftsrechtliche Schutzniveau der Grundrechte für die Durchführung des Unionsrechts zu konservieren und zu stärken.[218] Der Gerichtshof entwickelte die Unionsgrundrechte als allgemeine Rechtsgrundsätze der Unionsordnung nach dem Vorbild der mitgliedstaatlichen Verfassungen und insbesondere der Europäischen Menschenrechtskonvention,

---

213 EuGH, Urt. v. 16.06.2005, Pupino, C-105/03, ECLI:EU:C:2005:386; Urt. v. 04.07.2006, Adeneler, C-212/04, ECLI:EU:C:2006:443; zu den Grenzen der richtlinienkonformen Auslegung *R. P. Schenke*, in: Müller-Graf et al. (Hg.), FS Scheuing, 2011, S. 149 (160).

214 BGHZ 179, 27 (34).

215 EuGH, Urt. v. 04.02.1998, Murphy, C-157/86, ECLI:EU:C:1988:62, Rn. 11.

216 *Haratsch/Koenig/Pechstein*, Europarecht, 2016, Rn. 191; *Herresthal*, JuS 2014, 289 (292).

217 BGHZ 179, 27; 192, 148, wonach für den Lückenschluss auf den hypothetischen Willen des Gesetzgebers abzustellen ist, der sich grundsätzlich rechtskonform verhalten solle und wolle, und dessen Wille dementsprechend auf eine richtlinienkonforme Rechtsgewinnung gerichtet sein müsse; *Canaris*, in: Koziol/Rummel (Hg.), FS Bydlinski, 2002, S. 47 (55); a. A. *Herresthal*, JuS 2014, 289 (293), der das Abstellen auf den hypothetischen Willen als bloße Fiktion kritisiert.

218 *Jarass*, GRCh, 2016, Präambel Rn. 8 f. Einige der allgemeinen Rechtsgrundsätze gelten nach Art. 6 Abs. 3 EUV als ungeschriebene primärrechtliche Rechtsquellen in Form des Gewohnheitsrechts fort, ohne positivrechtlich verankert zu sein, siehe *Westphal*, in: Bauer/Reimer (Hg.), HD, 2009, S. 64.

von der sich die Charta der Grundrechte der Europäischen Union inhaltlich kaum unterscheidet.[219] Am 1. Dezember 2009 wurde die im Dezember 2000[220] proklamierte Charta der Grundrechte der Europäischen Union für die Mitgliedstaaten der Europäischen Union rechtsverbindlich. Sie gilt gemäß Art. 6 Abs. 1 EUV als primärrechtlicher Grundrechtskatalog für die gesamte Europäische Union[221] und ist für die Mitgliedstaaten bei der Durchführung des Unionsrechts gemäß Art. 51 Abs. 1 S. 1 GRCh grundsätzlich unmittelbar anwendbar.[222]

Die Unionsgrundrechte[223] dienen in erster Linie als Abwehrrechte gegenüber unzulässigen hoheitlichen Eingriffen durch die Europäische Union oder deren Mitgliedstaaten.[224] Die für die Zulässigkeit intelligenter Videoüberwachung durch nicht öffentliche Stellen im öffentlich zugänglichen Raum maßgeblichen Rechte auf Achtung des Privatlebens und Schutz personenbezogener Daten sind in Art. 7 GRCh und in Art. 8 Abs. 1 GRCh verankert. Bereits an dieser Stelle sei erwähnt, dass die Prüfung der Freiheitsrechte gemäß Art. 52 Abs. 1 GRCh Folgendes umfasst: eine Berührung des persönlichen und sachlichen Schutzbereichs,

---

219 EuGH, Urt. v. 05.02.1963, van Gend en Loos, C-26/62, ECLI:EU:C:1963:1; Urt. v. 15.07.1964, Costa/ENEL, C-6/64, ECLI:EU:C:1964:66; Urt. v. 12.11.1969, Stauder, C-29/69, ECLI:EU:C:1969:57.

220 Zur Entstehungsgeschichte der Charta *Knecht*, in: Schwarze et al. (Hg.), EU-Kommentar, 2012, Präambel Rn. 5 f.

221 *Jarass*, GRCh, 2016, Einl. Rn. 8; *Dieterich*, in: Müller-Glöge et al. (Hg.), EfKA, 2013, Einl. Rn. 101; *Gerhardt*, ZRP 2010, 161 (162).

222 *Ehlers*, in: ders. (Hg.), EuGR, 2014, § 14 I 5 Rn. 14. Zur Judikatur des BVerfG und des EuGH bzgl. der Reichweite der Bindungswirkung des Unionsrechts und der Unionsgrundrechte siehe Kap. D. II. 1.

223 Die Unterscheidung in subjektive Rechte und Freiheiten sowie objektiv wirkende Grundsätze soll an dieser Stelle nicht erfolgen. Siehe für einen Einblick in die Problematik *Ehlers*, in: ders. (Hg.), EuGR, 2014, § 14 I 1 Rn. 2, § 14 I 6 Rn. 17, § 14 III.

224 *Haratsch/Koenig/Pechstein*, Europarecht, 2016, Rn. 675; *Ehlers*, in: ders. (Hg.), EuGR, 2014, § 14 II 1 Rn. 41, und zu den Leistungs- und Verfahrensrechten der GRCh (a. a. O., § 14 II 2 Rn. 42 f.). Die Gleichheitsrechte der Charta sind zweistufig zu prüfen, sodass zunächst eine Ungleichbehandlung vorliegen und diese dann gerechtfertigt sein muss, siehe EuGH, Urt. v. 05.10.1994, Deutschland gegen Rat der Europäischen Union, C-280/93, ECLI:EU:C:1994:367, Rn. 67 f.; Urt. v. 16.12.2008, Société Arcelor Atlantique et Lorraine u. a., C-127/07, ECLI:EU:C:2008:728, Rn. 23 ff. Siehe *Kingreen*, in: Ehlers (Hg.), EuGR, 2014, § 21 II Rn. 7 f., zur Problematik des bislang nicht eindeutigen Prüfungsaufbaus der Gleichheitsrechte. Zur komplexen Struktur der Gleichheitsrechte siehe *Huster*, EuR 2010, 325 ff.

einen Eingriff in diesen und die Rechtfertigung der Beeinträchtigung unter Beachtung der Schranken-Schranken.[225] Die Grundrechte der Charta besitzen außerdem eine objektiv-rechtliche Dimension, die Einfluss auf die Setzung, die Auslegung und die Anwendung des Sekundärrechts und des nationalen Rechts hat.[226] Die Auslegung der Unionsgrundrechte erfolgt gemäß Art. 52 Abs. 3 bis Abs. 7 GRCh autonom mithilfe der allgemeinen Auslegungsregeln, wobei diejenige Konkretisierung zu präferieren ist, die die Grundrechte am effektivsten zur Geltung bringt.[227]

3. Europäische Konvention für Menschenrechte

Unter dem Eindruck der Geschehnisse des Ersten und Zweiten Weltkrieges sollten Instrumente geschaffen werden, die ein Mindestmaß an Menschenrechten in Europa gewährleisten.[228] Dem diente die Europäische Konvention für Menschenrechte als erstes verbindliches Abkommen dieser Art.[229] Sie wurde von den Regierungen der Mitgliedstaaten des Europarates als multilateraler völkerrechtlicher Vertrag geschlossen und trat für die Bundesrepublik Deutschland am 3. September 1953 in Kraft.[230] Mehr als fünfzig Jahre später hat sie nicht an Bedeutung verloren und zählt siebenundvierzig Vertragsstaaten.[231] Das in ihr verbürgte Mindestniveau an Menschenrechtsschutz dürfen die Vertragsstaaten nicht unterschreiten, wobei nach dem sog. Günstigkeitsprinzip das jeweils höhere Schutzniveau maßgeblich ist.[232] Ohne in diesem Rahmen vertieft auf die Dogmatik des Europäischen Gerichtshofs für Menschenrechte zur Prüfung der Konventionsrechte eingehen zu können, ist jedenfalls festzuhalten, dass die

---

225 Siehe bspw. EuGH, Urt. v. 30.07.1996, Bosphorus, C-85/95, ECLI:EU:C:1996:312, Rn. 21 f.; Urt. v. 05.10.1994, Deutschland gegen Rat der Europäischen Union, C-280/93, ECLI:EU:C:1994:367, Rn. 78. Zu allem *Haratsch/Koenig/Pechstein*, Europarecht, 2016, Rn. 689 f.; *Ehlers*, in: ders. (Hg.), EuGR, 2014, § 14 VIII 2 Rn. 85 f.

226 *Ehlers*, in: ders. (Hg.), EuGR, 2014, § 14 II 7 Rn. 49.

227 EuGH, Urt. v. 12.11.1969, Stauder, C-29/69, ECLI:EU:C:1969:57, Rn. 3 f.; *Ehlers*, in: ders. (Hg.), EuGR, 2014, § 14 IV Rn. 53.

228 *Walter*, in: Ehlers (Hg.), EuGR, 2014, § 1 I Rn. 1.

229 *Jarass*, GRCh, 2016, Einl. Rn. 40.

230 BVerfGE 111, 307 (316); *Herdegen*, EMRK, 2016, § 3 Rn. 1; *Bernhardt*, in: Merten/Papier (Hg.), HGR VI/1, 2010, § 137 Rn. 7, 21 f.; *Grabenwarter*, EMRK, 2008, § 1 Rn. 1; *P. Kirchhof*, EuGRZ 1994, 16 (17).

231 *Bernhardt*, in: Merten/Papier (Hg.), HGR VI/1, 2010, § 137 Rn. 40.

232 BVerfGE 74, 358 (370); *Bernhardt*, in: Merten/Papier (Hg.), HGR VI/1, 2010, § 137 Rn. 72; *Grabenwarter*, EMRK, 2008, § 2 Rn. 14; *Bleckmann*, DÖV 1996, 137 (138).

Prüfung der Konventionsgarantien im Rahmen einer Individualbeschwerde nach Art. 34 EMRK dem dreistufigen Schema von Schutzbereich, Eingriff und Rechtfertigung folgt.[233]

In der deutschen Rechtsordnung gilt die Europäische Konvention für Menschenrechte im Rang einfachen Bundesrechts.[234] Sie wurde durch ein förmliches Zustimmungsgesetz nach Art. 59 Abs. 2 GG „in das deutsche Recht transformiert“[235], wodurch ein entsprechender Rechtsanwendungsbefehl erteilt wurde.[236] Aufgrund der Rangzuweisung und der Völkerrechtsfreundlichkeit des

---

233 EGMR, Urt. v. 02.09.2010, Uzun (No. 35623/05); *Ehlers*, in: ders. (Hg.), EuGR, 2014, § 2 VIII Rn. 67, befindet, dass es an einem einheitlichen Prüfraster fehlt, zeigt aber (a. a. O., Rn. 69 ff.) auf, dass der Konventionstext selbst von Eingriffen (z. B. in Art. 8 Abs. 2 EMRK) und allgemeinen (z. B. Art. 15 Abs. 1 EMRK) sowie besonderen Schrankenregelungen (z. B. Art. 8 Abs. 2 EMRK) spricht.

234 BVerfGE 74, 358 (370); 111, 307 (315). Da sie damit keinen Verfassungsrang besitzt, kann eine Verfassungsbeschwerde nach Art. 93 Abs. 1 Nr. 4a GG nicht unmittelbar auf eine Konventionsverletzung gestützt werden, siehe BVerfGE 111, 307 (318). Anders allerdings bei einer Verfassungsbeschwerde gegen Landesrecht, siehe BVerfGE 138, 296 (356). Die Konventionsbestimmungen, die Menschenrechte garantieren, haben als Völkergewohnheitsrecht nach Art. 25 GG weiterhin Vorrang vor einfachem Bundesgesetz, siehe BVerfGE 111, 307 (318). Dies betrifft z. B. elementare Konventionsrechte wie das Verbot der Folter nach Art. 3 EMRK, siehe *Ehlers*, in: ders. (Hg.), EuGR, 2014, § 2 I 3 Rn. 13. Alle sonst verbürgten Garantien sind nachrangig zu spezielleren Grundrechten des Grundgesetzes über den Auffangtatbestand des Art. 2 Abs. 2 GG zu berücksichtigen, siehe *Grabenwarter*, EMRK, 2008, § 3 Rn. 8; *P. Kirchhof*, EuGRZ 1994, S. 16 (18). Zu den Ansichten, der EMRK Verfassungsrang beizumessen oder sie als Grundrechtsverfassung zu qualifizieren, siehe statt vieler *Grabenwarter*, EMRK, 2008, § 3 Rn. 7 ff., der erläutert, dass eine Eingliederung der Konvention in das Grundgesetz über Art. 1 Abs. 2 GG i. V. m. dem Völkerrechtsfreundlichkeitsgrundsatz abzulehnen ist, da das Grundgesetz den Begriff der Grundrechte abschließend versteht.

235 BVerfGE 111, 307 (316). Der Streit um die Übernahme der EMRK nach der Transformations- oder der Vollzugslehre soll hier nicht weiter erörtert werden, da er aus Sicht des Rechtsanwenders letztlich „ohne praktische Auswirkungen“ bleibt, siehe *Giegerich*, in: Dörr et al. (Hg.), EMRK/GG, 2013, Kap. 2 Rn. 45. *Haratsch/Koenig/Pechstein*, Europarecht, 2016, Rn. 14, folgen bspw. der Vollzugslehre mit dem Argument, dass andernfalls „das Völkerrecht je nach innerstaatlicher Rechtsordnung einen anderen Sinngehalt erhalten würde“.

236 BVerfGE 111, 307 (316 f.). Damit ist die EMRK nur mithilfe des Zustimmungsgesetzes als geltendes Recht zu behandeln, da das nationale Recht und das Völkerrecht zwei unterschiedliche Rechtskreise sind und ihr Verhältnis durch das nationale Recht bestimmt wird (a. a. O., 318).

Grundgesetzes muss „die Konvention wie anderes Gesetzesrecht des Bundes im Rahmen methodisch vertretbarer Auslegung“[237] beachtet und angewendet werden.[238] Die Konvention ist „als Auslegungshilfe“[239] bei der Auslegung der Grundrechte und Gesetze heranzuziehen.[240] Dabei erfolgt aber keine „schematische Parallelisierung“[241] der Gewährleistungen. Ihre Grenze findet die Konvention dort, wo ihre Garantien ausnahmsweise nicht zu beachten sind, um nicht gegen tragende Grundsätze der Verfassung zu verstoßen.[242]

Die Europäische Union selbst ist nicht Vertragspartei der Europäischen Konvention für Menschenrechte, weshalb ihre Organe nicht unmittelbar zur Einhaltung der Konvention verpflichtet sind.[243] Art. 52 Abs. 3 GRCh, an dessen Regelungen gemäß Art. 6 Abs. 1 EUV auch die Union gebunden ist, legt jedoch fest, dass die Unionsgrundrechte die „gleiche Bedeutung und Tragweite“ haben wie die äquivalenten Rechte aus der Konvention.[244] Nach Art. 53 GRCh i. V. m. Art. 6 EUV besteht zudem die Pflicht, die Gleichwertigkeit des Schutzniveaus der Grundrechte auf der Ebene der Europäischen Union zu gewährleisten. Die Mitgliedstaaten der Union, die zugleich Vertragsstaaten der Konvention sind, sind auch gemäß Art. 1 EMRK gegenüber ihren Staatsbürgern dafür verantwortlich,

---

237 BVerfGE 111, 307 (317).

238 BVerfGE 111, 307 (317); 128, 326 (367).

239 BVerfGE 138, 296 (358).

240 BVerfGE 111, 307 (317); 128, 326 (367); 138, 296 (358); Für ihre sog. Derogationswirkung, kraft deren sie grundsätzlich gleichrangiges Bundesrecht verdrängen kann, siehe *Grabenwarter*, EMRK, 2008, § 3 Rn. 11. Die faktische Wirkung der EMRK zeigt sich, wenn sie bereits ohne ein anhängiges Verfahren vor dem EGMR beachtet wird, siehe *Würtenberger*, Der Staat, Beiheft 20 (2012), 287 (300 f.), oder wenn bestimmte Gesetzgebungsakte verabschiedet oder Urteile getroffen werden, die – aufgrund fehlender Ratifikation eines Zusatzprotokolls oder aufgrund geäußerter Vorbehalte – zwar nicht direkt an der EMRK gemessen werden müssten, diese aber trotzdem beachten, siehe *Grabenwarter*, EMRK, 2008, § 3 Rn. 15. Deutschland hat bspw. das 7. und 12. ZP zur EMRK nicht ratifiziert, siehe *Meyer-Ladewig*, EMRK, 2011, Einl. Rn. 18. *Würtenberger*, in: Wahl (Hg.), Verfassungsänderung, 2008, 49 (59) spricht für diese Handhabung von „Vorauskonformismus“. Ausführlich zur Problematik der Vorbehalte nach Art. 57 EMRK *Bernhardt*, in: Merten/Papier (Hg.), HGR VI/1, 2010, § 137, Rn. 43 f.

241 BVerfGE 128, 326 (366).

242 BVerfGE 111, 307 (319); 128, 326 (371).

243 *Ehlers*, in: ders. (Hg.), EuGR, 2014, § 2 I 4 Rn. 20.

244 Insofern bietet die EMRK laut *Schorkopf*, in: Grabitz et al. (Hg.), EU, 2016, Art. 6 EUV Rn. 57, „den Unionsorganen bei der autonomen Anwendung und Auslegung der Charta-Grundrechte inhaltlich eine Richtung im Sinne eines Referenzpunktes“.

diesen die Rechte und Freiheiten der Konvention zuzusichern. Die Europäische Union ist deshalb an die „materiellen Grundrechtsgehalte [der Konvention] als allgemeine Rechtsgrundsätze gebunden“[245]. Sollte der Beitritt der Europäischen Union zur Europäischen Konvention für Menschenrechte erfolgen,[246] wäre sie „Bestandteil des Unionsrechts und damit Rechtsquelle des Unionsrechts im Rang zwischen Primär- und Sekundärrecht“[247]. Gegenüber den Mitgliedstaaten genösse sie dann Anwendungsvorrang.[248]

4. Grundgesetz

Das Grundgesetz wurde am 8. Mai 1949 vom Parlamentarischen Rat beschlossen und am 12. Mai 1949 von den Alliierten genehmigt. Es trat am 23. Mai 1949 in Kraft. Wesentliche Grundsätze der Wirkweise der Grundrechte des Grundgesetzes sind: Die Grundrechte binden gemäß Art. 1 Abs. 3 GG unmittelbar die Gesetzgebung, die vollziehende Gewalt und die Rechtsprechung und berechtigen grundsätzlich natürliche und juristische Personen des Privatrechts.[249] Sie wirken

---

245 *Haratsch/Koenig/Pechstein*, Europarecht, 2016, Rn. 712.

246 EuGH, Gutachten 2/94 v. 28.03.1996, ECLI:EU:C:1997:254, wonach es, ausgehend vom Prinzip der begrenzten Einzelermächtigung, für einen Beitritt in den europäischen Verträgen keine tragfähige Rechtsgrundlage gebe. Der EuGH erachtete in Gutachten 2/13 v. 18.12.2014, ECLI:EU:C:2014:2454, den Beitritt weiterhin als unionsrechtswidrig. Ausführlich zur Entwicklung des Beitrittsentwurfs, zur Kritik daran und zur Rechtslage nach einem möglichen Beitritt *Haratsch/Koenig/Pechstein*, Europarecht, 2016, Rn. 715 f.; *Giegerich*, in: Dörr et al. (Hg.), EMRK/GG, 2013, Kap. 2 Rn. 35 f.

247 *Ehlers*, in: ders. (Hg.), EuGR, 2014, § 14 I 7 Rn. 32; ebenso *Giegerich*, in: Dörr et al. (Hg.), EMRK/GG, 2013, Kap. 2 Rn. 35.

248 *Ehlers*, in: ders. (Hg.), EuGR, 2014, § 14 I 7 Rn. 32.

249 *Dreier*, in: ders. (Hg.), GG, 2013, Bd. I, Vorb. Rn. 109; *Dieterich*, in: Müller-Glöge et al. (Hg.), EfKA, 2013, Einl. Rn. 4 f. Für von natürlichen Personen gegründete inländische juristische Personen gilt Art. 19 Abs. 3 GG, sodass ihre Grundrechtsberechtigung von der Fähigkeit zur Selbstwahrnehmung des Grundrechts abhängt, siehe BVerfGE 45, 63 (78). Für juristische Personen des öffentlichen Rechts gelten die Grundrechte in der Regel nicht, da sie durch diese gebunden sind (a. a. O., 78 f.); allerdings können sie sich auf die Prozessgrundrechte der Art. 101 Abs. 1 GG, Art. 103 Abs. 1 GG berufen und in Bereichen, in denen sie vom Staat unabhängig sind, bestimmte Grundrechte geltend machen, z. B. staatliche Universitäten Rechte aus Art. 5 Abs. 3 GG. Soweit juristische Personen des Privatrechts in öffentlicher Hand hoheitliche Aufgaben erfüllen, sind die Grundrechte auf sie – unabhängig davon, ob sie privatrechtlich oder öffentlich-rechtlich organisiert sind – nicht anwendbar, siehe BVerfGE 45, 63 (80). Ausnahmen gelten für die Verfahrensgrundrechte und für Sachverhalte, in denen der betroffene Lebensbereich unmittelbar Bürgern zugeordnet werden kann (a. a. O., 79).

als Abwehrrechte des Einzelnen gegenüber staatlichen Eingriffen (*status negativus*),[250] geben ihm einen Anspruch auf Tätigwerden gegenüber dem Staat (*status positivus*)[251] und gewährleisten Mitwirkungsrechte (*status activus*).[252] Außerdem wirken sie als Einrichtungs- und Institutsgarantien.[253] Grundrechte sind jedoch nicht ohne Grenzen, denn in ihren Schutzbereich kann gerechtfertigt eingegriffen werden.[254] Da die Grundrechte im Grundsatz weit formuliert sind, müssen sie konkretisiert werden.[255] Die klassischen Auslegungsregeln[256] bilden dabei die Ausgangsbasis. Das Bundesverfassungsgericht entwickelt die Grundrechte über ihre Auslegung und Anwendung im Einzelfall, beispielsweise im Rahmen von Verfassungsbeschwerden nach Art. 93 Abs. 1 Nr. 4a GG.

II. Zusammenspiel der Verfassungsgerichtsbarkeiten im Mehrebenensystem

Die Gerichte zur Ausübung der jeweiligen Verfassungsgerichtsbarkeit besitzen die Deutungshoheit über die dargestellten Rechtsgrundlagen im europäischen Mehrebenensystem. Sie beeinflussen sich durch ihre Rechtsprechung wechselseitig bei der Anwendung und Auslegung, haben aber nicht immer kongruente Ansichten bezüglich des Vorrangs des Grundgesetzes, der Charta oder der

---

250 BVerfGE 7, 198 (204); *Dreier*, in: ders. (Hg.), GG, 2013, Bd. I, Vorb. Rn. 83. Diese abwehrrechtliche Funktion ergibt sich aus der geistesgeschichtlichen Entwicklung der Grundrechtsidee und aus den geschichtlichen Vorgängen, die zur Entstehung des Grundgesetzes aus dem Jahr 1949 geführt haben, vgl. *v. Münch/Kunig*, in: dies. (Hg.), GG, Bd. 1, 2012, Vorb. zu Art. 1–19 GG Rn. 15; *Papier*, in: Merten/Papier (Hg.), HGR II, 2006, § 55 Rn. 1; *Roßnagel/Schnabel*, NJW 2008, 3534 (3535); *Windel*, Der Staat 37 (1998), 385 (386). Geschützt ist die positive Freiheit, etwas zu tun, und die negative Freiheit, etwas zu unterlassen, siehe bspw. BVerfGE 138, 296 für die positive und negative Glaubensfreiheit aus Art. 4 GG.

251 Leistungs- und Teilhaberechte ergeben sich bspw. aus Art. 6 Abs. 4 GG.

252 Bspw. über das Wahlrecht aus Art. 38 Abs. 1 S. 1, Abs. 2 GG.

253 Garantiert ist bspw. der Bestand von Ehe und Familie nach Art. 6 Abs. 1 GG oder das Eigentum nach Art. 14 Abs. 1 GG.

254 Die Prüfung der Freiheitsrechte ist dabei am geläufigsten in Schutzbereich, Eingriff, Schranken und Schranken-Schranken aufgeteilt, vgl. *Dreier*, in: ders. (Hg.), GG, 2013, Bd. I, Vorb. Rn. 119 f. Gleichheitsrechte sind hingegen nach der „neuen Formel" in zwei Stufen zu prüfen, siehe BVerfGE 55, 72 (88); 117, 272 (301) und Kap. F. IV.

255 Für die Methodenfrage im Verfassungsrecht sei beispielhaft verwiesen auf *Engisch*, Einführung in das juristische Denken, 2010; *Larenz*, Methodenlehre, 1991.

256 *v. Savigny*, System des heutigen Römischen Rechts, Bd. I, 1840.

Konvention und der jeweiligen Letztentscheidungsbefugnis. Um den wechselseitigen Einfluss der Gerichte aufeinander und auf die Auslegung des höherrangigen Rechts sowie des § 6b BDSG im Hinblick auf die intelligente Videoüberwachung besser zu verstehen, werden nun das Verhältnis des Bundesverfassungsgerichts zum Europäischen Gerichtshof (1.) und zum Europäischen Gerichtshof für Menschenrechte (2.) sowie das Verhältnis des Europäischen Gerichtshofs zum Europäischen Gerichtshof für Menschenrechte (3.) dargestellt. Aufgrund der besonderen Bedeutung der Unionsgrundrechte und der Datenschutzrichtlinie 95/46/EG sowie der Grundrechte des Grundgesetzes für die Anwendung und Auslegung des § 6b BDSG liegt ein Schwerpunkt auf dem Verhältnis des Bundesverfassungsgerichts zum Europäischen Gerichtshof.

1. Verhältnis des Bundesverfassungsgerichts zum Europäischen Gerichtshof

Der von der Videoüberwachung Betroffene findet inzwischen sowohl im Grundgesetz als auch in der Charta der Grundrechte der Europäischen Union Rechte, die ihn vor einer unzulässigen automatisierten Datenverarbeitung schützen. Deshalb könnte der Rechtsanwender gezwungen sein, die Prüfung der Zulässigkeit einer intelligenten Videoüberwachungsmaßnahme nicht allein an den nationalen Grundrechten auszurichten, sondern die Unionsgrundrechte als parallelen oder gar einzigen Maßstab heranzuziehen. Mit diesem Gedanken sind Fragen nach dem Anwendungsvorrang des Unionsrechts und der „Kontrollhoheit“ über den Grundrechtsstandard aufgeworfen. Um beides haben das Bundesverfassungsgericht und der Europäische Gerichtshof in den letzten Jahrzehnten gerungen.

a) Eigenständiger oder abgeleiteter Vorrang?

Aus der Perspektive des Bundesverfassungsgerichts ist „der Grund und die Grenze für die Geltung des Rechts der Europäischen Union (...) der im Zustimmungsgesetz enthaltene Rechtsanwendungsbefehl“[257]. Der abgeleitete Vorrang „kraft verfassungsrechtlicher Ermächtigung“[258] erlaube es dem Bundesverfassungsgericht, das Zustimmungsgesetz auf seine Verfassungsmäßigkeit hin zu prüfen und die europäische Integration an den Schranken der Art. 23 Abs. 1 S. 1 und S. 2 GG sowie Art. 79 Abs. 3 GG zu kontrollieren.[259] Nach Ansicht

---

257 BVerfGE 123, 267 (402).

258 BVerfGE 123, 267 (397).

259 BVerfGE 123, 267 (329); *Streinz*, in: Sachs/Siekmann (Hg.), FS Stern, 2012, S. 963 (965).

des Europäischen Gerichtshofs ist das Unionsrecht dagegen – mit Ausnahme der Richtlinien – sowohl im Verhältnis zwischen dem Staat und den Bürgern als auch im Verhältnis der Bürger untereinander unmittelbar anwendbar und bindend.[260] Den eigenständigen Vorrang des Unionsrechts vor nationalem Recht folgert der Gerichtshof aus der Gründung der Gemeinschaft, der Übertragung von Hoheitsrechten durch die Mitgliedstaaten und dem *effet utile*.[261] Die Divergenz der Ansichten ist der Tatsache geschuldet, dass es in den Verträgen der Europäischen Union keine klare Regelung zur Vorrangfrage gibt.[262]

b) Hoheit über den Grundrechtsschutz

Das Bundesverfassungsgericht ließ anfänglich offen, ob das Grundgesetz im Rahmen einer Verfassungsbeschwerde Prüfungsmaßstab für das Gemeinschaftsrecht sein kann.[263] Der Europäische Gerichtshof entschied sodann, dass Handlungen der Gemeinschaftsorgane ausschließlich am Gemeinschaftsrecht zu messen seien und er für die Wahrung der Grundrechte zuständig sei.[264] Den daraus folgenden absoluten Geltungsvorrang des Gemeinschaftsrechts und die diesbezügliche Letztentscheidungskompetenz des Europäischen Gerichtshofs schränkte das Bundesverfassungsgericht im *Solange-I*-Beschluss[265] ein. Es befand, dass in der Gemeinschaft mangels eines formulierten Grundrechtekatalogs noch kein dem Grundgesetz im Wesentlichen gleicher Grundrechtsschutz gewährleistet werde.[266] Seit der Entscheidung in Sachen *Solange-II*[267] erachtet es diesen aber als gleichwertig.[268] Sowohl im *Maastricht*-Urteil[269] als auch im *Bananenmarkt*-Beschluss[270] betonte es das „Kooperationsverhältnis“[271] der Gerichte. Solange und soweit kein „generelles Absinken“[272] des „unabdingbar gebotenen

---

260 EuGH, Urt. v. 05.02.1963, van Gend en Loos, C-26/62, ECLI:EU:C:1963:1; *Forschner*, ZJS 2011, 456 (457).

261 EuGH, Urt v. 15. 7. 1964, Costa/ENEL, C-6/64, ECLI:EU:C:1964:66.

262 *Streinz*, Europarecht, 2012, § 3 VII 1 Rn. 197.

263 BVerfGE 22, 293 (298).

264 EuGH, Urt. v. 17.12.1970, Internationale Handelsgesellschaft, C-11/70, ECLI:EU:C:1970:114, Rn. 3 f.

265 BVerfGE 37, 271.

266 BVerfGE 37, 271 (285).

267 BVerfGE 73, 339 ff.

268 BVerfGE 73, 339 (378).

269 BVerfGE 89, 155 ff.

270 BVerfGE 102, 147 ff.

271 BVerfGE 89, 155 (156); 102, 147 (164).

272 *v. Heinegg*, in: Epping/Hillgruber (Hg.), BeckOK GG, 2016, Art. 23 GG Rn. 18.

Grundrechtsschutzes“[273] vorliegt, übt das Bundesverfassungsgericht daher seine Prüfungskompetenz nicht aus.[274] Dieses „Wächteramt“[275] bekräftigte das Bundesverfassungsgericht in der Entscheidung zum sog. Lissabon-Vertrag[276], behielt sich jedoch eine Befugnis zur Identitäts- und Ultra-vires-Kontrolle[277] vor und zog der Übertragung von Befugnissen im Mehrebenensystem Grenzen.[278] Im *Honeywell*-Beschluss[279] erklärte das Bundesverfassungsgericht einschränkend, dass eine Ultra-vires-Kontrolle nur bei ersichtlichen Grenzüberschreitungen und erfolgloser Vorlage an den Europäischen Gerichtshof erfolgen dürfe.[280]

c) Kompetenzkonflikte im Bereich der Durchführung von Richtlinien

Das Bundesverfassungsgericht behält sich bei Richtlinien, die keine unmittelbar bindenden Vorgaben enthalten, eine volle Grundrechtskontrolle des nationalen Durchführungsrechtsaktes vor.[281] Nach Ansicht des Europäischen Gerichtshofs sind die Mitgliedstaaten hingegen beim Erlass von richtlinienumsetzenden nationalen Rechtsakten sowie der Auslegung und Anwendung nationalen richtliniendeterminierten Rechts auch bei einem eingeräumten Ermessensspielraum

---

273 BVerfGE 102, 147 (164).

274 *Dieterich*, in: Müller-Glöge et al. (Hg.), EfKA, 2013, Einl. Rn. 94; *Bergmann*, EuGRZ 2004, 620 (625).

275 *Zippelius/Würtenberger*, 2008, § 17 Rn. 51.

276 BVerfGE 123, 267 ff.

277 BVerfGE 123, 267 (353, 381, 398). Das BVerfG prüft bei der Identitätskontrolle, ob Unionsrecht gegen den unantastbaren Kernbereich der Grundrechte nach Art. 79 Abs. 1 S. 3, Abs. 3 GG und Art. 23 Abs. 1 S. 2 GG verstößt und untersucht bei der Ultra-vires-Kontrolle, ob ausbrechende Rechtsakte vorliegen, die das Kompetenzgefüge des Unionsrechts sprengen, weil gegen den Grundsatz der begrenzten Einzelermächtigung (Art. 5 Abs. 1 und Abs. 2 EUV) oder das Subsidiaritätsprinzip (Art. 5 Abs. 3 EUV) verstoßen wird.

278 *Voßkuhle*, NVwZ 2010, 1 (7).

279 BVerfGE 126, 286.

280 BVerfGE 126, 286 (304). Deshalb war das Urteil des EuGH in der Sache *Mangold* kein ausbrechender Rechtsakt (a. a. O., 308). Das BVerfG legte dem EuGH erstmals in der Sache BVerfGE 134, 366, vor, die es – nachdem der EuGH, Urt. v. 16.06.2015, Gauweiler u.a., C-62/14, ECLI:EU:C:2015:400, festgestellt hatte, dass der OMT-Beschluss mit dem Unionsrecht vereinbar ist – selbst mit Urt. v. 21.06.2016 – 2 BvR 2728/13 u.a. entschied.

281 BVerfGE 118, 79 (95); 121, 1 (15); 125, 260 (306 f.). Die Richtlinie selbst ist nach BVerfGE 118, 79 (81), nur an den Unionsgrundrechten zu messen, insofern ist gem. Art. 263 Abs. 2, Art. 267 AEUV der EuGH zuständig.

und unabhängig von einem grenzüberschreitenden Sachverhalt grundsätzlich an die Unionsgrundrechte gebunden.[282]

Eine der Richtlinien, bei der diese gegensätzlichen Ansichten virulent werden, ist die für die Auslegung des § 6b BDSG maßgebende Datenschutzrichtlinie 95/46/EG. Ihre Bestimmungen sind „notwendig verhältnismäßig allgemein gehalten, da sie auf viele ganz unterschiedliche Situationen Anwendung finden soll“[283]. Sie enthält „Vorschriften, die durch eine gewisse Flexibilität gekennzeichnet sind, und überlässt es in vielen Fällen den Mitgliedstaaten, die Einzelheiten zu regeln oder zwischen Optionen zu wählen“[284]. Art. 5 DSRL erlaubt es den Mitgliedstaaten beispielsweise, die Voraussetzungen einer rechtmäßigen Verarbeitung personenbezogener Daten „näher“ zu bestimmen. In Art. 9 DSRL wird zudem deutlich, dass die Richtlinie die unterschiedlichen Schutzniveaus in den Mitgliedstaaten zur Kenntnis nimmt und akzeptiert, solange diese – gemessen an den Gesamtumständen der Datenverarbeitung – „angemessen“ sind.

Die Frage, wie weit sich die Bindungswirkung erstreckt, wenn den Mitgliedstaaten Ermessensspielräume bei der Durchführung[285] des sekundärrechtlichen

---

282 EuGH, Urt. v. 12.12.1996, X, C-74/95 u. C-129/95, ECLI:EU:C:1996:491, Rn. 26.; Urt. v. 18.05.2000, Arkopharma, C-107/97, ECLI:EU:C:2000:253, Rn. 23, 65; Urt. v. 20.05.2003, ORF, C-465/00, C-138/01 u. C-139/01, ECLI:EU:C:2003:294, Rn. 40; Urt. v. 27.06.2006, Europäisches Parlament/Rat der EU, C-540/03, ECLI:EU:C:2006:429, Rn. 104, wonach die „Anwendung der Vorschriften der Richtlinie in einer mit den Erfordernissen des Grundrechtsschutzes im Einklang stehenden Weise“ verlangt wird und „die Mitgliedstaaten die Erfordernisse des Schutzes der (...) Grundrechte (...) bei der Durchführung gemeinschaftsrechtlicher Regelungen zu beachten haben“ (a. a. O., Rn. 105); Urt. v. 18.10.2007, ORF, C-195/06, ECLI:EU:C:2007:613, Rn. 24; Urt. 29.01.2008, Promusicae, C-275/06, ECLI:EU:C:2008:54. Entwickelt wurde die Bindungswirkung der Unionsgrundrechte zunächst an Verordnungen, siehe EuGH, Urt. v. 13.07.1989, Wachauf, C-5/88, ECLI:EU:C:1989:321, Rn. 19; Urt. v. 24.03.1994, Bostock, C-2/92, ECLI: EU:C:1994:116, Rn. 16; Urt. v. 13.04.2000, Karlsson, C-292/97, ECLI:EU:C:2000:202, Rn. 27.

283 EuGH, Urt. v. 06.11.2003, Lindqvist, C-101/01, ECLI:EU:C:2003:596, Rn. 83.

284 EuGH, Urt. v. 06.11.2003, Lindqvist, C-101/01, ECLI:EU:C:2003:596, Rn. 83. Dass nicht jede Richtlinienbestimmung diese Freiräume zugesteht, zeigt sich in Urt. v. 08.04.2014, Digital Rights Ireland, C-293/12, C-594/12, ECLI:EU:C:2014:238, Rn. 58 f., wo der EuGH keinen Spielraum der Richtlinie 2006/24/EPG bzgl. der Anlasslosigkeit sah. Kritisch dazu *Teetzmann*, EuR 2016, 90 (98), nach dessen Ansicht im Umsetzungsspielraum der ursprüngliche Sinn von Richtlinien liegt (a. a. O., 104).

285 Den Begriff der Durchführung in seiner Gänze zu erfassen, führte hier zu weit, müsste aber ausgehend von Art. 51 Abs. 1 S. 1 GRCh zwischen dem Vollzug von Verordnungen und dem von Richtlinien sowie der Organe, die tätig werden, unterscheiden, dazu

Unionsrechts eingeräumt werden, ist rege diskutiert worden.[286] Dem Bundesverfassungsgericht wurde vorgeworfen, es behindere durch den geäußerten Prüfungsvorbehalt die Verwirklichung der Europäischen Union.[287] Einen von der Rechtsprechung des Europäischen Gerichtshofs abweichenden Weg einzuschlagen, verstoße gegen das Prinzip des Vorrangs des Unionsrechts, beeinträchtige dessen Effektivität und Wirksamkeit und die Rechtssicherheit in der Union.[288] Da sekundärrechtliche Rechtsvorschriften an den Unionsgrundrechten zu messen seien, müsse dies im Wege eines Erst-recht-Schlusses ebenso für deren Vollzug durch die Mitgliedstaaten gelten.[289] Außerdem sei der nationale Umsetzungsakt als mitgliedstaatlicher Hoheitsakt gemäß Art. 1 Abs. 3 GG und Art. 23 Abs. 1 GG i. V. m. Art. 6 EUV sowie Art. 51 Abs. 1 S. 1 GRCh zwar grundsätzlich an die nationale Rechtsordnung gebunden, diese werde aber von der Charta der Grundrechte der Europäischen Union erfasst, die demgemäß anzuwenden sei.[290] Bei der Umsetzung, Anwendung oder Auslegung einer Richtlinie, die Ermessen

---

Ohler, NVwZ 2013, 1433 (1434). *Jarass*, NVwZ 2012, 457 (459), unterscheidet zwischen der administrativen Durchführung, die Entscheidungen im Einzelfall erfasst, wie etwa in nationales Recht umgesetzte Richtlinien, und judikativer Durchführung, welche die Auslegung und Anwendung des Unionsrechts beinhaltet.

286 Siehe stellvertretend *Kingreen*, in: Calliess/Ruffert (Hg.), EUV/AEUV, 2016, Art. 51 GRCh Rn. 12 f.; *Matz-Lück*, in: ders./Hong (Hg.), Grundrechte und Grundfreiheiten, 2012, S. 161 (167), und *Nowak*, in: Heselhaus/Nowak (Hg.), HEGR, 2006, § 6 Rn. 34 f., der aufzeigt, dass die Meinungen zum Verhältnis der Unionsgrundrechte zu den mitgliedstaatlichen Grundrechten von einer „Sperrwirkung für nationale Grundrechte" bis zur Auffassung der Unionsgrundrechte als „Mindeststandard" reichen. Den Streitstand ebenfalls darstellend *Calliess*, JZ 2009, 113 (118).

287 *Möllers/Redacy*, EuR 2013, 409 (424); a. A. *Voßkuhle*, NVwZ 2010, 1 (5).

288 *Möllers/Redcay*, EuR 2013, 409, sprechen vom „judicial activism" des Gerichts. Eine rechtsvereinheitlichende Wirkung durch eine Bindung der Mitgliedstaaten bejahend: *Nusser*, Bindung der Mitgliedstaaten, 2011, S. 81 f., der zugleich betont, dass diese Wirkung nicht als Begründung für die Bindung dienen kann, da es die primäre Funktion der Grundrechte sei, Abwehrrechte zu gewährleisten.

289 *Borowsky*, in: Meyer (Hg.), GRCh, 2014, Art. 51 GRCh Rn. 25; *Nowak*, in: Heselhaus/Nowak (Hg.), HEGR, 2006, § 6 Rn. 31; *Matz-Lück*, in: ders./Hong (Hg.), Grundrechte und Grundfreiheiten, 2012, S. 161 (184); *Forschner*, ZJS 2011, 456 (459); *Papier*, DVBl. 2009, 473 (481); *Di Fabio*, NJW 1990, 947 (952). Zunächst ging *Ruffert*, EuGRZ 1995, 518 (528), davon aus, dass die Gemeinschaftsgrundrechte lediglich einen „Mindeststandard" festlegen, inzwischen hat er sich aber dem EuGH angeschlossen, siehe *ders.*, EuR 2004, 165 (177).

290 *Matz-Lück*, in: ders./Hong (Hg.), Grundrechte und Grundfreiheiten, 2012, S. 161 (175).

einräume, werde dadurch auch nicht gegen den Vorrang des Unionsrechts verstoßen, da der Wortlaut des Art. 51 Abs. 1 S. 1 GRCh eine derart weite Auslegung ermögliche, der Grundrechtsstandard des Unionsrechts einzuhalten sei und ausreichende Rechtssicherheit für den Bürger bestehen müsse.[291]

aa) Ausdehnung der Bindungswirkung durch den Europäischen Gerichtshof

Die damit befürwortete weite Bindungswirkung der Unionsgrundrechte knüpft der Europäische Gerichtshof bei sekundärrechtlich veranlassten Umsetzungsakten an die Voraussetzung, dass ein Anknüpfungspunkt an das Unionsrecht besteht.[292] Diesen bejahte der Europäische Gerichtshof in der umstrittenen[293] Rechtssache *Mangold*.[294] Da die Mitgliedstaaten die Richtlinie 1999/70/EG umgesetzt hätten, sei gemäß Art. 51 Abs. 1 S. 1 GRCh Europarecht durchgeführt worden.[295] Im Fall *ORF*[296] begründete er die Eröffnung des Anwendungsbereichs des Unionsrechts über die Anwendung des Art. 8 DSRL als Prüfungsmaßstab für das nationale Gesetz.[297] Auch in der Rechtssache *Fransson*[298] wurde

---

291 *Dreier*, in: ders. (Hg.), GG, 2013, Art. 1 Abs. 3 GG Rn. 12; *Matz-Lück*, in: ders./Hong (Hg.), Grundrechte und Grundfreiheiten, 2012, S. 161 (183); *Kühling*, in: v. Bogdandy/Bast (Hg.), 2009, S. 680 f.; *Wallrab*, Gemeinschaftsgrundrechte, 2004, S. 84; *Schaller*, EU-Mitgliedstaaten, 2003, S. 38 f.; *Ohler*, NVwZ 2013, 1433 (1437); *Ruffert*, EuR 2004, 165 (177); *Pernice*, NJW 1990, 2409 (2417).

292 EuGH, Urt. v. 13.07.1989, Wachauf, C-5/88, ECLI:EU:C:1989:321; Urt. v. 13.04.2000, Karlsson, C-292/97, ECLI:EU:C:2000:202, Rn. 37; Urt. v. 01.03.2011, Chartry, C-457/09, ECLI:EU:C:2011:101, Rn. 22 f.

293 Kritisiert wurde, dass der EuGH unzulässigerweise einen nationalen Rechtsakt für unanwendbar erklärt habe, bevor die Umsetzungsfrist der Richtlinie abgelaufen sei, siehe *Landau*, in: BVerfGE 126, 286 (324 f.). Dem steht entgegen, dass unabhängig vom Ablauf der Umsetzungsfrist bereits durch die nach Erlass der Richtlinie erfolgte negative Veränderung des nationalen Rechts gegen die Richtlinie verstoßen wird, weil dadurch das Richtlinienziel gefährdet ist, siehe EuGH, Urt. v. 22.11.2005, Mangold, C-144/04, ECLI:EU:C:2005:709, Rn. 67 f.; *Forschner*, ZJS 2011, 456 (461 f.); *Gerhardt*, ZRP 2010, 161 (164). Kritisch auch *Ronellenfitsch*, DuD 2009, 450 (457).

294 EuGH, Urt. v. 22.11.2005, Mangold, C-144/04, ECLI:EU:C:2005:709.

295 EuGH, Urt. v. 22.11.2005, Mangold, C-144/04, ECLI:EU:C:2005:709, Rn. 75; siehe auch *Forschner*, ZJS 2011, 456 (462) zur gleichzeitigen Weigerung des EuGH, eine Aussage zur unmittelbaren Direktwirkung der Richtlinie unter Privaten zu treffen.

296 EuGH, Urt. v. 20.05.2003, ORF, C-465/00, C-138/01, C-139/01, ECLI:EU:C:2003:294.

297 EuGH, Urt. v. 20.05.2003, ORF, C-465/00, C-138/01, C-139/01, ECLI:EU:C:2003:294, Rn. 44, 68; *Kingreen*, in: Calliess/Ruffert (Hg.), EUV/AEUV, 2016, Art. 51 GRCh Rn. 8.

298 EuGH, Urt. v. 26.02.2013, Fransson, C-617/10, ECLI:EU:C:2013:105.

nach Ansicht des Europäischen Gerichtshofs[299] Unionsrecht durchgeführt.[300] Er stützte sich dabei auf den Wortlaut[301] und die Erläuterungen zu Art. 51 GRCh[302] und stellte fest, dass „die in der Unionsrechtsordnung garantierten Grundrechte in allen unionsrechtlich geregelten Fallgestaltungen, aber nicht außerhalb derselben Anwendung finden“[303]. „Da folglich die durch die Charta garantierten Grundrechte zu beachten sind, wenn eine nationale Rechtsvorschrift in den Geltungsbereich des Unionsrechts fällt, sind keine Fallgestaltungen denkbar, die vom Unionsrecht erfasst würden, ohne dass diese Grundrechte anwendbar wären. Die Anwendbarkeit des Unionsrechts umfasst die Anwendbarkeit der durch die Charta garantierten Grundrechte“[304]. Die Mitgliedstaaten sind nach

299 Und somit entgegen der Auffassung zahlreicher mitgliedstaatlicher Regierungen, die in EuGH, Urt. v. 26.02.2013, Fransson, C-617/10, ECLI:EU:C:2013:105, Rn. 16, eine Durchführung des Unionsrechts i. S. d. Art. 51 Abs. 1 GRCh aufgrund des rein innerstaatlichen Verfahrens als nicht gegeben ansahen. GA *Villalón*, Schlussanträge v. 12.06.2013, Fransson, C-617/10, ECLI:EU:C:2012:340, Rn. 40 f., erachtete die nationalen Grundrechte als maßgeblich, da er kein spezifisches Unionsinteresse feststellen konnte, und wollte die Entscheidung darüber, ob Unionsgrundrechte anwendbar sind, der Einzelfallabwägung überlassen sowie nach der Intensität des Anknüpfungspunktes differenzieren.

300 Der EuGH begründete die Eröffnung des Anwendungsbereichs über die Verpflichtung der Mitgliedstaaten aus der Richtlinie 2006/12/EG und Art. 325 AEUV, wonach die allgemeinen Finanzinteressen der Union zu wahren sind, siehe Urt. v. 26.02.2013, Fransson, C-617/10, ECLI:EU:C:2013:105, Rn. 25 f.

301 EuGH, Urt. v. 26.02.2013, Fransson, C-617/10, ECLI:ECLI:EU:C:2013:105, Rn. 18.

302 EuGH, Urt. v. 26.02.2013, Fransson, C-617/10, ECLI:ECLI:EU:C:2013:105, Rn. 20, da „sie gemäß Art. 6 Abs. 1 Unterabs. 3 EUV und Art. 52 Abs. 7 der Charta für deren Auslegung zu berücksichtigen sind“. Die Erläuterungen zum Wortlaut sowie zum Sinn und Zweck der GRCh (2007/C-303/2) wurden vom aus 62 Delegierten bestehenden, vom Jahr 1999 bis ins Jahr 2000 tätigen Europäischen Konvent geschaffen, siehe *Knecht*, in: Schwarze et al. (Hg.), EU-Kommentar, 2012, Präambel Rn. 27.

303 EuGH, Urt. v. 26.02.2013, Fransson, C-617/10, ECLI:EU:C:2013:105, Rn. 19.

304 EuGH, Urt. v. 26.02.2013, Fransson, C-617/10, ECLI:EU:C:2013:105, Rn. 21; ebenso in Urt. v. 15.01.2014, Association de médiation sociale, C-176/12, ECLI:EU:C:2014:2, Rn. 42. Stellvertretend für die Kritik an der Entscheidung siehe *Vogel*, StV 5/2013, I, der die „Unionisierung der Grundrechtsstandards“ anmahnte, durch die der „nationale verfassungsrechtliche Standard“ zurückgedrängt werde, und nach dessen Ansicht „insgesamt Grundrechte unter Integrationsvorbehalt“ stünden. Kritisch auch *Thym*, NVwZ 2013, 889 (890); *Kubicki*, Veröffentlichung Wissenschaftlicher Dienst, Nr. 02/2013, S. 1 f. Die Begründung des EuGH für die Eröffnung des Anwendungsbereichs wurde von *Rabe*, NJW 2013, 1407 (1408), als schwach bemängelt, der aber

diesem Verständnis gebunden, wenn Unionsrecht – also Primär- oder Sekundärrecht[305] – vorliegt und sie dieses anwenden, umsetzen oder vollziehen.[306]

bb) Begrenzung durch das Bundesverfassungsgericht

Das Bundesverfassungsgericht reagierte hierauf in der Entscheidung zur Verfassungsmäßigkeit der Errichtung einer Anti-Terror-Datei.[307] Es erklärte, es sei „unzweifelhaft (…) keine Durchführung des Rechts der Union i. S. des Art. 51 I 1 GRCh"[308] gegeben, wenn durch das Unionsrecht geregelte Bereiche lediglich berührt würden.[309] Es gelte deshalb weiterhin, dass „die europäischen Grundrechte der Charta nur in unionsrechtlich geregelten Fallgestaltungen, aber nicht außerhalb derselben Anwendung finden"[310]. In diesem Sinne restriktiv wirken das Adjektiv „ausschließlich" in Art. 51 Abs. 1 S. 1 GRCh[311] und, dass die zur Durchführung ergriffenen Maßnahmen „erforderlich" sein müssen.[312]

(a. a. O.) ebenso wie *Winter*, NZA 2013, 473 (476 f.), unter Rechtsschutzgesichtspunkten die Unabhängigkeit von der Stärke eines Anknüpfungspunktes zum Unionsrecht lobte.

305 *Jarass*, NVwZ 2012, 457 (458).

306 *Kingreen*, in: Calliess/Ruffert (Hg.), EUV/AEUV, 2016, Art. 51 GRCh Rn. 8; *Ohler*, NVwZ 2013, 1433 (1434), wonach „Durchführungsmaßnahmen (…) alle Rechtsakte der Legislative, Exekutive und Judikative der Mitgliedstaaten im innerstaatlichen Recht [sind], die objektiv auf Unionsrecht beruhen oder dem Unionsrecht unterliegen".

307 BVerfG, NJW 2013, 1499 ff.

308 BVerfG, NJW 2013, 1499 (1501), wonach zum einen der Anwendungsbereich der Datenschutzrichtlinie 95/46/EG nicht eröffnet sei und es zum anderen keine weitere Unionsrechtsnorm gebe, die die Errichtung einer Anti-Terror-Datei verlange oder verbiete oder diesbezüglich Vorgaben mache.

309 BVerfG, NJW 2013, 1499 (1500), wonach das „Antiterrordateigesetz (…) innerstaatlich bestimmte Ziele [verfolgt], die das Funktionieren unionsrechtlich geordneter Rechtsbeziehungen nur mittelbar beeinflussen können, was für eine Prüfung am Maßstab unionsrechtlicher Grundrechtsverbürgungen nicht genügt" (a. a. O., 1501). Das Gericht lehnte in der Folge ein Vorabentscheidungsverfahren vor dem EuGH nach Art. 267 AEUV einstimmig ab, (a. a. O., 1518). *Thym*, NVwZ 2013, 889 (890), spricht deshalb von einer „Kriegserklärung".

310 BVerfG, NJW 2013, 1499 (1501); übereinstimmend mit EuGH, Urt. v. 26.02.2013, Fransson, C-617/10, ECLI:EU:C:2013:105, Rn. 20.

311 *Borowsky*, in: Meyer (Hg.), GRCh, 2014, Art. 51 GRCh Rn. 4, 24a.

312 Siehe bspw. Art. 40 Abs. 2, 192 Abs. 3, 209 Abs. 1, 291 Abs. 1 AEUV. Die Mitgliedstaaten sind folglich nicht schon bei einer „rein hypothetischen Aussicht" auf eine Durchführung des Unionsrechts zuständig, siehe EuGH, Urt. v. 29.05.1997, Kremzow, C-299/95, ECLI:EU:C:1997:254, Rn. 16; *Ohler*, NVwZ 2013, 1433 (1434).

Bestätigung finden die Ausführungen des Gerichts zudem in den Erklärungen des Europäischen Konvents, wonach die Charta der Grundrechte der Europäischen Union auf die Mitgliedstaaten Anwendung findet, „wenn diese Unionsrecht umsetzen“[313]. Auf den Sachverhalt waren nach Meinung des Bundesverfassungsgerichts anstelle der Unionsgrundrechte die Grundrechte des Grundgesetzes anwendbar, da Art. 51 Abs. 1 S. 1 GRCh mangels unionsrechtlicher Determinierung der fraglichen innerstaatlichen Normen nicht greife.[314] Begrenzend wirke auch der Wortlaut des Art. 51 Abs. 2 GRCh, wonach die Zuständigkeiten der Union weder über die Verträge hinaus ausgedehnt noch neu begründet werden dürften.[315] Das Urteil des Europäischen Gerichtshofs in der Rechtssache *Fransson*[316] erlaube keine andere Sichtweise, da andernfalls das Bundesverfassungsgericht im Wege der Ultra-vires-Kontrolle eingreifen müsse, um die Identität der durch das Grundgesetz errichteten Verfassungsordnung zu gewährleisten.[317]

Die Präambel[318] der Charta der Grundrechte der Europäischen Union stützt diese Ansicht. Sie legt fest, dass die Charta „unter Achtung der Zuständigkeiten und Aufgaben der Union und des Subsidiaritätsprinzips die Rechte, die sich vor allem aus den gemeinsamen Verfassungstraditionen und den gemeinsamen internationalen Verpflichtungen der Mitgliedstaaten, (…) sowie aus der Rechtsprechung des Gerichtshofs der Europäischen Union und des Europäischen Gerichtshofs für Menschenrechte ergeben“, schützt.

Das Bundesverfassungsgericht misst also die unionsrechtlich determinierte Umsetzung sowie die Richtlinienbestimmungen ohne Spielraum an den Unions grundrechten, jene Mittel und Wege hingegen, mit denen sich der Gesetzgeber im sekundärrechtlichen Gestaltungsspielraum bewegt, an den Grundrechten des Grundgesetzes.[319] In Fällen wie der Prüfung der Zulässigkeit des Einsatzes

---

313 Europäischer Konvent, Brüssel 22.10.2002, CONV 354/02, S. 5.

314 BVerfG, NJW 2013, 1499 (1501).

315 BVerfG, NJW 2013, 1499 (1501). Dafür, dass die „Einbeziehung der Charta die Verteilung der Zuständigkeiten (…) keineswegs verändert“, siehe Europäischer Konvent, Brüssel 22.10.2002, CONV 354/02, S. 5.

316 EuGH, Urt. v. 26.02.2013, Fransson, C-617/10, ECLI:EU:C:2013:105.

317 BVerfG, NJW 2013, 1499 (1501). So auch später BVerfG, NJW 2016, 1149 f.

318 Zur Entstehungsgeschichte der Präambel siehe *Knecht*, in: Schwarze et al. (Hg.), EU-Kommentar, 2012, Präambel Rn. 18 f.

319 BVerfGE 118, 79 (95 f.); 125, 260 (306 f.); *Kraus*, in: Dörr et al. (Hg.), EMRK/GG, 2013, Kap. 3 Rn. 93; *Matz-Lück*, in: ders./Hong (Hg.), Grundrechte und Grundfreiheiten, 2012, S. 161 (166, 188). *Thym*, NVwZ 2013, 889 (892), spricht deshalb von der „Trennungsthese“. Siehe auch *Calliess*, JZ 2009, 113 (120).

intelligenter Videoüberwachung nach § 6b BDSG, der sekundärrechtlichen Vorgaben der Datenschutzrichtlinie 95/46/EG entsprechen muss und nationalen Regelungen des Bundesdatenschutzgesetzes entstammt, kommt es damit zu einer „grundrechtlichen Gemengelage“[320].

cc) Parallele Anwendung der Unionsgrundrechte und der Grundrechte des Grundgesetzes

Der Europäische Gerichtshof erlaubte zuletzt in Konstellationen, in denen geprüft wird, ob eine Unionsrecht durchführende nationale Vorschrift oder Maßnahme mit den Grundrechten vereinbar ist und das „Handeln (...) nicht vollständig durch das Unionsrecht bestimmt wird, (...) nationale Schutzstandards für die Grundrechte anzuwenden“[321]. Dies ist nach Ansicht des Gerichtshofs zulässig, sofern dadurch „weder das Schutzniveau der Charta (...) noch der Vorrang, die Einheit und die Wirksamkeit des Unionsrechts beeinträchtigt werden“[322]. Diese Formel erinnert an die *Solange-II*-Rechtsprechung[323] des Bundesverfassungsgerichts, allerdings in umgekehrter Richtung.[324]

(1) *Für und Wider der Parallelität*

Die vom Europäischen Gerichtshof eröffnete kumulative Anwendung beider Grundrechtskataloge[325] ist umstritten.[326] Würde man sich dem Europäischen

---

320 *Kraus*, in: Dörr et al. (Hg.), EMRK/GG, 2013, Kap. 3 Rn. 93.

321 EuGH, Urt. v. 26.02.2013, Fransson, C-617/10, ECLI:EU:C:2013:105, Rn. 29; Urt. v. 26.02.2013, Melloni, C-399/11, ECLI:EU:C:2013:107, Rn. 60.

322 EuGH, Urt. v. 26.02.2013, Fransson, C-617/10, ECLI:EU:C:2013:105, Rn. 29.

323 BVerfGE 37, 271 ff.

324 *F. Kirchhof*, NJW 2011, 3681 (3686), schlug bereits vor den Entscheidungen des EuGH, Urt. v. 26.02.2013, Fransson, C-617/10, ECLI:EU:C:2013:105 und Urt. v. 26.02.2013, Melloni, C-399/11, ECLI:EU:C:2013:107 als Weg der Aufgabenverteilung zwischen EuGH und BVerfG ein umgekehrtes Solange-Verfahren vor.

325 *Ehlers*, in: ders. (Hg.), EuGR, 2014, § 14 VI 2 Rn. 74, spricht von einer „doppelten Grundrechtsbindung“. Siehe auch *Franzius*, ZaöRV 75 (2015), 384 (388).

326 Siehe bspw. *Kingreen*, in: Calliess/Ruffert (Hg.), EUV/AEUV, 2016, Art. 51 GRCh Rn. 14, der eine kumulative Anwendung im Ergebnis wohl ablehnt. Zwischen unionsrechtlich veranlassten und nicht unionsrechtlich veranlassten Regelungen unterscheidend und nur für erstere eine parallele Grundrechtsbindung befürwortend: *Ehlers*, in: ders. (Hg.), EuGR, 2014, § 14 VI 2 Rn. 74. Für eine nach dem Maß der unionsrechtlichen Determinierung abzustufende Bindung an die Vorgaben der Grundrechte-Charta siehe *Ohler*, NVwZ 2013, 1433 (1438). *Thym*, JZ 2015, 53 (57) befürwortet eine harmonisierende Auslegung der jeweiligen Grundrechte, siehe dazu

Gerichtshof anschließen,[327] um den Vorrang des Unionsrechts zu wahren und seine einheitliche Anwendung sicherzustellen,[328] müsste jede Einzelentscheidung auf ihre Konformität mit der Charta hin geprüft werden.[329] Die Frage, ob das gefundene Ergebnis den Vorgaben entspricht, müsste wohl zumeist nach Art. 267 AEUV dem Europäischen Gerichtshof vorgelegt werden.[330] Dies würde die Dauer der Entscheidungsfindung verzögern, die Arbeitsbelastung des Gerichtshofs erhöhen und die Bedeutung des Grundgesetzes verringern.[331] Außerdem bestünde die Gefahr, dass eine Handlung nach dem möglicherweise strengeren Maßstab des Grundgesetzes unzulässig, nach den unionsrechtlichen Vorgaben aber erlaubt wäre.[332] Favorisierte man hingegen die Lösung des Bundesverfassungsgerichts,[333] müssten die Bereiche, in denen die Richtlinie den Mitgliedstaaten Ermessen einräumt, von jenen Teilen, die keinen Umsetzungsspielraum bieten, abgegrenzt werden.[334] Dies für jede Richtlinie zu eruieren, wird als eine Vorgehensweise auf vager, wenig tragfähiger Grundlage wahrgenommen, die überdies angesichts der Vielfalt erlassener und noch zu erwartender Sekundärrechtsakte wenig praktikabel erscheint.[335]

Von maßgeblicher Bedeutung in diesem Konflikt ist Art. 53 GRCh.[336] Das durch die Union, die Mitgliedstaaten und das Völkerrecht garantierte

---

auch unten Kap. D. II. 1. d); *ders.*, NVwZ 2013, 889 (895) erkennt im Ansinnen des EuGH ein „redlich gemeinte[s] Kompromissangebot". Für ein „Nebeneinander beider Grundrechtsschichten" ist *Weiß*, EuZW 2013, 287 (289), während *Rabe*, NJW 2013, 1407 (1408) die Ausdehnung der Bindungswirkung der Unionsgrundrechte angesichts der Entstehungsgeschichte und des Wortlautes des Art. 51 Abs. 1 GRCh für „kühn" hält.

327 So *Ehlers*, in: ders. (Hg.), EuGR, 2014, § 14 VI 2 Rn. 74; *Kühling*, in: v. Bogdandy/Bast (Hg.), 2009, S. 682 f.; *Nowak*, in: Heselhaus/Nowak (Hg.), HEGR, 2006, § 6 Rn. 38.

328 *Kingreen*, in: Calliess/Ruffert (Hg.), EUV/AEUV, 2016, Art. 51 GRCh Rn. 13.

329 *Thym*, NVwZ 2013, 889 (895).

330 *Matz-Lück*, in: ders./Hong (Hg.), Grundrechte und Grundfreiheiten, 2012, S. 161 (189).

331 *Thym*, NVwZ 2013, 889 (892, 895).

332 Siehe allgemein zu diesem Problem *Franzius*, ZaöRV 75 (2015), 384 (396).

333 Dazu *Kingreen*, in: Calliess/Ruffert (Hg.), EUV/AEUV, 2011, Art. 51 GRCh Rn. 11; *Eckstein*, ZIS 2013, 220 (225); *Calliess*, JZ 2009, 113 (120).

334 *Herdegen*, in: Isensee/Kirchhof (Hg.), HStR X, 2012, § 211 Rn. 36.

335 *Nusser*, Bindung der Mitgliedstaaten, 2011, S. 45, bezweifelt deshalb, ob diese Vorgehensweise praktisch anwendbar ist. *Matz-Lück*, in: ders./Hong (Hg.), Grundrechte und Grundfreiheiten, 2012, S. 161 (170), spricht davon, dass eine „Typisierung von Richtlinien (…) kaum möglich" sei, „weil der Grad der Spielräume nicht in Kategorien fassbar" wäre.

336 *Franzius*, ZaöRV 75 (2015), 384 (394).

Schutzniveau der Grund- und Menschenrechte soll nach dem Wortlaut des Art. 53 GRCh „anerkannt werden". Zweck der Norm ist es, „das Recht der Union, das Recht der Mitgliedstaaten und das Völkerrecht, mit seinem im jeweiligen Anwendungsbereich gegenwärtig gewährleisteten Schutzniveau"[337], aufrechtzuerhalten. Art. 53 GRCh darf deshalb nicht dahingehend ausgelegt werden, dass es einem Mitgliedstaat gestattet ist, nur den eigenen – gegebenenfalls höheren – Maßstab anzulegen.[338] Dies verstieße gegen den die Unionsrechtsordnung wesentlich prägenden Grundsatz vom Vorrang des Unionsrechts und verletzte die Grundsätze des gegenseitigen Vertrauens und der gegenseitigen Anerkennung.[339] Art. 53 GRCh ermöglicht vielmehr eine „Schutzverstärkung"[340] durch die nationalen Grundrechte in den vom Europäischen Gerichtshof genannten Grenzen.[341]

Die Norm muss im systematischen Zusammenhang mit der wiederholten Bezugnahme der Charta auf die Verbindung der jeweiligen Grundrechtsverfassungen betrachtet werden. So betont beispielsweise Art. 52 Abs. 4 GRCh, dass die Unionsgrundrechte „im Einklang mit" den mitgliedstaatlichen Verfassungen ausgelegt werden müssen,[342] und Art. 52 Abs. 6 GRCh bestimmt, dass „den einzelstaatlichen Rechtsvorschriften und Gepflogenheiten (…) Rechnung zu tragen" ist. Ein weiteres Prinzip, das für die gemeinsame Berücksichtigung der Unionsgrundrechte und der mitgliedstaatlichen Verfassungen spricht, ist in Art. 4 Abs. 2 EUV geregelt, der „die Achtung der nationalen Verfassungsidentität"[343] verlangt. Die Auslegung des Art. 53 GRCh,[344] der Befund aus der Rechtsprechung des Europäischen Gerichtshofs und die Grundsätze sowie die Prinzipien des Unionsrechts bieten also Anknüpfungspunkte für die gemeinsame Anwendung der Grundrechtsverfassungen.

---

337 Erläuterungen zur Charta, Brüssel 18.07.2003, CONV 828/1/03, S. 52.

338 EuGH, Urt. v. 26.02.2013, Melloni, C-399/11, ECLI:EU:C:2013:107, Rn. 64.

339 EuGH, Urt. v. 26.02.2013, Melloni, C-399/11, ECLI:EU:C:2013:107, Rn. 58 f.

340 *Franzius*, ZaöRV 75 (2015), 384 (399).

341 *Franzius*, ZaöRV 75 (2015), 384 (399).

342 Für *Weiß*, EuZW 2013, 287 (289), ergibt sich daraus ein „Nebeneinander beider Grundrechtsschichten".

343 *Franzius*, ZaöRV 75 (2015), 384 (401).

344 *Jarass*, GRCh, 2016, Art. 53 GRCh Rn. 28 f.; *Matz-Lück*, in: ders./Hong (Hg.), Grundrechte und Grundfreiheiten, 2012, S. 161 (194); *Calliess*, JZ 2009, 113 (119).

(2) *Kollision der Grundrechtsmaßstäbe*

Da sich „das deutsche Grundrechtssystem (...) trotz häufig deckungsgleichen Sprachgebrauchs von der europäischen Grundrechtecharta (...) unterscheidet“[345], werden bei der parallelen Anwendung der Grundrechtsmaßstäbe Kollisionen des elaborierten Grundrechtsschutzes des Grundgesetzes mit dem niedrigeren unionalen Grundrechtsschutz befürchtet.[346] Verdeutlicht werden kann die Sorge am Beispiel des für die Prüfung der Zulässigkeit der intelligenten Videoüberwachung zentralen Rechts auf informationelle Selbstbestimmung gemäß Art. 2 Abs. 1 GG i. V. m. Art. 1 Abs. 1 GG. Dieses vom Bundesverfassungsgericht entwickelte Recht stützt sich auf die Würde des Menschen.[347] Es ist Teil des einheitlichen Systems des Grundgesetzes, das bei dessen Würdigung ebenso zu berücksichtigen ist[348] wie die korrespondierende Rechtsprechung des Bundesverfassungsgerichts. In der Europäischen Gemeinschaft gab es ursprünglich nur wenige vertraglich festgehaltene Grundrechtsgewährleistungen.[349] Je weiter die wirtschaftliche, rechtliche und politische Integration zu einem vereinten Europa fortschritt, desto notwendiger wurde ein supranationaler Grundrechtekatalog.[350] Der Schutz personenbezogener Daten ist nunmehr in Art. 7 GRCh und Art. 8 GRCh festgeschrieben und durch die Vorgaben der Datenschutzrichtlinie 95/46/EG konkretisiert. Teilweise wird angenommen, dass deshalb ein in der Regel ähnlich effektiver Schutz wie im nationalen Recht bestehe.[351]

Es gilt aber – auch für die Grundrechte der Charta der Europäischen Union[352] – die Begrenzung der Hoheitsgewalt der Gemeinschaft durch das in Art. 5 Abs. 1 EUV verankerte Prinzip der begrenzten Einzelermächtigung.[353]

---

345 *Ronellenfitsch*, DuD 2009, 451 (459).

346 *F. Kirchhof*, NJW 2011, 3681 (3681). *Ronellenfitsch*, DuD 2009, 451 (460), sah vor der Entscheidung BVerfGE 123, 267 f., „eine substanzielle Gefährdung des Grundgesetzes (...), wenn die nationale Grundrechteordnung durch die Grundrechtsordnung der EU verdrängt wird und diese Grundrechtsordnung kein kongruentes Schutzniveau gewährleistet“.

347 *Ronellenfitsch*, DuD 2009, 451 (459).

348 *Ronellenfitsch*, DuD 2009, 451 (461).

349 *Nicolaysen*, in: Heselhaus/Nowak (Hg.), HEGR, 2006, § 1 Rn. 8 f, wonach solche vor allem im Hinblick auf die Grundfreiheiten und die Verwirklichung des Gemeinsamen Marktes niedergelegt wurden.

350 *Nicolaysen*, in: Heselhaus/Nowak (Hg.), HEGR, 2006, § 1 Rn. 12 f.

351 *Ronellenfitsch*, DuD 2009, 451 (460).

352 *Ronellenfitsch*, DuD 2009, 451 (461).

353 *Nicolaysen*, in: Heselhaus/Nowak (Hg.), HEGR, 2006, § 1 Rn. 5.

Die Charta entwickelte sich aus den Verfassungen der Mitgliedstaaten, weshalb angenommen wird, dass sich ihre Grundrechte in den einzelnen Ländern aufgrund der souveränen Verfassungsgerichte unterschiedlich weiterentwickeln könnten.[354] Vereinzelt wird deshalb vertreten, dass die Unionsgrundrechte ein Verbund von „Einzelverbürgungen"[355] und keine einheitsstiftende Verfassung seien und nicht in jedem Fall dasselbe Schutzniveau wie die Grundrechte des Grundgesetzes hätten.[356] Käme es zu Kollisionen der Schutzniveaus und käme die primär zu begünstigende richtlinien- oder unionsrechtskonforme Auslegung[357] nicht zu einem Ausgleich, wären nach dem Vorrang des Unionsrechts grundsätzlich die Unionsgrundrechte anzuwenden und das Grundgesetz und dessen höheres Schutzniveau müssten zurückstehen.[358]

Diesen Befürchtungen kann zunächst mit dem Argument begegnet werden, dass sich der Bedeutungsgehalt der Unionsgrundrechte „im Rahmen einer einfachen Subsumtion, bei der auch Abwägungen mit kollidierenden Belangen vorgenommen werden können"[359], erschließt. Außerdem ist für eine Bindung an die Unionsgrundrechte eine hinreichende Anknüpfung an ein Handeln im Anwendungsbereich des Unionsrechts notwendig.[360] Der Europäisierung sind zudem Grenzen gezogen, da in Bereichen, in denen Umsetzungsspielräume bestehen, zwar eine Bindungswirkung besteht, aber die unionsrechtliche Festlegung weniger stark ist und damit auch diejenige der Unionsgrundrechte.[361] Die

---

354 *Ronellenfitsch*, DuD 2009, 451 (460).

355 *Ronellenfitsch*, DuD 2009, 451 (461).

356 *Ronellenfitsch*, DuD 2009, 451 (461).

357 *Skouris*, in: Kluth (Hg.), 2007, S. 31 (42).

358 *Herdegen*, in: Isensee/Kirchhof (Hg.), HStR X, 2012, § 211 Rn. 39 f. *Ronellenfitsch*, DuD 2009, 451 (460), meint, dass die Charta der Grundrechte der Europäischen Union kein kongruentes Schutzniveau gewährleiste, weshalb die Substanzsicherungsklausel greife und die nationalen Grundrechte vorgingen, solange die europäischen Grundrechte kein vergleichbares Schutzniveau erreicht hätten. Nach seiner Meinung (a. a. O.) werde dies aber „niemals geschehen, will man die EU nicht einem Germanisierungsdruck aussetzen".

359 *Ronellenfitsch*, DuD 2009, 451 (461).

360 *Ehlers*, in: ders. (Hg.), EuGR, 2014, § 14 VI 2 Rn. 79.

361 *Ehlers*, in: ders. (Hg.), EuGR, 2014, § 14 VI 2 Rn. 79. Die Bindung an die Unionsgrundrechte ist deshalb mit *F. Kirchhof*, NJW 2011, 3681 (3685), jedenfalls in jenen Fällen anzunehmen, in denen für die Ziele der europäischen Integration bedeutsame sekundärrechtliche Materien, etwa der Binnenmarkt oder das Beihilferecht, betroffen sind und von den Mitgliedstaaten diesbezüglich Verordnungen angewandt oder Richtlinien umgesetzt werden.

Unionsgrundrechte haben ferner nach Art. 52 Abs. 3 GRCh die gleiche Bedeutung und Tragweite, wie sie ihnen in der Europäischen Konvention für Menschenrechte verliehen werden,[362] die nach Art. 53 EMRK die Verfassungsrechte der Vertragsstaaten nicht beschränkt oder beeinträchtigt. Es empfiehlt sich also, in den Dialog zu treten[363] und die vom Europäischen Gerichtshof eröffneten Freiräume zu nutzen.[364]

d) Lösung des Kompetenzkonfliktes

Im Bereich des unionsrechtlich determinierten nationalen Rechts fehlt bislang eine letztgültige Klärung der Kompetenzverhältnisse zwischen dem Europäischen Gerichtshof und dem Bundesverfassungsgericht.[365] Konsentiert ist der Anwendungsvorrang des Unionsrechts, soweit das Grundgesetz und das nationale Zustimmungsgesetz die Übertragung von Hoheitsrechten erlauben oder vorsehen.[366] Zur Vermeidung von Normkollisionen muss das nationale Recht im Anwendungsbereich des Rechts der Europäischen Union unionsrechtskonform ausgelegt werden.[367] Weder die dargestellte Rechtsprechung noch die Charta, ihre Erläuterungen oder die Verträge[368] geben endgültigen Aufschluss über die Auslegung des unbestimmten Begriffs der Durchführung in Art. 51 Abs. 1 GRCh. Die Entscheidungen des Europäischen Gerichtshofs, wonach Sachverhalte im Anwendungsbereich des Unionsrechts, selbst wenn der

---

362 Deren Auslegung durch den EGMR beachtet der EuGH bereits jetzt, siehe bspw. EuGH, Urt. v. 14.10.2004, Omega, C-36/02, ECLI:EU:C:2004:614, Rn. 33; dazu auch unten Kap. D. II. 3.

363 Siehe *F. Kirchhof*, NJW 2011, 3681 (3682), der eine „generelle Hierarchisierung der Normenkomplexe" nicht als Lösung sieht, sondern einen Dialog befürwortet.

364 EuGH, Urt. v. 14.10.2004, Omega, C-36/02, ECLI:EU:C:2004:614, Rn. 36 f.; Urt. v. 26.02.2013, Fransson, C-617/10, ECLI:EU:C:2013:105; *Thym*, NVwZ 2013, 889 (895).

365 *Hoidn*, in: Roßnagel (Hg.), DSGVO, 2017, § 2 Rn. 111. Den Dialog der Gerichte begrüßend: *Voßkuhle*, NVwZ 2010, 1 (7).

366 BVerfGE 73, 339; 89, 155; 123, 267; 126, 286; 129, 78; 134, 366. Ein Geltungsvorrang des Unionsrechts, der in EuGH, Urt. v. 09.03.1978, Simmenthal II, C-106/77, ECLI:EU:C:1978:49, Rn. 17 f., angedeutet wurde und der zur Folge hätte, dass dem Unionsrecht entgegenstehendes nationales Recht nichtig ist, wird aufgrund der Rechtsprechung des BVerfG und des EuGH abgelehnt, siehe bspw. BVerfGE 31, 145 (174); 123, 267 (402) und EuGH, Urt. v. 22.10.1998, IN.CO.GE., C-10/97 bis C-22/97, ECLI:EU:C:1998:498.

367 EuGH, Urt. v. 10.04.1984, Colson Kamann, C-14/83, ECLI:EU:C:1984:153, Rn. 26.

368 *Hatje*, in: Schwarze et al. (Hg.), EU-Kommentar, 2012, Art. 51 GRCh Rn. 17.

Bezug nur theoretisch oder minimal ist, stets an den Unionsgrundrechten zu messen und ihm aus diesem Grund vorzulegen sind,[369] wurden vom Bundesverfassungsgericht als Einzelfallbegründungen betrachtet.[370] Letzteres hat die Hürde für eine Ultra-vires-Kontrolle aufgrund einer Kompetenzüberschreitung durch den Europäischen Gerichtshof hoch gehängt und ihm eine gewisse „Fehlertoleranz“[371] eingeräumt.[372] Dies diene dem Ausgleich „unvermeidlicher Spannungslagen (…) und (…) wechselseitige[r] Rücksichtnahme“[373]. Auch der Europäische Gerichtshof hat seine Rechtsprechung zugunsten einer parallelen Anwendung der Grundrechte geöffnet.[374] Damit bewegen sich die beiden Gerichte in der Tradition ihres kollegialen Austauschs,[375] den sie „im Rahmen der ständigen engen Beziehungen“[376] durch regelmäßigen Kontakt pflegen.

Der Gesetzgeber war an das von der Datenschutzrichtlinie 95/46/EG vorgegebene Ergebnis, den Schutz der Privatsphäre natürlicher Personen bei der Verarbeitung personenbezogener Daten zu sichern und zu verbessern, gebunden, besaß aber hinsichtlich der Mittel einen Umsetzungsspielraum.[377] Diesen nutzte er mit der Schaffung des § 6b BDSG. Bei dessen Anwendung auf den Untersuchungsgegenstand müssten, nach den zuvor gewonnenen Erkenntnissen, Private die ihnen durch die jeweiligen Unionsgrundrechte gesetzten Grenzen neben den durch die Grundrechte des Grundgesetzes gesetzten Schranken beachten, könnten sich aber zugleich auf zusätzliche Rechte berufen.[378] Im Falle der intelligenten Videoüberwachung durch nicht öffentliche Stellen würden Grundrechte für

---

369 EuGH, Urt. v. 26.02.2013, Fransson, C-617/10, ECLI:EU:C:2013:105.

370 BVerfG, PM Nr. 31/2013 v. 24.04.2013 – 1 BvR 1215/07: „Der Senat geht davon aus, dass die in der EuGH-Entscheidung enthaltenen Aussagen auf Besonderheiten des Umsatzsteuerrechts beruhen, aber keine grundsätzliche Auffassung äußern“.

371 BVerfGE 126, 286 (307). Insofern sieht auch *Politis*, EuZW 2014, 1 (11), im Falle der Fluggast-VO aufgrund punktueller Rechtsprechung keine „strukturelle Verschiebung im Kompetenzgefüge“.

372 Siehe ausführlich zum eigenen Prüfungsanspruch im Rahmen der Ultra-vires-Kontrolle und der Identitätskontrolle BVerfG, Urt. v. 21.06.2016 – 2 BvR 2728/13 u. a., Rn. 115–162.

373 BVerfGE 126, 286 (303).

374 EuGH, Urt. v. 26.02.2013, Melloni, C-399/11, ECLI:EU:C:2013:107.

375 BVerfG, PM v. 30.01.2001, Nr. 17/2001.

376 EuGH, PM v. 22.03.2004, Nr. 21/04.

377 *Brühann*, EuZW 2009, 639 (644). So argumentiert das BVerfG auch im Urteil zur Vorratsdatenspeicherung, siehe BVerfGE 125, 260 (307 f.), wenn zwischen der Verpflichtung durch die Richtlinie und den zu ergreifenden Maßnahmen getrennt wird.

378 *F. Kirchhof*, NJW 2011, 3681 (3682).

den Überwachenden und den Überwachten streiten, sodass ihre grundrechtlich geschützten Interessen im Rahmen von § 6b BDSG gegeneinander und miteinander abgewogen werden müssten. Dabei bestünde das Problem, dass eine über den Unionsstandard hinausgehende Begünstigung des einen Grundrechtsberechtigten durch die mitgliedstaatlichen Grundrechte nicht zulasten des anderen Grundrechtsberechtigten gehen dürfte, wenn dadurch dessen Schutz nach dem Schutzniveau der Charta der Grundrechte unterschritten würde.[379] Löste man wegen des Anwendungsvorrangs des Unionsrechts derartige Konstellationen allein anhand der Unionsgrundrechte, bliebe für die Grundrechte des Grundgesetzes und für eine Entscheidung durch das Bundesverfassungsgericht wenig Raum.[380] Es müsste eine Entscheidung getroffen werden, welches Grundrecht vorgeht.[381]

Um diese Konflikte so weit wie möglich zu vermeiden, wird eine harmonisierende Auslegung im „Grundrechtsverbund"[382] präferiert.[383] Grundsätzlich

---

379 *Ehlers*, in: ders. (Hg.), EuGR, 2014, § 14 VI 2 Rn. 77.

380 Dies sei insbesondere in Dreieckskonstellationen der Fall meint *Thym*, JZ 2015, 53 (56), und verweist auf EuGH, Urt. v. 13.05.2014, Google Spain & Google, C-131/12, ECLI:EU:C:2014:317, Rn. 68 ff. In diese Richtung argumentierend: *ders.*, NVwZ 2013, 889 (895).

381 Für *Kingreen*, in: Calliess/Ruffert (Hg.), EUV/AEUV, 2016, Art. 51 GRCh Rn. 13, kann das wegen des Anwendungsvorrangs nur das Unionsgrundrecht sein. So auch *Streinz/Michl*, EuZW 2011, 384 (386).

382 *Thym*, JZ 2015, 53 (53), der den Begriff „in einer erkenntnisleitenden Absicht" verwendet, sodass dieser „der zusammenfassenden Beschreibung der Überlappungen und Wechselwirkungen zwischen nationalen und überstaatlichen Grundrechten" diene (a. a. O., 59).

383 *Jarass*, GRCh, 2016, Art. 53 GRCh, Rn. 28 f. Ebenso *Thym*, JZ 2015, 53 (61), dessen Modell „mit den Vorgaben des Unionsrechts und der EMRK vereinbar [sei] und gleichwohl im Kern auf einer verfassungsimmanenten Neukombination von Grundrechtsartikeln und Integrationsklauseln anstelle des bisherigen Trennungsmodells" beruhe (a. a. O., 57). Die Rückkopplung zwischen den Grundrechtsverfassungen ermögliche „eine wechselseitige Öffnung, die den formalen Eigenstand der verschiedenen Rechtsordnungen nicht aufhebt", sondern im Ergebnis einen normativen Integrationsprozess anleite (a. a. O., 59). Zur Rückversicherung vor einer Unitarisierung könne auf den EuGH, Urt. v. 26.02.2013, Melloni, C-399/11, ECLI:EU:C:2013:107, der die Anwendung der nationalen Grundrechte neben der Charta zulässt, die Abwesenheit einer EU-Grundrechtsbeschwerde und die Bezugnahme auf das Grundgesetz, bspw. in Art. 51 Abs. 4 GRCh und Art. 53 GRCh sowie Art. 6 EUV, verwiesen werden (a. a. O., 58). Ein ähnlicher Ansatz findet sich bei *Grabenwarter*, in: v. Bogdandy/Bast (Hg.), 2009, S. 173 f.

benötigt eine widerspruchsfreie Rechtsordnung zwar nicht notwendigerweise eine inhaltliche Annäherung, solange Kollisionsnormen Konflikte lösen können, etwa durch jeweils unterschiedliche Interpretationen der Unionsgrundrechte und der Grundrechte des Grundgesetzes, die sodann mithilfe der Regeln des Anwendungsvorrangs entschieden werden müssen.[384] Die systemische Einheit des Rechts[385] verlangt aber eine positive Kohärenz,[386] die im Wege des Dialogs im „Grundrechtsverbund“[387] verwirklicht werden kann.[388] Das Bundesverfassungsgericht hat die Grundrechte zwar bislang in einem unionsrechtlich determinierten Sachverhalt nicht angewendet,[389] da ein im wesentlich gleich zu achtender Grundrechtsschutz vorhanden ist.[390] Allerdings sind die nationalen Grundrechte nicht kategorisch von den Unionsgrundrechten getrennt.[391] Sie waren stets aufeinander bezogen[392] und normativ verklammert.[393] Die harmonisierende Auslegung ermöglicht es, die Zerstückelung des Grundrechtsschutzes zu vermeiden und den Anwendungsvorrang des Unionsrechts zu wahren, da bei der „Durchführung“ im Sinne des Art. 51 Abs. 1 GRCh alle innerstaatlichen Maßnahmen an den Grundrechten des Grundgesetzes gemessen werden und deren Auslegung sich an der Charta orientiert[394] Die Grundrechtsebenen nähern sich an, ohne die jeweiligen Inhalte gleichzuschalten oder die Frage der

---

384 *Thym*, JZ 2015, 53 (56).

385 *Engisch*, Einführung in das juristische Denken, 2010, S. 163, 275.

386 *Hoffmann-Riem*, EuGRZ 2002, 473, bezeichnet die Kohärenz des Rechts als „Desiderat von Rechtssicherheit“ und nicht als „Ziel an sich“, aber als „Mittel zur leichteren Orientierung“.

387 *Thym*, JZ 2015, 53.

388 *Thym*, JZ 2015, 53 (56).

389 BVerfG, NJW 2013, 1499 (1501).

390 BVerfGE 73, 339 (387).

391 *Thym*, JZ 2015, 53 (57).

392 BVerfGE 39, 338 (368), wonach „die mitgliedsstaatliche Rechtsordnung und die Gemeinschaftsrechtsordnung nicht unvermittelt und isoliert nebeneinander stehen, sondern in vielfältiger Weise aufeinander bezogen, miteinander verschränkt und wechselseitigen Einwirkungen geöffnet sind“.

393 BVerfGE 39, 338 (384), wonach durch „die dargelegte normative Verklammerung der in den Verfassungen der Mitgliedsstaaten und in der Europäischen Menschenrechtskonvention enthaltenen Grundrechtsverbürgungen mit den allgemeinen Rechtsgrundsätzen des Gemeinschaftsrechts (...) der Sache nach auch dem Erfordernis eines von einem Parlament beschlossenen Grundrechtskatalogs Genüge getan“ ist.

394 *Thym*, JZ 2015, 53 (57).

Letztentscheidungsbefugnis beantworten zu müssen.[395] Die Unionsgrundrechte werden „im Rahmen eines aktiven (Rezeptions-)Vorgangs in den Kontext der aufnehmenden Verfassungsordnung ‚umgedacht'"[396]. Dieser Weg bietet sich insbesondere für Dreieckskonstellationen an,[397] die ein zusätzliches Potenzial für Konflikte bergen.[398] Bei der Anwendung und Auslegung des § 6b BDSG in Bezug auf die zulässige Verwendung intelligenter Videoüberwachung durch nicht öffentliche Stellen im öffentlich zugänglichen Raum sind die anwendbaren Grundrechte des Grundgesetzes und der Charta der Grundrechte der Europäischen Union deshalb im harmonischen Dialog anzuwenden.

2. Verhältnis des Bundesverfassungsgerichts zum Europäischen Gerichtshof für Menschenrechte

Das Bundesverfassungsgericht und der Europäische Gerichtshof für Menschenrechte nutzen einen prozessualen und materiellen Dialog, um Unterschiede in der Gewährleistung der Grund- und Menschenrechte und Rechtsunsicherheit zu vermeiden.[399] Für das Bundesverfassungsgericht fungieren die Entscheidungen des Europäischen Gerichtshofs für Menschenrechte und die Europäische Konvention für Menschenrechte als „Auslegungshilfen für die Bestimmung von Inhalt und Reichweite von Grundrechten"[400].

Grundsätzlich haben die Feststellungsurteile des Gerichtshofs, der nach Art. 32 Abs. 1 EMRK, Art. 19 EMRK für die Auslegung der Konvention zuständig ist, keine Gesetzesqualität und binden gemäß Art. 46 Abs. 1 EMRK nur die am Verfahren beteiligten Vertragsstaaten bezüglich des konkreten

---

395 *Thym*, JZ 2015, 53 (56 f.), wonach dies durch eine Erweiterung des sachlichen Anwendungsbereichs der Grundrechte des Grundgesetzes möglich sei (a. a. O., 57). Die bislang geltenden Prinzipien, wie die Ultra-vires- und die Identitätskontrolle, blieben unverändert bestehen, aber der Vorrang des Unionsrechts wäre – wie im Spielraumbereich heute schon – im Einzelfall zu bestimmen (a. a. O., 58). Da nach dem Verbundmodell das GG neben der GRCh anzuwenden wäre, könnte das BVerfG inzident über Sachverhalte urteilen, die europarechtlich determiniert seien (a. a. O., 60).

396 BVerfGE 128, 326 (370); *Thym*, JZ 2015, 53 (61).

397 *Thym*, JZ 2015, 53 (61).

398 *Kingreen*, in: Calliess/Ruffert (Hg.), EUV/AEUV, 2016, Art. 51 GRCh Rn. 14; *Jarass*, GRCh, 2016, Art. 53 GRCh Rn. 31 f.

399 *F. Kirchhof*, NJW 2011, 3681 (3683).

400 BVerfGE 111, 307 (317); 128, 326 (367 f.). *Ekhardt/Lessmann*, KJ 2006, 381 (388), sehen hierin bzgl. der EMRK und ihres Ranges als Bundesgesetz eine „Konfusion in der Normenhierarchie".

Streitgegenstandes.[401] Die Entscheidungen besitzen aber über den Einzelfall hinaus faktische „Orientierungs- und Leitfunktion (...) für die Auslegung der Europäischen Menschenrechtskonvention"[402]. Die Bindung wirkt gemäß Art. 20 Abs. 3 GG und Art. 59 Abs. 2 GG i. V. m. Art. 19 Abs. 4 GG über die betroffene Konventionsbestimmung und das Zustimmungsgesetz sowie über rechtsstaatliche Anforderungen.[403] Sie erfordert „die Berücksichtigung (...) der Entscheidungen des Gerichtshofs im Rahmen methodisch vertretbarer Gesetzesauslegung".[404] Um nicht gegen die Grundrechte und das Rechtsstaatsprinzip zu verstoßen, dürfen diese allerdings nicht schematisch vollstreckt werden.[405] Vielmehr sollen „die entsprechenden Texte und Judikate zur Kenntnis genommen werden und in den Willensbildungsprozess (...) einfließen"[406]. Das Bundesverfassungsgericht erwartet, dass nicht nur der Tenor einschlägiger Entscheidungen des Europäischen Gerichtshofs für Menschenrechte, sondern auch die Begründungen beachtet werden, denn es fordert, die „berücksichtigten Aspekte auch in die verfassungsrechtliche Würdigung, namentlich die Verhältnismäßigkeitsprüfung"[407] einzubeziehen.[408]

---

401 BVerfGE 111, 317 (320); 128, 326 (403). Dem EGMR ist es jedoch gemäß Art. 41 EMRK möglich, Restitutionen in Form von Entschädigungszahlungen durch Leistungsurteil gegen den handelnden Staat zu verhängen, siehe *Meyer-Ladewig*, EMRK, 2011, Einl. Rn. 27, Art. 46 EMRK Rn. 42; *Grupp/Stelkens*, DVBl. 2005, 133 (134 f.). Zu den sog. Pilotverfahren des EGMR, die eine Vielzahl rechtlich gleichgelagerter Fälle betreffen und durch Musterurteile, bei denen zum einen systemische Defizite in den Staaten klar beim Namen benannt und Abhilfemaßnahmen möglichst konkret im Urteilstenor vorgegeben werden, siehe Deutscher Bundestag, WD 3 – 3000 – 167/08 und *Klein*, in: Merten/Papier (Hg.), HGR VI/1, 2010, § 150 Rn. 106 f.

402 BVerfGE 111, 307 (320); 128, 326 (368).

403 BVerfGE 111, 307 (322 f.). In allen Fällen, die Garantien der EMRK betreffen, muss deshalb die eigene Rechtsordnung auf Konventionskonformität hin überprüft werden, siehe *Meyer-Ladewig*, EMRK, 2011, Art. 46 EMRK Rn. 15; *Klein*, in: Merten/Papier (Hg.), HGR VI/1, 2010, § 150 Rn. 131 f.; *Grabenwarter*, EMRK, 2008, § 16 Rn. 2.

404 BVerfGE 111, 307 (323).

405 BVerfGE 111, 307 (323). Da eine § 31 BVerfGG entsprechende Regelung in der EMRK fehlt, kann jedes Gericht innerhalb der Willkürgrenzen von der Auslegung der Normen durch den EGMR abweichen, BVerfGE 128, 326 (403).

406 BVerfGE 111, 307 (324).

407 BVerfGE 111, 307 (324).

408 BVerfGE 128, 326 (371).

Wenn wie in mehrpoligen Grundrechtsverhältnissen „widerstreitende Grundrechtspositionen“[409] vorliegen, hält das Bundesverfassungsgericht aber trotz der zum Ausdruck gebrachten Offenheit[410] an einem „Rezeptionshemmnis“[411] fest. Bereits nach Art. 53 EMRK gilt, dass die Konventionsrechte nur so weit berücksichtigt werden dürfen, dass der Grundrechtsschutz nach dem Grundgesetz nicht eingeschränkt wird.[412] Dies ist auf die „Systemunterschiede“[413] zwischen dem Grundgesetz und der Europäischen Konvention für Menschenrechte zurückzuführen.[414] Im Individualbeschwerdeverfahren nach Art. 34 EMRK, als typischem Rechtsbehelf gegen eine Verletzung des Rechts auf Achtung des Privatlebens gemäß Art. 8 Abs. 1 EMRK durch die Videoüberwachung,[415] werden beispielsweise die gegensätzlichen Interessen unter Umständen nicht gänzlich abgebildet, da Dritte grundsätzlich nicht Verfahrensbeteiligte des Prozesses sind, sondern nur über Art. 36 Abs. 2 EMRK beteiligt werden können.[416] Unterschiede werden auch an der Prüfung der jeweiligen Garantien oder Grundrechte erkennbar. Der Gerichtshof wählt eher eine kasuistische Herangehensweise, weshalb die im Bereich des Grundgesetzes entwickelten Begriffsdefinitionen für die Konvention kaum existieren.[417] Zu beobachten sind darüber hinaus konzeptionelle Unterschiede bei der Festlegung des Schutzbereichs.[418] Auch deshalb dürfen

---

409 BVerfGE 111, 307 (327). Diese Fälle sind geprägt durch eine „sensible Abwägung(..) zwischen verschiedenen subjektiven Rechtspositionen“ im Bereich „ausbalancierter Teilsysteme des Rechts“ wie etwa dem Schutz der Persönlichkeit (a. a. O., 324 f.).

410 Siehe BVerfGE 128, 326 (365), wonach neue Aspekte die Auslegung des GG aufgrund des Grundsatzes der Völkerrechtsfreundlichkeit so wesentlich beeinflussen könnten, dass es einer rechtserheblichen Änderung entspreche, und Entscheidungen des EGMR geeignet seien, die Rechtskraft zu durchbrechen.

411 BVerfGE 128, 326 (370).

412 BVerfGE 128, 326 (Ls. 2 c).

413 *Nußberger*, in: Isensee/Kirchhof (Hg.), HdStR X, 2012, § 209 Rn. 50.

414 *Nußberger*, in: Isensee/Kirchhof (Hg.), HdStR X, 2012, § 209 Rn. 51, wonach die Differenzen insbesondere im Zuschnitt der Schutzbereiche, der Bestimmung der Schranken und der Auflösung von Grundrechtskonkurrenzen zu sehen seien.

415 EGMR, Urt. v. 05.02.2003, Allan (No. 48539/99); Urt. v. 17.03.2003, Perry (No. 63737/00); Urt. v. 28.04.2003, Peck (No. 44647/98); Urt. v. 12.01.2010, Gillan u. Quinton (No. 4158/05); Urt. v. 02.09.2010, Uzun (No. 35623/05).

416 BVerfGE 111, 307 (328).

417 *Uerpmann-Wittzack*, in: Ehlers (Hg.), EuGR, 2014, § 3 I 1 Rn. 4.

418 Das BVerfG begriff die Privatsphäre in BVerfGE 101, 361 (382 f.), als einen über das allgemeine Persönlichkeitsrecht nach Art. 2 Abs. 1 GG i. V. m. Art. 1 Abs. 1 GG gesicherten Bereich privater Lebensgestaltung und rechtfertigte den Eingriff durch die legitime Forderung nach unterhaltender Berichterstattung und dem

völkerrechtliche und verfassungsrechtliche Begriffe nicht unreflektiert gleichgesetzt werden.[419] Die Gehalte der Konvention müssen „im Rahmen eines aktiven (Rezeptions-)Vorgangs in den Kontext der aufnehmenden Verfassungsordnung ‚umgedacht' werden"[420], damit „das ‚Mehr' an Freiheit für den einen Grundrechtsträger [nicht] zugleich ein ‚Weniger' für einen anderen bedeutet"[421]. Auch bei der Prüfung der Verhältnismäßigkeit ergeben sich Abweichungen, wenn der Europäische Gerichtshof für Menschenrechte vermehrt verfahrensrechtliche Aspekte, insbesondere den Grundrechtsschutz durch Organisation und Verfahren, in den Mittelpunkt der Prüfung stellt und damit das Anforderungsniveau des Bundesverfassungsgerichts unterschreitet.[422]

Dennoch ist das Verhältnismäßigkeitsprinzip geeignet, die Rechtsprechung des Europäischen Gerichtshofs für Menschenrechte zu den Konventionsgarantien „schonend in das vorhandene, dogmatisch ausdifferenzierte nationale Rechtssystem einzupassen"[423]. Denn beide Gerichte stellen die Abwägung der

---

Fehlen schutzwürdiger Privatheit. Der EGMR, Urt. v. 24.06.2004/24.09.2004, Caroline (No. 59320/00) bestimmte das Privatleben nach Art. 8 Abs. 1 EMRK funktional und nicht räumlich, stellte eine Menschenrechtsverletzung fest, verlangte die Abkehr von der Figur der absoluten und relativen Person der Zeitgeschichte i. S. d. §§ 22, 23 KUG und betrachtete zur Rechtfertigung des Eingriffs in Art. 8 Abs. 1 EMRK schwerpunktmäßig die Betroffenheit und Schutzwürdigkeit der Privatsphäre oder suchte nach einem anzuerkennenden Informationsinteresse für die Veröffentlichung von Bildern. Der BGH wendete in BGHZ 171, 275 (278), in Reaktion hierauf ein abgestuftes Schutzkonzept an, bei dem die Interessenabwägung im Einzelfall im Vordergrund steht. Dies kritisierend: *Söder*, ZUM 2008, 89 (91 f.); *Engels/Jürgens*, NJW 2007, 2517 (2519 f.); *Götting*, GRUR 2007, 530 (531); befürwortend: *Teichmann*, NJW 2007, 1917 (1918). Vorangegangen waren die Entscheidungen BGH, NJW 2005, 594 f.; NJW 2006, 599 f., sowie die aufgrund des Spannungsverhältnisses zwischen § 31 BVerfGG und Art. 1 EMRK unterschiedliche Rezeption in KG, NJW 2005, 603; OLG Hamburg, NJW-RR 2006, 1202; OLG Hamburg, Urt. v. 13.12.2005 – 7 U 84/05; Urt. v. 31.01.2006 – 7 U 88/05. Den Schutz der Privatsphäre auch jenseits örtlicher Abgeschiedenheit inzwischen anerkennend: BVerfGE 120, 180 (207 f.), wo das Gericht die Modifikation des Schutzkonzeptes durch BGHZ 171, 275 (281), sowie den Verzicht auf die Figur der absoluten und relativen Person der Zeitgeschichte akzeptierte.

419 BVerfGE 128, 326 (370).

420 BVerfGE 128, 326 (370).

421 BVerfGE 128, 326 (371).

422 *Ehlers*, in: ders. (Hg.), EuGR, 2014, § 2 Rn. 65, 99; *R. P. Schenke*, in: Heckmann et al. (Hg.), FS Würtenberger, 2013, S. 1079 (1096 f.).

423 BVerfGE 111, 307 (327); 128, 326 (371 f.).

konfligierenden Interessen in den Mittelpunkt.[424] Dass bei „multipolaren Konfliktlagen“[425] trotzdem Reibung entstehen kann, wurde in der Vergangenheit deutlich.[426] Das „letzte Wort“[427] des Grundgesetzes stehe aber nicht dem Dialog mit dem Europäischen Gerichtshof für Menschenrechte entgegen.[428]

3. Verhältnis des Europäischen Gerichtshofs zum Europäischen Gerichtshof für Menschenrechte

Die Europäische Union ist noch nicht Vertragspartei der Europäischen Menschenrechtskonvention,[429] weshalb sie nicht unmittelbar an diese gebunden ist.[430]

---

424 EGMR, Urt. v. 30.06.2005, Bosphorus Airways (No. 45036/98), Rn. 149: „there must exist a reasonable relationship of proportionality between the means employed and the aim sought to be realised: the Court must determine whether a fair balance has been struck between the demands of the general interest in this respect and the interest of the individual company concerned. In so determining, the Court recognises that the State enjoys a wide margin of appreciation with regard to the means to be employed and to the question of whether the consequences are justified in the general interest for the purpose of achieving the objective pursued“; ebenso Urt. v. 11.07.2002, Goodwin (No. 28957/95), Rn. 72: „[t]he Court recalls that the notion of ‚respect‘ as understood in Article 8 is not clear cut, especially as far as the positive obligations inherent in that concept are concerned: having regard to the diversity of practices followed and the situations obtaining in the Contracting States, the notion's requirements will vary considerably from case to case and the margin of appreciation to be accorded to the authorities may be wider than that applied in other areas under the Convention. In determining whether or not a positive obligation exists, regard must also be had to the fair balance that has to be struck between the general interest of the community and the interests of the individual“. Das BVerfG verwendet in diesem Zusammenhang das Prinzip der „praktischen Konkordanz“, siehe BVerfGE 77, 240 (253); 83, 130; 89, 214 (232). Zur Kritik an der praktischen Konkordanz als „gegensätzevereinigender Zauberformel“ siehe *Fischer-Lescano*, KJ 2008, 166 (168).

425 BVerfGE 120, 180 (212).

426 Im Zusammenhang mit EGMR, Urt. v. 24.06.2004/24.09.2004, Caroline (No. 59320/00), sprachen *Engels/Jürgens*, NJW 2007, 2517 (2517), bspw. von „Aufruhr“. Kritisch auch *Hoppe*, ZEuP 2005, 656 (659); *Benda*, AnwBl. 2005, 602 (603).

427 BVerfGE 128, 326 (369).

428 BVerfGE 128, 326 (369).

429 EuGH, Gutachten 2/94 v. 28.03.1996, ECLI:EU:C:1997:254; Gutachten 2/13 v. 18.12.2014, ECLI:EU:C:2014:2454; *Haratsch/Koenig/Pechstein*, Europarecht, 2016, Rn. 715 f.; *Giegerich*, in: Dörr et al. (Hg.), EMRK/GG, 2013, Kap. 2 Rn. 35 f.

430 EGMR, Urt. v. 30.06.2005, Bosphorus Airways (No. 45036/98), Rn. 152; *Giegerich*, in: Dörr et al. (Hg.), EMRK/GG, 2013, Kap. 2 Rn. 29.

Akte der Europäischen Union selbst können deshalb nicht vom Europäischen Gerichtshof für Menschenrechte geprüft werden.[431] Allerdings sind die Mitgliedstaaten der Union zugleich Vertragsstaaten der Europäischen Konvention für Menschenrechte und an diese gemäß Art. 1 EMRK gebunden, wovon sie sich auch nicht durch die Übertragung von Hoheitsgewalt an eine supranationale Organisation wie die Europäische Union lösen können.[432] Über die Prüfung einer nationalen Umsetzungsmaßnahme im Rahmen einer Individualbeschwerde nach Art. 34 EMRK kann der Europäische Gerichtshof für Menschenrechte deshalb die Einhaltung der Konventionsrechte auch auf Unionsebene kontrollieren.[433] Diese weitgehende Letztentscheidungsbefugnis hat der Gerichtshof jedoch selbst eingeschränkt, indem er zum einen den Mitgliedstaaten einen Ermessens- und Beurteilungsspielraum im Einzelfall zubilligte und insofern eine geringere Kontrolldichte akzeptierte,[434] und zum anderen anerkannte, dass auf Unionsebene ein der Konvention vergleichbarer Grundrechtsschutz besteht.[435]

Da die Europäische Konvention für Menschenrechte nach Art. 6 Abs. 2 EUV Bestandteil der allgemeinen Rechtsgrundsätze der Union ist, nimmt der Europäische Gerichtshof in seinen Entscheidungen auf sie Bezug und achtet die korrespondierende Rechtsprechung des Europäischen Gerichtshofs für Menschenrechte.[436] Damit entspricht er seiner in Art. 4 Abs. 3 EUV verankerten Treuepflicht gegenüber den Mitgliedstaaten, denn diese müssen sich für Verstöße gegen die Konvention verantworten.[437] Da gemäß Art. 52 Abs. 3 GRCh die Garantien der Konvention die „gleiche Bedeutung und Tragweite“ haben wie die Unionsgrundrechte, ist es dem Europäischen Gerichtshof außerdem möglich, die Entscheidungen des Europäischen Gerichtshofs für Menschenrechte im Wege

---

431 EGMR, Urt. v. 30.06.2005, Bosphorus Airways (No. 45036/98), Rn. 152.

432 EGMR, Urt. v. 30.06.2005, Bosphorus Airways (No. 45036/98), Rn. 154.

433 EGMR, Urt. v. 30.06.2005, Bosphorus Airways (No. 45036/98).

434 EGMR, Urt. v. 30.06.2005, Bosphorus Airways (No. 45036/98), Rn. 149: „margin of appreciation with regard to the means to be employed and to the question of whether the consequences are justified in the general interest for the purpose of achieving the objective pursued“; Urt. v. 11.07.2002, Goodwin (No. 28957/95), Rn. 72.

435 EGMR, Urt. v. 30.06.2005, Bosphorus Airways (No. 45036/98), Rn. 165.

436 Bspw. EuGH, Urt. v. 22.10.2002, Roquettes Frères, C-94/00, ECLI:EU:C:2002:603, Rn. 29, wo der EuGH sich der Auslegung des Art. 8 EMRK aus EGMR, Urt. v. 16.12.1992, Niemietz (No. 13710/88) sowie Urt. v. 16.04.2002, Société Colas Est (No. 37971/97), anschloss und seine eigene Auslegung des Rechts auf Unverletzlichkeit der Wohnung in Urt. v. 21.09.1989, Hoechst/Kommission, C-46/87 u. 227/88, ECLI:EU:C:1989:337, Rn. 17 f., aufgab.

437 EGMR, Urt. v. 30.06.2005, Bosphorus Airways (No. 45036/98), Rn. 136.

„normebenenkonformer Auslegung“[438] als Grundlage für die Entscheidungen zu den Unionsgrundrechten heranzuziehen.[439] Dadurch werden Divergenzen in der Rechtsprechung beider Gerichte minimiert und der Grundrechtsschutz wird auf diese Weise angeglichen.[440]

Mit dem Beitritt zur Europäischen Menschenrechtskonvention wäre die Europäische Union gemäß Art. 1 EMRK i. V. m. Art. 216 Abs. 1 AEUV verpflichtet, die Konventionsrechte einzuhalten.[441] Außerdem würden die Union und ihre Organe, einschließlich des Europäischen Gerichtshofs, den Entscheidungen des Europäischen Gerichtshofs für Menschenrechte unterliegen.[442] Der Europäische Gerichtshof hält einen Beitritt aufgrund dieser Auswirkungen derzeit für nicht mit Unionsrecht vereinbar.[443] Aufgrund der Pflicht aus Art. 6 Abs. 2 EUV, der Konvention beizutreten, muss sich der Europäische Gerichtshof aber wohl mittelfristig seines Auslegungsmonopols über das Unionsrecht begeben, zumindest

---

438 *Kraus*, in: Dörr et al. (Hg.), EMRK/GG, 2013, Kap. 3 Rn. 55.

439 Siehe z. B. EuGH, Urt. v. 22.10.2002, Roquettes Frères, C-94/00, ECLI:EU:C:2002:603; Urt. v. 09.11.2010, Schecke und Eifert, C-92/09 u. C-93/09, ECLI:EU:C:2010:662, Rn. 51 f., in dem der EuGH Art. 52 Abs. 3 GRCh und Art. 53 GRCh heranzieht und in Übereinstimmung mit den Erläuterungen zur Charta der Grundrechte, Abl. der EU v. 14.12.2007, C 303/17, 20, C:2007:303: TOC, erklärt, Art. 7 GRCh und Art. 8 GRCh entsprächen Art. 8 EMRK. Außerdem verweist der EuGH auf den EGMR, Urt. v. 16.02.2000, Amann/Schweiz (No. 27798/95), und Urt. v. 04.05.2000, Rotaru/Rumänien (No. 28341/95), um den Schutzbereich von Art. 7 GRCh und 8 GRCh zu bestimmen und festzulegen, „dass Einschränkungen (…) gerechtfertigt sein können, wenn sie denen entsprechen, die im Rahmen von Art. 8 EMRK geduldet werden“ (a. a. O., Rn. 52). Siehe auch *Kingreen*, in: Calliess/Ruffert (Hg.), EUV/AEUV, 2016, Art. 6 EUV Rn. 21; *Schorkopf*, in: Grabitz et al. (Hg.), EU, 2016, Art. 6 EUV Rn. 57.

440 *Dreier*, in: ders. (Hg.), GG, 2013, Bd. I, Vorb. v. Art. 1 GG, Rn. 29; *Bergmann*, EuGRZ 2004, 620 (624).

441 EuGH, Gutachten 2/13 v. 18.12.2014, ECLI:EU:C:2014:2454, Rn. 180.

442 EuGH, Gutachten 2/13 v. 18.12.2014, ECLI:EU:C:2014:2454, Rn. 181.

443 EuGH, Gutachten 2/13 v. 18.12.2014, ECLI:EU:C:2014:2454, Rn. 182 f., worin vor allem kritisiert wird, dass die Schutzstandards der EMRK mit denen der GRCh nicht abgestimmt und deshalb der Vorrang, die Einheit und die Wirksamkeit des Unionsrechts gefährdet seien und dass die vorrangige Zuständigkeit des EGMR die dem EuGH durch die Verträge eingeräumte Stellung beeinträchtigen und das Vorabentscheidungsverfahren umgehen würden; siehe dazu *Giegerich*, in: Dörr et al. (Hg.), EMRK/GG, 2013, Kap. 2 Rn. 36.

hinsichtlich der Menschenrechte und soweit Beschwerde zum Europäischen Gerichtshof für Menschenrechte erhoben wird.[444]

[444] Siehe *Schorkopf*, in: Grabitz et al. (Hg.), EU, 2016, Art. 6 EUV Rn. 57; *Kingreen*, in: Calliess/Ruffert (Hg.), EUV/AEUV, 2016, Art. 6 EUV Rn. 32, der in diesem Zusammenhang die Bedeutung der EMRK als Rechtserkenntnisquelle der Unionsgrundrechte betont; *Reich*, EuZW 2011, 379 (383); *Bergmann*, EuGRZ 2004, 620 (624).

E. Wirkung der Grundrechte des Grundgesetzes, der Grundrechte der Charta der Europäischen Union und der Garantien der Europäischen Konvention für Menschenrechte zwischen Privaten

Unter dem Gesichtspunkt der Dritt- oder Horizontalwirkung wird im Folgenden die Frage erörtert, ob Grundrechte nur den Staat, die Mitgliedstaaten oder die Vertragsstaaten verpflichten, oder ob und, wenn ja, wie sie auch Private binden.[445] Der Schwerpunkt wird dabei auf die Grundrechte des Grundgesetzes gelegt (I.). Anschließend werden die Wirkungen der Grundrechte der Charta der Grundrechte der Europäischen Union (II.) und der Garantien der Europäischen Konvention für Menschenrechte erörtert (III.). Sollten die Gewährleistungen der einzelnen Normtexte Drittwirkung haben und auf die intelligente Videoüberwachung durch nicht öffentliche Stellen im öffentlich zugänglichen Raum anwendbar sein, wäre dies bei der Prüfung der Zulässigkeit nach § 6b BDSG zu berücksichtigen.[446]

I. Wirkung der Grundrechte des Grundgesetzes zwischen Privaten

Ausgehend vom Grundverständnis der Grundrechte als Abwehrrechte und der Bindung des Staates an die Grundrechte gemäß Art. 1 Abs. 3 GG, ist diskutiert worden,[447] „ob Grundrechtsnormen auf das bürgerliche Recht einwirken und wie diese Wirkung im Einzelnen gedacht werden müsse“[448]. Die Kontroverse um das Bestehen einer Dritt- oder Horizontalwirkung der Grundrechte des Grundgesetzes und deren Ausgestaltung besteht nach wie vor, sie ist inzwischen

---

445 Siehe *Papier*, in: Merten/Papier (Hg.), HGR II, 2006, § 55 Rn. 1.

446 Einzubeziehen wären insbesondere die möglicherweise betroffenen Rechte der Überwachten aus Art. 2 Abs. 1 GG i. V. m. Art. 1 Abs. 1 GG, Art. 3 GG sowie Art. 7 GRCh und Art. 8 GRCh und aufgrund der Dreieckskonstellation die Rechte der Betreiber der Anlagen aus Art. 12 GG, Art. 14 GG sowie Art. 2 GG und Art. 15 bis 17 GRCh.

447 *Papier*, in: Merten/Papier (Hg.), HGR II, 2006, § 55 Rn. 1 f.

448 BVerfGE 7, 198 (204).

jedoch theoretischer Natur.[449] Deshalb werden nachfolgend nur die wesentlichen Aspekte der in diesem Zusammenhang vertretenen Ansichten dargestellt.

1. Unmittelbare Drittwirkung

Die von *Nipperdey* begründete Lehre einer unmittelbaren Wirkung der Grundrechte im Privatrecht stützt sich auf eine absolute, unmittelbar normative Kraft der Grundrechte, die auch unter Privaten gelte.[450] Diese Ansicht geht davon aus, dass die Grundrechtsnormen – mit Ausnahme der ausdrücklich an den Staat adressierten Grundrechtsartikel – nicht über Generalklauseln oder unbestimmte Rechtsbegriffe Eingang in das Privatrecht finden müssen, sondern „eine normative Regelung der gesamten Rechtsordnung als Einheit [enthalten], aus der auch unmittelbar subjektive private Rechte des Einzelnen fließen“[451]. Die Grundrechte seien Prinzipien, „die in einer gut, gerecht, freiheitlich und sozial

---

[449] *Säcker*, in: Rixecker et al. (Hg.), MüKo BGB, 2012, Einl. Rn. 56. So schon früher *Oeter*, AöR 119 (1994), 529 (530); a. A. *Canaris*, AcP 184 (1984), 201 (202), der das Problem für „ein kaum je abzuschließend zu lösendes“ hielt. Die eine Drittwirkung der Grundrechte gänzlich ablehnende Mindermeinung als kaum noch vertretbar bezeichnete schon *Leisner*, Grundrechte und Privatrecht, 1960, S. 309 f. *Schwabe*, Drittwirkung, 1971, S. 154 f., spricht von der Zulässigkeit der Drittwirkung als Scheinproblem; zustimmend: *Bleckmann*, DVBl. 1988, 938 (939 f.).

[450] *Nipperdey*, in: ders. (Hg.), FS Molitor, 1961, S. 17 (23 f.), spricht von der „absoluten Wirkung gewisser Grundrechte“; siehe auch *Ruffert*, Vorrang der Verfassung, 2002, S. 12. *Canaris*, AcP 184 (1984), 201 (208, 245), gesteht der Lehre von der unmittelbaren Drittwirkung trotz des „wenig tragfähig[en]“ methodischen Ansatzes zu, praktische Konsequenzen zu haben, da neben dem allgemeinen Persönlichkeitsrecht als sonstigem Recht i. S. d. § 823 Abs. 1 BGB die Güter- und Interessenabwägung im Einzelfall anerkannt sei. Einen abweichenden Ansatz wählt *Lücke*, JZ 1999, 377 (383), der im Wege des *argumentum a fortiori* über den Wortlaut des Art. 19 Abs. 3 GG natürliche Personen als Grundrechtsverpflichtete einordnet. Seiner Meinung nach sind die „ihrem Wesen nach drittwirkungsgeeigneten Grundrechte“ für natürliche Personen als Grundrechtsverpflichtete zu eruieren, denn wenn aus den Grundrechten subjektiv-öffentliche Rechte entsprängen, seien sie auch für Private verpflichtend. Allerdings eigneten sich die Grundrechte seiner Ansicht nach aufgrund der engen, konkret gefassten Tatbestände des Privatrechts nicht dazu, drittverpflichtend angewendet zu werden. Vielmehr müsse die zivilrechtliche Lücke gefunden und mithilfe der Grundrechte gefüllt werden. Im Ergebnis nimmt er somit wohl eine mittelbare Drittwirkung der Grundrechte an.

[451] *Nipperdey*, in: ders. (Hg.), FS Molitor, 1961, S. 17 (24); a. A. und besonders kritisch *Jestaedt*, VVDStRL 64 (2005), 298 (332 f.); *ders.*, Grundrechtsentfaltung im Gesetz, 1999, S. 262.

geordneten Gesellschaft bestehen müssen“[452]. Deshalb müsse ihre Wirkung auf das Verhältnis Bürger zu Bürger ausgedehnt werden.[453] Dies diene dazu, einen friedlichen Privatrechtsverkehr zu gewährleisten und Bedrohungen der Freiheitsrechte durch Private zu begegnen.[454] Allerdings müsse die Wirkung jeder Grundrechtsnorm im Privatrechtsverkehr gesondert geprüft werden, um ihren konkreten Inhalt, ihr Wesen und ihre Funktion zu erfassen.[455]

Zugunsten dieser Ansicht ließe sich anführen, dass Art. 1 Abs. 3 GG nicht ausdrücklich nur von der Bindung der drei Gewalten an die Grundrechte spricht.[456] Eine unmittelbare Drittwirkung von Grundrechten im Privatrecht widerspräche aber der Hauptintention des Grundgesetzes, Abwehr- und Freiheitsrechte gegenüber dem Staat und nicht gegenüber Privaten zu verleihen.[457] Das Grundgesetz soll gerade die Freiheit der Disposition schützen und es gibt Sachverhalte, die im Verfassungsrecht rechtswidrig wären, im Privatrecht aber rechtmäßig sein können sowie *vice versa*.[458] Durch eine unmittelbare Drittwirkung bekäme das Verfassungsrecht eine die privatrechtliche Eigenständigkeit gefährdende Reichweite.[459] Das Privatrecht ist zudem nicht von einem Über- und Unterordnungsverhältnis geprägt, sondern wird von Gleichordnung bestimmt.[460] Letztlich würde der Grundsatz der Privatautonomie erheblich eingeschränkt, wenn die Grenzen für staatliches Handeln gleichfalls für privates Handeln gelten würden.[461] Zusammenfassend ist eine unmittelbare Drittwirkung der Grundrechte also abzulehnen.

452 *Nipperdey*, in: ders. (Hg.), FS Molitor, 1961, S. 17 (26).

453 *Nipperdey*, in: ders. (Hg.), FS Molitor, 1961, S. 17 (26).

454 *Fabisch*, Die unmittelbare Drittwirkung der Grundrechte im Arbeitsrecht, 2010, S. 76.

455 *Nipperdey*, in: ders. (Hg.), FS Molitor, 1961, S. 17 (28).

456 *Zippelius/Würtenberger*, 2008, § 18 Rn. 14.

457 „Die Argumente gegen die These der unmittelbaren Drittwirkung“ liegen für *Hager*, JZ 1994, 373 (373) „in der Tat auf der Hand“; ebenso für *Hermes*, NJW 1990, 1764 (1765).

458 *Dürig*, in: Maunz (Hg.), FS Nawiasky, 1956, S. 157 (168 f.).

459 *Dürig*, in: Maunz (Hg.), FS Nawiasky, 1956, S. 157 (183 f.).

460 *Zippelius/Würtenberger*, 2008, § 18 Rn. 15.

461 *Dürig/Scholz*, in: Maunz/Dürig (Bg.), GG, 2013, Art. 3 Abs. 1 GG Rn. 509, sprechen gar von einer „tödlichen Nivellierung der Privatrechtsordnung“. Siehe auch *Dreier*, in: ders. (Hg.), GG, 2013, Bd. I, Vorb. Rn. 98; *Papier*, in: Merten/Papier (Hg.), HGR II, 2006, § 55 Rn. 19; *Medicus*, AcP 192 (1992), 36 (43).

2. Mittelbare Drittwirkung

Nach der von *Dürig*[462] begründeten Theorie, der das Bundesverfassungsgericht seit dem Fall *Lüth*[463], später der Bundesgerichtshof[464] und letztlich das Bundesarbeitsgericht[465] gefolgt sind, wirken die Grundrechte im Privatrecht mittelbar.[466] Der Rechtsgehalt der Grundrechte als objektive Normen finde sich in den zivilrechtlichen, die Wertentscheidungen der Grundrechte konkretisierenden Normen wieder[467] und sei als Maßstab bei der Auslegung und Anwendung des

---

462 *Dürig*, in: Maunz (Hg.), FS Nawiasky, 1956, S. 157 (176 f.).

463 BVerfGE 7, 198 (205).

464 Der BGH ging zunächst, bspw. in BGHZ 13, 334 (338); 24, 72 (76); 27, 284 (285), von der unmittelbaren Drittwirkung der Grundrechte aus. Nach mehrfacher Beanstandung, siehe z. B. durch BVerfGE 25, 256; 54, 208; 66, 116; 81, 242; 89, 214, hat er sich der Lehre von der mittelbaren Drittwirkung angeschlossen, siehe BGHZ 33, 145 (149); 35, 363 (367 f.); 39, 124 (131); 45, 296 (307); 65, 325 (331). Die Kontroverse darstellend und analysierend: *Fabisch*, Die unmittelbare Drittwirkung der Grundrechte im Arbeitsrecht, 2010, S. 75; *Classen*, AöR 122 (1997), 65 (77); *Oeter*, AöR 119 (1994), 529 (530); *Canaris*, AcP 184 (1984), 201 (203).

465 Dieses folgte ursprünglich, beeinflusst durch *Nipperdey* als Präsidenten, der Theorie von der unmittelbaren Drittwirkung der Grundrechte, siehe BAGE 1, 185 (193); 4, 274 (276), schloss sich aber später grundsätzlich der Rechtsprechung des BVerfG an, siehe bspw. BAGE 47, 363 (373); 48, 122 (139); 52, 88 (98); 76, 155 (175); BAG NZW 2013, 1206 (1208).

466 Siehe *v. Münch/Kunig*, in: dies. (Hg.), GG, Bd. 1, 2012, Vorb. zu Art. 1–19 GG Rn. 17; *Isensee*, in: ders./Kirchhof (Hg.), HStR IX, 2011, § 191 Rn. 251 f.; *Jarass*, in: ders./Pieroth (Hg.) GG, 2011, Art. 1 GG Rn. 50; *Starck*, in: ders. (Hg.), GG, 2010, Art. 1 Abs. 3 GG Rn. 303 f.; *Papier*, in: Merten/Papier (Hg.), HGR II, 2006, § 55 Rn. 3, 7, 23; *Roßnagel/Schnabel*, NJW 2008, 3534 (3535); *Hager*, JZ 1994, 373 (374); *Hermes*, NJW 1990, 1764 (1765).

467 Siehe BVerfGE 7, 198 (205); 37, 57 (56); 81, 242 (255); 84, 192 (195); 89, 1 (13). *Zippelius/Würtenberger*, 2008, § 17 Rn. 20, sprechen von einer „Konstitutionalisierung der Rechtsordnung" und meinen damit die Verwirklichung der Grundrechte durch die Schaffung von Gesetzen. Siehe zur Entwicklung hin zur Anerkennung einer objektiven Wertordnung des Grundgesetzes und zur vorrangigen Berücksichtigung verfassungsrechtlicher Wertungen im Privatrecht, die bis zur verfassungskonformen Rechtsfortbildung ausgedehnt werden müsse, *R. P. Schenke*, in: Dreier (Hg.), Macht und Ohnmacht des Grundgesetzes, 2009, S. 51 (61); kritisch *Classen*, AöR 122 (1997), 65 (69). *Böckenförde*, Der Staat 29 (1990), 1 (21 f.), meint, dass sich die Grundrechte umformen von „Gewährleistungen im Verhältnis Bürger – Staat zu obersten Prinzipien der Rechtsordnung insgesamt". Unschlüssig: *Medicus*, AcP 192 (1992), 36 (46); *Canaris*, AcP 184 (1984), 201 (212).

einfachen Rechts zu beachten.[468] Die Grundrechte strahlen nach dieser Ansicht insbesondere auf auslegungs- und interpretationsoffene Rechtsnormen wie die privatrechtlichen Generalklauseln und unbestimmten Rechtsbegriffe aus und wirken so mittelbar auf die Rechtsbeziehungen der Privatrechtssubjekte ein.[469] Deshalb werden die Generalklauseln als „die ‚Einbruchstellen' der Grundrechte in das bürgerliche Recht"[470] bezeichnet. Richter und Behörden müssten bei der Anwendung des Zivilrechts die Ausstrahlungswirkung der Grundrechte berücksichtigen[471] und prüfen, ob diese bei der Anwendung von privatrechtlichen Rechtsvorschriften berührt würden.[472]

Der Theorie der mittelbaren Drittwirkung der Grundrechte ist zu folgen, denn sie ermöglicht bei der Anwendung und Auslegung von Generalklauseln, wie § 6b BDSG, eine einzelfallbezogene und stufenweise Bindung der Privatrechtssubjekte anhand der dem Privatrecht eigenständig immanenten Maßgaben. Die konfligierenden grundrechtlich geschützten Interessen[473] können außerdem

---

468 BVerfGE 39, 1 (41); 81, 242 (254 f.); 96, 375 (398); *Dreier*, in: ders. (Hg.), GG, 2013, Bd. I, Vorb. Rn. 94.

469 BVerfGE 7, 198 (205 f.); *Dreier*, in: ders. (Hg.), GG, 2013, Bd. I, Vorb. Rn. 98; *Dieterich*, in: Müller-Glöge et al. (Hg.), EfKA, 2013, Einl. Rn. 33 f.; *v. Münch/Kunig*, in: dies. (Hg.), GG, Bd. 1, 2012, Vorb. zu Art. 1–19 GG Rn. 17; *Starck*, in: ders. (Hg.), GG, 2010, Art. 1 Abs. 3 GG Rn. 304 f.; *Papier*, in: Merten/Papier (Hg.), HGR II, 2006, § 55 Rn. 10, 23; *Dürig*, in: Maunz (Hg.), FS Nawiasky, 1956, S. 157 (176). *Böckenförde*, Der Staat 29 (1990), 1 (10), bezeichnet die Drittwirkung als „das legitime Kind der Ausstrahlungswirkung".

470 BVerfGE 7, 198 (206), bezugnehmend auf *Dürig*, in: Bettermann et al. (Hg.), Grundrechte, Bd. II (1954), S. 525. Problematisch sei laut *Canaris*, AcP 184 (1984), 201 (223), dass nicht stets „eine geeignete Generalklausel vorhanden" und die Konzentration auf jene „eine fehlerhafte Vereinseitigung" sei, da auch „Normen mit festen Tatbeständen zur Verwirklichung von Grundrechten dienen" könnten; zustimmend *Lücke*, JZ 1999, 377 (383); *Medicus*, AcP 192 (1992), 36 (44). *Rüfner*, in: Selmer/v. Münch (Hg.), Gedächtnisschrift Martens, 1987, S. 215 (225), kritisiert die Beschränkung auf die Generalklauseln ebenfalls als „[m]ethodisch (...) zu eng" und hält es für erforderlich, das gesamte Zivilrecht auf seine Verfassungsmäßigkeit hin in den Blick zu nehmen. Das BVerfG hat bspw. in BVerfGE 73, 261 (269), die objektiven Elemente des Grundgesetzes auf die gesamte Rechtsordnung ausgedehnt, womit die Einwände ihr Gewicht verlieren.

471 *Zippelius/Würtenberger*, 2008, § 17 Rn. 23.

472 BVerfGE 84, 192 (195); BVerfG, NJW 2013, 3086 (3087).

473 Den Konflikt verschiedener, gleichrangiger Grundrechtsträger über den Umfang der Wirkweise der Grundrechte bezeichnet man als Grundrechtskollision, siehe *Starck*, in: ders. (Hg.), GG, 2010, Art. 1 Abs. 3 GG Rn. 319. Die Grundrechtskollision ist abzugrenzen von der Grundrechtskonkurrenz, bei der mehrere Grundrechte desselben

anhand der interpretationsleitenden Funktion[474] der objektiven Werteordnung des Grundgesetzes unter Beachtung des Verhältnismäßigkeitsgrundsatzes im Einzelfall abgewogen und durch eine entsprechende Auslegung der offenen Tatbestandsmerkmale in Ausgleich gebracht werden.[475] Ein Grundrecht wirkt dabei jeweils als Schranke des anderen.[476] Das im Zentrum dieser Untersuchung stehende Recht auf informationelle Selbstbestimmung gemäß Art. 2 Abs. 1 GG i. V. m. Art. 1 Abs. 1 GG besitzt mittelbare Drittwirkung und entfaltet seinen Rechtsgehalt als objektive Norm im Privatrecht.[477]

Die Drittwirkung der Gleichheitssätze ist ebenfalls umstritten.[478] Art. 3 Abs. 1 GG ist ein subjektives Abwehrrecht des Einzelnen[479] und ein objektivrechtliches Verfassungsprinzip,[480] das ins Privatrecht ausstrahlt und Differenzierungsmaßstäbe vorgibt.[481] Der allgemeine Gleichheitssatz wirkt aber nur in Ausnahmefällen mittelbar auf das Verhältnis zweier privater Grundrechtsträger ein,[482] da die für das Privatrecht konstitutive Freiheit, Unterschiede zu machen,

---

Grundrechtsträgers im selben Sachverhalt eingreifen und die über die Spezialitätsregel zu lösen ist, siehe *Dieterich*, in: Müller-Glöge et al. (Hg.), EfKA, 2013, Einl. Rn. 68 f.

474 *Dürig/Scholz*, in: Maunz/Dürig (Bg.), GG, 2013, Art. 3 Abs. 1 GG Rn. 511 f., womit dem Vorwurf *Leisners*, Grundrechte und Privatrecht, 1960, S. 361 f., begegnet wird, dass die Theorie der mittelbaren Drittwirkung im Unklaren lasse, welche Grundsätze wann und wie bei der Ausfüllung gelten.

475 BVerfGE 7, 198 (207); 81, 40 (52); 84, 192 (195); BVerfG, NJW 2013, 3086 (3087); *Säcker*, in: Rixecker et al. (Hg.), MüKo BGB, 2012, Einl. Rn. 64; *Roth/Schubert*, in: Rixecker et al. (Hg.), MüKo BGB, 2012, § 242 BGB Rn. 56; *Hermes*, NJW 1990, 1764 (1765).

476 BVerfGE 7, 198 (205); 99, 185 (196); 101, 361 (388 ff.); 114, 339 (348); *Dieterich*, in: Müller-Glöge et al. (Hg.), EfKA, 2013, Einl. Rn. 71; *Di Fabio*, in: Maunz/Dürig (Bg.), GG, 2013, Art. 2 GG Rn. 134 f.; *Starck*, in: ders. (Hg.), GG, 2010, Art. 1 Abs. 3 GG Rn. 320; *Roßnagel/Schnabel*, NJW 2008, 3534 (3535).

477 BVerfGE 52, 131 (168); 78, 38 (49); 78, 77 (84); 79, 256 (267); 84, 192 (194 f.); 90, 263 (270); BVerfG, NJW 2013, 3086 (3087).

478 Für eine Darstellung der kontroversen Meinungen siehe statt vieler *Dürig/Scholz*, in: Maunz/Dürig (Bg.), GG, 2013, Art. 3 Abs. 1 GG Rn. 505.

479 BVerfGE 5, 85 (204 ff.); 6, 32 (40 f.); 6, 55 (72); 7, 198 (204 f.); 10, 59 (81); *Starck*, in: ders. (Hg.), GG, 2010, Art. 3 Abs. 1 Rn. 229.

480 BVerfGE 38, 225 (228); 41, 1 (13).

481 *Starck*, in: ders. (Hg.), GG, 2010, Art. 3 Abs. 1 Rn. 230, 293.

482 *Mertens*, JuS 1963, 391 (394), spricht insofern von der Gleichheit als der „Schranke (…), an der sich die Privatautonomie bricht".

vorrangig geschützt werden muss.[483] Um eine mittelbare Bindung auszulösen, bedarf es eines dem Über-und Unterordnungsverhältnis von Staat und Bürger ähnlichen Machtungleichgewichts, wie zum Beispiel im Arbeits- oder Mietverhältnis.[484] Eine solche Kräfteverschiebung ist auch Voraussetzung für eine mittelbare Drittwirkung des Art. 3 Abs. 3 GG, die aber analog zu dessen hervorgehobener Bedeutung im Grundgesetz stärker ist.[485] Obgleich die Intensität der mittelbaren Drittwirkung einzelfallabhängig zu bestimmen ist, schlägt der spezielle Gleichheitssatz jedenfalls in Fällen, die offenkundig sittenwidrig sind, wie bei der Auswahl von Mietern anhand der Hautfarbe, auf das Privatrecht durch.[486] Einbruchstellen für die grundrechtlichen Wertungen der Gleichbehandlungsgrundsätze im Zivilrecht[487] sind insbesondere die Normen des Allgemeinen Gleichbehandlungsgesetzes[488] oder § 307 BGB, wonach Art. 3 Abs. 2 und Abs. 3 GG berührende Klauseln unzulässig sind sowie § 242 BGB, wonach bei der Leistungserbringung aufgrund eines geschlossenen Vertrages keine auf Diskriminierungsmerkmalen beruhenden Unterschiede gemacht werden dürfen.[489] Außerdem wurde die ungerechtfertigte Ungleichbehandlung wegen eines der Merkmale der Art. 3 Abs. 2 und Abs. 3 GG inzwischen als

---

483 *Dürig/Scholz*, in: Maunz/Dürig (Bg.), GG, 2013, Art. 3 Abs. 1 GG Rn. 516; *Uerpmann-Wittzack*, ZaöRV 2008, 359 (367).

484 *Kischel*, in: Epping/Hillgruber (Hg.), BeckOK GG, 2016, Art. 3 GG Rn. 93; *Dürig/Scholz*, in: Maunz/Dürig (Bg.), GG, 2013, Art. 3 Abs. 1 GG Rn. 516; a. A. *Salzwedel*, in: Carstens/Peters (Hg.), FS Jahrreiß, 1964, S. 339 (347), der nur Art. 3 Abs. 3 GG (unmittelbare) Drittwirkung attestiert, da Art. 3 Abs. 1 GG kein eigenständiges subjektives Recht enthalte und lediglich Art. 3 Abs. 3 GG über das Zusammenspiel mit dem Anspruch auf Menschenwürde und dem allgemeinen Persönlichkeitsrecht Drittwirkung habe.

485 *Dürig/Scholz*, in: Maunz/Dürig (Bg.), GG, 2013, Art. 3 Abs. 1 GG Rn. 516.

486 *Dürig/Scholz*, in: Maunz/Dürig (Bg.), GG, 2013, Art. 3 Abs. 1 GG Rn. 516.

487 *Kischel*, in: Epping/Hillgruber (Hg.), BeckOK GG, 2016, Art. 3 GG Rn. 92.

488 Die Umsetzung der EG-Antidiskriminierungsrichtlinie 2000/43/EG durch das AGG als Eingriff in die fundamentalen Prinzipen der Vertragsfreiheit, der Freiheit zur Ungleichbehandlung und letztlich der Privatautonomie kritisierend: *Schwab*, DNotZ 2006, 649 (677); *Richardi*, NZA 2006, 881 (887); *Adomeit*, NJW 2002, 1622 (1623); *Säcker*, ZRP 2002, 286 (287). A. A. ist *Eichenhofer*, DVBl. 2004, 1078 (1084 f.), der meint, dass mit dem AGG nicht die Vertragsfreiheit i. S. d. Entschließungsfreiheit angegriffen, sondern ein faires Zustandekommen privatrechtlicher Verträge mit dem Ziel eines Teilhaberechts für Randgruppen ermöglicht werden sollte.

489 *Streibel*, Rassendiskriminierung, 2010, S. 258 f.

Eingriff in das zivilrechtlich geschützte allgemeine Persönlichkeitsrecht i. V. m. § 823 Abs. 1 BGB anerkannt.[490]

3. Schutzpflichten

Nach Maßgabe des Bundesverfassungsgerichts ist „ein Streit zwischen Privaten über Rechte und Pflichten aus (…) grundrechtlich beeinflussten Verhaltensnormen des bürgerlichen Rechts (…) materiell und prozessual ein bürgerlicher Rechtsstreit“[491]. Da es die Grundrechte als Elemente einer objektiven Wertordnung betrachtet, leitet es aus ihnen aber Schutzpflichten des Staates gegenüber dem Bürger ab.[492] Alle drei Gewalten sollen aufgrund ihrer Bindung an Art. 1 Abs. 3 GG die Bürger vor wechselseitigen Eingriffen schützen, indem sie die sich diametral gegenüberstehenden Interessen der Privaten in Einklang bringen und etwaige Schieflagen ausgleichen.[493] Dies ist nicht unproblematisch, da die Wahrnehmung einer Schutzpflicht gegenüber einem Grundrechtsträger die Freiheit eines anderen beschränkt.[494] Die verfassungsrechtlich verankerten Schutzpflichten erfordern deshalb ein gesetzgeberisches Tätigwerden,[495] das sich

---

[490] BVerfGE 89, 276; BAGE 61, 219 (220); 82, 211; *Salzwedel*, in: Carstens/Peters (Hg.), FS Jahrreiß, 1964, S. 339 (351); *Canaris*, AcP 184 (1984), 201 (243).

[491] BVerfGE 7, 198 (205).

[492] BVerfGE 39, 1 (42 f.); 53, 30 (57); 56, 54 (73); 57, 295 (319 f.); 73, 261 (269); 77, 170 (214); 81, 242 (254); 96, 375 (398); *v. Münch/Kunig*, in: dies. (Hg.), GG, Bd. 1, 2012, Vorb. zu Art. 1–19 GG Rn. 17. Nach *Lücke*, JZ 1999, 377 (381 f.) gelte dies, wenn die Grundrechte als „objektive Ordnung“ gegenüber privaten Personen wirken, was er aus dem Wortlaut des Art. 19 Abs. 3 GG herleitet.

[493] *v. Münch/Kunig*, in: dies. (Hg.), GG, Bd. 1, 2012, Vorb. zu Art. 1–19 GG Rn. 17; *Starck*, in: ders. (Hg.), GG, 2010, Art. 1 Abs. 3 GG Rn. 317; *Papier*, in: Merten/Papier (Hg.), HGR II, 2006, § 55 Rn. 9; *Rüfner*, in: Selmer/v. Münch (Hg.), Gedächtnisschrift Martens, 1987, S. 215 (224); *Bleckmann*, DVBl. 1988, 938 (939); *Canaris*, AcP 184 (1984), 200 (227); Kritisch *Windel*, Der Staat 37 (1998), 385 (389 f.), der die richterliche Unabhängigkeit und die im Zivilprozess vorherrschende Dispositions- und Verhandlungsmaxime bedroht sieht (a. a. O., 391 f.).

[494] *Morlok*, Grundrechte, 2014, S. 259.

[495] BVerfGE 39, 1 (42 f.); 46, 160 (164); 49, 89 (152); 53, 30 (57); 56, 54 (73); *Dreier*, in: ders. (Hg.), GG, 2013, Bd. I, Vorb. Rn. 97, 101; *Säcker*, in: Rixecker et al. (Hg.), MüKo BGB, 2012, Einl. Rn. 61; *Zippelius/Würtenberger*, 2008, § 17 Rn. 31; *Medicus*, AcP 192 (1992), 36 (68). *Canaris*, AcP 184 (1984), 201 (226 f.), folgert die grundrechtlichen Schutzgebote zur Vermeidung von Verletzungen durch Private aus dem Wort „schützen“ in Art. 1 Abs. 1 S. 2 GG und der historisch-funktionellen Aufgabe des Staates, Bürger voreinander zu schützen, bspw. durch die Schaffung von Strafgesetzen.

am sog. Untermaß- und Übermaßverbot ausrichten muss.[496] Das Recht auf informationelle Selbstbestimmung gemäß Art. 2 Abs. 1 GG i. V. m. Art. 1 Abs. 1 GG gebietet es beispielsweise, dafür zu sorgen, dass ein informationeller Selbstschutz für den Einzelnen tatsächlich möglich ist.[497] Dieser grundrechtlichen Schutzpflicht kommt der Gesetzgeber insbesondere durch das Datenschutzrecht nach.[498]

Die Frage, ob den Gleichheitssätzen des Art. 3 GG Schutzpflichten innewohnen, ist umstritten.[499] Hinsichtlich Art. 3 Abs. 1 GG wird dies abgelehnt,[500] da der allgemeine Gleichheitssatz ein formales Prinzip enthalte[501] und keinen Grundsatz genereller Gleichbehandlung für das Privatrecht begründe.[502] Es erscheint in der Tat nicht zwingend geboten, aus ihm Schutzpflichten abzuleiten, da die individuelle Freiheit, über das eigene Handeln und Differenzieren zu entscheiden, geschützt werden muss.[503] Außerdem regelt er lediglich, dass alle Menschen „vor" dem Gesetz gleich sind, aber nicht, dass Privatrechtssubjekte nicht ungleich behandeln dürfen.[504] Eine Schutzpflicht aus Art. 3 Abs. 1 GG ist deshalb abzulehnen.

Lücke, JZ 1999, 377 (382), meint, dass die Schutzgebotsfunktion keine Drittwirkung hervorrufe, sondern diese voraussetze.

496 Erklärend *Zippelius/Würtenberger*, 2008, § 17 Rn. 40, wonach die staatliche Maßnahme nicht übermäßig in die Rechte des privaten „Angreifers" eingreifen und gleichzeitig das bedrohte Grundrecht nicht übermäßig schützen dürfe, dabei jedoch stets berücksichtigen müsse, dass ein gewisses Untermaß an Schutz gewährleistet sein soll. *Böckenförde*, Der Staat 29 (1990), 1 (13), führt aus, dass die Schutzpflichten konkretisiert werden müssten und bzgl. ihres Inhalts und Umfangs zunächst unbestimmt seien.

497 BVerfG, NJW 2013, 3086 (3087).

498 BVerfG, NJW 2013, 3086 (3087).

499 Siehe dazu *Kischel*, in: Epping/Hillgruber (Hg.), BeckOK GG, 2016, Art. 3 GG Rn. 91; *Osterloh*, in: Sachs (Hg.), GG, 2011, Art. 3 GG Rn. 67; *Dürig*, in: Maunz (Hg.), FS Nawiasky, 1956, S. 157 (168 f.); *Classen*, EuR 2008, 627 (640).

500 Siehe bspw. *Epping*, Grundrechte, 2015, Rn. 773.

501 *Classen*, EuR 2008, 627 (641).

502 *Kischel*, in: Epping/Hillgruber (Hg.), BeckOK GG, 2016, Art. 3 GG Rn. 91; *Roth/Schubert*, in: Rixecker et al. (Hg.), MüKo BGB, 2012, § 242 BGB Rn. 64.

503 *Kischel*, in: Epping/Hillgruber (Hg.), BeckOK GG, 2016, Art. 3 GG Rn. 91; *Isensee*, in: ders./Kirchhof (Hg.), HStR IX, 2011, § 191 Rn. 252.

504 *Kischel*, in: Epping/Hillgruber (Hg.), BeckOK GG, 2016, Art. 3 GG Rn. 91; *Epping*, Grundrechte, 2015, Rn. 773.

Ebenso kontrovers wird diskutiert, ob aus Art. 3 Abs. 3 GG Schutzpflichten hergeleitet werden können.[505] Zwar muss es im Privatrechtsverkehr hinnehmbare Ungleichbehandlungen geben, zum Beispiel die individuelle Entscheidung, den Ehepartner nach dessen Religionszugehörigkeit auszuwählen.[506] Nach den Erfahrungen der Rechtsbeugung unter dem nationalsozialistischen Regime und in der Deutschen Demokratischen Republik wird den Merkmalen des Art. 3 Abs. 3 GG aber eine besondere Bedürftigkeit nach Schutz vor rechtlicher, gesellschaftlicher und politischer Stigmatisierung attestiert.[507] Sinn und Zweck des Art. 3 Abs. 3 GG ist es, einen Eingriff in den Gehalt des Art. 1 Abs. 1 GG durch strukturelle Ungleichbehandlungen allein aufgrund der Zugehörigkeit zu einer der Merkmalsgruppen zu verhindern.[508] Um dem zu entsprechen, muss der Persönlichkeitsschutz den sog. Wert einer Person in den Blick nehmen und den Einzelnen grundsätzlich vor Diskriminierungen schützen.[509] Deshalb sind Schutzpflichten aus Art. 3 Abs. 3 GG zu folgern.[510]

---

505 *Epping*, Grundrechte, 2015, Rn. 773. Ablehnend *Kischel*, in: Epping/Hillgruber (Hg.), BeckOK GG, 2016, Art. 3 GG Rn. 210; *Jestaedt*, VVDStRL 64 (2005), 298 (340); *Eichenhofer*, DVBl. 2004, 1078 (1081); *Neuner*, JZ 2003, 57 (60 f.). *Britz*, VVDStRL (64) 2005, 355 (360 f.), bezweifelt Schutzpflichten aufgrund der Heterogenität der in Art. 3 Abs. 3 GG festgeschriebenen Merkmale. Schutzpflichten anerkennend *Dürig/Scholz*, in: Maunz/Dürig (Bg.), GG, 2013, Art. 3 Abs. 3 GG Rn. 1; *Schmidt*, in: Müller-Glöge et al. (Hg.), EfKA, 2013, Art. 3 GG Rn. 67; *Jarass*, in: ders./Pieroth (Hg.) GG, 2011, Art. 3 GG Rn. 132; *Osterloh*, in: Sachs (Hg.), GG, 2011, Art. 3 GG Rn. 234; *Classen*, EuR 2008, 627 (642); *Uerpmann-Wittzack*, ZaöRV 2008, 359 (364); *Mager*, VVDStRL 64 (2005), 417; *Sachs*, VVDStRL 64 (2005), 419.

506 Siehe bspw. *Neuner*, JZ 2003, 57 (63), die die Testierfreiheit als Teil der Privatsphäre, in der diskriminiert werden darf, zur Begründung einer Schutzpflicht ablehnt, da im Erbrecht trotz § 1937 BGB die Gleichbehandlungsvorschriften der §§ 1924, 2303 ff. BGB berücksichtigt werden müssten und keine Abschottung gegenüber außenstehenden Dritten erfolge, sondern familieninterne Benachteiligungen entstünden.

507 *Eichenhofer*, DVBl. 2004, 1078 (1081), meint deshalb, in der Gleichbehandlung aller Menschen sei der „Gründungskonsens der Bundesrepublik Deutschland" zu sehen; ebenso *Schachtschneider*, VVDStRL 64 (2005), 418.

508 *Uerpmann-Wittzack*, ZaöRV 2008, 359 (368). *Neuner*, JZ 2003, 57 (62), spricht von der Gefahr einer systematischen Ausgrenzung. *Frowein*, in: Ruland/Zacher (Hg.), FS Zacher, 1998, S. 157 (168), entwickelt aus der Verbindung zur Menschenwürde staatliche Schutzpflichten aus Art. 3 Abs. 3 GG.

509 Siehe *Uerpmann-Wittzack*, ZaöRV 2008, 359 (365), nach dessen Ansicht alle Merkmale des Art. 3 Abs. 3 GG untrennbar mit der Persönlichkeit verbunden und identitätsstiftend seien und deshalb des staatlichen Schutzes bedürften. Auch *Osterloh*, in: Sachs (Hg.), GG, 2011, Art. 3 GG Rn. 236, sieht sonst die Gefahr, grundrechtliche Freiheiten durch Ungleichbehandlungen zu beschränken oder zu verletzen.

510 *Epping*, Grundrechte, 2015, Rn. 773.

4. Zwischenergebnis

Die durch den Einsatz der intelligenten Videoüberwachung unter Umständen betroffenen verfassungsrechtlich geschützten Rechte der Überwachten, insbesondere das Recht auf informationelle Selbstbestimmung gemäß Art. 2 Abs. 1 GG i. V. m. Art. 1 Abs. 1 GG und die Gleichheitssätze des Art. 3 Abs. 1 und Abs. 3 GG haben mittelbare Drittwirkung und strahlen auf die Anwendung und Auslegung des § 6b BDSG aus. Dem informationellen Selbstbestimmungsrecht und Art. 3 Abs. 3 GG lassen sich zudem Schutzpflichten entnehmen. § 6b BDSG bietet als Generalklausel hinreichende Flexibilität,[511] um die Interessen der nicht öffentlichen Stelle, die die intelligente Videoüberwachung einsetzen will, und die Rechte der Betroffenen im Rahmen der Abwägung zu berücksichtigen.[512] Er erlaubt den Betreibern der intelligenten Videoüberwachung, diese einzusetzen und beschränkt damit die verfassungsrechtlichen Rechte der Betroffenen, verpflichtet die Verantwortlichen aber zugleich dazu, sich gegenüber den Überwachten in einer bestimmten Weise zu verhalten. In dieser Regelungsweise kommen die Drittwirkung der Grundrechte und die staatliche Pflicht, vor Beeinträchtigungen zu schützen, zum Ausdruck.[513]

II. Wirkung der Charta der Grundrechte der Europäischen Union zwischen Privaten

Die Grundrechte der Charta der Europäischen Union haben grundsätzlich keine unmittelbare Drittwirkung.[514] Dies ergibt sich bereits aus dem Wortlaut

---

511 Siehe *Starck*, in: ders. (Hg.), GG, 2010, Art. 3 Abs. 3 Rn. 370, zur Berücksichtigung der Freiheitsinteressen der Gegenseite als mittelbarem Bindungsadressat des Art. 3 Abs. 3 GG.

512 Siehe *Starck*, in: ders. (Hg.), GG, 2010, Art. 3 Abs. 3 Rn. 376, zur mittelbaren Bindung von Privatrechtssubjekten und der Einbeziehung ihrer Interessen in die Abwägung.

513 Siehe *Zakariás*, Iustum Aequum Salutare 2009, 147.

514 *Hatje*, in: Schwarze et al. (Hg.), EU-Kommentar, 2012, Art. 51 GRCh Rn. 22. Bzgl. einiger Unionsgrundrechte wurde eine unmittelbare Drittwirkung diskutiert, z. B. Art. 32 GRCh, Art. 5 Abs. 3 GRCh, siehe *Ehlers*, in: ders. (Hg.), EuGR, 2014, § 14 VI 3 Rn. 81; *Krieger*, in: Dörr et al. (Hg.), EMRK/GG, 2013, Kap. 6 Rn. 87; *Herdegen*, in: Isensee/Kirchhof (Hg.), HStR X, 2012, § 211 Rn. 42; *Huber*, NJW 2011, 2385 (2389 f.). *Seifert*, EuZW 2011, 696 (700), sieht zudem für Art. 21 GRCh eine „klare horizontale Zielrichtung".

des Art. 51 Abs. 1 S. 1 GRCh, der keine Privatpersonen erfasst.[515] Auch der Europäische Gerichtshof hat eine unmittelbare Drittwirkung der Unionsgrundrechte abgelehnt.[516] Die Unionsgrundrechte müssten durch das nationale Recht konkretisiert werden.[517] Es obliege den Mitgliedstaaten, dem Einzelnen den Unionsgrundrechten entsprechende Rechte zu verleihen.[518] Der Weg zu einer mittelbaren Drittwirkung führt somit entweder über den Einfluss der Charta als Wertordnung auf das mitgliedstaatliche Privatrecht oder die Begründung von Schutzpflichten.[519] Art. 51 Abs. 2 GRCh, wonach die Mitgliedstaaten nicht nur bei der Durchführung des Unionsrechts an die Unionsgrundrechte gebunden sind, sondern deren Anwendung auch grundsätzlich fördern müssen, spricht für mitgliedstaatliche Schutzpflichten im Sinne des deutschen Verfassungsrechts.[520] Dies entspricht der Entwicklung der Rechtsprechung des Europäischen Gerichtshofs.[521] In Zusammenschau mit dem in Bedeutung und Tragweite gleichen

---

515 *Ehlers*, in: ders. (Hg.), EuGR, 2014, § 14 VI 3 Rn. 81; *Krieger*, in: Dörr et al. (Hg.), EMRK/GG, 2013, Kap. 6 Rn. 87.

516 EuGH, Urt. v. 15.01.2014, Association de médiation sociale, C-176/12, ECLI:EU:C:2014:2, Rn. 48, das im Zusammenhang mit dem Urt. v. 22.11.2005, Mangold, C-144/04, ECLI:EU:C:2005:709, und dem Urt. v. 19.01.2010, Kücükdeveci, C-555/07, ECLI:EU:C:2010:21, zu betrachten ist. In Letzterem lehnte der EuGH eine unmittelbare horizontale Wirkung des Art. 27 GRCh über die Richtlinie 2002/14/EG ab, obwohl diese aufgrund ihrer inhaltlichen Bestimmtheit und hinreichenden Genauigkeit unmittelbare Wirkung entfalte (EuGH, Urt. v. 15.01.2014, a. a. O., Rn. 51).

517 EuGH, Urt. v. 15.01.2014, Association de médiation sociale, C-176/12, ECLI:EU:C:2014:2, Rn. 45 f., in dem der EuGH (a. a. O., Rn. 47) ausführte, dass er im Urt. v. 19.01.2010, Kücükdeveci, C-555/07, ECLI:EU:C:2010:21, aufgrund der Verbindlichkeit der GRCh nach Art. 6 Abs. 1 EUV und des Ablaufs der Umsetzungsfrist der Antidiskriminierungsrichtlinie für die Drittwirkung des Art. 21 GRCh nicht auf zwei Richtlinien und ein allgemeines Grundrecht habe zurückgreifen müssen, da der Anwendungsbereich der Unionsgrundrechte durch die Richtlinie eröffnet gewesen sei.

518 Siehe EuGH, Urt. v. 15.01.2014, Association de médiation sociale, C-176/12, ECLI:EU:C: 2014:2, Rn. 47.

519 *Haratsch/Koenig/Pechstein*, Europarecht, 2016, Rn. 688.

520 *Ehlers*, in: ders. (Hg.), EuGR, 2014, § 14 II 3 Rn. 45, betont, dass Art. 51 Abs. 1, Abs. 2 GRCh ergebe, dass Schutzpflichten einen entsprechenden Kompetenztitel voraussetzen, und erkennt in Art. 1 S. 2 GRCh oder Art. 24 Abs. 1 GRCh ausdrücklich normierte Schutzpflichten an. Schutzpflichten ebenfalls anerkennend: *Hatje*, in: Schwarze et al. (Hg.), EU-Kommentar, 2012, Art. 51 GRCh Rn. 22.

521 Siehe bspw. EuGH, Urt. v. 29.01.2008, Promusicae, C-275/06, ECLI:EU:C:2008:54. *Kühling*, in: v. Bogdandy/Bast (Hg.), 2009, S. 676 f., mahnt, dass es sich bei Schutzpflichten um empfindliche Eingriffe „in die Einschätzungsprärogative des Gesetzgebers

Art. 8 EMRK bilden beispielsweise die Art. 7 GRCh und Art. 8 Abs. 1 GRCh einen normativen Rahmen zum Schutz der Privatheit und des Privatlebens sowie der personenbezogenen Daten.[522] Sinn und Zweck dieser natürliche und juristische Personen sowie Personenvereinigungen[523] schützenden Unionsgrundrechte ist es, nicht nur einen Abwehranspruch gegen staatliche Maßnahmen zu garantieren, sondern zugleich die Mitgliedstaaten zu verpflichten, den Einzelnen vor unrechtmäßigen Eingriffen durch Private zu schützen.[524] Das Gebot der unionsrechtskonformen Auslegung des mitgliedstaatlichen Rechts gewährleistet eine Einwirkung der Unionsgrundrechte auf das Verhältnis Privater untereinander.[525] Die Unionsgrundrechte haben also mittelbare Drittwirkung, wenn die Mitgliedstaaten Unionsrecht durchführen,[526] das „im Lichte der Grundrechte ausgelegt werden"[527] muss.[528] Kollisionen der Rechte zwischen verschiedenen Grundrechtsinhabern werden ebenso wie im deutschen Recht nach dem Prinzip der praktischen Konkordanz gelöst.[529]

---

bzw. der Exekutive handelt (…), [und] grundsätzlich nur die Pflicht zur Ergreifung effektiver Maßnahmen, nicht aber zur Durchführung bestimmter Handlungen angenommen werden" könne.

522 *Kingreen*, in: Calliess/Ruffert (Hg.), EUV/AEUV, 2016, Art. 8 GRCh Rn. 2 f.

523 *Jarass*, GRCh, 2016, Art. 8 GRCh Rn. 7, wonach aufgrund des weiten Wortlautes des Art. 8 GRCh, der nicht von „Mensch", sondern von „Person" spricht, und der Verbindung mit Art. 7 GRCh auch die juristische Person geschützt wird.

524 *Kingreen*, in: Calliess/Ruffert (Hg.), EUV/AEUV, 2016, Art. 51 GRCh Rn. 26 f.; *Bernsdorff*, in: Meyer (Hg.), GRCh, 2014, Art. 7 GRCh Rn. 16; *Frenz*, HdE, 2009, Bd. 4, Kap. 7 § 4 S. 362 f. Rn. 1170, 1173, § 5 S. 429 Rn. 1386, 1388 f.

525 *Haratsch/Koenig/Pechstein*, Europarecht, 2016, Rn. 688.

526 *Krieger*, in: Dörr et al. (Hg.), EMRK/GG, 2013, Kap. 6 Rn. 88; *Hatje*, in: Schwarze et al. (Hg.), EU-Kommentar, 2012, Art. 51 GRCh Rn. 22.

527 *Herdegen*, in: Isensee/Kirchhof (Hg.), HStR X, 2012, § 211 Rn. 43.

528 In diese Richtung argumentierend EuGH, Urt. v. 29.01.2008, Promusicae, C-275/06, ECLI:EU:C:2008:54, Rn. 68; Urt. v. 06.11.2003, Lindqvist, C-101/01, ECLI:EU:C:2003:596, Rn. 87. *Krieger*, in: Dörr et al. (Hg.), EMRK/GG, 2013, Kap. 6 Rn. 88, erkennt eine Ausstrahlungswirkung der Grundrechte aufgrund „der Stellung der GRCh und der Konzeption der Menschenwürde in Art. 1 GRC[h]" an.

529 *Ehlers*, in: ders. (Hg.), EuGR, 2014, § 14 VIII 2 Rn. 94.

III. Wirkung der Garantien der Europäischen Konvention für Menschenrechte zwischen Privaten

Verpflichtete der Konvention als einem multilateralen völkerrechtlichen Vertrag sind gemäß Art. 1 EMRK die Vertragsparteien, entweder die Vertragsstaaten, beispielsweise die Bundesrepublik Deutschland oder, im Falle ihres Beitritts,[530] die Europäische Union. Geschützt werden unabhängig von der Staatsangehörigkeit alle der Hoheitsgewalt der Vertragspartner unterstehenden Personen.[531] In keiner der Konventionsgarantien ist eine unmittelbare Drittwirkung verankert.[532] Deshalb kann individualrechtlicher Rechtsschutz nur über eine Individualbeschwerde gegen den Mitgliedstaat gemäß Art. 34 EMRK als „eine der Hohen Vertragsparteien" gesucht werden. Ein die Rechte des Beschwerdeführers aus der Europäischen Konvention für Menschenrechte verletzendes Tun oder Unterlassen durch eine andere Privatperson kann nicht direkt gerügt werden. Die Gewährleistungen der Europäischen Konvention für Menschenrechte haben also keine unmittelbare Drittwirkung.[533]

Sie wirken aber über Schutzpflichten auf das Verhältnis unter Privaten ein.[534] Da die Konvention keinen dem Grundgesetz vergleichbaren übergeordneten

---

530 Siehe dazu Kap. D. I. 3.

531 *Ehlers*, in: ders. (Hg.), EuGR, 2014, § 2 IV Rn. 42.

532 *Grabenwarter*, EMRK, 2008, § 22 Rn. 14.

533 *Herdegen*, in: Isensee/Kirchhof (Hg.), HStR X, 2012, § 211 Rn. 42 f.; *Ehlers*, in: ders. (Hg.), EuGR, 2014, § 2 V Rn. 58; *Krieger*, in: Dörr et al. (Hg.), EMRK/GG, 2013, Kap. 6 Rn. 81, mit Verweis auf die a. A. in Fn. 381, die möglicherweise auf die nicht ganz eindeutige Rechtsprechung des EGMR, Urt. v. 26.04.1979, Sunday Times (No. 6538/74); Urt. v. 20.11.1989, markt intern (No. 10572/83), zurückzuführen sei, in der dieser nicht auf die staatliche Schutzpflicht zurückgegriffen habe, und in Urt. v. 16.06.2005, Storck (No. 61603/00), in dem der EGMR die Aspekte des direkten staatlichen Eingriffs, der staatlichen Schutzpflicht und der mittelbaren Drittwirkung vermengt habe (*Krieger*, a. a. O., Rn. 83 f.).

534 *Krieger*, in: Dörr et al. (Hg.), EMRK/GG, 2013, Kap. 6 Rn. 82. Nach *Uerpmann-Wittzack*, in: Ehlers (Hg.), EuGR, 2014, § 3 I 1 Rn. 26, besitzt Art. 8 Abs. 1 EMRK die „am stärksten entwickelte Schutzpflichtdimension", deren Verletzung aber nicht am Schrankenvorbehalt des Art. 8 Abs. 2 EMRK geprüft werden kann, da dieser nicht auf private Eingriffe anwendbar sei, weshalb eine Abwägung des Schutzinteresses des Beschwerdeführers mit dem legitimen staatlichen Interesse und mit Zielen desjenigen, der in die Konventionsrechte eingreift, entscheidend sei (*Krieger*, a. a. O., Rn. 27). Zur Schutzpflicht im Zusammenhang mit Art. 8 EMRK siehe bspw. EGMR, Urt. v. 19.12.1994, López Ostra (No. 16798/90); Urt. v. 16.11.2004, Moreno Gomez (No. 4143/02). Zur Schutzpflichtendogmatik der EMRK allgemein siehe *Grabenwarter*, EMRK, 2008, § 22 Rn. 11 f.

Rang hat, sondern den eines Bundesgesetzes,[535] ist eine Ausstrahlungswirkung auf das Privatrecht jedoch nicht ohne Weiteres anzunehmen. Der Einzelne hat allerdings Anspruch auf vertragsstaatlichen oder unionalen Schutz vor Verletzungen seiner Konventionsrechte durch rechtswidrige Eingriffe in diese durch andere Private.[536] Der Europäische Gerichtshof für Menschenrechte bekräftigte in der Vergangenheit beispielsweise die Schutzfunktion des Art. 8 Abs. 1 EMRK und statuierte die positive Verpflichtung (sog. *positive obligation*) des Staates, das Privatleben vor Angriffen durch Dritte zu schützen.[537] Dem muss entweder legislativ oder durch die konventionskonforme Auslegung und Anwendung der Gesetze entsprochen werden.[538] Die Regelungen müssen zum Ausgleich der widerstreitenden Interessen führen.[539] Die Verpflichteten sind bei der Ausgestaltung des Schutzes aber insofern frei, als ihnen keine bestimmten Maßnahmen und kein bestimmtes konventionskonformes Verhalten zur Verwirklichung der Konventionsgarantien vorgeschrieben ist.[540] Wenn ein konventionswidriges Verhalten einer Privatperson nicht gesetzlich verboten, eingeschränkt oder anderweitig geregelt ist,[541] besteht die im Wege der Individualbeschwerde nach Art. 34 EMRK zu rügende Rechtsverletzung darin, dass Pflichten aus den EMRK-Garantien durch den betreffenden Vertragsstaat nicht erfüllt worden sind.[542]

---

535 Siehe dazu oben, Kap. D. I. 3.

536 EGMR, Urt. v. 28.6.2001, VGT Verein (No. 24699/94, Nr. 47); Urt. v. 02.11.2006, Giacomelli (No. 59909/00); Urt. v. 10.01.2012, Di Sarno (No. 30765/08); *Meyer-Ladewig*, EMRK, 2011, Art. 8 EMRK Rn. 6; *Frowein*, in: ders./Peukert (Hg.), EMRK, 2009, Art. 8 Rn. 11; *Grabenwarter*, EMRK, 2008, § 22 Rn. 56; *Seifert*, EuZW 2011, 696 (698).

537 EGMR, Urt. v. 22.10.1996, Stubbings (No. 22083/93, 22095/93); Urt. v. 16.11.2004, Arhuvaara u. Iltalehti (No. 53678/00); Urt. v. 10.04.2007, Evans (No. 6339/05); Urt. v. 17.07.2008, I v. Finnland (No. 20511/03); Urt. v. 07.02.2012, Hannover (No. 40660/08, 60641/08). Dies ähnelt der Schutzpflichtendogmatik des BVerfG und dient der Verwirklichung der Konventionsgarantien, siehe EGMR, Urt. v. 28.06.2012, Schüth (No. 1620/03); Urt. v. 23.09.2010, Obst (No. 425/03); *Pätzold*, in: Karpenstein/Mayer (Hg.), EMRK, 2012, Art. 8 EMRK Rn. 2; *Meyer-Ladewig*, EMRK, 2011, Art. 8 EMRK Rn. 2, 6; *Frowein*, in: ders./Peukert (Hg.), EMRK, 2009, Art. 8 Rn. 11; *Seifert*, EuZW 2011, 696 (698 f.).

538 *Krieger*, in: Dörr et al. (Hg.), EMRK/GG, 2013, Kap. 6 Rn. 86.

539 EGMR, Urt. v. 05.10.2010, Köpke (No. 420/07) = EuGRZ 2011, 471 (475).

540 *Seifert*, EuZW 2011, 696 (699).

541 Siehe *Ehlers*, in: ders. (Hg.), EuGR, 2014, § 2, Rn. 36 f., 77.

542 *Meyer-Ladewig*, EMRK, 2011, Art. 1 EMRK Rn. 10; *Seifert*, EuZW 2011, 696 (699).

F. § 6b BDSG und die private intelligente Videoüberwachung

Zweck des Bundesdatenschutzgesetzes ist es gemäß § 1 Abs. 1 BDSG, den Einzelnen davor zu schützen, dass er durch den Umgang mit seinen personenbezogenen Daten in seinem Persönlichkeitsrecht beeinträchtigt wird. Im Zentrum des Datenschutzes steht das durch Art. 2 Abs. 1 GG i. V. m. Art. 1 Abs. 1 GG geschützte Recht auf informationelle Selbstbestimmung, das dem Einzelnen die Befugnis verleiht, „grundsätzlich selbst zu entscheiden, wann und innerhalb welcher Grenzen persönliche Lebenssachverhalte offenbart werden“[543]. Er soll die Hoheit im Sinne einer umfassenden Kenntnis und Kontrolle über die Erhebung, Verwendung und Verarbeitung seiner Daten haben.[544] Das Bundesdatenschutzgesetz ist Teil einer Sammlung bereichsspezifischer Regelungen,[545] die eine normenklare, hinreichend bestimmte und verhältnismäßige gesetzliche Grundlage schaffen, um das informationelle Selbstbestimmungsrecht zu konkretisieren und dem Bürger aufzuzeigen, wo und wie es beschränkt wird.[546] Aufgrund der Pflicht zur Umsetzung der Datenschutzrichtlinie 95/46/EG[547] und, um die Persönlichkeitsrechte angesichts der sich ausbreitenden Videoüberwachung durch öffentliche und nicht öffentliche Stellen im öffentlich zugänglichen Raum zu schützen, wurde § 6b BDSG in das Bundesdatenschutzgesetz eingefügt.[548]

Im Folgenden werden die Gesetzgebungskompetenz für das Bundesdatenschutzgesetz und dessen Verhältnis zu den Landesdatenschutzgesetzen skizziert (I.). Des Weiteren werden das dem Bundesdatenschutzgesetz innewohnende Verbot mit Erlaubnisvorbehalt erläutert (II. 1.) und das Konkurrenzverhältnis des § 6b BDSG zu § 28 BDSG (II. 2.), zu § 6a BDSG (II. 3.) und zur

---

543 BVerfGE 65, 1 (42).

544 BVerfGE 115, 320 (341); 118, 168 (184).

545 *Simitis*, in: ders. (Hg.), BDSG, 2011, Einl. Rn. 48.

546 BVerfGE 65, 1 (44 f.); *v. Lewinski*, in: Schmidt/Weichert (Hg.), Datenschutz, 2012, S. 29; *Simitis*, in: ders. (Hg.), BDSG, 2011, Einl. Rn. 29 f.; *Taeger/Schmidt*, in: Taeger/Gabel (Hg.), BDSG, 2010, Einf. Rn. 19.

547 BT-Drs. 14/4329, S. 27.

548 BT-Drs. 14/4329, S. 30, wonach „die (…) Videoüberwachung (…) durch die Vorschrift des § 6b eine gesetzliche Grundlage [erhält], die der Wahrung des informationellen Selbstbestimmungsrechts durch einen angemessenen Interessensausgleich Rechnung trägt.“

Einwilligung gemäß § 4 BDSG (II. 4.) geklärt. Anschließend wird der Tatbestand des § 6b BDSG als normative Grundlage[549] und Grenze der intelligenten Videoüberwachung analysiert und ausgelegt (III.). Danach werden Anforderungen an die Suchalgorithmen intelligenter Videoüberwachung im Hinblick auf die Diskriminierungsverbote des Art. 3 GG (IV.), die Meldepflicht (V. 1.) und die Vorabkontrolle nach § 4d BDSG (V. 2) beleuchtet.

I. Gesetzgebungskompetenz für § 6b BDSG

Weder nach Art. 73 GG noch nach Art. 74 GG besteht eine ausschließliche bzw. konkurrierende Gesetzgebungskompetenz des Bundes für die Regelung der Verarbeitung personenbezogener Daten durch herkömmliche oder intelligente Videoüberwachung. Daher wären nach Art. 30 GG und Art. 70 Abs. 1 GG grundsätzlich die Länder zuständig. Die Gesetzgebungskompetenz des Bundes für die Querschnittsmaterie des Datenschutzes – und damit für § 6b BDSG – ergibt sich aber aus einer Kombination verschiedener Kompetenztitel.[550] Im nicht öffentlichen Bereich beruht sie auf den jeweiligen Sachkompetenzen des Art. 74 Abs. 1 Nr. 1, Nr. 11 und Nr. 12 GG.[551] Ein Tätigwerden des Bundes auf dem Gebiet der konkurrierenden Gesetzgebung im Bereich des Datenschutzes ist zur Erreichung der Zielvorgabe des Art. 72 Abs. 2 GG – die Rechts- und Wirtschaftseinheit im gesamtstaatlichen Interesse zu wahren – erforderlich gewesen.[552] Denn unterschiedliche Datenschutzniveaus im nicht öffentlichen Bereich wären eine Gefahr, insbesondere für die Wirtschaft und den Wettbewerb.[553]

Da die Landesdatenschutzgesetze die Datenverarbeitung durch öffentliche Stellen normieren, sind sie auf den vorliegenden Untersuchungsgegenstand nicht anwendbar.[554] Vielmehr greift die in § 1 Abs. 3 S. 1 BDSG

549 Siehe oben Kap. B. I.

550 BT-Drs. 14/4329, S. 27.

551 BT-Drs. 14/4329, S. 27.

552 BT-Drs. 14/4329, S. 27.

553 BT-Drs. 14/4329, S. 27.

554 Die Landesdatenschutzgesetze sind gemäß § 1 Abs. 2 Nr. 2 BDSG i. V. m. bspw. § 2 Abs. 1 LDSG BW oder Art. 2 Abs. 1 BayDSG auf personenbezogene Datenverarbeitungen durch Behörden und sonstige öffentliche Stellen des jeweiligen Landes, der Gemeinden und Gemeindeverbände sowie auf sonstige, der Aufsicht des einzelnen Landes unterstehende juristische Personen des öffentlichen Rechts (sog. öffentliche Stellen) vorrangig anwendbar. Öffentliche Stellen sind in diesem Kontext juristische Personen und sonstige Vereinigungen des privaten Rechts, die Aufgaben der öffentlichen Verwaltung wahrnehmen oder an denen eine oder mehrere der in § 1 Abs. 2

geregelte „Auffangfunktion“[555] des Bundesdatenschutzgesetzes, das gemäß § 1 Abs. 2 Nr. 3 BDSG die Zulässigkeit der (automatisierten) Verarbeitung personenbezogener Daten durch nicht öffentliche Stellen regelt.

II. Stellung des § 6b BDSG im Bundesdatenschutzgesetz

1. Verbotsprinzip des § 4 BDSG

Der in § 1 Abs. 1 BDSG geregelte Zweck des Bundesdatenschutzgesetzes wird durch das in § 4 Abs. 1 BDSG normierte Verbot mit Erlaubnisvorbehalt erreicht.[556] Die Erhebung, Verarbeitung und Nutzung personenbezogener Daten sind nach dem Wortlaut des § 4 Abs. 1 BDSG nur zulässig, soweit das Bundesdatenschutzgesetz oder eine andere Rechtsvorschrift[557] dies erlauben oder anordnen oder der Betroffene eingewilligt hat.

Der Begriff des Verbots mit Erlaubnisvorbehalt ist unglücklich gewählt.[558] Obwohl der Wortlaut des § 4 Abs. 1 BDSG ein solches zu formulieren scheint, ist nach dem Sinn und Zweck der Norm nicht gemeint, dass das Verbot bei der Verarbeitung personenbezogener Daten durch einen Verwaltungsakt oder eine Einzelfallerlaubnis aufgehoben werden muss.[559] Erforderlich und ausreichend sind vielmehr die Normierung eines verfassungskonformen Zulässigkeitstatbestandes im Bundesdatenschutzgesetz oder die rechtmäßige Einwilligung des Betroffenen.[560] Denn für einen hoheitlichen Eingriff in das Recht auf informationelle Selbstbestimmung gemäß Art. 2 Abs. 1 GG i. V. m. Art. 1 Abs. 1 GG gilt der Vorbehalt des Gesetzes.[561] Die Datenschutzrichtlinie 95/46/EG verlangte zudem

---

BDSG genannten juristischen Personen des öffentlichen Rechts mit absoluter Mehrheit der Anteile oder absoluter Mehrheit der Stimmen beteiligt sind, siehe z. B. § 2 Abs. 2 LDSG BW oder Art. 2 Abs. 1 BayDSG.

555 *Simitis*, in: ders. (Hg.), BDSG, 2011, § 1 Rn. 23. Zum BDSG als Auffanggesetz siehe *Gola/Klug/Körffer*, in: Gola/Schomerus, BDSG, 2015, § 4 Rn. 5.

556 *Taeger*, in: ders./Gabel (Hg.), BDSG, 2010, § 4 Rn. 6.

557 Zum Verhältnis des § 4 BDSG zu anderen Rechtsvorschriften siehe bspw. *Taeger*, in: ders./Gabel (Hg.), BDSG, 2010, § 4 Rn. 11 f.

558 *Masing*, NJW 2012, 2305 (2307), der es als irreführend bezeichnet, wenn im Zusammenhang mit der Datenverarbeitung durch Private von einem Verbot mit Erlaubnisvorbehalt gesprochen wird.

559 *Sokol*, in: Simitis (Hg.), BDSG, 2011, § 4 Rn. 3.

560 BT-Drs. 14/4329, S. 33.

561 BVerfGE 65, 1 (44).

die Einführung eines Gesetzesvorbehalts für die Erhebung personenbezogener Daten im nicht öffentlichen Bereich,[562] da diese nach Art. 2 Buchstabe b DSRL Teil der Datenverarbeitung ist, Art. 2 Buchstabe d DSRL alle für die Datenverarbeitung Verantwortlichen erfasst und nach Art. 7 DSRL die Datenverarbeitung nur zulässig ist, wenn der Betroffene einwilligt oder einer der dort genannten Gründe vorliegt.

Kollisionen zwischen spezialgesetzlichen, die Verarbeitung personenbezogener Daten regelnden Normen und dem Bundesdatenschutzgesetz richten sich, unabhängig von § 4 Abs. 1 BDSG, nach der Vorgabe des § 1 Abs. 3 BDSG. Dieser bestimmt, dass die verfassungskonforme Rechtsvorschrift eines Spezialgesetzes, beispielsweise des Telemediengesetzes, der allgemeineren, bundesdatenschutzgesetzlichen Rechtsvorschrift vorgeht.[563] Findet sich eine solche vorrangige Vorschrift nicht, ist das allgemeine Datenschutzrecht anzuwenden. Das Bundesdatenschutzgesetz muss dann auf eine eigene Erlaubnisnorm hin untersucht werden und fungiert als Auffanggesetz.[564]

2. Spezialitätsverhältnis zu § 28 BDSG

Zu prüfen, ob intelligente Videoüberwachungssysteme durch nicht öffentliche Stellen im öffentlich zugänglichen Raum gemäß § 28 BDSG zulässig eingesetzt werden dürfen, wäre grundsätzlich denkbar. Denn § 28 Abs. 1 Nr. 2 BDSG erlaubt beispielsweise eine Erhebung personenbezogener Daten zur Erfüllung eigener Geschäftszwecke, soweit es zur Wahrung berechtigter Interessen der verantwortlichen Stelle erforderlich ist und kein Grund zu der Annahme besteht, dass das schutzwürdige Interesse des Betroffenen an dem Ausschluss der Verarbeitung überwiegt. § 28 Abs. 2 Nr. 2 Buchstabe a BDSG i. V. m. § 28 Abs. 1 Nr. 2 BDSG lässt darüber hinaus die Nutzung personenbezogener Daten für „einen anderen Zweck" zu, soweit es zur Wahrung berechtigter Interessen eines Dritten erforderlich ist. § 28 BDSG enthält zudem – ähnlich wie § 6b BDSG – weit formulierte Tatbestandsmerkmale und unbestimmte Rechtsbegriffe, etwa das „schutzwürdige Interesse des Betroffenen" oder die Erforderlichkeit der Datenverarbeitung. Dadurch entsteht ein Interpretationsspielraum,[565] der die Subsumtion des Untersuchungsgegenstandes erlauben könnte. Auch die Interessen der Parteien

---

562 Das BDSG regelte bis dahin nur die Erhebung für den öffentlichen Bereich, siehe BT-Drs. 14/4329, S. 29.

563 *Taeger*, in: ders./Gabel (Hg.), BDSG, 2010, § 4 Rn. 11.

564 *Taeger*, in: ders./Gabel (Hg.), BDSG, 2010, § 4 Rn. 12.

565 *Simitis*, in: ders. (Hg.), BDSG, 2011, § 28 Rn. 21.

müssen im Rahmen des § 28 Abs. 1 und Abs. 2 BDSG ebenso verhältnismäßig gegeneinander abgewogen werden wie nach § 6b Abs. 1 und Abs. 3 S. 1 BDSG.[566]

Gegen eine Anwendung neben oder anstelle von § 6b BDSG spricht jedoch bereits der Wortlaut der Vorschriften. § 6b BDSG regelt ausdrücklich die Zulässigkeit der Videoüberwachung als Form der Verarbeitung personenbezogener Daten. Bei § 28 BDSG steht hingegen der eigene Geschäftszweck des Verantwortlichen im Mittelpunkt der Datenverarbeitung, der nicht typischerweise eine Videoüberwachung beinhalten muss. Der Gesetzgeber hat die §§ 27 und 28 Abs. 2 BDSG sowie nach § 28 Abs. 2 Nr. 1 BDSG zugleich § 28 Abs. 1 S. 1 Nr. 2 und Nr. 3 BDSG außerdem zu abschließenden Regelungen innerhalb des Bundesdatenschutzgesetzes erklärt.[567] Sein Wille war es dabei nicht, die Videoüberwachung durch nicht öffentliche Stellen vollständig dem § 28 BDSG zu unterstellen, denn § 6b BDSG findet auch „für den nicht öffentlichen Bereich Anwendung“[568]. Dessen Normierung wäre nicht notwendig gewesen, wäre die Videoüberwachung bereits von § 28 BDSG erfasst. § 6b BDSG wurde vielmehr trotz § 28 BDSG geschaffen. Die Vorschriften verfolgen außerdem andere Zwecke: § 28 BDSG dient der Verwirklichung subjektiver Interessen, während bei § 6b BDSG das berechtigte Interesse objektiv begründbar sein muss und die Beobachtung nicht Hauptzweck oder wesentlicher Nebenzweck der Geschäftstätigkeit ist. Die Zwecke der Videoüberwachung nach § 6b BDSG dürfen andersherum auch nicht unter Rückgriff auf § 28 BDSG ausgedehnt werden.[569] Denn grundsätzlich steht bei der Videoüberwachung des öffentlich zugänglichen Raums durch nicht öffentliche Stellen der Schutz eigener und dritter Interessen vor gewalttätigen Überfällen, Sachbeschädigungen oder Diebstählen im Vordergrund[570] und nicht, mit der Videoüberwachung Gewinn zu erzielen.

Ist die Verwendung der intelligenten Videoüberwachung im Einzelfall gleichzeitig unter § 28 BDSG und § 6b BDSG subsumierbar, ist § 28 BDSG gemäß § 1 Abs. 3 BDSG subsidiär gegenüber § 6b BDSG.[571] § 6b BDSG ist auch im

566 *Roßnagel/Schnabel*, NJW 2008, 3534 (3538).

567 BT-Drs. 14/5793, S. 61.

568 BT-Drs. 14/5793, S. 61.

569 BT-Drs. 14/5793, S. 62.

570 Aus diesem Grund lehnte es bspw. das VG Oldenburg, Urt. v. 12.03.2013 – 1A 3850/12 = ZD 2013, 296 (299), ab, § 28 BDSG als Rechtsgrundlage für die Videoüberwachung zum Schutz von Eigentum heranzuziehen.

571 So zur herkömmlichen Videoüberwachung *Spindler/Nink*, in: Spindler/Schuster (Hg.), RdM, 2011, § 28 BDSG Rn. 1a. Zur Spezialität des § 6b BDSG auch in Bereichen, in denen die Videoüberwachung dem Eigentumsschutz dient, siehe VG Oldenburg, Urt. v. 12.03.2103 – 1 A 3850/12, Rn. 41 = ZD 2013, 296 f.

Bereich besonderer Kategorien personenbezogener Daten der speziellere Tatbestand für die Verarbeitung personenbezogener Daten im öffentlich zugänglichen Raum mithilfe von Videoüberwachung.[572] Sollte die Verarbeitung nach § 6b BDSG unzulässig sein, darf im Umkehrschluss aus dem in § 4 Abs. 1 BDSG normierten Verarbeitungsverbot ebenfalls nicht auf § 28 BDSG zurückgegriffen werden.[573] Denn wenn eine Datenverarbeitung nach der spezielleren Vorschrift ausgeschlossen sein soll, muss erst recht eine originäre Datenerhebung unzulässig sein.[574] Andernfalls könnte § 6b BDSG umgangen werden.[575] Dies widerspräche dem Ziel des Bundesdatenschutzgesetzes, das Recht auf informationelle Selbstbestimmung des Betroffenen bestmöglich zu schützen, wofür die berechtigten Interessen des Verwenders restriktiv auszulegen sind.[576]

3. Kein Konkurrenzverhältnis zu § 6a BDSG

§ 6a BDSG normiert das Verbot, Entscheidungen, die für den Betroffenen rechtlich nachteilig sind, allein auf eine automatisierte Verarbeitung personenbezogener Daten zu stützen.[577] Die Automatisierung der Datenverarbeitung durch die Verwendung von Mustererkennungs- und Videotrackingtechniken[578] ist das zentrale Moment, das die Qualität der intelligenten Videoüberwachung wesentlich von der herkömmlichen Form unterscheidet und eine Neubewertung notwendig werden lässt. Deshalb ist eine mögliche Konkurrenz

---

572 Zur Problematik der Verarbeitung von Daten des § 3 Abs. 9 BDSG i. R. d. Art. 3 GG siehe Kap. F. IV 3.

573 A. A. AG Nienburg, Urt. v. 20.1.2015 – 4 Ds 155/14, 4 Ds 520 Js 39473/14 (155/14), BeckRS 2015, 07708, das im Fall einer Aufzeichnung des Verkehrsgeschehens mittels einer Dashcam § 28 Abs. 1 S. 1 Nr. 1 BDSG anwandte, da es § 6b BDSG bei mobiler Videoüberwachung als nicht einschlägig ansah. *Schwenke*, Private Nutzung von Smartglasses im öffentlichen Raum, 2016, S. 234, hingegen erachtet § 6b BDSG auch in einem solchen Fall für anwendbar.

574 Siehe *Schwenke*, Private Nutzung von Smartglasses im öffentlichen Raum, 2016, S. 234, der dies für die Verwendung von Smartglasses am Vorbehalt der entgegenstehenden schutzwürdigen Interessen in § 28 Abs. 1 S. 1 Nr. 2 und 3 BDSG festmacht und meint, dass die hohe Eingriffswirkung von Smartglasses entsprechend § 6b BDSG im Regelfall auch im Rahmen der Vorschriften des § 28 Abs. 1 BDSG der Zulässigkeit ihrer Nutzung entgegenstehen wird.

575 Siehe *Schwenke*, Private Nutzung von Smartglasses im öffentlichen Raum, 2016, S. 234.

576 *Simitis*, in: ders. (Hg.), BDSG, 2011, § 28 Rn. 98, 127 f.

577 BT-Drs. 16/10529, S. 10; *Scholz*, in: Simitis (Hg.), BDSG, 2011, § 6a Rn. 1.

578 Siehe oben, Kap. A IV. 3.

von § 6a BDSG zu § 6b BDSG bezüglich des Untersuchungsgegenstandes von besonderem Interesse.

Das Bundesdatenschutzgesetz schweigt dazu, was Entscheidungen aufgrund Verfahren automatisierter Verarbeitungen im Sinne des § 6a BDSG sind. „Automatisiert“ bedeutet gemäß der Legaldefinition in § 3 Abs. 2 S. 1 BDSG „unter Einsatz von Datenverarbeitungsanlagen“, die selbsttätig die erhobenen Daten auswerten und weiter bearbeiten.[579] Obgleich mit der Umsetzung der Datenschutzrichtlinie 95/46/EG die „automatisierte (…) Erhebung, Verarbeitung oder Nutzung“[580] personenbezogener Daten maßgeblich für die Anwendbarkeit des Bundesdatenschutzgesetzes wurde und eine klare Begriffsdefinition Rechtssicherheit hätte bringen können, wurde durch § 3 Abs. 2 BDSG eher eine Verallgemeinerung denn eine Konkretisierung des Begriffes erreicht.[581] Der Begriff „automatisiert“ kann „teilautomatisiert“ im Sinne des Untersuchungsgegenstandes bedeuten oder „voll automatisiert“ oder „automatisch“ im Sinne von einer durch Selbststeuerung erfolgenden Datenverarbeitung.[582]

§ 6a BDSG wurde in das Bundesdatenschutzgesetz eingefügt, um Art. 15 DSRL umzusetzen, der den Einzelnen vor ihn erheblich beeinträchtigenden Entscheidungen schützen will, deren Inhalt nicht von einem menschlichen Entscheidungsträger bewertet wird.[583] Die Gesetzesbegründung zu § 6a BDSG aus der 14. Wahlperiode erläutert den Begriff der automatisierten Verfahren nicht. „Vorgänge wie etwa Abhebungen an Geldausgabeautomaten, automatisierte Genehmigungen von Kreditkartenverfügungen oder automatisiert gesteuerte Guthabenabgleiche zur Ausführung von Überweisungs-, Scheck- oder Lastschriftaufträgen“[584] wurden aber vom Begriff der Entscheidungen im Sinne des § 6a Abs. 1 BDSG ausgenommen. Der Wortlaut des Art. 15 Abs. 1 DSRL verlangt, dass die Mitgliedstaaten jeder Person das Recht einräumen, keiner für sie rechtliche Folgen nach sich ziehenden und keiner sie erheblich beeinträchtigenden Entscheidung unterworfen zu werden, die ausschließlich aufgrund einer automatisierten Verarbeitung von Daten zum Zwecke der Bewertung einzelner

---

579 *Weichert*, in: Däubler et al., BDSG, 2016, § 3 Rn. 25. Zur Abgrenzung, wann eine automatisierte Verarbeitung vorliegt, mit Beispielen, siehe *Dammann*, in: Simitis (Hg.), BDSG, 2011, § 3 Rn. 79, 82.

580 BT-Drs. 14/4329, S. 32.

581 *Dammann*, in: Simitis (Hg.), BDSG, 2011, § 3 Rn. 78, bezeichnet die Definition als kaum gelungen; ebenso *Buchner*, in: Taeger/Gabel (Hg.), BDSG, 2010, § 3 Rn. 21.

582 Dazu Kap. A IV. 3. c).

583 BT-Drs. 14/4329, S. 38.

584 BT-Drs. 14/4329, S. 37.

Aspekte ihrer Person ergeht.[585] Art. 15 DSRL präzisiert aber nicht, wann eine Entscheidung aufgrund einer automatisierten Datenverarbeitung vorliegt oder was eine automatisierte Datenverarbeitung ist. Eine Legaldefinition automatisierter Verarbeitung oder automatisierter Entscheidungen erfolgt auch nicht an anderer Stelle der Datenschutzrichtlinie 95/46/EG. Der Begriff wird dennoch zahlreich verwendet: Art. 3 Abs. 1 DSRL erstreckt den Anwendungsbereich der Richtlinie auf „ganz oder teilweise automatisierte" Verfahren. Art. 18 Abs. 1 DSRL verpflichtet die Mitgliedstaaten dazu, eine Regelung zu schaffen, wonach sich der für die „vollständig oder teilweise automatisierte" Datenverarbeitung Verantwortliche bei einer Kontrollstelle melden muss. Erwägungsgrund Nr. 41 DSRL verlangt ein Auskunftsrecht „zumindest im Fall automatisierter Entscheidungen im Sinne des Artikels 15 Absatz 1". Anhand dieser systematischen Zusammenschau wird deutlich, dass auch die Datenschutzrichtlinie 95/46/EG verlangt, zwischen ganz und teilweise automatisierten Datenverarbeitungen zu unterscheiden, ohne diese Begriffe zu konkretisieren.

Zwei Wahlperioden später konkretisierte der Gesetzgeber § 6a Abs. 1 BDSG und erweiterte ihn um Satz 2.[586] Dieser bestimmt die Entscheidung aufgrund einer automatisierten Verarbeitung näher, indem er festlegt, dass eine solche insbesondere vorliegt, wenn keine inhaltliche Bewertung und darauf gestützte Entscheidung durch eine natürliche Person stattgefunden hat. Damit wurde das Ziel der Einführung des § 6a BDSG, entsprechend den Richtlinienvorgaben zu verhindern, dass Entscheidungen ausschließlich aufgrund von automatisiert erstellten Persönlichkeitsprofilen getroffen werden, ohne dass eine Person den Sachverhalt erneut überprüft hat,[587] näher bestimmt. Eine rein formale Bearbeitung durch einen Menschen, der keine Befugnis oder keinen Entscheidungsspielraum hat, um von der automatisierten Entscheidung abzuweichen, genügt demnach nicht, um § 6a BDSG zu umgehen.[588] Die Vorschrift soll vermeiden, dass sich der Einzelne Entscheidungen aufgrund automatisierter Verfahren ausgeliefert fühlt, weshalb die Verantwortung für die eine Rechtsfolge auslösende Entscheidung einer natürlichen Person obliegen muss.[589]

---

585 Ausnahmen sind nach Art. 15 Abs. 2 DSRL sowohl für den vom Betroffenen angestrebten Abschluss oder die von ihm gewünschte Erfüllung eines Vertrages möglich als auch, wenn die Datenverarbeitung durch ein Gesetz zugelassen ist, das Garantien zur Wahrung der berechtigten Interessen der betroffenen Person festlegt.

586 BT-Drs. 16/10529, S. 10.

587 BT-Drs. 14/4329, S. 30.

588 BT-Drs. 16/10529, S. 11.

589 *Scholz*, in: Simitis (Hg.), BDSG, 2011, § 6a Rn. 3.

Die vorliegend untersuchten intelligenten Videoüberwachungssysteme nehmen anhand vorab festgelegter Parameter – der Algorithmen – eine automatisierte Datenanalyse vor und präsentieren dem nachgeschalteten Menschen vorausgewählte Informationen. Das System trifft also mithilfe automatisierter Verfahren die Entscheidung für oder gegen einen Alarm und bereitet das weitere Verfahren vor. Trotz der Maßgabe des Gesetzgebers, dass § 6a BDSG selbst dann greift, wenn „das automatisierte Verfahren die Entscheidungen wesentlich vorbereitet und damit mitbestimmt hat"[590], ist die intelligente Videoüberwachung in der untersuchten Form nicht nach § 6a Abs. 1 BDSG unzulässig. Denn zum einen werden die Kriterien oder Merkmale, auf welche die Algorithmen die Daten hin untersuchen, vom Menschen vorgegeben und nicht vom System, und zum anderen wird zwar eine computergestützte Vorentscheidung – Alarm oder Nichtalarm – getroffen, diese ist aber nicht final.[591] Vielmehr entscheidet der menschliche Operator, ob ein positiver Treffer vorliegt und eine weitere Kontrolle erfolgt. Die endgültige inhaltliche Bewertung nimmt der Mensch vor und er kann von der durch das System getroffenen Wahl abweichen. Es erfolgt keine Entscheidung, die sich allein auf die automatisierte Auswertung stützt oder eine solche nur noch vollzieht.[592] Die automatisierte Vorentscheidung oder Assistenzleistung der intelligenten Videoüberwachung wird also von § 6a Abs. 1 BDSG nicht verboten, da die Norm diese schon nicht erfasst.[593] Auch Art. 15 Abs. 1 DSRL verpflichtet die Mitgliedstaaten nicht dazu, eine solche Form der Datenverarbeitung zu verhindern. Der Betroffene ist der Entscheidung darüber hinaus nicht hilflos ausgeliefert. Er kann sich gegenüber dem Sicherheitspersonal äußern und Stellung nehmen. § 6a BDSG soll auch nicht grundsätzlich vor Datenverarbeitungen schützen, die möglicherweise zu belastenden Konsequenzen führen, sondern verhindern, dass keine Menschen in Entscheidungen einbezogen werden, die Betroffene erheblich beeinträchtigen.[594]

---

590 BT-Drs. 16/10529, S. 13.

591 Siehe *Schwenke*, Private Nutzung von Smartglasses im öffentlichen Raum, 2016, S. 248.

592 A. A. *Bier/Spiecker gen. Döhmann*, CR 2012, 610 (614), die aber nicht zwischen automatisiert und automatisch unterscheiden, sondern dies offenbar gleichsetzen, was der hier vertretenen Ansicht widerspricht.

593 BT-Drs. 14/4329, S. 37; *Roßnagel et al.*, DuD 2011, 694 (699).

594 Siehe BT-Drs. 14/4329, S. 37; *Schwenke*, Private Nutzung von Smartglasses im öffentlichen Raum, 2016, S. 248; *Scholz*, in: Simitis (Hg.), BDSG, 2011, § 6a Rn. 16; *Mackenthun*, in: Taeger/Gabel (Hg.), BDSG, 2010, § 6a Rn. 17.

Die vorliegend untersuchte Ausprägung intelligenter Videoüberwachung ist deshalb nicht unter § 6a Abs. 1 BDSG subsumierbar, da § 6a BDSG dann einschlägig ist, wenn an eine automatische Alarmierung unmittelbar rechtliche Nachteile geknüpft sind, ohne eine menschliche Prüfinstanz. Für die vorliegende Untersuchung entsteht aber kein Konkurrenzverhältnis zu § 6b BDSG. Da jedoch eine automatisierte Vorentscheidung erfolgt, sind die strengen Wertungen des § 6a Abs. 1 BDSG, die aus den Gefahren der Automatisierung von Datenverarbeitungen für die Persönlichkeitsrechte folgen, bei der Auslegung des § 6b BDSG als Maßstab der Zulässigkeit intelligenter Videoüberwachung durch nicht öffentliche Stellen zu bedenken.

4. Einwilligung gemäß § 4 Abs. 1 BDSG als alternativer Erlaubnistatbestand

Neben § 6b BDSG kommt die Einwilligung des von der automatisierten Datenverarbeitung Betroffenen nach § 4 Abs. 1 BDSG als Erlaubnistatbestand für den Einsatz der intelligenten Videoüberwachung durch nicht öffentliche Stellen im öffentlich zugänglichen Raum in Betracht.

a) Zulässigkeit der Einwilligung

§ 4 Abs. 1 BDSG normiert ein Entweder-oder-Verhältnis zwischen gesetzlicher Erlaubnisnorm und Einwilligung.[595] § 4 Abs. 1 BDSG beruht auf Art. 7 Buchstabe a DSRL und Art. 2 Buchstabe h DSRL, die wiederum Art. 8 Abs. 2 S. 1 GRCh konkretisieren. Dieser lässt die Verarbeitung der nach Art. 8 Abs. 1 GRCh geschützten personenbezogenen Daten aufgrund einer Einwilligung zu. Auch das durch Art. 2 Abs. 1 GG i. V. m. Art. 1 Abs. 1 GG geschützte Recht auf informationelle Selbstbestimmung beinhaltet die Befugnis des Einzelnen, über die Preisgabe und Verwendung seiner Daten selbst zu bestimmen.[596] Die Einwilligung des Betroffenen in die Datenverarbeitungsvorgänge schließt deshalb einen Eingriff oder eine Verletzung der Persönlichkeitsrechte aus, wobei sie kein Verzicht auf das informationelle Selbstbestimmungsrecht, sondern eine Form der Grundrechtsausübung ist.[597] Deshalb kommt eine Einwilligung auch für die

---

[595] *Sokol*, in: Simitis (Hg.), BDSG, 2011, § 4 Rn. 6; *Müller*, Videoüberwachung, 2008, S. 34.

[596] BVerfGE 65, 1 (42).

[597] *Tinnefeld et al.*, Datenschutzrecht, 2012, Teil IV, 2.1, S. 341; *Taeger*, in: ders./Gabel (Hg.), BDSG, 2010, § 4 Rn. 43.

automatisierte Verarbeitung personenbezogener Daten durch nicht öffentliche Stellen grundsätzlich infrage.[598]

b) Voraussetzungen der Einwilligung

Die Voraussetzungen für eine wirksame Einwilligung nach § 4 Abs. 1 BDSG ergeben sich aus Art. 2 Buchstabe h DSRL sowie Art. 7 Buchstabe a DSRL und sind bei deren Umsetzung in § 4a BDSG verankert worden.[599] Der Betroffene kann gemäß § 4a Abs. 1 BDSG wirksam einwilligen, wenn dies freiwillig geschieht und er einwilligungsfähig ist, das heißt, dass er sich der Bedeutung und der Tragweite der Einwilligung bewusst ist.[600] Das setzt aber voraus, dass er über den genauen Zweck der Installation der Datenverarbeitungsanlage, ihre technische Arbeitsweise und die Folgen der Verarbeitung in entsprechend transparenter Form unterrichtet und aufgeklärt worden ist. Die Einwilligung zeichnet sich zudem durch ihre einseitige Widerruflichkeit[601] aus und muss gemäß § 183 BGB vorab erklärt werden.[602] § 4a Abs. 1 S. 3 BDSG legt die Schriftform im Sinne des § 126 BGB als generelle Form der datenschutzrechtlichen Einwilligung fest.[603] In § 4 Abs. 3 BDSG wird für die Verarbeitung von besonderen Arten personenbezogener Daten nach § 3 Abs. 9 BDSG, wie ethnischer Herkunftsmerkmale oder Aspekten der Gesundheit, eine ausdrückliche Einwilligung vorausgesetzt. Für

598 Siehe *Schwenke*, Private Nutzung von Smartglasses im öffentlichen Raum, 2016, S. 139.

599 BT-Drs. 14/4329, S. 34; *Tinnefeld et al.*, Datenschutzrecht, 2012, Teil IV, 2.1.1, S. 342; *Taeger*, in: ders./Gabel (Hg.), BDSG, 2010, § 4 Rn. 45 f., § 4a Rn. 1 ff.; *Duhr et al.*, DuD 2002, 5 (13).

600 BVerfGE 65, 1 (42); *Simitis*, in: ders. (Hg.), BDSG, 2011, § 4a Rn. 21; *Taeger*, in: ders./Gabel (Hg.), BDSG, 2010, § 4a Rn. 28; *Lang*, Private Videoüberwachung, 2008, S. 197.

601 *Taeger*, in: ders./Gabel (Hg.), BDSG, 2010, § 4a Rn. 70; *Simitis*, in: ders. (Hg.), BDSG, 2011, § 4a Rn. 94 ff., der dem Widerruf Wirkung für die Zukunft zukommen lassen will, was insbesondere bzgl. bereits erlangter Daten von Belang sei (a. a. O., Rn. 102); dennoch dürften die Daten wegen § 35 Abs. 1 Nr. 1 BDSG ab dem Widerruf nicht mehr weiter aufbewahrt oder verwendet werden, sondern seien zu löschen (a. a. O., Rn. 103).

602 BT-Drs. 14/4329, S. 34, wonach die „Einfügung der Wörter ‚soweit nach den Umständen des Einzelfalles erforderlich' in Satz 2 (…) der Umsetzung des Definitionsmerkmals ‚in Kenntnis der Sachlage' nach Artikel 2 Buchstabe h der Richtlinie" dient und eine Einwilligung ohne Zwang erfolgen muss; *Simitis*, in: ders. (Hg.), BDSG, 2011, § 4a Rn. 27; *Taeger*, in: ders./Gabel (Hg.), BDSG, 2010, § 4a Rn. 17, 31, zur Freiwilligkeit (a. a. O., Rn. 48 f.); *Duhr et al.*, DuD 2002, 5 (13).

603 *Däubler*, in: ders. et al., BDSG 2016, § 4a Rn. 11.

„besondere Umstände" sieht § 4a Abs. 1 S. 3 BDSG Ausnahmen vom Schriftformerfordernis vor, wobei das Gesetz eine Definition der besonderen Umstände schuldig bleibt.

Wie genau eine wirksame Einwilligung erfolgt, ob schriftlich, mündlich, konkludent oder mutmaßlich, lassen auch die höherrangigen Normen offen. Art. 8 GRCh und Art. 8 EMRK treffen hierzu keine Aussage. Der Wortlaut des den Art. 8 Abs. 2 S. 1 GRCh ausfüllenden Art. 2 Buchstabe h DSRL spricht von einer „Willensbekundung", wobei die Bedeutung des Wortes Bekundung grundsätzlich auf die aktive oder positive Äußerung einer Meinung gerichtet ist.[604] Auch Art. 7 Buchstabe a DSRL verpflichtet die Mitgliedstaaten, festzulegen, dass die Verarbeitung personenbezogener Daten nur erfolgen darf, wenn die betroffene Person ohne jeden Zweifel ihre Einwilligung gegeben hat. Das kann zum einen darauf hindeuten, dass der Betroffene keine Unsicherheiten bezüglich seiner Einwilligung empfunden haben darf und zum anderen darauf, dass eine Einwilligung unmissverständlich geäußert sein muss. Diese könnte schriftlich oder mündlich erfolgen, weshalb Art. 7 DSRL nicht auf eine bestimmte Form hindeutet. Art. 8 Abs. 2 Buchstabe a DSRL setzt für die Verarbeitung besonderer Kategorien von Daten eine ausdrückliche Einwilligung voraus, ohne diese weiter zu präzisieren. Erwägungsgrund Nr. 33 DSRL verlangt ebenfalls eine „ausdrückliche Einwilligung der betroffenen Person". Ausnahmen sind nach Erwägungsgrund Nr. 33 DSRL möglich, soweit spezifische Erfordernisse bestehen, insbesondere im Bereich des Gesundheitswesens. Die genannten Bestimmungen der Datenschutzrichtlinie 95/46/EG zeigen, dass eine schriftliche Einwilligung grundsätzlich vorzuziehen ist. Dennoch ist nicht ausgeschlossen, dass der Wille auch konkludent[605] oder mündlich[606] geäußert werden kann.

c) *Mutmaßliche Einwilligung in die intelligente Videoüberwachung*

Die Figur der mutmaßlichen Einwilligung ist als Zulässigkeitstatbestand für den Einsatz intelligenter Videoüberwachung grundsätzlich abzulehnen.[607] Auf sie könnte nur zurückgegriffen werden, wenn keine anderweitige Form der Einwilligung möglich wäre, denn der Verzicht auf die Schriftform in der Datenschutzrichtlinie 95/46/EG bedeutet nicht, dass eine Willensbildung nicht stattfinden

---

604 *Brühann*, in: Grabitz et al. (Hg.), EU, 2011, Art. 2 DSRL Rn. 27.

605 *Dammann/Simitis*, DSRL, 1997, Art. 2 S. 115 Rn. 22.

606 *Brühann*, in: Grabitz et al. (Hg.), EU, 2011, Art. 2 DSRL, Rn. 31.

607 *Simitis*, in: ders. (Hg.), BDSG, 2011, § 4a Rn. 44 zur herkömmlichen Videoüberwachung.

oder eine Willenskundgebung nicht erfolgen muss.[608] Außerdem kann nicht davon ausgegangen werden, dass der von der Verarbeitung Betroffene grundsätzlich ein Interesse an der Preisgabe seiner Daten hat und es wäre fraglich, wer im Zweifel über das Vorliegen eines mutmaßlichen Willens entscheiden könnte.[609] Angesichts etwaiger Missbrauchsgefahren sollte dies nicht die Daten verarbeitende Stelle sein.

d) Probleme einer schriftlichen oder mündlichen Einwilligung in die intelligente Videoüberwachung

Sinn und Zweck des Schriftformerfordernisses ist es, dem Betroffenen die Möglichkeit zu geben, sich die Informationen gründlich durchzulesen, diese zu hinterfragen und zu überlegen, ob er in die Verarbeitung seiner personenbezogenen Daten einwilligen möchte oder nicht.[610] Auch die mündliche Einwilligung setzt eine freiwillige und aufgeklärte Entscheidung voraus.[611] Da die Freiwilligkeit ein ausreichendes Bewusstsein für die Bedeutung und Tragweite der automatisierten Datenverarbeitung voraussetzt, müssten der konkrete technische Hintergrund der Datenverarbeitung, ihr Zweck und ihre Folgen erfasst werden.[612] Dies würde zeitaufwendige und kostspielige Aufklärungs- und Informationsmaßnahmen seitens der nicht öffentlichen Stelle erfordern, die angesichts massenhafter automatisierter Datenverarbeitung im Alltag unökonomisch wären.[613] Die Betroffenen müssten sich außerdem die Zeit dafür nehmen, sich mit diesen Informationen zu befassen. Angesichts des teilweise fahrlässigen Umgangs mit persönlichen Informationen – beispielsweise in *social networks* und bei Bestellvorgängen im Internet – und dem alltäglichen Zeitdruck ist fraglich, ob dies geschehen würde. Zu bezweifeln ist die Freiwilligkeit der Einwilligung auch in Fällen, in denen die Betroffenen unter Umständen keine echte Wahl treffen können oder keine Möglichkeit hierzu sehen.[614] Bei der intelligenten Videoüberwachung durch nicht

---

608 *Däubler*, in: ders. et al, BDSG, 2016, § 4a Rn. 14; *Simitis*, in: ders. (Hg.), BDSG, 2011, § 4a Rn. 43 f.

609 *Taeger*, in: ders./Gabel (Hg.), BDSG, 2010, § 4a Rn. 45.

610 *Däubler*, in: ders. et al., BDSG, 2016, § 4a Rn. 11; *Simitis*, in: ders. (Hg.), BDSG, 2011, § 4a Rn. 33.

611 *Däubler*, in: ders. et al., BDSG, 2016, § 4a Rn. 16; *Simitis*, in: ders. (Hg.), BDSG, 2011, § 4a Rn. 43.

612 *Simitis*, in: ders. (Hg.), BDSG, 2011, § 4a Rn. 80 f.

613 *Simitis*, in: ders. (Hg.), BDSG, 2011, § 4a Rn. 70.

614 *Simitis*, in: ders. (Hg.), BDSG, 2011, § 4a Rn. 62; *Taeger*, in: ders./Gabel (Hg.), BDSG, 2010, § 4a, Rn. 49.

öffentliche Stellen im öffentlich zugänglichen Raum wäre dies allerdings weniger eine Frage des Koppelungsverbotes[615] als vielmehr eine des sozialen Drucks, zum Beispiel, weil Bekannte den Betroffenen begleiten, die in die Datenverarbeitung einwilligen oder weil sonst die Teilnahme an Veranstaltungen verweigert wird. Bleibt dem Einzelnen keine Alternative als zuzustimmen, wenn er den intelligent videoüberwachten öffentlich zugänglichen Raum für sich nutzen will, nimmt die Einwilligung aber Fiktionsqualität an.[616] Eine verweigerte oder nicht erteilte Einwilligung des Betroffenen müsste darüber hinaus zur Erteilung eines Hausverbotes oder der Abschaltung der Kameras führen, um zu vermeiden, dass eine unzulässige Überwachung durchgeführt wird.[617] In der Gesamtschau ist es deshalb unwahrscheinlich, dass eine schriftlich oder mündlich erklärte Einwilligung in die Überwachung mit intelligenter Videoüberwachung wirksam erteilt, eingeholt und nachgewiesen werden kann.

e) Konkludente Einwilligung in die intelligente Videoüberwachung

Angesichts der bislang herrschenden Praxis, auf die herkömmliche Videoüberwachung mit Piktogrammen oder Schildern hinzuweisen, ist die Möglichkeit einer konkludenten Einwilligung in die intelligente Videoüberwachung zu diskutieren.[618] Sie kommt in Betracht, wenn es spezielle Umstände erfordern, weil eine schriftliche oder mündliche Erklärung nicht vorzugswürdig ist.[619] Eine wirksame konkludente Einwilligung setzt eine freiwillige,[620] eindeutige und

---

615 Zu diesem Problem der einseitigen „Bestimmungsmacht eines überlegenen Vertragspartners" siehe *Taeger*, in: ders./Gabel (Hg.), BDSG, 2010, § 4a Rn. 50 f.

616 Siehe zur zunehmenden Abschwächung der Einwilligung hin zu einer reinen Fiktion bei zunehmend komplexen Verarbeitungsvorgängen *Sokol*, in: Simitis (Hg.), BDSG, 2011, § 4 Rn. 7.

617 Denn sonst riskieren die Verantwortlichen u. U. Verurteilungen wegen einer Verletzung des allgemeinen Persönlichkeitsrechts nach § 823 Abs. 1 BGB, siehe OLG Düsseldorf, BeckRS 2010, 07692; OLG Frankfurt, NJW 1987, 10877 f.

618 Eine konkludente Einwilligung in die herkömmliche Videoüberwachung grundsätzlich als möglich erachtend: *Däubler*, in: ders. et al., BDSG, 2016, § 4a Rn. 16; *Taeger*, in: ders./Gabel (Hg.), BDSG, 2010, § 4a Rn. 40; ebenso BT-Drs. 11/4306, S. 41. Eine konkludente Einwilligung bei automatisierten Datenverarbeitungen grundsätzlich und nicht nur für die Videoüberwachung ablehnend: *Simitis*, in: ders. (Hg.), BDSG, 2011, § 4a Rn. 44.

619 *Simitis*, in: ders. (Hg.), BDSG, 2011, § 4a Rn. 43.

620 Hier genügt ebenso wenig wie für die schriftliche oder mündliche Einwilligung, dass der Betroffene abstrakt weiß, dass personenbezogene Daten verarbeitet werden oder ihn eine Videokamera überwacht. Ihm muss vielmehr bewusst sein, welche

nach außen erkennbare Willensbekundung des Einzelnen für sämtliche mit der Datenverarbeitung verbundenen Schritte voraus.[621] Zwar trägt der Einzelne persönliche Informationen in die Öffentlichkeit, wenn er sich im öffentlich zugänglichen Raum bewegt, doch fallen auch diese Daten in den Schutzbereich des Rechts auf informationelle Selbstbestimmung nach Art. 2 Abs. 1 GG i. V. m. Art. 1 Abs. 1 GG.[622] Denn dem Einzelnen ist es aufgrund der zunehmenden digitalen Vernetzung und des wachsenden elektronischen Datenaustauschs in einer expandierenden Informationsgesellschaft nahezu unmöglich, jeden Datenzugriff bewusst selbst zu steuern.[623] Außerdem kann es Situationen geben, in denen der Betroffene nicht in der Lage ist zu erkennen, dass er videoüberwacht wird.[624] Selbst einer Person, der es gleichgültig ist, ob ihre Daten erhoben werden oder nicht, darf jedoch aus der fehlenden Grundrechtsausübung kein Grundrechtsverzicht oder eine konkludente Einwilligung in einen Eingriff unterstellt werden.[625] Entscheidend ist also die Zielsetzung der Informationsfreigabe und, ob die Daten vom Betroffenen in geeigneter Weise öffentlich gemacht wurden.[626] Trägt der Einzelne allerdings private Belange über sich selbst bewusst in die

---

Daten über ihn Gegenstand welcher Form der automatisierten Verarbeitung sind, siehe *Dammann/Simitis*, DSRL, 1997, Art. 2 S. 115 Rn. 22.

621 BVerfGE 106, 28 (45 f.), wonach es erforderlich ist, dass das konkludente Verhalten so selbstverständlich und typisch ist, dass vernünftigerweise nur von einer Zustimmung ausgegangen werden kann und das Unterbleiben eines Widerspruchs als stillschweigende Einwilligung zu deuten ist. Siehe auch *Taeger*, in: ders./Gabel (Hg.), BDSG, 2010, § 4a Rn. 40 f.

622 Siehe BVerfGE 65, 1 (45). Um die Schutzwirkung des Rechts auf informationelle Selbstbestimmung zu begrenzen, sind solche Daten nicht erfasst, die ihrer geistigen Natur nach dazu gedacht waren, allgemein zugänglich zu sein, siehe dazu *Tischer*, Befugnisse der Polizei, 2004, S. 47; *Büllesfeld*, Videoüberwachung, 2002, S. 121.

623 *Di Fabio*, in: Maunz/Dürig (Bg.), GG, 2013, Art. 2 GG Rn. 190. *Würtenberger/Tanneberger*, in: Winzer et al. (Hg.), acatech DISKUTIERT, 2010, 221 (228), unterscheiden hierfür zwischen einem unbewussten und unvermeidlichen „Datenschweif" und der bewussten Preisgabe persönlicher Informationen.

624 So z. B. im Fall vor dem OLG Frankfurt, NJW 1987, 10877 f., wo die Einwilligungsfähigkeit eines stark betrunkenen Betroffenen fehlte, da er nicht erkannte, dass die Videoaufnahme an Dritte weitergegeben oder zu deren Belustigung dienen kann. Eine eingeschränkte Einwilligungsfähigkeit wird auch bei Minderjährigen diskutiert, siehe *Simitis*, in: ders. (Hg.), BDSG, 2011, § 4a Rn. 21; *Taeger*, in: ders./Gabel (Hg.), BDSG, 2010, § 4a Rn. 28.

625 *Dammann*, in: Simitis (Hg.), BDSG, 2011, § 3 Rn. 8.

626 *Simitis*, in: ders. (Hg.), BDSG, 2011, § 28 Rn. 151.

Öffentlichkeit und beabsichtigt er, dass sie zur Kenntnis genommen werden, entfällt der Schutz.[627]

Bei der Verwendung intelligenter Videoüberwachung im öffentlich zugänglichen Raum durch nicht öffentliche Stellen kann jedoch von einem gezielten Zurverfügungstellen von Informationen über die eigene Person in den allerwenigsten Fällen ausgegangen werden. Denn der Einzelne wird sich zumeist in diesen Bereichen bewegen, um beispielsweise Dienstleistungen in Banken oder Geschäftshäusern wahrzunehmen, seine Freizeit zu gestalten oder Bedürfnissen des alltäglichen Lebens in Supermärkten oder Kaufhäusern nachzukommen. Dass er dabei in den Fokus von Videokameras gerät, kann er nicht beeinflussen und die vertiefte Analyse persönlicher Umstände mithilfe der verwendeten Mustererkennungs- oder Videotrackingtechnik erschließt sich ihm ebenfalls nicht, zumindest nicht auf den ersten Blick. Das Passieren einer schlichten piktografischen Darstellung einer intelligenten Videokamera im öffentlich zugänglichen Raum ist deshalb nicht ausreichend, um eine konkludente Einwilligung in die Überwachung anzunehmen.[628] Das kann auch nicht aus der Hinweispflicht nach § 6b Abs. 2 BDSG abgeleitet werden, denn sie setzt die Zulässigkeit der Videoüberwachung nach § 6b Abs. 1 BDSG voraus und soll nicht zur Annahme einer konkludenten Einwilligung führen.[629]

f) Zwischenergebnis

Eine Einwilligung – unabhängig davon, in welcher Form – ist als Grundlage für den zulässigen Einsatz intelligenter Videoüberwachung angesichts der Komplexität der automatisierten Datenverarbeitung, der Vielfalt verwendbarer Mustererkennungs- und Videotrackingalgorithmen und der weitreichenden Möglichkeiten der Nutzung und Verknüpfung digitalisierter Daten abzulehnen. Selbst bei Hinweisen auf die intelligente Videoüberwachung gemäß § 6b Abs. 2 BDSG durch Piktogramme oder Aushänge ist davon auszugehen, dass sie die technische Komplexität und Vielfalt automatisierter Datenverarbeitungen durch Mustererkennungs- und Videotrackingtechniken nicht

---

[627] Siehe BVerfG NJW, 2000, 1021 (1023); LG Hamburg, Urt. v. 15.05.2009 – 324 O 874/08; LG Berlin, Urt. v. 09.09.2008 – 27 O 111/08.

[628] Siehe schon für die Problematik bei der herkömmlichen Videoüberwachung BVerfG, NVwZ 2007, 688 (690 f.); VGH B.-W., NVwZ 2004, 498 (500); VG d. Saarlandes, Urt. v. 29.01.2016 – 1 K 1122/14, Rn. 26; VG Potsdam, Urt. v. 20.11.2015 – 9 K 725/13, Rn. 25.

[629] VG Potsdam, Urt. v. 20.11.2015 – 9 K 725/13, Rn. 25.

hinreichend aufklärend darstellen können. Zudem ist es nicht praxisnah, davon auszugehen, dass sich Kunden, Passanten oder Reisende – abgesehen von der Schwierigkeit, als technischer Laie die Funktionsweise der intelligenten Videoüberwachung zu durchdringen – tatsächlich die Zeit nehmen, eine ausgehängte Hausordnung vollständig zu lesen oder mit dem Verantwortlichen Fragen zu klären. Eine Alternativlösung, etwa das Ausschalten bestimmter Kameras, wenn Betroffene nicht einwilligen können oder wollen, ist kaum umsetzbar und deshalb unrealistisch.

III. § 6b BDSG als Maßstab privater intelligenter Videoüberwachung

Im Folgenden werden die Tatbestandsmerkmale des § 6b BDSG dargestellt, ausgelegt und auf die intelligente Videoüberwachung angewendet, um festzustellen, ob der Einsatz intelligenter Videoüberwachung durch nicht öffentliche Stellen im öffentlich zugänglichen Raum nach den Vorgaben und Maßstäben dieser Vorschrift zulässig ist, oder unter welchen Voraussetzungen er dies sein kann. Im Einzelnen erfolgt eine Auseinandersetzung mit dem öffentlich zugänglichen Raum als Einsatzort und der nicht öffentlichen Stelle als Verwenderin der Technologie (III. 1. und 2.). Außerdem werden der Personenbezug der Datenverarbeitung (III. 3.) und die in § 6b Abs. 1 und Abs. 3 S. 1 BDSG normierten Verarbeitungsmodi (III. 4.) beleuchtet. Im Anschluss daran gilt es, die Wahrnehmung des Hausrechts (III 5. a) und die Wahrnehmung berechtigter Interessen für konkret festgelegte Zwecke (III. 5. b) als in § 6b Abs. 1 Nr. 2 und Nr. 3 BDSG geregelten Zulässigkeitstatbeständen für die intelligente Videoüberwachung zu erörtern. Nachdem die Voraussetzungen der Hinweispflicht nach § 6b Abs. 2 BDSG dargestellt wurden (III. 6), widmet sich das Kapitel den Tatbestandsmerkmalen der Erforderlichkeit der Videoüberwachung und der Abwägung der (schutzwürdigen) Interessen der Beteiligten (III. 7.–8.).

1. Öffentlich zugänglicher Raum

Der räumliche Anwendungsbereich des § 6b Abs. 1 BDSG erfasst den öffentlich zugänglichen Raum. Das Bundesdatenschutzgesetz enthält aber weder in § 6b BDSG noch an anderer Stelle eine Legaldefinition dieses Begriffs.[630]

---

630 *Duhr et al.*, DuD 2002, 5 (27).

a) *Konkretisierung des Begriffs des öffentlich zugänglichen Raums in § 6b BDSG*

Im alltäglichen Sprachgebrauch werden der „öffentliche Raum" zumeist mit Straßenzügen, Marktplätzen oder Fußgängerzonen assoziiert[631] und die Einhaltung der Sicherheit und Ordnung an diesen Orten als Aufgabe der Polizei betrachtet. Ausgehend vom Wortlaut des § 6b BDSG bedeutet der Begriff „öffentlich" grundsätzlich, dass etwas allgemein ist oder die Allgemeinheit betrifft.[632] „Zugänglich" ist ein Raum oder Ort, der betretbar, nutzbar oder geöffnet ist.[633] Zweck eines öffentlich zugänglichen Raumes ist es also, von einer unbestimmten Zahl von Menschen oder von nach allgemeinen Merkmalen bestimmbaren Personen betreten zu werden.[634]

Die historische Auslegung ergibt, dass § 6b BDSG „nur öffentlich zugängliche Räume wie etwa Bahnsteige, Ausstellungsräume eines Museums, Verkaufsräume oder Schalterhallen"[635] erfassen soll. Für nicht öffentlich zugängliche Räume gelten eigene Regelungen.[636] Zweck des § 6b Abs. 1 BDSG ist es also, Räume innerhalb oder außerhalb von Gebäuden zu erfassen, die aufgrund einer Entscheidung des Berechtigten der Allgemeinheit oder einem unbestimmten oder bestimmbaren Kreis von Personen unabhängig von den sachenrechtlichen Eigentumsverhältnissen[637] offenstehen.[638] Eine ausdrückliche oder förmliche

---

631 *Klauser*, Videoüberwachung, 2006, S. 134.

632 *Wermke et al.*, Duden, Bd. 10 (2010), S. 692.

633 *Wermke et al.*, Duden, Bd. 10 (2010), S. 1129.

634 LArbG Hamm, BeckRS 2011, 75225.

635 BT-Drs. 14/4329, S. 38.

636 BT-Drs. 14/4329, S. 38; Regelungen zum Arbeitnehmerdatenschutz finden sich bspw. in § 32 BDSG dem TMG, dem BBG oder dem BetrVG. Ein eigenständiges Beschäftigtendatenschutzgesetz (siehe BT-Drs. 17/4230) wurde von der Bundesregierung im Februar 2013 gestoppt und erledigte sich am 22.10.2013 durch den Ablauf der Wahlperiode (sog. Grundsatz der Diskontinuität). Mit der Anpassung des Datenschutzrechts an die Europäische Datenschutz-Grundverordnung hat der Gesetzgeber gem. Art. 88 DSVO eine neue Chance, spezifische Regelungen auf dem Gebiet des Beschäftigtendatenschutzes zu treffen.

637 *Scholz*, in: Simitis (Hg.), BDSG, 2011, § 6b Rn. 43.

638 VG Oldenburg, Urt. v. 12.03.2013 – 1 A 3850/12, Rn. 34 = ZD 2013, 296 f.; AG Berlin-Mitte, NJW-RR 2004, 531 (532); Hinweise des Innenministeriums B.-W. zum Datenschutz für private Unternehmen und Organisationen (Nr. 39), Bekanntmachung des Innenministeriums v. 25.01.2001 – 2-0552.1/16; *Gola/Klug/Körffer*, in: Gola/Schomerus, BDSG, 2015, § 6b Rn. 8; *Scholz*, in: Simitis (Hg.), BDSG, 2011, § 6b Rn. 48; *Thüsing*, Arbeitnehmerdatenschutz, 2010, Rn. 346; *Taeger*, ZD 2013, 571 (574); *Duhr et al.*, DuD 2002, 5 (27); *Königshofen*, RDV 2001, 220 (220); *Brenneisen/Staack*, DuD

Widmung ist hierfür nicht zwingend erforderlich.[639] Der Charakter des Raumes als öffentlich zugänglich ändert sich auch nicht dadurch, dass möglicherweise gegenüber einzelnen Personen ein Hausverbot ausgesprochen wird.[640] Das vom Gesetzgeber angedeutete Spektrum lässt sich damit beliebig erweitern, beispielsweise auf Kaufhäuser, Banken, Restaurants, Hotelanlagen, Tankstellen, Supermärkte, Stadien oder Freizeitparks.[641] Nicht erfasst sind dem Publikumsverkehr nicht offenstehende Räume, beispielsweise gesicherte Betriebs-, Firmen- und Werksgelände.[642]

Auch Räume, die in ihrer Zugänglichkeit durch Öffnungs- und Bürozeiten, Zutrittsbedingungen oder Ähnliches beschränkt sind, sind grundsätzlich öffentlich zugänglich im Sinne des § 6b Abs. 1 BDSG.[643] Sie weisen zwar Zugangsrestriktionen auf; diese sind aber prinzipiell von einer zunächst unbestimmten Vielzahl von Personen erfüllbar.[644] Der Berechtigte äußert außerdem – zumindest konkludent durch die tatsächliche Eröffnung – seinen Willen, den Raum im Rahmen gewisser Bedingungen der Öffentlichkeit zugänglich zu machen.[645] Auch bei gemischt genutzten Komplexen sind deshalb Eingangs- und Wartebereiche sowie Treppenhäuser von Arztpraxen oder Bürogebäuden öffentlich zugängliche Räume, da diese Bereiche nicht verschlossen sind, sondern

---

1999, 447 (448). Zur ggf. auftauchenden Frage nach der Einordnung herrenloser Grundstücke kann bemerkt werden: Für diese ist zunächst der Staat zuständig, der die Verkehrssicherungspflichten hat. Im Falle der Eigentumsaufgabe durch den bisherigen Eigentümer steht dem Staat ein Aneignungsrecht – keine Aneignungspflicht – gemäß § 928 Abs. 2 S. 1 BGB zu.

639 *Becker*, in: Plath (Hg.), BDSG/DSGVO, 2016, § 6b Rn. 9.

640 *Zscherpe*, in: Taeger/Gabel (Hg.), BDSG 2010, § 6b Rn. 32.

641 *Scholz*, in: Simitis (Hg.), BDSG, 2011, § 6b Rn. 44; *v. Zezschwitz*, in: Roßnagel (Hg.), HdD, 2003, Kap. 9.3 Rn. 76. Benutzt wird auch der Begriff „semi-öffentlich", siehe *Pieroth et al.*, Polizei- und Ordnungsrecht, 2007, § 5 Rn. 44 a. Ebenfalls erfasst ist der sog. öffentlich-rechtlich überlagerte halb-öffentliche Raum, der zwar privatwirtschaftlich betrieben, aber von der öffentlichen Hand beherrscht wird, z. B. ein Flughafen, da auch er der Allgemeinheit zugänglich ist, siehe *Fuchs*, Private Sicherheitsdienste, 2005, S. 34. Auf die Problematik der unmittelbaren Grundrechtsbindung der von der öffentlichen Hand beherrschten gemischtwirtschaftlichen Unternehmen in Privatrechtsform – vgl. BVerfGE 128, 226 – wird in dieser Arbeit nicht eingegangen.

642 Zur Nichtöffentlichkeit eines Briefzentrums als nur von einem bestimmten Personenkreis zu betretendem Raum siehe BAGE 111, 173 (182).

643 *Becker*, in: Plath (Hg.), BDSG/DSGVO, 2016, § 6b Rn. 9.

644 Siehe *Gola/Klug/Körffer*, in: Gola/Schomerus, BDSG, 2015, § 6b Rn. 8.

645 *Königshofen*, RDV 2001, 220 (220).

grundsätzlich jedermann offenstehen.[646] In diesen muss jedoch während der allgemeinen Zugänglichkeit zwischen den einzelnen Räumen differenziert werden, wenn beispielsweise auch Büros oder Kanzleien angesiedelt sind, die nur für die jeweiligen Mitarbeiter sowie die Kunden nach Klingeln oder vorheriger Terminabsprache zugänglich sind.[647]

Außerhalb des vom Berechtigten gesetzten Rahmens sind die sonst öffentlich zugänglichen Räume als nicht öffentlich zugängliche Bereiche zu qualifizieren.[648] Denn ein wesentliches Kriterium, ob ein öffentlich zugänglicher Raum vorliegt oder nicht, ist die Zweckbestimmung des Raumes durch den Berechtigten.[649] Außerhalb von Öffnungs- oder Sprechzeiten soll der öffentlich zugängliche Raum nach dem Willen des Berechtigten gerade nicht von der Allgemeinheit benutzt werden.[650] Dies macht er etwa durch verschlossene Türen, Mauern oder Verbotsschilder nach außen deutlich.[651] Räume sind also datenschutzrechtlich zeitlich begrenzt öffentlich oder nicht öffentlich.[652] Sollte sich eine Person nicht an die Vorgaben des Berechtigten halten und keine anderweitige Zutrittsberechtigung besitzen, unterfällt sie nicht dem Schutz des § 6b BDSG, da dieser nicht anwendbar ist.[653] Wäre ein weiter gehender Schutz intendiert gewesen, wäre eine gesetzgeberische Beschränkung des Wortlauts des § 6b BDSG auf öffentlich zugängliche Räume nicht notwendig oder sinnvoll gewesen.[654]

---

646 OVG Nds., Urt. v. 29.09.2014 – 11 LC 114/13, Rn. 44 f.; VG Potsdam, Urt. v. 20.11.2015 – 9 K 725/13, Rn. 23. Zu einem Fall der Videoüberwachung in Treppenhäusern siehe VG Oldenburg, Urt. v. 12.03.2013 – 1 A 3850/12 = ZD 2013, 296 f.; *Taeger*, ZD 2013, 571 f.

647 *Scholz*, in: Simitis (Hg.), BDSG, 2011, § 6b Rn. 49.

648 *Scholz*, in: Simitis (Hg.), BDSG, 2011, § 6b Rn. 49; *Taeger*, ZD 2013, 571 (574), der sich zu Treppenhäusern in Bürogebäuden äußert; ebenso *Duhr et al.*, DuD 2002, 5 (27), die diese Bereiche außerhalb der Öffnungs- oder Sprechzeiten als nicht öffentlich zugängliche Räume einordnen.

649 *Scholz*, in: Simitis (Hg.), BDSG, 2011, § 6b Rn. 42.

650 *Brink*, in: Plath (Hg.), BDSG, 2013, § 6b Rn. 30.

651 *Gola/Klug/Körffer*, in: Gola/Schomerus, BDSG, 2015, § 6b Rn. 8, nennen hierfür das Beispiel eines Supermarktparkplatzes: „Sind auf einem Parkplatz vor einem Supermarkt einige Parkplätze mit dem Schild ‚Nur für Mitarbeiter' gekennzeichnet, sind diese nicht öffentlich zugänglich."

652 VG Oldenburg, Urt. v. 12.03.2013 – 1A 3850/12, Rn. 36.

653 VG Oldenburg, Urt. v. 12.03.2013 – 1A 3850/12, Rn. 36. Vielmehr begeht jemand, der sich entgegen dem erkennbaren Willen des Berechtigten in diesen Räumen aufhält, zumeist Hausfriedensbruch gemäß § 123 StGB (a. a. O., Rn. 37).

654 VG Oldenburg, Urt. v. 12.03.2013 – 1A 3850/12, Rn. 36.

b) *Beschränkung auf öffentlich zugängliche Räume im Hinblick auf höherrangiges Recht*

Da nur öffentlich zugängliche Räume Teil des vorliegenden Untersuchungsgegenstandes sind, soll lediglich kurz auf die Frage eingegangen werden, ob § 6b BDSG möglicherweise zu eng gefasst ist, da seine Anwendung auf diese Räume beschränkt ist. Denn damit wird sein Anwendungsbereich für die Videoüberwachung weiter eingeschränkt, als dies von der Datenschutzrichtlinie 95/46/EG vorgegeben ist. Art. 3 DSRL ist nicht auf bestimmte Räume beschränkt. Auch Art. 5 DSRL legt die allgemeinen Bedingungen für die Rechtmäßigkeit der Datenverarbeitung in die Hände der Mitgliedstaaten, ohne dass der räumliche Anwendungsbereich definiert wird oder Abschnitt I der Datenschutzrichtlinie 95/46/EG diesen vorgibt. Erwägungsgrund Nr. 14 DSRL, der die Videoüberwachung durch die Benennung von Bildaufnahmen mit in den sachlichen Anwendungsbereich der Richtlinie aufnimmt, nennt ebenfalls keine Räume, Bereiche oder Orte, an denen die Videoüberwachung eingesetzt werden kann. Erwägungsgrund Nr. 22 der Richtlinie eröffnet den Mitgliedstaaten einen Umsetzungsspielraum bezüglich der Bedingungen für eine rechtmäßige Verarbeitung, wobei die Mitgliedstaaten lediglich insofern eingeschränkt sind, als dass sie die in Kapitel II der Datenschutzrichtlinie 95/46/EG genannten Voraussetzungen beachten müssen. In diesem finden sich jedoch keine Aussagen zum örtlichen Anwendungsbereich. Die autonome Auslegung nach dem Wortlaut und der Systematik der Richtliniennormen und ihrer Erwägungsgründe, insbesondere der Art. 3 DSRL und Art. 5 DSRL sowie der Erwägungsgründe Nr. 14 DSRL und Nr. 22 DSRL, ergibt folglich keine Notwendigkeit der Beschränkung des örtlichen Anwendungsbereichs auf öffentlich zugängliche Räume.

Dies stimmt mit den Vorgaben der Charta der Grundrechte der Europäischen Union überein, da beispielsweise der Wortlaut von Art. 7 GRCh und Art. 8 Abs. 1 GRCh den Schutz der Privatsphäre unabhängig von der öffentlichen Zugänglichkeit eines Raumes erfasst.[655] Auch Art. 8 Abs. 1 EMRK ist so auszulegen, dass das Privatleben sich auf den nicht öffentlichen und öffentlichen Bereich erstreckt und dort geschützt werden muss.[656] Die vom allgemeinen Persönlichkeitsrecht aus Art. 2 Abs. 1 GG i. V. m. Art. 1 Abs. 1 GG geschützte Privatsphäre hat ebenfalls einzelfallabhängig umfassende räumliche Bedeutung.[657]

---

655 *Jarass*, GRCh, 2016, Art. 7 GRCh Rn. 13; *Frenz*, HdE, 2009, Bd. 4, Kap. 7 § 4 S. 367 Rn. 1181 f., S. 375 Rn. 1203 f., § 5 S. 425 Rn. 1372 f.

656 Siehe EGMR, Urt. v. 02.09.2010, Uzun (No. 35623/05, Rn. 43 f.) m. w. N. zum Urt. v. 28.04.2003, Peck (No. 44647/98); Urt. v. 17.03.2003, Perry (No. 63737/00).

657 BVerfGE 101, 361 (384); *Jarass*, in: ders./Pieroth (Hg.) GG, 2011, Art. 2 GG Rn. 47.

Sinn und Zweck der Datenschutzrichtlinie 95/46/EG ist es, einen möglichst umfassenden und harmonisierten Schutz natürlicher Personen bei der automatisierten Verarbeitung ihrer Daten zu gewährleisten. Als Richtlinie bietet sie den Mitgliedstaaten aber den gemäß Art. 288 Abs. 3 AEUV eingeräumten Umsetzungsspielraum bei der Erreichung des Richtlinienziels. Dieses muss nicht durch ein Gesetz oder gar eine Norm erreicht werden, sondern kann auch durch eine Gesamtwirkung nationaler Regelungen erreicht werden. Der in § 6b Abs. 1 BDSG verwendete Begriff des öffentlich zugänglichen Raumes erfasst eine Vielzahl an Räumen, in denen personenbezogene Daten verarbeitet werden. Durch § 32 BDSG hat der Gesetzgeber zudem dafür Sorge getragen, dass die automatisierte Datenverarbeitung am Arbeitsplatz, als einem typischen nicht öffentlich zugänglichen Raum für eine Videoüberwachung, den Voraussetzungen der Datenschutzrichtlinie 95/46/EG entspricht.[658] Davon ausgehend, dass der Gesetzgeber auch außerhalb des Anwendungsbereichs des § 6b BDSG ein hinreichendes Schutzniveau bietet,[659] konnte er somit dessen Anwendungsbereich

---

658 Eine analoge Anwendung des § 6b BDSG auf den Arbeitsplatz als nicht öffentlichen Raum scheidet mangels planwidriger Regelungslücke aus, da der Gesetzgeber in BT-Drs. 14/4329, S. 38, bewusst nur öffentlich zugängliche Räume erfasste. Außerdem liegt keine vergleichbare Interessenlage vor, da in öffentlich zugänglichen Räumen die Beobachteten zunächst unbekannt sind, siehe *Gola/Klug*, RDV 2004, 65 (66), während der Personenkreis am Arbeitsplatz nicht anonym, der Überwachungs- und Anpassungsdruck größer und die Überwachung nicht nur kurzfristig und vorübergehend ist, siehe BAGE 111, 173.

659 Bspw. durch §§ 28, 32 BDSG im nicht öffentlich zugänglichen Bereich. Dem Recht am eigenen Bild des von einer Videoüberwachung Betroffenen bieten z. B. §§ 22, 23 KUG, § 201a StGB, §§ 1004, 823 BGB Schutz, und das aus Art. 2 Abs. 1 GG i. V. m. Art. 1 Abs. 1 GG abgeleitete zivilrechtliche allgemeine Persönlichkeitsrecht dient als absolutes Recht i. S. d. § 823 Abs. 1 BGB dem Schutz der Würde des Einzelnen sowie dessen freier Persönlichkeitsentfaltung, vgl. BGHZ 13, 334 (337 f.); 24, 72; 27, 284 (286); BGH, JZ 1995, 1114 (1115); *Lang*, in: Epping/Hillgruber (Hg.), BeckOK GG, 2016, Art. 2 GG Rn. 32a; *Bamberger*, in: ders./Roth (Hg.), BeckOK BGB, 2016, § 12 BGB, Rn. 101; *Di Fabio*, in: Maunz/Dürig (Bg.), GG, 2013, Art. 2 GG Rn. 143. Im Bereich der privaten Videoüberwachung wird § 823 Abs. 1 BGB hauptsächlich gemeinsam mit § 1004 Abs. 1 BGB als Unterlassungsanspruch diskutiert oder dient als Schadenersatznorm bei einer Verletzung des Rechts auf informationelle Selbstbestimmung nach Art. 2 Abs. 1 GG i. V. m. Art. 1 Abs. 1 GG, siehe bspw. BGH, NJW-RR 2012, 140 ff.; NJW-RR 2011, 949 ff.; NJW 2010, 1533 ff.; OLG München, Urt. v. 13.02.2012 – 20 U 4641/11; OLG Düsseldorf, BeckRS 2011, 26029; OLG Frankfurt, NJW 1987, 1087 ff.; LG München I, BeckRS 2012, 04221; LG Itzehoe, BeckRS 2010, 14994; LG Bonn, BeckRS 2005, 03745.

beschränken, ohne den *effet utile* des Unionsrechts zu gefährden oder gegen höherrangiges Recht zu verstoßen.

2. Verantwortliche nicht öffentliche Stellen

Diese Untersuchung beschränkt sich auf nicht öffentliche Stellen als für den Einsatz intelligenter Videoüberwachung Verantwortliche. Zwar benennt § 6b BDSG keinen Normadressaten, doch ist die Vorschrift im allgemeinen Teil des Bundesdatenschutzgesetzes angesiedelt und besitzt einen einheitlichen Anwendungsbereich,[660] der gemäß § 1 Abs. 2 Nr. 3 BDSG nicht öffentliche Stellen erfasst. Dies sind gemäß § 2 Abs. 4 S. 1 BDSG natürliche und juristische Personen, Gesellschaften sowie Personenvereinigungen des privaten Rechts.

Der Begriff „Stelle" mag unglücklich gewählt sein, da er Assoziationen mit verwaltungsrechtlichen Vorschriften – etwa § 1 Abs. 4 VwVfG – hervorruft.[661] Der Terminus „Privater" wäre jedoch ebenfalls nicht hilfreich, da auch staatliche Stellen privatrechtlich tätig werden können, was die Abgrenzung verkompliziert.[662] Die gesetzliche Enumeration in § 2 Abs. 4 S. 1 BDSG greift die Terminologie des Art. 2 Buchstabe d DSRL auf.[663] Sie vermittelt die nötige Rechtssicherheit, da eine klar bestimmte und lückenlose Anwendung des Bundesdatenschutzgesetzes gewährleistet ist.[664] Ausgenommen vom Anwendungsbereich sind nach § 1 Abs. 2 Nr. 3 BDSG, wie von Art. 3 Abs. 2 DSRL vorgesehen, solche nicht öffentlichen Stellen, die die Datenverarbeitung ausschließlich für persönliche oder familiäre Tätigkeiten nutzen.

a) Auftragsdatenverarbeitung oder Funktionsübertragung?

Angesichts der enormen praktischen Bedeutung arbeitsteiligen Vorgehens im Wirtschaftsleben sind nicht öffentliche Stellen darauf angewiesen, die Datenverarbeitung anderen zu übertragen.[665] Bedienen sich die Betreiber intelligenter Videoüberwachung privater Sicherheitsdienstleister, ist fraglich, wer in einem solchen Fall die „verantwortliche Stelle" im Sinne des § 6b Abs. 2 BDSG und

---

660 *Scholz*, in: Simitis (Hg.), BDSG, 2011, § 6b Rn. 34.

661 *Simitis*, in: ders. (Hg.), BDSG, 2011, § 2 Rn. 116.

662 *Simitis*, in: ders. (Hg.), BDSG, 2011, § 2 Rn. 116.

663 *Duhr et al.*, DuD 2002, 5 (10).

664 *Simitis*, in: ders. (Hg.), BDSG, 2011, § 2 Rn. 118. Zu Einzelfragen bzgl. bestimmter nicht öffentlicher Stellen wie Verbänden, Parteien oder Unternehmensverflechtungen siehe *ders.*, a. a. O., § 2 Rn. 132 ff.

665 *Bundesbeauftragter für den Datenschutz*, 17. TB 1997/1998, BT-Drs. 14/850, S. 204.

§ 3 Abs. 7 BDSG ist. Dies ist entscheidend, da dem Betroffenen im Zweifelsfall Ansprüche auf Unterlassung oder Beseitigung der Videoüberwachung oder auf Schadensersatz gegenüber dem Verantwortlichen zustehen.[666] Verantwortliche Stelle, für die der Vorbehalt des § 4 Abs. 1 BDSG gilt, ist nach § 3 Abs. 7 BDSG, wer personenbezogene Daten für sich selbst oder durch andere im Auftrag verarbeiten lässt.

aa) Auftragsdatenverarbeitung

Um Daten im Auftrag bearbeiten zu können, benötigen die Operateure unter Umständen Zugriff auf die erhobenen personenbezogenen Daten.[667] Für die Zulässigkeit der Weitergabe der Daten muss deshalb danach differenziert werden, ob es sich um eine Funktionsübertragung oder eine Datenverarbeitung im Auftrag handelt.[668] Bei einer Auftragsdatenverarbeitung liegt keine Datenübermittlung im Sinne des § 3 Abs. 4 Nr. 3 BDSG vor. Deshalb müssen die Tätigkeiten derer, die im Auftrag des Verantwortlichen Daten erheben, verarbeiten oder nutzen, in systematischer Auslegung des § 3 Abs. 7 BDSG i. V. m. § 3 Abs. 8 S. 2 BDSG keiner getrennten Zulässigkeitsprüfung unterzogen werden.[669] Dies beruht darauf, dass nach § 3 Abs. 8 S. 2 BDSG der Auftragnehmer nicht Dritter ist, weshalb die Vorschriften des Bundesdatenschutzgesetzes zur Datenübermittlung und die Zulässigkeitsvoraussetzungen der Weitergabe auf das Verhältnis zwischen Auftraggeber und Auftragnehmer nicht anzuwenden sind.[670]

bb) Funktionsübertragungs- und Vertragstheorie

Geht die Beauftragung über eine bloße technische Hilfeleistung hinaus, besteht Streit darüber, ob die Vorschriften zur Auftragsdatenverarbeitung anwendbar sind.[671] Die Anhänger der sog. Funktionsübertragungstheorie gehen davon aus, dass eine Auftragsdatenverarbeitung im Sinne des § 11 Abs. 1 S. 1 BDSG nur vorliegt, wenn der Beauftragte keine eigenen Leistungen erbringe und ihm

---

666 Siehe *Dammann*, in: Simitis (Hg.), BDSG, 2011, § 6b Rn. 225.

667 *Bundesbeauftragter für den Datenschutz*, 17. TB 1997/1998, BT-Drs. 14/850, S. 204.

668 *Bundesbeauftragter für den Datenschutz*, 17. TB 1997/1998, BT-Drs. 14/850, S. 204.

669 *Scheja/Haag*, in: Leupold/Glossner (Hg.), MAH IT-Recht, 2013, Teil 5 Rn. 263, sprechen insofern von einer Privilegierung des Auftragsverarbeitenden; so auch *Spindler*, in: ders./Schuster (Hg.), RdM, 2011, § 11 BDSG Rn. 1; *Räther*, DuD 2005, 461 (464).

670 *Dammann*, in: Simitis (Hg.), BDSG, 2011, § 3 Rn. 244.

671 *Bundesbeauftragter für den Datenschutz*, 17. TB 1997/1998, BT-Drs. 14/850, S. 204.

keine weiteren Funktionen, etwa eine komplexe Sachbearbeitung,[672] übertragen werde.[673] Er dürfe nur als verlängerter Arm des Auftraggebers handeln und selbst keine Entscheidungs- oder Verfügungsberechtigung über die Daten oder einen eigenen Wertungsspielraum besitzen.[674] Wäre dies nicht der Fall, läge also eine Funktionsübertragung vor, handelte es sich um eine Übermittlung von Daten, die durch eine Einwilligung des Betroffenen gedeckt sein müsste.[675] Die Anhänger der sog. Vertragstheorie wollen dem Betroffenen auch bei mehr als einer bloßen Unterstützungsleistung weiterhin nur einen Verantwortlichen gegenüberstellen und sehen den Beauftragten nicht als Verantwortlichen an, solange dieser genaue technische und verfahrensmäßige Vorgaben vom Auftraggeber erhalte und sich entsprechend § 11 Abs. 3 S. 1 BDSG dessen Weisungen unterwerfe.[676] Die im Folgenden dargestellte Auslegung des § 11 BDSG zeigt, dass die Vertragstheorie den Vorzug verdient.

Grundsätzlich liegt eine Auftragsdatenverarbeitung nach § 11 Abs. 1 S. 1 BDSG vor, wenn die im Sinne des § 3 Abs. 7 BDSG verantwortliche Stelle als Auftraggeber andere Stellen beauftragt, personenbezogene Daten zu erheben, zu verarbeiten oder zu nutzen.[677] „Auftrag" meint dabei nicht zwingend einen solchen im Sinne des § 662 BGB, sondern generell ein vertragliches Tätigwerden eines anderen für den Verantwortlichen nach Maßgabe seiner Interessen.[678] Ausgehend

---

672 *Bundesbeauftragter für den Datenschutz*, 17. TB 1997/1998, BT-Drs. 14/850, S. 204. *Zscherpe*, in: Taeger/Gabel (Hg.), BDSG 2010, § 6b Rn. 19, meint dementsprechend, dass eine Funktionsübertragung vorläge, wenn der Auftragnehmer selbst die Bilder ansehe und im konkreten Fall reagiere.

673 So *Wedde*, in: Däubler et al., BDSG, 2016, § 11 Rn. 5; *Petri*, in: Simitis (Hg.), BDSG, 2011, § 11 Rn. 20; *Gabel*, in: Taeger/Gabel (Hg.), BDSG, 2010, § 11 Rn. 14; *Räther*, DuD 2005, 461 (465). Zur Unbestimmtheit des Begriffs „Funktion" und einer Abgrenzung nach den Interessen siehe *Sutschet*, RDV 2004, 97 (98).

674 *Wedde*, in: Däubler et al., BDSG, 2016, § 11 Rn. 5; *Gola/Klug/Körffer*, in: Gola/Schomerus, BDSG, 2015, § 11 Rn. 9; *Scheja/Haag*, in: Leupold/Glossner (Hg.), MAH IT-Recht, 2013, Teil 5 Rn. 264, 268; *Petri*, in: Simitis (Hg.), BDSG, 2011, § 11 Rn. 1; *Fassbender*, RDV 1994, 12 (13).

675 *Bundesbeauftragter für den Datenschutz*, 17. TB 1997/1998, BT-Drs. 14/850, S. 204.

676 *Bundesbeauftragter für den Datenschutz*, 17. TB 1997/1998, BT-Drs. 14/850, S. 204; *Räther*, DuD 2005, 461 (465); *Sutschet*, RDV 2004, 97 (102); *Fassbender*, RDV 1994, 12 (14).

677 *Sutschet*, RDV 2004, 97 (99).

678 *Gabel*, in: Taeger/Gabel (Hg.), BDSG, 2010, § 11 Rn. 11, wonach die Beauftragung auch durch Werk- oder Dienstvertrag denkbar ist, alle Arten personenbezogener Daten erfassen kann und nicht einen bestimmten Umfang oder eine konkrete Dauer

vom Wortlaut des § 11 Abs. 2 S. 2 Hs. 1 BDSG, erfasst „Auftrag" ein Ganzes und wird untechnisch verstanden,[679] da die Norm nicht einzelne Aufgaben oder Funktionen benennt, die es zu übertragen gilt.[680]

Dies entspricht Art. 17 Abs. 3 DSRL, in dem ausdrücklich sowohl ein Vertrag als auch ein Rechtsakt als Grundlage für den Auftrag genannt werden. Der Präzision des Auftrags dienen die nach § 11 Abs. 2 Nr. 1 bis 10 BDSG festzulegenden Einzelheiten, wie zum Beispiel der Gegenstand und die Dauer des Auftrags, der Umfang, die Art und der Zweck der Datenverarbeitung oder die Art der Daten. Für die Abgrenzung entscheidend ist das in § 11 Abs. 3 S. 1 BDSG entsprechend den europarechtlichen Vorgaben des Art. 16 DSRL und des Art. 17 Abs. 3 DSRL normierte Abgrenzungsmerkmal der Weisungsgebundenheit.[681] Sinn und Zweck des § 11 BDSG ist es, wie in Art. 17 Abs. 2 und Abs. 3 DSRL verlangt, bei arbeitsteiliger Überwachung sicherzustellen, dass die datenschutzrechtlichen Vorgaben gewahrt bleiben.[682] Die Verwendung des Terminus „im Rahmen der Weisungen" in § 11 Abs. 3 S. 1 BDSG deutet darauf hin, dass es keine Bedenken gegen die Verwendung eines besseren datenschutzrechtlichen Wissens und technischen Könnens des Auftragnehmers gibt, solange er die Weisungen des Auftraggebers erfüllt.[683] Denn dieser trägt gemäß § 11 Abs. 1 S. 1 BDSG die Verantwortung für die Gewährleistung der vom Bundesdatenschutzgesetz aufgestellten Voraussetzungen und Pflichten im Bereich der personenbezogenen Datenverarbeitung. Das steht in Einklang mit Art. 2 Buchstabe d DSRL, wonach für die Verarbeitung Verantwortlicher derjenige ist, der „über die Zwecke und Mittel der Verarbeitung von personenbezogenen Daten" entscheidet. Diese Richtlinienbestimmung ist weit auszulegen, um ihrem Ziel, dem Betroffenen einen wirksamen und umfassenden Schutz zu gewährleisten, gerecht zu werden.[684] Für den Verantwortlichen soll es keine Flucht vor dem Datenschutz geben.[685]

---

haben muss. In diesem Sinne auch *Räther*, DuD 2005, 461 (465); *Sutschet*, RDV 2004, 97 (100).

679 *Sutschet*, RDV 2004, 97 (100).

680 *Räther*, DuD 2005, 461 (465).

681 *Gabel*, in: Taeger/Gabel (Hg.), BDSG, 2010, § 11 Rn. 4 und 12.

682 *Wedde*, in: Däubler et al., BDSG, 2016, § 11 Rn. 22; *Gabel*, in: Taeger/Gabel (Hg.), BDSG, 2010, § 11 Rn. 1.

683 *Räther*, DuD 2005, 461 (466); *Sutschet*, RDV 2004, 97 (101).

684 EuGH, Urt. v. 13.05.2014, Google Spain und Google, C-131/12, ECLI:EU:C:2014:317, Rn. 34.

685 *Wedde*, in: Däubler et al., BDSG, 2016, § 11 Rn. 1; *Gabel*, in: Taeger/Gabel (Hg.), BDSG, 2010, § 11 Rn. 3, 62.

Durch die Anwendung der Vertragstheorie wird dem am besten entsprochen. Denn dem Betroffenen steht dann weiterhin der Auftraggeber als verantwortliche Stelle für den einzuhaltenden Datenschutzstandard und etwaige Haftungsansprüche gegenüber.[686] Dadurch steigt die Transparenz der Datenverarbeitung und der Rechtsschutz wird effektiver.[687] Auch die oft schwierige und zu Rechtsunsicherheit führende Abgrenzung einzelner Funktionen und Tätigkeiten entfällt.[688] Die regelmäßig zu erwartende, höhere datenschutzrechtliche Sachkunde eines Experten dient außerdem dazu, die Rechte des Betroffenen besser zu schützen.[689] Das Ziel des Auftragnehmers, für erbrachte Dienste eine monetäre Gegenleistung zu erhalten, steht dem nicht entgegen, sondern hilft bei der Abgrenzung, da ein darüber hinausgehendes berechtigtes Interesse am Erhalt der Daten für eine eigene datenschutzrechtliche Verantwortlichkeit spricht.[690] Außerdem greifen auch bei der Anwendung der sog. Vertragstheorie die Auftragsvorschriften des § 11 BDSG nur, wenn der Auftraggeber Weisungen erteilen kann und der Beauftragte keine eigenen Zielvorstellungen besitzt, sondern fremden Zwecken dient, was einer organisatorisch selbstständigen Tätigkeit nicht im Wege steht.[691]

b) Auftragsdatenverarbeitung beim Einsatz intelligenter Videoüberwachung

Angesichts der mannigfaltigen Ausgestaltungsmöglichkeiten privatrechtlicher Verträge sind diese Voraussetzungen dennoch im Einzelfall zu untersuchen,[692] sodass beim Einsatz von intelligenter Videoüberwachung nicht pauschal von

---

686 *Bundesbeauftragter für den Datenschutz*, 17. TB 1997/1998, BT-Drs. 14/850, S. 204; *Gabel*, in: Taeger/Gabel (Hg.), BDSG, 2010, § 11 Rn. 15; *Sutschet*, RDV 2004, 97 (100 f.); *Fassbender*, RDV 1994, 12 (14).

687 So der *Bundesbeauftragter für den Datenschutz*, 17. TB 1997/1998, BT-Drs. 14/850, S. 204.

688 Siehe *Scheja/Haag*, in: Leupold/Glossner (Hg.), MAH IT-Recht, 2013, Teil 5 Rn. 266.

689 Insofern einleuchtend *Sutschet*, RDV 2004, 97 (101), jedoch ist seinem Argument, die quantitative Erhöhung der an der Datenverarbeitung beteiligten Menschen besitze kein Gefährdungspotenzial, nicht zu folgen, denn in einer größeren Zahl an Beteiligten liegt das Risiko vermehrter Missbrauchsfälle oder Fehleinschätzungen begründet.

690 *Sutschet*, RDV 2004, 97 (102); a. A. *Spindler*, in: ders./Schuster (Hg.), RdM, 2011, § 11 BDSG Rn. 9.

691 *Scheja/Haag*, in: Leupold/Glossner (Hg.), MAH IT-Recht, 2013, Teil 5 Rn. 266.

692 Zu den in der Praxis auftretenden Schwachstellen siehe *Fassbender*, RDV 1994, 12 (13).

Auftragsdatenverarbeitung ausgegangen werden kann. Die Vielschichtigkeit der Einsatzszenarien intelligenter Videoüberwachungssysteme ermöglicht das Tätigwerden unterschiedlichster Akteure in den verschiedensten Phasen der Datenverarbeitung. Dies kann von der Bereitstellung von Rechenzentrumsleistungen über das Programmieren der Algorithmen, der Installation und Wartung von Hardware und die Beobachtung der Kameramonitore bis hin zur Datenauswertung reichen. Um einzelfallbezogen beurteilen zu können, ob eine Auftragsdatenverarbeitung vorliegt oder nicht, ist deshalb der Auftragsvertrag zu untersuchen. Hinsichtlich des wesentlichen Parameters der Weisungsgebundenheit ist, bezogen auf intelligente Videoüberwachungssysteme, zunächst entscheidend, dass die aufzufindenden Muster und Merkmale von der nicht öffentlichen Stelle vorgegeben werden, in deren Herrschaftsbereich die intelligente Videoüberwachung erfolgen soll und durch die Informatiker entsprechende Algorithmen programmiert werden. Das in einem weiteren Schritt beauftragte Sicherheitspersonal ist an diese Vorgaben gebunden, solange sichergestellt ist, dass kein unbefugter Zugriff auf die Software möglich ist. Dass der Operator am Bildschirm aus rein praktischen Gründen befugt sein muss, zu entscheiden, ob im Anschluss an einen Alarm ein Eingreifen oder aber ein Löschen der Daten erfolgen soll, steht mit der sog. Vertragstheorie der Verantwortlichkeit des Betreibers des intelligenten Videoüberwachungssystems nicht entgegen. Das Vorgehen im Alarmfall muss dazu allerdings vertraglich genau festgelegten Abläufen folgen und es muss klare Anweisungen des Auftraggebers geben, die eingehalten werden müssen. Das Ziel von § 11 BDSG, ein möglichst hohes Datenschutzniveau zugunsten der Betroffenen zu gewährleisten, kann in diesen Fällen dadurch erreicht werden, dass der Auftraggeber die angewandten Datenschutzstandards kontrolliert und ihre Einhaltung sicherstellt.[693]

3. Personenbezug

Der sachliche Schutzbereich des Rechts auf informationelle Selbstbestimmung gemäß Art. 2 Abs. 1 GG i. V. m. Art. 1 Abs. 1 GG ist eröffnet, wenn personenbezogene Daten verarbeitet werden.[694] Das Grundrecht soll gewährleisten, dass der Einzelne selbst frei darüber entscheiden kann, „wann und innerhalb welcher Grenzen persönliche Lebenssachverhalte offenbart werden"[695]. Denn, wer

693 *Wedde*, in: Däubler et al., BDSG, 2016, § 11 Rn. 26; *Räther*, DuD 2005, 461 (466).

694 BVerfGE 115, 320; 118, 168; 120, 274; 120, 378; 128, 326; BVerfG, NJW 2009, 3293 ff.; BeckRS 2007, 22066.

695 BVerfGE 115, 320 (341) mit Verweis auf 65, 1 (43); 78, 77 (84); 84, 192 (194); 96, 171 (181); 103, 21 (31 f.); 113, 29 (46).

„nicht mit hinreichender Sicherheit überschauen kann, welche ihn betreffende[n] Informationen in bestimmten Bereichen seiner sozialen Umwelt bekannt sind und wer das Wissen möglicher Kommunikationspartner nicht einigermaßen abzuschätzen vermag, kann in seiner Freiheit wesentlich gehemmt werden“[696]. Jede personenbezogene Information unabhängig von ihrem Gehalt, ihrer Sensibilität, ihrer Zugänglichkeit oder ihrer Offenkundigkeit unterfällt der Gewährleistung des informationellen Selbstbestimmungsrechts.[697] Denn auch personenbezogene Daten mit einem geringen Informationsgehalt besitzen das Potenzial, aufgrund ihrer Erhebung, Speicherung, Verwendung oder Verknüpfung, die Privatheit und Freiheit des Betroffenen zu beschränken.[698] Für die Anwendbarkeit des Bundesdatenschutzgesetzes, das den Einzelnen vor einer solchen Beeinträchtigung schützen soll, und damit auch des § 6b BDSG, ist deshalb nach § 1 Abs. 2 S. 1 BDSG entscheidend, ob personenbezogene Daten erhoben, verarbeitet und genutzt werden.[699] Die nachfolgend dargestellten Erkenntnisse werden in Kap. G anhand von Fallstudien exemplifiziert.

a) Personenbezogene Daten

Der Gesetzgeber hat die bundesverfassungsgerichtliche Definition, wonach personenbezogene Daten „Einzelangaben über persönliche oder sachliche Verhältnisse einer bestimmten oder bestimmbaren Person“[700] sind, aufgegriffen und als Legaldefinition in § 3 Abs. 1 BDSG niedergelegt.[701] Weder diese Definition noch das Bundesdatenschutzgesetz geben aber Aufschluss darüber, wie die verwendeten Begriffe konkretisiert werden können.[702] Nach Art. 2 Buchstabe a DSRL sind personenbezogene Daten „alle Informationen über eine bestimmte oder bestimmbare natürliche Person“.[703] Dies entspricht dem in Art. 3 Abs. 1 DSRL geregelten Anwendungsbereich der Richtlinie, der alle personenbezogenen Daten erfasst und rührt daher, dass die Richtlinie die Vorgaben des Rechts auf

---

696 BVerfGE 115, 320 (342).

697 BVerfGE 120, 378 (399); *Dammann*, in: Simitis (Hg.), BDSG, 2011, § 3 Rn. 8.

698 BVerfGE 115, 320 (350); 118, 168 (185).

699 BT-Drs. 14/4329, S. 29; *Kühling/Klar*, NJW 2013, 3611 (3612); *Königshofen*, RDV 2001, 220 (221).

700 BVerfGE 65, 1 (42).

701 *Schwenke*, Private Nutzung von Smartglasses im öffentlichen Raum, 2016, S. 102.

702 *Schwenke*, Private Nutzung von Smartglasses im öffentlichen Raum, 2016, S. 102; *Buchner*, in: Taeger/Gabel (Hg.), BDSG, 2010, § 3 Rn. 3; *Specht/Müller-Riemenschneider*, ZD 2014, 71 (73).

703 So auch *Roßnagel/Brühann*, in: Roßnagel (Hg.), HdD, 2003, Kap. 2.4 Rn. 17.

Schutz der personenbezogenen Daten gemäß Art. 8 Abs. 1 GRCh und des eng mit diesem in Zusammenhang stehenden Rechts auf Achtung des Privatlebens nach Art. 7 GRCh konkretisiert.[704] Der Schutzbereich dieser Unionsgrundrechte erstreckt sich bei der Verarbeitung personenbezogener Daten auf jede im öffentlich zugänglichen Raum gewonnene Information, die eine bestimmte oder bestimmbare natürliche Person betrifft.[705] Damit entsprechen sie im Sinne des Art. 53 Abs. 2 GRCh der Bedeutung und Tragweite des Rechts auf Achtung des Privat- und Familienlebens nach Art. 8 Abs. 1 EMRK.[706] Der vom Europäischen Gerichtshof für Menschenrechte einzelfallbezogen elaborierte sachliche Schutzbereich[707] des Art. 8 Abs. 1 EMRK erfasst die weit auszulegende Privatheit oder Privatsphäre und die Identität einer Person.[708] Entsprechend verlangen auch Art. 8 Abs. 1 GRCh und die Datenschutzrichtlinie 95/46/EG keinen Privatsphärenbezug *im engeren Sinne*,[709] sondern legen den Begriff „Privatsphäre“ weit aus.[710] Entscheidend ist, inwieweit eine Person bestimmbar ist.[711]

---

704 EuGH, Urt. v. 24.11.2011, C-468/10 und C-469/10, ASNEF/FECEMD, ECLI:EU:C:2011:777, Rn. 41 f.; Urt. v. 09.09.2010, Schecke und Eifert, C-92/09 und C-93/09, ECLI:EU:C:2010:662, Rn. 47.

705 EuGH, Urt. v. 09.09.2010, Schecke und Eifert, C-92/09 und C-93/09, ECLI:EU:C:2010:662, Rn. 52; *Jarass*, GRCh, 2016, Art. 8 GRCh Rn. 5 f.; *Kingreen*, in: Calliess/Ruffert (Hg.), EUV/AEUV, 2016, Art. 7 GRCh Rn. 1; *Uerpmann-Wittzack*, in: Ehlers (Hg.), EuGR, 2014, § 3 I 1 Rn. 3; *Bernsdorff*, in: Meyer (Hg.), GRCh, 2014, Art. 8 GRCh Rn. 13, wonach Art. 7 GRCh auch das informationelle Selbstbestimmungsrecht erfasst.

706 EuGH, Urt. v. 09.09.2010, Schecke und Eifert, C-92/09 und C-93/09, ECLI:EU:C:2010:662, Rn. 51.

707 *Uerpmann-Wittzack*, in: Ehlers (Hg.), EuGR, 2014, § 3 I 1 Rn. 4.

708 EGMR, Urt. v. 05.10.2010, Köpke (No. 420/07) = EuGRZ 2011, 471 (474).

709 *Britz*, EuGRZ 2009, 1 (8), wonach sich der EuGH in der *ORF*-Entscheidung der Richtung des EGMR angeschlossen habe.

710 EuGH, Urt. v. 20.05.2003, ORF, C-465/00, C-138/01, C-139/01, ECLI:EU:C:2003:294.

711 EGMR, Urt. v. 04.05.2000, Rotaru/Rumänien (No. 28341/95), Urt. v. 28.04.2003, Peck (No. 44647/98); Urt. v. 17.03.2003, Perry (No. 63737/00). Ein weiteres Kriterium ist die Erwartung auf Achtung der Privatsphäre, wobei einzelfallbezogen anhand des Vertrauens auf Abgeschiedenheit zu beurteilen sei, wie viel Schutz bspw. im Supermarkt, beim Durchqueren von Einkaufspassagen oder beim Restaurantbesuch erwartet werden darf, siehe dazu *Marauhn/Thorn*, in: Dörr et al. (Hg.), EMRK/GG, 2013, Kap. 16 Rn. 27; *Meyer-Ladewig*, EMRK, 2011, Art. 8 EMRK Rn. 8.

b) *Bestimmbarkeit und Bestimmtheit anhand von Einzelangaben über persönliche oder sachliche Verhältnisse*

Die in § 3 Abs. 1 BDSG verlangten Einzelangaben über persönliche oder sachliche Verhältnisse der Person müssen zur Charakterisierung und Identifizierung des Betroffenen führen.[712] Als „bestimmbar" gilt nach Art. 2 Buchstabe a DSRL eine Person, „die direkt oder indirekt identifiziert werden kann, insbesondere durch Zuordnung zu einer Kennnummer oder zu einem oder mehreren spezifischen Elementen, die Ausdruck ihrer physischen, physiologischen, psychischen, wirtschaftlichen, kulturellen oder sozialen Identität sind". Die theoretische Möglichkeit der Identifizierung, die sog. Bestimmbarkeit, ist zu unterscheiden vom finalen Moment der Identifizierung, der sog. Bestimmtheit. Beide Begriffe sind die entscheidenden, interpretationsoffenen[713] und weit auszulegenden[714] Kriterien bei der Frage, ob ein Personenbezug besteht oder nicht.[715] Nicht maßgeblich ist, ob einzelne Personen vom Beginn der Datenverarbeitung an gezielt beobachtet oder in welcher Form die Daten dargestellt werden.[716] Ein Personenbezug kann auch bei zunächst nicht auf die Identifizierbarkeit ausgerichteten Übersichtsbeobachtungen durch die Begleitumstände der Datenverarbeitung, zum Beispiel eine nachfolgende, gezielte Vergrößerung der Aufnahme oder eine Nahbeobachtung durch Zoomen entstehen.[717] Dies entspricht der richtlinienkonformen weiten Auslegung des Personenbezugs, wonach alle denkbaren Mittel zu berücksichtigen sind, die künftig vernünftigerweise eingesetzt werden könnten, um die betroffene Person zu bestimmen.[718] Zweck der weiten Definition ist es, jegliche Information zu einer wesentlichen zu machen und alle Daten, die Aussagen über eine Person treffen, zu schützen.[719] Deshalb unterfällt ein Videobild

---

712 *Gola/Klug/Körffer*, in: Gola/Schomerus, BDSG, 2015, § 3 Rn. 3, 6.

713 *Dammann*, in: Simitis (Hg.), BDSG, 2011, § 3 Rn. 21; *Redeker*, IT-Recht, 2012, Kap. D. Rn. 931 spricht von einem problematischen Begriff.

714 *Weichert*, in: Kilian/Heussen (Hg.), CR-Handbuch, 2008, Rn. 53.

715 EuGH, Urt. v. 11.12.2014, František Ryneš, C-212/13, ECLI:EU:C:2014:2428, Rn. 22.

716 *Scholz*, in: Simitis (Hg.), BDSG, 2011, § 6b Rn. 67; *Taeger*, ZD 2013, 571 (573).

717 *Scholz*, in: Simitis (Hg.), BDSG, 2011, § 6b Rn. 67; *Weichert*, in: Kilian/Heussen (Hg.), CR-Handbuch, 2008, Rn. 53; *v. Zezschwitz*, in: Roßnagel (Hg.), HdD, 2003, Kap. 9.3 Rn. 25.

718 *Bretthauer*, CR 2015, 100 (101).

719 BVerfGE 120, 378 (398), wonach schon Daten mit geringem Informationsgehalt vom Recht auf informationelle Selbstbestimmung geschützt werden, da sie weiteren Verarbeitungs- und Verknüpfungsmöglichkeiten ausgesetzt sein können. Neben körperlichen Attributen sind auch geistige Zustände, soziale und geschäftliche sowie private Beziehungen, Name oder Alter erfasst, was deutlich macht, dass gesetzgeberisch keine

einer Person dem Begriff der personenbezogenen Daten nach Art. 2 Buchstabe a DSRL, wenn es die Identifikation des Betroffenen ermöglicht.[720] Dafür können beispielsweise die auf Videobildern sichtbare Körperhaltung, Kleidung oder mitgeführte Gegenstände und die festgehaltene Uhrzeit und der Ort ausreichen.[721] Der Personenbezug entfällt also nicht nur deshalb, weil keine Identifizierung erfolgt.[722] Allerdings kann er nicht pauschal bejaht werden, sondern muss anhand der Umstände des Einzelfalls beurteilt werden.[723]

c) *Relativer oder absoluter Personenbezug?*

Mit den Aspekten der Bestimmbarkeit und der Bestimmtheit geht die Frage einher, für wen der Personenbezug herstellbar sein muss oder wie weit der Kreis derjenigen zu ziehen ist, die über das nötige Zusatzwissen verfügen müssen, um einen Personenbezug herstellen zu können.[724] Von den Vertretern eines weiten, absoluten Personenbezugs wird angenommen, dass es für die Bestimmbarkeit genügt, wenn eine beliebige Person über das erforderliche Wissen oder die fehlenden Daten verfügt und den Personenbezug herstellen kann.[725] Nach Meinung der Verfechter eines relativen Personenbezuges soll hingegen entscheidend sein, welche Mittel der konkreten Daten speichernden Stelle zur Verfügung stehen.[726]

Art. 2 Buchstabe a DSRL erfasst „alle Informationen", während § 3 Abs. 1 BDSG von „Einzelangaben" spricht, woraus sich keine ausdrücklichen

abschließende Aufzählung vorgesehen war, so *Dammann*, in: Simitis (Hg.), BDSG, 2011, § 3 Rn. 9 ff.; ebenso *Weichert*, in: Däubler et al., BDSG, 2016, § 3 Rn. 13; *Gola/Klug/Körffer*, in: Gola/Schomerus, BDSG, 2015, § 3 Rn. 5 f.

720 EuGH, Urt. v. 11.12.2014, František Ryneš, C-212/13, ECLI:EU:C:2014:2428, Rn. 22.

721 VG Ansbach, Urt. v. 12.08.2014 – AN 4 K 13.01634, Rn. 38.

722 *Bretthauer*, CR 2015, 100 (101).

723 *Buchner*, in: Taeger/Gabel (Hg.), BDSG, 2010, § 3 Rn. 11.

724 *Kroschwald*, ZD 2014, 75 (76).

725 AG Berlin-Mitte, K&R 2007, 600 (601); VG Wiesbaden, MMR 2009, 428 (432); *Weichert*, in: Däubler et al., BDSG, 2016, § 3 Rn. 13; *Scheja/Haag*, in: Leupold/Glossner (Hg.), MAH IT-Recht, 2013, Teil 4 Rn. 37 f. *Taeger*, ZD 2013, 571 (573), spricht angesichts der noch immer strittigen Frage von der „herrschenden objektiven Theorie".

726 *Art. 29 WP*, Stellungnahme 4/2007 v. 20.06.2007, 01248/07/DE WP136, S. 17, http://ec.europa.eu/justice/policies/privacy/docs/wpdocs/2007/wp136_de.pdf (abgerufen am 29.01.2017); OLG Hamburg, MMR 2011, 281; LG Wuppertal, MMR 2011, 65 (66); AG München, K&R 2008, 767 f.; AG München, ZUM-RD 2009, 413; *Gola/Klug/Körffer*, in: Gola/Schomerus, BDSG, 2015, § 3 Rn. 10; *Redeker*, IT-Recht, 2012, Kap. D. Rn. 934 f; *Dammann*, in: Simitis (Hg.), BDSG, 2011, § 3 Rn. 32; *Kühling/Klar*, NJW 2013, 3611 (3615).

Aussagen zur Frage des relativen oder absoluten Personenbezugs ergeben.[727] Nach Erwägungsgrund Nr. 26 DSRL „sollten alle Mittel berücksichtigt werden, die vernünftigerweise entweder von dem Verantwortlichen (...) oder von einem Dritten eingesetzt werden könnten". Dies deutet zunächst aufgrund des Einbezugs „Dritter" und „aller Mittel" auf ein absolutes Verständnis des Personenbezugs hin.[728] Auch die bundesverfassungsgerichtliche Maßgabe, dass es kein „belangloses Datum"[729] gibt, kann so verstanden werden, dass bereits vor theoretischen Möglichkeiten der Gefährdung des informationellen Selbstbestimmungsrechts geschützt werden soll.[730] Allerdings konkretisiert Erwägungsgrund Nr. 26 DSRL, dass nur solche Mittel zu berücksichtigen sind, „die vernünftigerweise" einsetzbar sind. Es ist somit nicht jegliche, theoretisch verfügbare, Information miteinzubeziehen.[731] Die entstehungsgeschichtliche Auslegung des § 3 BDSG spricht wiederum für eine weite Auslegung des Personenbezugs, da auch Daten aus allgemein zugänglichen Quellen geschützt werden sollen, um den Schutz personenbezogener Daten insbesondere vor unvorhergesehenen Verknüpfungen zu gewährleisten.[732] Allerdings ergibt die teleologische Auslegung des § 3 Abs. 1 BDSG, dass zumindest die Vermutung einer konkreten Gefährdung des Rechts auf informationelle Selbstbestimmung vorhanden sein muss. Denn dieses unterliegt dem Gesetzesvorbehalt und soll nicht derart absolut geschützt sein, dass bereits die Befürchtung einer theoretischen Gefährdung durch eine mögliche Datenverarbeitung den Personenbezug entstehen lässt.[733]

Obwohl das relative Verständnis des Personenbezugs zur Folge hätte, dass die Person für eine Stelle anonym, für eine andere jedoch bestimmbar wäre, überwiegt der Vorteil des relativen Personenbezugs, größere Rechtssicherheit zu gewährleisten. Zum einen muss sich die speichernde Stelle nicht mit der Frage auseinandersetzen, ob eine oder mehrere andere Stellen oder Personen über Zusatzinformationen verfügen, welche die Anonymisierung aufheben und die Datenverarbeitung unter Umständen rechtswidrig werden lassen.[734] Zum

727 *Specht/Müller-Riemenschneider*, ZD 2014, 71 (73).

728 *Specht/Müller-Riemenschneider*, ZD 2014, 71 (73).

729 BVerfGE 65, 1 (45).

730 *Specht/Müller-Riemenschneider*, ZD 2014, 71 (73).

731 *Specht/Müller-Riemenschneider*, ZD 2014, 71 (74); *Kroschwald*, ZD 2014, 75 (76).

732 BT-Drs. 7/5277, S. 4; 7/1027, S. 22 f.; *Kroschwald*, ZD 2014, 75 (76), der für die Bestimmbarkeit nach ihrer faktischen Durchführbarkeit fragt und eine Wahrscheinlichkeitsprüfung verlangt.

733 Siehe *Specht/Müller-Riemenschneider*, ZD 2014, 71 (73).

734 *Spindler/Nink*, in: Spindler/Schuster (Hg.), RdM, 2011, § 11 TMG Rn. 5b; *Kühling/Klar*, NJW 2013, 3611 (3615).

anderen steht dem Betroffenen nur eine verantwortliche, personenbezogene Daten verarbeitende Stelle gegenüber, die ihre datenschutzrechtlichen Pflichten erfüllen muss.[735] Nur hinsichtlich dieser wird dann die, von den bundesdatenschutzgesetzlichen Zulässigkeitstatbeständen vorgesehene, Interessenabwägung durchzuführen sein, was die Anwendbarkeit des Datenschutzrechts erleichtert.[736] Im Hinblick auf Datenverarbeitungen durch nicht öffentliche Stellen entspricht der relative Begriff zudem der mittelbaren Wirkung von Grundrechten im Privatrecht und der Schutzwürdigkeit der Daten verarbeitenden Stelle.[737] Für die weitere Untersuchung ist somit vom relativen Personenbezug auszugehen, womit entscheidend ist, welche technischen Möglichkeiten dem Betreiber der intelligenten Videoüberwachung und dem von ihm eingesetzten Sicherheitspersonal zur Verfügung stehen, um die gewonnenen Informationen für die Bestimmbarkeit oder Bestimmtheit einer Person zu nutzen.

d) Personenbezug bei der intelligenten Videoüberwachung

Aufgrund der Bildanalyse mithilfe von Mustererkennungsalgorithmen in intelligenten Videoüberwachungssystemen können Einzelangaben zu sachlichen oder persönlichen Verhältnissen bestimmter oder bestimmbarer Personen detektiert werden. Dadurch entsteht der für die Eröffnung des § 3 Abs. 1 BDSG, der Datenschutzrichtlinie 95/46/EG, der Art. 7 GRCh und Art. 8 GRCh sowie des Art. 8 Abs. 1 EMRK und des Rechts auf informationelle Selbstbestimmung gemäß Art. 2 Abs. 1 GG i. V. m. Art. 1 Abs. 1 GG relevante Personenbezug.

Der Begriff der personenbezogenen Daten und seine Definition weisen im Hinblick auf die intelligente Videoüberwachung keine andere Bedeutung auf als für die herkömmliche Videoüberwachung.[738] Die automatisierte Datenverarbeitung der intelligenten Videoüberwachung erleichtert es, einzelne, möglicherweise informationslose oder informationsarme Daten durch zusätzliche Systemkomponenten und Datenquellen mit anderen Einzelangaben über eine Person zu verknüpfen. So können zum Beispiel erkennbare Merkmale dargestellt werden, wie die Hautfarbe, das ungefähre Alter oder die Größe (z. B. Kind oder Erwachsener), der Gesundheitszustand (z. B. aufgrund eines Humpelns oder Sitzens im Rollstuhl) oder das allgemeine, jedoch veränderbare Aussehen (z. B. mittels einer Brille) sowie reale Zustände, etwa Verhaltensweisen

---

[735] So auch *Spindler/Nink*, in: Spindler/Schuster (Hg.), RdM, 2011, § 11 TMG Rn. 5b.

[736] Siehe *Kühling/Klar*, NJW 2013, 3611 (3615).

[737] *Härting*, NJW 2013, 2065 (2070); *Masing*, NJW 2012, 2305 (2307).

[738] *Held*, Intelligente Videoüberwachung, 2014, S. 90.

oder Laufwege. Obwohl also beispielsweise beim Videotracking die generierten Bewegungstrajektorien zunächst keine „geistige Natur“[739] besitzen, welche der Information grundsätzlich zugeschrieben wird, kann durch das Messen, Analysieren oder Beschreiben ein Mehr an Bestimmtheit hergestellt werden.[740] Derart wird ein beim Videotracking dargestellter Bewegungspfad anhand des möglichen Rückbezugs auf eine natürliche Person zu einer personenbezogenen Information im Sinne des § 3 Abs. 1 BDSG.[741] Die intelligente Videoüberwachung ist somit geeignet, personenbezogene Daten zu erheben, und deshalb auf ihre datenschutzrechtliche Zulässigkeit zu untersuchen.

e) Anonymisierung und Pseudonymisierung

Die Anonymisierung und Pseudonymisierung im Sinne des § 3 Abs. 6 BDSG und des § 3 Abs. 6a BDSG ermöglichen es, die Anforderungen des § 3a BDSG, personenbezogene Daten zu vermeiden oder zu sparen, zu erfüllen.[742] Die Grundsätze der Datenvermeidung und Datensparsamkeit dienen dem Ziel des § 4 Abs. 1 BDSG, personenbezogene Daten nur ausnahmsweise zu verarbeiten, entsprechen dem verfassungsrechtlichen Erforderlichkeitsgebot[743] und setzen die Vorgaben des Art. 6 Abs. 1 Buchstabe c DSRL um.[744] Außerdem formulieren sie Pflichten der für die Datenverarbeitung Verantwortlichen, personenbezogene Daten zu anonymisieren oder zu pseudonymisieren, soweit dies möglich und zumutbar ist.[745]

aa) Pseudonymisieren

Pseudonymisieren ist nach § 3 Abs. 6a BDSG ein Vorgang, bei dem personenbezogene Informationen durch Kennzeichen ersetzt werden.[746] Der Personenbezug

---

739 *Weber/Sommerhalder*, Personenbezogene Information, 2007, S. 168 ff.

740 *Dammann*, in: Simitis (Hg.), BDSG, 2011, § 3 Rn. 5.

741 Siehe zur GPS-Ortung BGH, NJW 2013, 2530 (2532); weitere Bsp. bei *Weichert*, in: Däubler et al., BDSG, 2016, § 3 Rn. 14.

742 *Weichert*, in: Däubler et al., BDSG, 2016, § 3 Rn. 51.

743 BT-Drs. 14/4329, S. 33; *Zscherpe*, in: Taeger/Gabel (Hg.), BDSG, 2010, § 3a Rn. 1 f.

744 *Zscherpe*, in: Taeger/Gabel (Hg.), BDSG, 2010, § 3a Rn. 11. Art. 6 Abs. 1 Buchstabe c DSRL normiert eine enge Bindung der Datenverarbeitung an den ursprünglichen Zweck, die Erheblichkeit und das Verbot des Übermaßes und wurde vom EuGH, Urt. v. 20.05.2003, ORF, C-465/00, C-138/01, C-139/01, ECLI:EU:C:2003:294, für unmittelbar anwendbar erklärt.

745 *Zscherpe*, in: Taeger/Gabel (Hg.), BDSG, 2010, § 3a Rn. 2.

746 *Weichert*, in: Däubler et al., BDSG, 2016, § 3 Rn. 51; *Buchner*, in: Taeger/Gabel (Hg.), BDSG, 2010, § 3 Rn. 46.

entfällt oder besteht je nach gewähltem Pseudonymisierungsverfahren.[747] Pseudonymisiert die verarbeitende Stelle die Daten, liegen für diese weiterhin personenbezogene Daten vor.[748] Vergibt der Betroffene selbst das pseudonymisierende Merkmal, ohne dass Dritte darauf Zugriff haben oder dieses entschlüsseln können, liegt kein Personenbezug vor.[749] Eine Pseudonymisierung durch die von der intelligenten Videoüberwachung im öffentlich zugänglichen Raum Betroffenen scheidet aus. Aufseiten der Verantwortlichen hingegen besteht die Möglichkeit, Daten zu pseudonymisieren, indem die Betroffenen beispielsweise dem Operator auf dem Videobildschirm verpixelt dargestellt werden und dieser keine technische Möglichkeit hat, die Daten zu entpixeln.

bb) Anonymisieren

Daten sind nach § 3 Abs. 6 BDSG anonymisiert, wenn sie derart verändert sind, „dass die Einzelangaben über persönliche oder sachliche Verhältnisse nicht mehr oder nur mit einem unverhältnismäßig großen Aufwand an Zeit, Kosten und Arbeitskraft einer bestimmten oder bestimmbaren natürlichen Person zugeordnet werden können."[750] Absolut anonym im Sinne der ersten Alternative des § 3 Abs. 6 BDSG können Daten nur sein, wenn sie einer Person überhaupt nicht mehr zugeordnet werden können, zum Beispiel, weil die Datenteile, die zur Bestimmbarkeit führen, gelöscht wurden.[751] Aufgrund des dann fehlenden Personenbezugs ist das Bundesdatenschutzgesetz nicht mehr anwendbar.[752] Die zweite Alternative zielt auf eine faktische Anonymisierung ab, denn die Deanonymisierung ist aufwendiger als die Neubeschaffung.[753] Da eine solche aber nicht auszuschließen ist, liegen grundsätzlich weiterhin personenbeziehbare Daten vor.[754] Allerdings kann insoweit einschränkend auf die obigen

---

747 *Buchner*, in: Taeger/Gabel (Hg.), BDSG, 2010, § 3 Rn. 47.

748 *Buchner*, in: Taeger/Gabel (Hg.), BDSG, 2010, § 3 Rn. 50.

749 *Buchner*, in: Taeger/Gabel (Hg.), BDSG, 2010, § 3 Rn. 49.

750 Die Ausfüllung des unbestimmten Rechtsbegriffs des unverhältnismäßig großen Aufwands ist im Wege der Einzelfallbetrachtung zu leisten, siehe *Kühling/Klar*, NJW 2013, 3611 (3613).

751 *Gola/Klug/Körffer*, in: Gola/Schomerus, BDSG, 2015, § 3 Rn. 44; *Dammann*, in: Simitis (Hg.), BDSG, 2011, § 3 Rn. 205.

752 Siehe *Weichert*, in: Däubler et al., BDSG, 2016, § 3 Rn. 51; *Buchner*, in: Taeger/Gabel (Hg.), BDSG, 2010, § 3 Rn. 44.

753 *Buchner*, in: Taeger/Gabel (Hg.), BDSG, 2010, § 3 Rn. 44.

754 *Dammann*, in: Simitis (Hg.), BDSG, 2011, § 3 Rn. 200; *Buchner*, in: Taeger/Gabel (Hg.), BDSG, 2010, § 3 Rn. 44.

Ausführungen zur relativen oder absoluten Bestimmbarkeit referiert werden, da entscheidend nicht ein abstrakt-allgemeines Wissen ist, sondern eines, das der verantwortlichen Stelle „vernünftigerweise“[755] zur Verfügung steht.[756]

Die Mustererkennungs- und Videotrackingtechniken ermöglichen grundsätzlich eine anonymisierte Überwachung, wenn die Identifizierbarkeit der Beobachteten für den Überwachungszweck nicht notwendig ist, beispielsweise bei der Laufwegverfolgung an einem Ein- oder Durchgang durch die Darstellung von farbigen Bildlinien anstatt von Personenbildern. Gleichzeitig erlauben sie aber weiter gehend als die herkömmliche Videoüberwachung, die Anonymität der Betroffenen aufzuheben.[757] Denn die Bilddaten werden in der Regel hochauflösend und mit Zoomfunktion zur Verfügung gestellt und mit weiteren personenbezogenen oder personenbeziehbaren Informationen, wie biometrischen Merkmalen, dem Aufenthaltsort oder dem zurückgelegtem Weg, verknüpft.[758] Angesichts fortschreitender technischer Möglichkeiten ist auch eine spätere Deanonymisierung nicht grundsätzlich auszuschließen,[759] die aber von der ursprünglichen Bildqualität abhängig ist.[760]

Diese Perspektiven dürfen keinen Einfluss auf die Prüfung in der Gegenwart haben, da das rechtliche und tatsächliche Konstrukt der Anonymität andernfalls grundsätzlich seiner Existenzberechtigung beraubt wäre und sich der Begriff „anonymisiert“ gerade durch den aktuell fehlenden Personenbezug definiert.[761] Für die Frage, ob anonymisierte oder personenbezogene Daten vorliegen, ist folglich auf den Jetzt-Zeitpunkt[762] und den Systemaufbau der intelligenten Videoüberwachungssysteme abzustellen.[763] Praxisgerecht ist es, anzunehmen, dass jedenfalls dann keine personenbezogenen Daten vorliegen, wenn diese derart anonymisiert sind, dass die Bestimmbarkeit rein hypothetisch ist,[764] oder

---

755 Erwägungsgrund Nr. 26 DSRL.

756 *Gola/Klug/Körffer*, in: Gola/Schomerus, BDSG, 2015, § 3 Rn. 44.; *Zscherpe*, in: Taeger/Gabel (Hg.), BDSG, 2010, § 3 Rn. 44.

757 *Schrems*, Private Videoüberwachung, 2011, S. 157.

758 Siehe *Weichert*, in: Däubler et al., BDSG, 2016, § 3 Rn. 47a.

759 *Weichert*, in: Däubler et al., BDSG, 2016, § 3 Rn. 50; *Redeker*, IT-Recht, 2012, Kap. D. Rn. 933; *v. Zezschwitz*, in: Roßnagel (Hg.), HdD, 2003, Kap. 9.3 Rn. 22.

760 *v. Zezschwitz*, in: Roßnagel (Hg.), HdD, 2003, Kap. 9.3 Rn. 22.

761 *Redeker*, IT-Recht, 2012, Kap. D. Rn. 933.

762 *Kühling/Klar*, NJW 2013, 3611 (3614).

763 *Held*, Intelligente Videoüberwachung, 2014, S. 53.

764 *Gola/Klug/Körffer*, in: Gola/Schomerus, BDSG, 2015, § 3 Rn. 44; *Buchner*, in: Taeger/Gabel (Hg.), BDSG 2010, § 3 Rn. 12; *Weichert*, in: Kilian/Heussen (Hg.), CR-Handbuch, 2008, Rn. 59.

Daten „ungezielt und allein technikbedingt zunächst miterfasst, (..) [und] nach der Erkennung technisch wieder anonym, spurenlos und ohne Erkenntnisinteresse (…) ausgesondert“[765] werden.

4. Verarbeitungsmodi des § 6b Abs. 1 und Abs. 3 S. 1 BDSG

Die Normierung verschiedener Verarbeitungsarten, wie der „Beobachtung“ in § 6b Abs. 1 BDSG und der „Verarbeitung oder Nutzung“ in § 6b Abs. 3 S. 1 BDSG, soll einen flächendeckenden Datenschutz bei der Videoüberwachung im öffentlich zugänglichen Raum gewährleisten.[766] Dies entspricht den Vorgaben zur automatisierten Verarbeitung personenbezogener Daten des Art. 2 Buchstabe b DSRL und des Art. 3 DSRL sowie der Erwägungsgründe Nr. 14 DSRL und Nr. 15 DSRL.[767] Diese Regelungen konkretisieren den für einen Eingriff in Art. 8 Abs. 1 GRCh entscheidenden weiten[768] Verarbeitungsbegriff des Art. 8 Abs. 2 S. 1 GRCh und erfassen „jeden mit Hilfe automatisierter Verfahren ausgeführten Vorgang oder jede Vorgangsreihe (…) wie das Erheben, das Speichern, die Organisation, die Aufbewahrung, die Anpassung oder Veränderung, das Auslesen, das Abfragen, die Benutzung, die Weitergabe durch Übermittlung, Verbreitung oder jede andere Form der Bereitstellung, die Kombination oder die Verknüpfung sowie das Sperren, Löschen oder Vernichten“.[769] Ein Eingriff in das Recht auf informationelle Selbstbestimmung gemäß Art. 2 Abs. 1 GG

---

765 BVerfGE 115, 320 (343).

766 *v. Zezschwitz*, in: Roßnagel (Hg.), HdD, 2003, Kap. 9.3 Rn. 75.

767 *Siemen*, Datenschutz, 2006, S. 235; *v. Zezschwitz*, in: Roßnagel (Hg.), HdD, 2003, Kap. 9.3, Rn. 9 f.

768 *Bernsdorff*, in: Meyer (Hg.), GRCh, 2014, Art. 8 GRCh Rn. 16; *Frenz*, HdE, 2009, Bd. 4 Kap. 7 § 5 S. 432 Rn. 1404.

769 EuGH, Urt. v. 13.05.2014, Google Spain und Google, C-131/12, ECLI:EU:C:2014:317, Rn. 28, wonach auch das automatische, kontinuierliche und systematische Durchforsten von Informationen in Art. 2 Buchstabe b DSRL ausdrücklich und ohne Einschränkung genannt ist, sodass es als „Verarbeitung“ personenbezogener Daten einzustufen ist. Ein Eingriff in das zu Art. 8 Abs. 1 GRCh äquivalente Recht auf Achtung des Privatlebens aus Art. 8 Abs. 1 EMRK bemisst sich ebenfalls nach dem Sammeln, Gewinnen, Speichern, Auswerten und Weitergeben von personenbezogenen Daten, aber nur, soweit die Videoüberwachung mithilfe einer systematischen und dauerhaften Speicherung der Bilder erfolgt, da sie sonst nach Ansicht des EGMR bezüglich einer Person, die eine Straße entlang geht, der Beobachtung durch vorbeigehende Passanten entspricht, siehe EGMR, Urt. v. 02.09.2010, Uzun (No. 35623/05); Urt. v. 28.04.2003, Peck (No. 44647/98); Urt. v. 17.03.2003, Perry (No. 63737/00); Urt. v. 04.05.2000, Rotaru (No. 28341/95), Rn. 45.

i. V. m. Art. 1 Abs. 1 GG ist unabhängig von der Operabilität des „neuen" Eingriffsverständnisses ebenfalls gegeben, wenn personenbezogene Daten erhoben, verarbeitet, gespeichert oder wiedergegeben, weitergegeben und veröffentlicht werden.[770]

Aufgrund der Vorgaben des höherrangigen Rechts muss jeder Schritt der automatisierten Datenverarbeitung nach § 6b BDSG für sich geprüft werden.[771] Um festzustellen, wann bei der Verwendung der intelligenten Videoüberwachung personenbezogene Daten verarbeitet werden, werden nun zunächst die Verarbeitungsmodi des § 6b Abs. 1 und Abs. 3 S. 1 BDSG anhand der herkömmlichen Videoüberwachung dargestellt (4. a) bis c)). Im Anschluss daran wird der Befund mit den Verarbeitungsmöglichkeiten der intelligenten Videoüberwachung verglichen und auf diese übertragen (d).

a) Beobachtung im Sinne des § 6b Abs. 1 BDSG

Grundsätzlich bedeutet „beobachten", auf jemanden über eine gewisse Zeit und zu einem bestimmten Zweck zu achten, ihn aktiv oder passiv zu kontrollieren und zu überwachen.[772] Bei der Videobeobachtung nach § 6b Abs. 1 BDSG übernimmt diese Aufgabe das Objektiv der Videokamera. Die Beobachtung ist datenschutzrechtlich relevant, sobald und soweit personenbezogene Daten erhoben werden.[773] Denn dies beeinträchtigt das von Art. 2 Abs. 1 GG i. V. m. Art. 1 Abs. 1 GG geschützte Recht auf informationelle Selbstbestimmung.[774] Bei einer Übersichtsbeobachtung durch eine herkömmliche Videoüberwachungskamera ohne Aufzeichnung ist es möglich, einzelne Personen aus einer großen Menschenmenge heraus per Zoom gezielt anzusteuern und zu identifizieren.[775] Auch bei der Nahbeobachtung bedarf es bei der Verwendung herkömmlicher Verfahren aufgrund des Blickes des Sicherheitspersonals zunächst keiner weiteren technischen Maßnahmen, um in einem ersten Schritt personenbezogene

---

770 BVerfGE 65, 1 (Ls. 1); 120, 378 (399); *Held*, Intelligente Videoüberwachung, 2014, S. 105; *Di Fabio*, in: Maunz/Dürig (Bg.), GG, 2013, Art. 2 GG Rn. 176.

771 Siehe BT-Drs. 14/5793, S. 62; *Scholz*, in: Simitis (Hg.), BDSG, 2011, § 6b Rn. 113; *Zscherpe*, in: Taeger/Gabel (Hg.), BDSG, 2010, § 6b Rn. 76.

772 *Wermke et al.*, Duden, Bd. 10 (2010), S. 200.

773 BT-Drs. 14/4329, S. 38; *Scholz*, in: Simitis (Hg.), BDSG, 2011, § 6b Rn. 66. Datenschutzrechtlich irrelevant ist deshalb die Verwendung von Kameraattrappen, denn dabei findet schon keine Erhebung oder sonstige Verarbeitung personenbezogener Daten statt.

774 VG Potsdam, Urt. v. 20.11.2015 – 9 K 725/13 Rn. 23.

775 BVerfGE 122, 342 ff.; *Held*, Intelligente Videoüberwachung, 2014, S. 110 f.

Daten auszuwerten.[776] Denn ohne Pseudonymisierungs- oder Anonymisierungssoftware sind Gesichter erkennbar und Personen identifizierbar. Das Beobachten durch den Menschen geht bei der herkömmlichen Videoüberwachung also mit der Bestimmtheit oder zumindest mit der Bestimmbarkeit des Einzelnen und dem eingriffsbegründenden sowie den Anwendungsbereich des § 6b BDSG eröffnenden Personenbezug einher.

Strittig ist, ob § 6b Abs. 1 BDSG auch sog. Kamera-Monitor-Systeme erfasst, bei denen die Videodaten auf Bildschirme übertragen, aber nicht gespeichert werden.[777] Dies ist zu bejahen, denn der Wortlaut des § 6b Abs. 1 BDSG verlangt keine Aufzeichnung oder Speicherung.[778] Außerdem entspricht es der gesetzessystematischen Abgrenzung zu § 6b Abs. 3 S. 1 BDSG sowie dem Zweck des § 6b BDSG, den Einzelnen vor einer ausufernden Videoüberwachung zu schützen.[779] Auch aufgrund der gesetzgeberischen Klarstellung, dass eine anschließende Speicherung des Bildmaterials nicht als Erfordernis in § 6b Abs. 1 BDSG aufzunehmen sei,[780] wird deutlich, dass das Kamera-Monitor-Prinzip von § 6b Abs. 1 BDSG erfasst sein muss.[781]

b) Verarbeitung im Sinne des § 6b Abs. 3 S. 1 BDSG

§ 6b Abs. 3 S. 1 BDSG regelt die Verarbeitung der durch die Videobeobachtung erhobenen personenbezogenen Daten. § 3 Abs. 4 S. 1 BDSG definiert das Verarbeiten unabhängig von der Automatisierung als „das Speichern, Verändern, Übermitteln, Sperren und Löschen personenbezogener Daten". Die automatisierte Datenverarbeitung der Videoüberwachung wird in § 3 Abs. 2 S. 1 BDSG definiert und im Vergleich zu § 3 Abs. 4 S. 1 BDSG konkretisiert, da sie die „Erhebung, Verarbeitung oder Nutzung personenbezogener Daten unter Einsatz von Datenverarbeitungsanlagen" erfasst. Diese Definition entspricht der Vorgabe des Art. 2 Buchstabe b DSRL und musste im Zuge der Umsetzung

---

776 OVG Hamburg, BeckRS 2010, 50985; VGH B.-W., NVwZ 2004, 498 (500); VG Hannover, NVwZ-RR 2011, 943 (944).

777 Ablehnend *Gola/Klug/Körffer*, in: Gola/Schomerus, BDSG, 2015, § 6b Rn. 10, da die Aufzeichnung oder Auswertung bereits „begrifflich notwendiger Bestandteil dieser Art der Datenerhebung" sei.

778 *Wedde*, in: Däubler et al., BDSG, 2016, § 6b Rn. 6; *Brink*, in: Plath (Hg.), BDSG, 2013, § 6b Rn. 35.

779 *Becker*, in: Plath (Hg.), BDSG/DSGVO, 2016, § 6b Rn. 13.

780 BT-Drs. 14/4329, S. 38.

781 *Scholz*, in: Simitis (Hg.), BDSG, 2011, § 6b Rn. 65.

der Datenschutzrichtlinie 95/46/EG aufgenommen werden.[782] Die einzelnen Modi einer Verarbeitung im Sinne des § 6b Abs. 3 S. 1 BDSG werden in § 3 Abs. 4 BDSG näher definiert:

Speichern bedeutet nach § 3 Abs. 4 S. 2 Nr. 1 BDSG, dass die personenbezogenen Daten auf einem Speichermedium erfasst, aufgenommen, aufbewahrt und später[783] zweckgerichtet weiter verarbeitet oder genutzt werden können.[784] Alle drei Verarbeitungsschritte ermöglichen für sich einen Personenbezug und sind als eigene rechtfertigungsbedürftige Eingriffe in das Recht auf informationelle Selbstbestimmung gemäß Art. 2 Abs. 1 GG i. V. m. Art. 1 Abs. 1 GG zu würdigen.[785] Dies gilt ebenso für eine Aufzeichnung zu Vorhaltungszwecken oder mit Löschfrist, da die personenbezogenen Daten zumindest für einen bestimmten Zeitraum wieder herstellbar und zugänglich sind, womit die Betroffenen zum einen bestimmbar sind und zum anderen ein Missbrauchsrisiko bleibt.[786] Die Daten werden im Sinne des § 3 Abs. 4 S. 2 Nr. 2 BDSG verändert, wenn ihnen ein zusätzlicher Informationsgehalt gegeben wird.[787] Werden Daten übermittelt, bedeutet dies gemäß § 3 Abs. 4 S. 2 Nr. 3 BDSG, dass die erhobenen Daten zielgerichtet an einen Dritten – der nicht die verantwortliche Stelle oder der Betroffene ist – weitergereicht oder diesem bekannt gegeben werden.[788] Ein Verarbeiten in der Form des Sperrens liegt nach § 3 Abs. 4 S. 2 Nr. 4 BDSG vor, wenn Maßnahmen ergriffen werden, um den Zugang zu den Daten oder deren Weitergabe und Bearbeitung zu verhindern.[789] Löschen bedeutet laut § 3 Abs. 4 S. 2 Nr. 5 BDSG,

---

782 *Buchner*, in: Taeger/Gabel (Hg.), BDSG, 2010, § 3 Rn. 20.

783 Die weitere Verarbeitung oder Nutzung muss nicht von Beginn an angestrebt sein, sondern kann auch von weiteren Bedingungen abhängen, siehe *Dammann*, in: Simitis (Hg.), BDSG, 2011, § 3 Rn. 122.

784 *Weichert*, in: Däubler et al., BDSG, 2016, § 3 Rn. 33.

785 BVerfGE 62, 189; BGHSt 44, 13; VGH B.-W., NVwZ 2004, 498 (500); *R. P. Schenke*, in: Zöller et al. (Hg.), FS Wolter, 2013, S. 1077 (1081); *Enders*, in: Heckmann et al. (Hg.), FS Würtenberger, 2013, S. 655 (662); *Lang*, BayVBl. 2006, 522 (523, 529).

786 *Lepper (LDI NRW)*, 21. DB 2013, S. 55, https://www.ldi.nrw.de/mainmenu_Service/submenu_Berichte/Inhalt/21_DIB/DIB_2013.pdf (abgerufen am 29.01.2017).

787 *Weichert*, in: Däubler et al., BDSG, 2016, § 3 Rn. 35; *Dammann*, in: Simitis (Hg.), BDSG, 2011, § 3 Rn. 129, 135; *Buchner*, in: Taeger/Gabel (Hg.), BDSG, 2010, § 3 Rn. 30.

788 *Buchner*, in: Taeger/Gabel (Hg.), BDSG, 2010, § 3 Rn. 34. Zur detaillierten Auseinandersetzung mit den Unterarten des Übermittelns als „Bekanntgabe in Form der Weitergabe, der Einsicht oder des Abrufens" siehe *Dammann*, in: Simitis (Hg.), BDSG, 2011 § 3 Rn. 145 ff.

789 *Buchner*, in: Taeger/Gabel (Hg.), BDSG, 2010, § 3 Rn. 38 f.

dass die erhobenen personenbezogenen Daten derart unkenntlich gemacht werden, dass auf diese nicht mehr zurückgegriffen werden kann und sie endgültig unlesbar und nicht reproduzierbar sind.[790]

c) Nutzung im Sinne des § 6b Abs. 3 S. 1 BDSG

Das Bundesdatenschutzgesetz unterscheidet sowohl in § 6b Abs. 3 S. 1 BDSG als auch in § 3 Abs. 5 BDSG terminologisch zwischen Verarbeiten und Nutzen. Letzteres bedeutet gemäß § 3 Abs. 5 BDSG „jedwede Verwendung personenbezogener Daten [zur] Nutzung des Informationsgehalts", die keine Verarbeitung nach § 3 Abs. 4 BDSG ist. Insofern handelt es sich um einen Auffangtatbestand.[791] Erfasst werden beispielsweise der Abruf und die Auswertung der gewonnenen Daten, eine Weitergabe an andere Stellen und die Kenntnisnahme der Informationen.

d) Verarbeitungsmodi der intelligenten Videoüberwachung

Die intelligente Videoüberwachung kann, je nach Aufbau ihrer Systemarchitektur, alle in § 6b Abs. 1 und Abs. 3 S. 1 BDSG geregelten und in § 3 Abs. 2 bis Abs. 5 BDSG definierten Verarbeitungsformen beinhalten.

aa) Algorithmische Analyse

Der erste Schritt der Überwachung durch ein intelligentes Videoüberwachungssystem erfordert im Idealfall keine parallele Echtzeitbeobachtung durch einen Menschen oder eine Klarbildschaltung, da der Prozess der Datenanalyse systemimmanent abläuft.[792] Bei dieser werden die Daten oder die Personen jedoch nicht nur erfasst und beobachtet, sondern durch die Algorithmen automatisiert analysiert, kategorisiert, klassifiziert und selektiert.[793] Deshalb entspricht die Grundfunktion der intelligenten Videoüberwachung – das algorithmische Überwachen und Auswerten der Szenerie – nicht dem Beobachten mittels herkömmlicher Videoüberwachung im Sinne des § 6b Abs. 1 BDSG. Denn der Begriff „Beobachtung" ist zunächst nur auf das Erfassen von Videobildern gerichtet und nicht darauf, die Daten bereits mithilfe von Algorithmen zu bearbeiten.[794] Einem

---

[790] *Dammann*, in: Simitis (Hg.), BDSG, 2011, § 3 Rn. 174; *Buchner*, in: Taeger/Gabel (Hg.), BDSG, 2010, § 3 Rn. 40.

[791] *Weichert*, in: Däubler et al., BDSG, 2016, § 3 Rn. 45; *Dammann*, in: Simitis (Hg.), BDSG, 2011, § 3 Rn. 193; *Buchner*, in: Taeger/Gabel (Hg.), BDSG, 2010, § 3 Rn. 41.

[792] *Held*, Intelligente Videoüberwachung, 2014, S. 109.

[793] *Bier/Spiecker gen. Döhmann*, CR 2012, 610 (615).

[794] *Roßnagel et al.*, ZD 2012, 459 (460); *Hornung/Desoi*, K&R 2011, 153 (157).

intelligenten Videoüberwachungssystem ist aber eine Bearbeitung und Veränderung von Daten, etwa bei der Datenabstraktion und der Objektidentifikation, immanent; hierin liegt sein Zweck.[795] Wenn das intelligente Überwachungssystem Bilddaten gezielt analysiert und einen Treffer an das Überwachungspersonal meldet, erfolgt also zugleich mit der Beobachtung eine weitere Verarbeitung und Nutzung der Videodaten im Sinne des § 6b Abs. 3 S. 1 BDSG.[796] Daher wird bereits durch die algorithmische Analyse ein Personenbezug hergestellt und in das Recht auf informationelle Selbstbestimmung der Betroffenen eingegriffen.[797] Dies ist unabhängig davon, ob die Daten gespeichert werden oder nicht, da in beiden Fällen personenbezogene Daten über die Betroffenen erhoben und verarbeitet werden.[798] Die Vorgänge der Detektion, Klassifikation und Identifikation stellen bei der intelligenten Videoüberwachung keine eigenen Eingriffe dar, sondern sind aufgrund ihrer unmittelbaren zeitlichen Aufeinanderfolge als der Datenanalyse immanente Verarbeitungsschritte bei deren Beurteilung einzubeziehen.[799]

bb) Trefferfall

Erfolgt eine positive Analyse durch die Algorithmen, das heißt, ergibt die Untersuchung der Daten, dass aufgrund einer Auffälligkeit oder einer Übereinstimmung mit Referenzdaten ein Treffer vorliegt, generiert das System einen Alarm. Dieser löst die Kontrolle durch den Menschen aus. Die Meldung selbst ist nicht als eingriffsbegründende Weitergabe von Daten zu verstehen, da hierfür etymologisch eine Übergabe oder Überreichung zwischen Personen notwendig ist.[800] Eine Weitergabe, als Unterfall der Übermittlung nach § 3 Abs. 4 S. 2 Nr. 3 BDSG, setzt zudem Handlungen zwischen einem Empfänger und einem Versender voraus.[801] Das intelligente Videoüberwachungssystem kann aber nicht einem menschlichen Akteur gleichgestellt werden. Die automatisierte Alarmierung im Trefferfall ist allerdings eine, wenn auch technische, Form der Nutzung

---

795 *Bier/Spiecker gen. Döhmann*, CR 2012, 610 (615).

796 *Roßnagel et al.*, ZD 2012, 459 (460).

797 Siehe BVerfGE 120, 378 (399 f.), wonach ein Trefferfall gegeben ist, wenn der Abgleich der KfZ-Kennzeichen mit der Datenbank positiv ausfällt; *R. P. Schenke*, in: Zöller et al. (Hg.), FS Wolter, 2013, S. 1077 (1082).

798 *R. P. Schenke*, in: Zöller et al. (Hg.), FS Wolter, 2013, S. 1077 (1082 f.); *Roßnagel et al.*, DuD 2011, 694 (696).

799 *Held*, Intelligente Videoüberwachung, 2014, S. 120.

800 *Held*, Intelligente Videoüberwachung, 2014, S. 118.

801 *Dammann*, in: Simitis (Hg.), BDSG, 2011, § 3 Rn. 146.

personenbezogener Daten nach § 3 Abs. 5 BDSG, bei der es sich nicht um eine Verarbeitung nach § 3 Abs. 4 BDSG und § 6b Abs. 3 S. 1 BDSG handelt, sodass auch sie als Eingriff in das informationelle Selbstbestimmungsrecht zu verstehen ist.[802]

In dem Stadium, in dem sich ein Mensch das unverpixelte oder unverfremdete Videobild ansieht, könnte an die Verwendung pseudonymisierender Techniken gedacht werden, da beispielsweise eine eindeutige Identifizierung der Person unnötig ist, um zu prüfen, ob diese sich in eine verbotene Zone hinein oder entgegen der allgemeinen Bewegungsrichtung hinaus bewegt.[803] Werden die Videobilder ab dem Augenblick der Feststellung eines positiven Treffers ohne solche Techniken verwendet, die einen Personenbezug verhindern, werden die schutzwürdigen Interessen der Betroffenen, die durch das Recht auf informationelle Selbstbestimmung aus Art. 2 Abs. 1 GG i. V. m. Art. 1 Abs. 1 GG, geschützt sind, beeinträchtigt.

Die Bilder können nun außerdem mit anderen Informationen verknüpft werden, um weitere Erkenntnisse über den Einzelnen zu gewinnen.[804] Auch ohne gleichzeitige Aufzeichnung erfolgt aufgrund des dann bestehenden Personenbezugs ein erneuter Eingriff in das Recht auf informationelle Selbstbestimmung nach Art. 2 Abs. 1 GG i. V. m. Art. 1 Abs. 1 GG.[805] Die zusätzlichen Details, welche beispielsweise eine biometrische Gesichtserkennung oder ein Tracking-Algorithmus liefern, ermöglichen es, personenbezogene Daten anhand der Verknüpfung einzelner Teilinformationen zu einer neuen Gesamtinformation in einem dann gegebenenfalls veränderten Kontext zusammenzufassen, und bewirken eine Veränderung im Sinne der Verarbeitung nach § 6b Abs. 3 S. 1 BDSG.

Bei der intelligenten Videoüberwachung durch nicht öffentliche Stellen könnte sich im Trefferfall infolge der Weitergabe der Videoaufnahmen an die Strafverfolgungsbehörden zudem eine Übermittlung gemäß § 6b Abs. 3 S. 1 BDSG anschließen.[806] Außerdem ist ein Sperren der Daten im Sinne des § 6b Abs. 3 S. 1 BDSG

---

802 Damit *Held*, Intelligente Videoüberwachung, 2014, S. 119, folgend.

803 Siehe *Roßnagel et al.*, DuD 2011, 694 (695 f.), wonach eine Gesichtserkennung für die erste Verarbeitung der Daten nicht zwingend notwendig sein muss; *dies.*, ZD 2012, 459 (461). Dies kann aber nicht pauschal gelten, da eine Gesichtserkennung z. B. unabdingbar ist, um zu überprüfen, ob die algorithmische Gesichtserkennung tatsächlich einen richtigen Treffer erzielt hat.

804 BVerfGE 120, 378 (401, 405).

805 *R. P. Schenke*, in: Zöller et al. (Hg.), FS Wolter, 2013, S. 1077 (1084).

806 Siehe bspw. *Deutsche Bahn AG*, O-Ton-Beitrag, 2006, http://www.presseportal.de/pm/31465/871848/o-ton-beitrag-deutsche-bahn-verstaerkt-sicherheitsmassnahmen-zusammenarbeit-mit-der-bundespolizei (abgerufen am 08.01.2017).

möglich, wenn die Bilddaten informationstechnisch so gesichert werden, dass sie im Falle eines Alarms nur unter dem Vier-Augen-Prinzip oder mittels Berechtigungstoken zugänglich sind. Bei einem Treffer werden die generierten Daten zudem typischerweise zumindest kurzfristig im Sinne des § 6b Abs. 3 S. 1 BDSG gespeichert, um gegebenenfalls im Rahmen der Aufklärung und Strafverfolgung genutzt zu werden. Dadurch wird die Person im Videobild nicht nur für den einzelnen Sicherheitsdienstleister hinter dem Kameramonitor sichtbar und identifizierbar, sondern ihre personenbezogenen Daten werden bereitgehalten und können später weiterverarbeitet werden. Dieser Schritt ist deshalb ebenfalls eine von § 6b Abs. 3 S. 1 BDSG erfasste Verarbeitung und beeinträchtigt die schutzwürdigen Interessen der Betroffenen.

cc) Nichttrefferfall

Intelligente Videoüberwachungssysteme eröffnen die Chance, durch gezielte Verwendung von Anonymisierungssoftware und bei entsprechender Ausgestaltung der Systemarchitektur, die Beeinträchtigung des durch Art. 2 Abs. 1 GG i. V. m. Art. 1 Abs. 1 GG geschützten Rechts auf informationelle Selbstbestimmung des Betroffenen zu vermeiden. Denn im sog. Nichttrefferfall, wenn der algorithmische Abgleich ohne das Ergebnis eines zu meldenden Alarms verläuft, begründet die Datenerfassung „keinen Gefährdungstatbestand, soweit Daten unmittelbar nach der Erfassung technisch wieder spurenlos, anonym und ohne die Möglichkeit, einen Personenbezug herzustellen, ausgesondert werden“[807] Ein solcher Verarbeitungsvorgang ist datenschutzrechtlich irrelevant.[808]

807 BVerfGE 120, 378 (399). Zur kritischen Einordnung dieses dogmatischen Konstrukts als Entfallen des Eingriffs *ex tunc* im Zeitpunkt der Aussonderung siehe *Held*, Intelligente Videoüberwachung, 2014, S. 106, mit Verweis auf die Diskussion bei *Schnabel*, CR 2009, 384 (385). Zur gegensätzlichen Meinung, die bereits bei einer Zwischenspeicherung von einer datenschutzrechtlich relevanten Aufzeichnung ausgeht, siehe *König*, in: Bauer/Reimer (Hg.), HD, 2009, S. 317.

808 BVerfGE 100, 313 (366); 115, 320 (343); 120, 378 (399, 433); siehe auch *Scholz*, in: Simitis (Hg.), BDSG, 2011, § 6b Rn. 68. *Held*, Intelligente Videoüberwachung, 2014, S. 111, begründet die Divergenz zwischen BVerfGE 120, 378 (399) und BVerfGE 100, 313 (367) – in der nicht die Speicherung, sondern der Abgleich an sich als Eingriff in Art. 2 Abs. 1 GG i. V. m. Art. 1 Abs. 1 GG gewertet wurde – hinsichtlich der fortschreitenden Technikentwicklung mit einer „Verfeinerung der Rechtsprechung“.

dd) Einschüchterungseffekte auslösende Verarbeitung

Auch über den vermeintlichen Einschüchterungseffekt der intelligenten Videoüberwachung lässt sich kein Eingriff in das Selbstbestimmungsrecht begründen, wenn ein Treffer zwar zur Alarmierung führt, aber keine Daten gespeichert werden und es unmöglich ist, die Person zu identifizieren.[809] Das Recht auf informationelle Selbstbestimmung nach Art. 2 Abs. 1 GG i. V. m. Art. 1 Abs. 1 GG bezweckt, Schutz vor eingriffsintensivierenden Einschüchterungseffekten zu bieten.[810] Diese sollen durch ein Gefühl ständiger Überwachung hervorgerufen werden und die psychische Zwangswirkung auslösen, das eigene Verhalten aus Furcht vor Sanktionierung an eine vermeintliche Norm anzupassen.[811] Allerdings wird ein möglicher Einschüchterungseffekt von Überwachungsmaßnahmen – entgegen einigen Ansichten[812] – nicht vom Schutzbereich des Rechts auf informationelle Selbstbestimmung erfasst.[813] Denn das Selbstbestimmungsrecht soll gegen die unbegrenzte Erhebung, Speicherung, Verwendung und Weitergabe personenbezogener Daten schützen und verleiht dem Einzelnen die Befugnis,

---

809 *Held*, Intelligente Videoüberwachung, 2014, S. 83; *R. P. Schenke*, in: Zöller et al. (Hg.), FS Wolter, 2013, S. 1077 (1083).

810 BVerfGE 65, 1 (43); 125, 260 (366).

811 *Lang*, Private Videoüberwachung, 2008, S. 91. Empirische Nachweise für einen solchen Effekt fehlen bislang, was *Würtenberger*, in: Ruffert (Hg.), FS Schröder, 2012, S. 285 (304), zu Recht kritisiert. Erstaunlich findet dies auch *R. P. Schenke*, in: Zöller et al. (Hg.), FS Wolter, 2013, S. 1077 (1083 in Fn. 34).

812 Für die Vertreter der subjektiv geprägten Sichtweise siehe *Büllesfeld*, Videoüberwachung, 2002, S. 142 f.; *Siegel*, NVwZ 2012, 738 (739); *Roggan*, NVwZ 2001, 134 (135); *Horst*, NZM 2000, 937 (941). Den Schutzbereich für eröffnet halten wohl auch *Hornung/Desoi*, K&R 2011, 153 (156). Eine rein subjektive Sichtweise ablehnend: *Bausch*, Videoüberwachung, 2004, S. 32 f., der sich für einen objektivierten subjektiven Lösungsansatz ausspricht.

813 *R. P. Schenke*, in: Zöller et al. (Hg.), FS Wolter, 2013, S. 1077 (1083). *Ders.*, ZRP 2013, 126 f., sieht auch bei der Annahme der Existenz des Einschüchterungseffekts die Möglichkeit, Videoüberwachung einzusetzen, indem er auf die Verwertungsverbote als Mittel praktischer Konkordanz verweist. Siehe auch *Held*, Intelligente Videoüberwachung, 2014, S. 83 f., der die gegenteiligen Stimmen kritisch analysiert und einen alternativen Ansatz über Maßnahmen, die einen Einschüchterungseffekt provozieren, als Eingriffe in den Schutzbereich des Selbstbestimmungsrechts entwirft, wenn bspw. auf Druck Informationen preisgegeben oder aufgrund von befürchteten Repressalien zurückgehalten werden. *Ders.*, (a. a. O., S. 86), wendet jedoch ein, dass der Anwendungsbereich psychischer Eingriffe in das Recht auf informationelle Selbstbestimmung angesichts speziellerer Grundrechte, wie bspw. Art. 8 GG, gering sei. Ablehnend auch *Lang*, BayVBl. 2006, 522 (525).

grundsätzlich selbst über deren Preisgabe und Verwendung zu bestimmen.[814] Es soll nicht vor jeglicher Einschüchterung schützen.[815] Derartigen psychologischen Aspekten ist vielmehr auf der Ebene der verhältnismäßigen Interessenabwägung Rechnung zu tragen.[816]

e) Zwischenergebnis

Die Verarbeitungsmodi der intelligenten Videoüberwachung sind unter § 6b Abs. 1 und Abs. 3 S. 1 BDSG subsumierbar. Die intelligente Videoüberwachung begründet Eingriffe in das von Art. 2 Abs. 1 GG i. V. m. Art. 1 Abs. 1 GG geschützte Recht auf informationelle Selbstbestimmung, wenn die Datenerhebung im Falle der algorithmischen Beobachtung und der Datenanalyse mit Personenbezug erfolgt. Im Vergleich zum Einsatz herkömmlicher Videoüberwachung neu ist, dass durch die automatisierte Alarmierung im Anschluss an die Datenanalyse in das informationelle Selbstbestimmungsrecht eingegriffen wird. Durch diese Eingriffe bestehen Anhaltspunkte für ein Überwiegen der schutzwürdigen Interessen der Betroffenen im Sinne des § 6b Abs. 1 und Abs. 3 S. 1 BDSG. Da die Verarbeitungsmodi der intelligenten Videoüberwachung eine Verarbeitung und Nutzung von personenbezogenen Daten im Sinne des § 6b Abs. 1 und Abs. 3 S. 1 BDSG darstellen, muss beim Einsatz der intelligenten Videoüberwachung gemäß § 6b Abs. 1 BDSG und § 6b Abs. 3 S. 1 BDSG eine doppelte Erforderlichkeitsprüfung und Interessenabwägung erfolgen.[817] Die Intensität der jeweiligen Verarbeitungsmodi ist auf der Ebene der am Verhältnismäßigkeitsgrundsatz orientierten Interessenabwägung zu berücksichtigen.[818] Neu gegenüber der herkömmlichen Videoüberwachung ist jedoch, dass im Nichttrefferfall lediglich eine Analyse durch einen Computer stattfinden kann, der die Daten umgehend und ohne menschliche Auswertung löschen kann. Dadurch würde eine weitere, datenschutzrechtlich relevante Datenverarbeitung vermieden, da der Betroffene unerkannt bliebe.[819] Derart würden keine Eingriffe in das Recht auf informationelle Selbstbestimmung stattfinden. Die intelligente Videoüberwachung ließe sich also grundrechtsschonender einsetzen.

---

814 BVerfGE 65, 1 (43).

815 *R. P. Schenke*, in: Zöller et al. (Hg.), FS Wolter, 2013, S. 1077 (1083).

816 *R. P. Schenke*, in: Zöller et al. (Hg.), FS Wolter, 2013, S. 1077 (1083); *Würtenberger*, in: Ruffert (Hg.), FS Schröder, 2012, S. 285 (304).

817 *Roßnagel et al.*, ZD 2012, 459 (460).

818 *R. P. Schenke*, in: Zöller et al. (Hg.), FS Wolter, 2013, S. 1077 (1083).

819 *Held*, Videoüberwachung, 2014, S. 104.

5. Zulässigkeitstatbestände des § 6b BDSG für die private intelligente Videoüberwachung

Das Bundesdatenschutzgesetz knüpft die Zulässigkeit der Videoüberwachung in § 6b Abs. 1 BDSG an die Erfüllung eines bestimmten Grundes, der sich für nicht öffentliche Stellen entweder aus der Wahrnehmung ihres Hausrechts nach § 6b Abs. 1 Nr. 2 BDSG (a) oder aus der Wahrnehmung berechtigter Interessen für konkret festgelegte Zwecke gemäß § 6b Abs. 1 Nr. 3 BDSG (b) ergeben kann.[820] Der Gesetzgeber entsprach damit – neben der Pflicht zur Umsetzung der Datenschutzrichtlinie 95/46/EG – seiner grundgesetzlichen Pflicht, für einen positiven Schutz der Grundrechte zu sorgen.[821] § 6b BDSG fungiert dementsprechend als Schranke des nicht vorbehaltlos gewährten,[822] sondern gemäß Art. 2 Abs. 1 GG durch die verfassungsmäßige Ordnung und die Rechte anderer einschränkbaren,[823] allgemeinen Persönlichkeitsrechts in seiner Ausprägung als Recht auf informationelle Selbstbestimmung gemäß Art. 2 Abs. 1 GG i. V. m. Art. 1 Abs. 1 GG. Über § 6b BDSG können die kollidierenden Interessen der Verwender der Videoüberwachung und derjenigen, die von ihr betroffen sind, ausbalanciert werden.[824]

Die in § 6b Abs. 1 Nr. 1 und Nr. 3 BDSG geregelten Zulässigkeitstatbestände entsprechen damit den Vorgaben höherrangigen Rechts. Denn sie bilden die Vorgaben des Art. 7 DSRL ab, wonach „die Verarbeitung personenbezogener Daten lediglich erfolgen darf, wenn eine der dort genannten Voraussetzungen erfüllt ist". Art. 7 DSRL präzisiert den Leitgedanken einer rechtmäßigen, nach Treu und Glauben erfolgenden Datenverarbeitung aus Art. 6 Abs. 1 Buchstabe a DSRL.[825] Die Wahrnehmung des Hausrechts bzw. der berechtigten Interessen für konkret festgelegte Zwecke ist dabei Art. 7 Buchstabe f DSRL entlehnt, der die Verarbeitung für zulässig erklärt, wenn sie „zur Verwirklichung des berechtigten Interesses, das von dem für die Verarbeitung Verantwortlichen oder von dem bzw. den Dritten wahrgenommen wird, denen die Daten übermittelt werden

---

820 BT-Drs. 14/5793, S. 61.

821 Siehe *Di Fabio*, in: Maunz/Dürig (Bg.), GG, 2013, Art. 2 GG Rn. 135 f.

822 BVerfGE 27, 344 (351); 114, 339 (347); *Lang*, in: Epping/Hillgruber (Hg.), BeckOK GG, 2016, Art. 2 GG Rn. 52; siehe auch *Taeger/Schmidt*, in: Taeger/Gabel (Hg.), BDSG, 2010, Einf. Rn. 27.

823 BVerfGE 27, 344 (351); 114, 339 (347); siehe auch *Taeger/Schmidt*, in: Taeger/Gabel (Hg.), BDSG, 2010, Einf. Rn. 27.

824 BT-Drs. 259/2/10, S. 4; 14/4329, S. 30.

825 *Brühann*, in: Grabitz et al. (Hg.), EU, 2011, Art. 7 DSRL Rn. 8.

[erforderlich ist], sofern nicht das Interesse oder die Grundrechte und Grundfreiheiten der betroffenen Person, die gemäß Artikel 1 Absatz 1 geschützt sind, überwiegen". Die Datenschutzrichtlinie 95/46/EG wiederum konkretisiert den Gesetzesvorbehalt des Art. 8 Abs. 2 S. 1 GRCh, wonach die in Art. 8 Abs. 1 GRCh geschützten personenbezogenen Daten nur nach Treu und Glauben für festgelegte Zwecke und mit Einwilligung der betroffenen Person oder auf einer sonstigen Grundlage verarbeitet werden dürfen.[826]

a) Wahrnehmung des Hausrechts nach § 6b Abs. 1 Nr. 2 BDSG

Weder in § 6b Abs. 1 Nr. 2 BDSG noch an einer anderen Stelle des Bundesdatenschutzgesetzes wird das Hausrecht definiert, weshalb es sich nach unterschiedlichen Rechtsgrundlagen bestimmt.[827] Im Zivilrecht resultiert es aus den in den §§ 859, 904, 1004 BGB geregelten Abwehransprüchen,[828] wobei hierfür der Besitz im Sinne der tatsächlichen Herrschaft über eine Sache gemäß § 854 BGB ausreicht.[829] Weitere Beispiele sind Sondervorschriften für Mieter in § 535 BGB oder Wohnungseigentümer nach § 21 WEG und strafgesetzliche Normen wie § 123 StGB, die ebenfalls die Wahrnehmung des Hausrechts erlauben.[830] Die Feststellung, ob ein intelligentes Videoüberwachungssystem aufgrund des Hausrechts eingesetzt werden kann, ist also anhand der im jeweiligen Kontext auf den Sachverhalt anwendbaren Rechtsgrundlagen zu prüfen.

Die Wahrnehmung des Hausrechts nach § 6b Abs. 1 Nr. 2 BDSG umfasst die Befugnis, festzulegen, wer die öffentlich zugänglichen Räume betreten oder wer sich in ihnen weiterhin zu welchem Zweck aufhalten darf und berechtigt dazu, die zum Schutz des Objekts und der sich darin aufhaltenden Personen sowie zur Abwehr unbefugten Betretens erforderlichen Maßnahmen zu ergreifen.[831]

---

826 EuGH, Urt. v. 13.05.2014, Google Spain und Google, C-131/12, ECLI:EU:C:2014:317, Rn. 69; *Kingreen*, in: Calliess/Ruffert (Hg.), EUV/AEUV, 2016, Art. 8 GRCh Rn. 13 f.

827 *Zscherpe*, in: Taeger/Gabel (Hg.), BDSG, 2010, § 6b BDSG Rn. 44.

828 *Taeger*, ZD 2013, 571 (575). Im öffentlichen Bereich ist es entweder gesetzlich geregelt, z. B. in § 36 Abs. 1 S. 2 GemOBW, wonach der Bürgermeister das Hausrecht im Rahmen von Gemeinderatssitzungen besitzt oder in den §§ 173–183 GVG, wo das Ordnungsrecht und die Sitzungspolizei des Gerichts geregelt ist, oder es ergibt sich aus dem Widmungszweck der Räume oder durch die wahrgenommene Verwaltungsaufgabe siehe *v. Zezschwitz*, in: Roßnagel (Hg.), HdD, 2003, Kap. 9.3 Rn. 65.

829 *Fritzsche*, in: Bamberger/Roth (Hg.), BeckOK BGB, 2016, § 854 BGB Rn. 3.

830 *Zscherpe*, in: Taeger/Gabel (Hg.), BDSG, 2010, § 6b Rn. 44.

831 BGH, NJW 2006, 1054; OVG Nds., Urt. v. 29.09.2014 – 11 LC 114/13; *Gola/Klug/Körffer*, in: Gola/Schomerus, BDSG, 2015, § 6b Rn. 16; *Scholz*, in: Simitis (Hg.), BDSG, 2011, § 6b Rn. 73.

Die Videoüberwachung kann sowohl präventiv zum Schutz eigener Objekte und Sicherheitsinteressen vor Rechtsverstößen, beispielsweise Diebstählen, als auch repressiv zur Aufklärung von Straftaten und zur Durchsetzung zivilrechtlicher Schadensersatzansprüche eingesetzt werden.[832]

Im öffentlich zugänglichen Raum ist zudem das Hausrecht unterschiedlicher Berechtigter voneinander abzugrenzen. Beispielsweise können in einer größeren Ladenpassage in den einzelnen Ladengeschäften die jeweiligen Ladeninhaber zuständig sein, während für die Bereiche der Ladenpassage derjenige zuständig ist, der das bessere Recht am gesamten Gebäudekomplex innehat.[833] Das Hausrecht erstreckt sich grundsätzlich bis an die Grundstücksgrenze.[834] Ausnahmsweise kann es im Einzelfall in den öffentlichen Bereich hinausreichen und es können zum Beispiel unmittelbar an die Grundstücks- oder Gebäudegrenze anschließende Fußgängerbereiche mit überwacht werden, wenn ein besonderes Sicherheitsbedürfnis gegeben und die Überwachung unbedingt erforderlich ist oder technische Erfordernisse vorliegen.[835] Wird die Durchsetzung des Hausrechts delegiert und ist nicht mehr von einer Auftragsdatenverarbeitung im Sinne des § 11 BDSG[836] auszugehen, muss für den privaten Sicherheitsdienstleister § 6b Abs. 1 Nr. 3 BDSG als Zulässigkeitstatbestand geprüft werden.[837]

b) Wahrnehmung berechtigter Interessen für konkret festgelegte Zwecke nach § 6b Abs. 1 Nr. 3 BDSG

Der Zulässigkeitstatbestand des § 6b Abs. 1 Nr. 3 BDSG setzt sich aus mehreren Merkmalen zusammen. Es bedarf berechtigter Interessen (aa) der nicht

---

[832] BGH, NJW-RR 2011, 949 (950), Rn. 10 f.; OVG Nds., Urt. v. 29.09.2014 – 11 LC 114/13; AG Berlin-Mitte, NJW-RR 2004, 531 (532); *Scholz*, in: Simitis (Hg.), BDSG, 2011, § 6b Rn. 75; *Taeger*, ZD 2013, 571 (575).

[833] *Lepper (LDI NRW)*, 21. DB 2013, S. 55, https://www.ldi.nrw.de/mainmenu_Service/submenu_Berichte/Inhalt/21_DIB/DIB_2013.pdf (abgerufen am 29.01.2017).

[834] Siehe bspw. BGH, NJW 2010, 1533 ff., der damals die Videoüberwachung für zulässig erklärte, wenn und soweit nicht der angrenzende öffentliche Bereich oder die benachbarten Privatgrundstücke betroffen sind, sondern allein das eigene Grundstück erfasst wird. Allgemein dazu *Becker*, in: Plath (Hg.), BDSG/DSGVO, 2016, § 6b Rn. 16.

[835] LG München I, BeckRS 2012, 04221; AG Berlin-Mitte, NJW-RR 2004, 531 (533); *Scholz*, in: Simitis (Hg.), BDSG, 2011, § 6b Rn. 75.

[836] Siehe dazu Kap. F. III. 2. a) aa).

[837] *Gola/Klug/Körffer*, in: Gola/Schomerus, BDSG, 2015, § 6b Rn. 16; *Scholz*, in: Simitis (Hg.), BDSG, 2011, § 6b Rn. 76.

öffentlichen Stelle an der intelligenten Videoüberwachung und diese dürfen nur für konkret festgelegte Zwecke (bb) wahrgenommen werden.

aa) Berechtigte Interessen

Die berechtigten Interessen aus § 6b Abs. 1 Nr. 3 BDSG entsprechen oftmals den bei der Wahrnehmung des Hausrechts nach § 6b Abs. 1 Nr. 2 BDSG im Fokus stehenden Belangen,[838] weshalb eine exakte Abgrenzung schwerfällt.[839] Der unbestimmte Rechtsbegriff[840] der „Wahrnehmung berechtigter Interessen" ist § 28 Abs. 1 S. 1 Nr. 2 BDSG entlehnt.[841] Grundsätzlich genügen für das berechtigte Interesse nach § 6b Abs. 1 Nr. 3 BDSG alle rechtlichen, wirtschaftlichen und ideellen Interessen.[842] Aufgrund des Ziels, „den Kreis der eine Videoüberwachung rechtfertigenden Sachverhalte zu beschränken, (…) insgesamt eine restriktivere Verwendungspraxis herbeizuführen, ohne zugleich rechtlich schützenswerte Beobachtungszwecke auszuschließen" und so die besondere Qualität der Beobachtung des öffentlich zugänglichen Raums für die Betroffenen zu beachten, ist der Begriff jedoch restriktiv auszulegen.[843] Berechtigte Interessen der verantwortlichen nicht öffentlichen Stelle ergeben sich jedenfalls aus den verfassungsrechtlich geschützten Interessen der körperlichen Unversehrtheit aus Art. 2 Abs. 2 S. 1 GG, des Eigentums aus Art. 14 Abs. 1 GG und der allgemeinen Handlungsfreiheit aus Art. 2 Abs. 1 GG.[844] Neugierde, Bequemlichkeit oder Hobbys sind im Hinblick auf das hohe Schutzgut der Betroffenen aus dem Recht auf informationelle Selbstbestimmung gemäß Art. 2 Abs. 1 GG i. V. m. Art. 1 Abs. 1 GG generell abzulehnen.[845] Die Videoüberwachung dient auch

---

838 *Lang*, Private Videoüberwachung, 2008, S. 285.

839 *Becker*, in: Plath (Hg.), BDSG/DSGVO, 2016, § 6b Rn. 17.

840 *v. Zezschwitz*, in: Roßnagel (Hg.), HdD, 2003, Kap. 9.3 Rn. 77, spricht von einem „Blankett von hoher Unbestimmtheit".

841 BT-Drs. 14/5793, S. 61.

842 *Scholz*, in: Simitis (Hg.), BDSG, 2011, § 6b Rn. 77; *v. Zezschwitz*, in: Roßnagel (Hg.), HdD, 2003, Kap. 9.3 Rn. 77.

843 *v. Zezschwitz*, in: Roßnagel (Hg.), HdD, 2003, Kap. 9.3 Rn. 77.

844 *Schwenke*, Private Nutzung von Smartglasses im öffentlichen Raum, 2016, S. 217.

845 *Scholz*, in: Simitis (Hg.), BDSG, 2011, § 6b Rn. 78; *v. Zezschwitz*, in: Roßnagel (Hg.), HdD, 2003, Kap. 9.3 Rn. 102; entsprechend auch EuGH, Urt. v. 11.12.2014, František Ryneš, C-212/13, ECLI:EU:C:2014:2428, Rn. 28, wonach der Schutz des in Art. 7 GRCh „garantierten Grundrechts auf Privatleben verlangt, dass sich die Ausnahmen und Einschränkungen in Bezug auf den Schutz der personenbezogenen Daten auf das absolut Notwendige beschränken müssen."

dann keinem berechtigten Interesse, wenn sie Haupt- oder wesentlicher Nebenzweck einer Geschäftstätigkeit ist.[846]

In richtlinienkonformer Auslegung, gemessen an Art. 7 Buchstabe c DSRL, muss das berechtigte Interesse die Verarbeitung zur Erfüllung rechtlicher Verpflichtungen des Verantwortlichen erfassen oder gemäß Art. 7 Buchstabe d DSRL zur Wahrung lebenswichtiger Interessen der betroffenen Person erlaubt sein. Auch Erwägungsgrund Nr. 33 DSRL erachtet die Verarbeitung personenbezogener Daten für rechtmäßig, „wenn sie erfolgt, um ein für das Leben der betroffenen Person wesentliches Interesse zu schützen." Somit kann das berechtigte Interesse auch ein fremdes Interesse sein, allerdings nur, wenn sein Schutz auf einer rechtlichen Verpflichtung des Verantwortlichen, beispielsweise einer Verkehrssicherungspflicht, beruht.[847] Obwohl die Unterscheidung der Buchstaben d und f des Art. 7 DSRL zwischen lebenswichtigen und berechtigten Interessen von § 6b Abs. 1 Nr. 3 BDSG nicht aufgegriffen wurde, ist im Wege des Erst-recht-Schlusses davon auszugehen, dass beide Arten erfasst sind. Denn ein berechtigtes Interesse ist weniger gewichtig als ein lebenswichtiges und genügt dennoch dem Ziel, die Videoüberwachung einzuschränken.[848]

Die Vorgabe des Gesetzgebers, dass das berechtigte Interesse nicht allein nach den subjektiven Interessen des Verantwortlichen zu bemessen, sondern objektiv begründbar sein muss,[849] gibt nicht hinreichend Aufschluss darüber, ob ein Interesse zur Abwehr abstrakter Gefahren ausreicht[850] oder eine konkrete Gefahr verlangt wird[851] oder, ob ein Mittelweg möglich ist.[852] Eine konkrete Gefahr liegt vor, wenn in einer bestimmten Situation die hinreichende Wahrscheinlichkeit besteht, dass in absehbarer Zeit ein Schaden eintritt.[853] Eine abstrakte Gefahr hingegen ist grundsätzlich dadurch gekennzeichnet, dass kein aktueller Sachverhalt vorliegt, sondern eine aufgrund allgemeiner Lebenserfahrung typischerweise gefährliche Sachlage, die mit hinreichender Wahrscheinlichkeit zu einem

---

846 BT-Drs. 15/4793, S. 61.

847 AG Berlin-Mitte, NJW-RR 2004, 531 (532); *Brink*, in: Plath (Hg.), BDSG, 2013, § 6b Rn. 49.

848 Siehe BT-Drs. 14/5793, S. 61 zum Ziel, insgesamt eine restriktivere Verwendungspraxis der Videoüberwachung herbeizuführen.

849 BT-Drs. 14/5793, S. 61.

850 *Scholz*, in: Simitis (Hg.), BDSG, 2011, § 6b Rn. 79 f.

851 So *Brink*, in: Wolff/Brink (Hg.), BeckOK DatenSR, 2016, § 6b BDSG, Rn. 52; *Brink*, in: Plath (Hg.), BDSG, 2013, § 6b Rn. 52.

852 *Becker*, in: Plath (Hg.), BDSG/DSGVO, 2016, § 6b Rn. 17.

853 Siehe z. B. § 2 Abs. 1 Nr. 1 Buchstabe a) NdsSOG.

Schaden führt.[854] Würde man Letztere ausreichen lassen, könnte die Videoüberwachung auch in nur potenziell gefährdeten Bereichen eingesetzt werden, etwa in weitläufigen und schwer einsehbaren Supermärkten oder einbruchs- und diebstahlgefährdeten Juwelierläden oder Tankstellen.[855]

Eine rein vorsorgliche Videoüberwachung „zur Abschreckung"[856] ohne jegliche Anhaltspunkte für deren Notwendigkeit ist ungenügend, um ein berechtigtes Interesse zu begründen.[857] Zu verlangen, dass es bereits zu Schäden gekommen ist, würde jedoch zu weit führen.[858] Denn die Grundrechtspositionen der verantwortlichen nicht öffentlichen Stelle, etwa aus Art. 14 Abs. 1 GG, müssen ebenfalls berücksichtigt werden.[859] Wäre es erforderlich, dass sie nachweist, dass es bereits zu einem Schaden oder einer Beeinträchtigung eines Rechtsgutes gekommen ist, würden die Interessenabwägung und die Prüfung der Verhältnismäßigkeit vorgezogen und die Interessen verkürzt.[860] Dies spricht dafür, eine objektiv begründbare und tatsachengestützte, aber abstrakte Gefährdungslage ausreichen zu lassen.[861] Eine solche Betrachtung ist praxisgerecht und ermöglicht es, zu weit gehenden Interessen der nicht öffentlichen Stelle im Rahmen der Abwägung der widerstreitenden Rechte Grenzen aufzuzeigen.[862]

bb) Konkret festgelegte Zwecke

Eine formelhafte Umschreibung des Beobachtungszwecks genügt § 6b Abs. 1 Nr. 3 BDSG nicht.[863] Der Gesetzeszweck, das berechtigte Interesse an einen

---

854 Siehe bspw. § 2 Abs. 2 NdsSOG; OVG Nds., Urt. v. 29.09.2014 - 11 LC 114/13, Rn. 55.

855 OVG Nds., Urt. v. 29.09.2014 - 11 LC 114/13, Rn. 55.

856 *Scholz*, in: Simitis (Hg.), BDSG, 2011, § 6b Rn. 80.

857 OVG Nds., Urt. v. 29.09.2014 - 11 LC 114/13, Rn. 55.

858 *Brink*, in: Plath (Hg.), BDSG, 2013, § 6b Rn. 52.

859 BT-Drs. 14/5793, S. 61.

860 Siehe *Schwenke*, Private Nutzung von Smartglasses im öffentlichen Raum, 2016, S. 219; *Lang*, Private Videoüberwachung, 2008, S. 288.

861 OVG Nds., Urt. v. 29.09.2014 - 11 LC 114/13, Rn. 56; VG d. Saarlandes, Urt. v. 29.01.2016 - 1 K 1122/14, Rn. 37; *Becker*, in: Plath (Hg.), BDSG/DSGVO, 2016, § 6b Rn. 17; *Scholz*, in: Simitis (Hg.), BDSG, 2011, § 6b Rn. 80 f.; *Duhr et al.*, DuD 2002, 5 (28).

862 *Becker*, in: Plath (Hg.), BDSG/DSGVO, 2016, § 6b Rn. 17. Das OLG Düsseldorf, Beschl. v. 05.01.2007 - 3 Wx 199/06, Rn. 22, lehnte bspw. die Installation einer Videoüberwachung trotz vorgefallener Sachbeschädigung als im Ergebnis unverhältnismäßig ab, da die Persönlichkeitsrechte des Betroffenen überwogen. Siehe auch OLG Karlsruhe, Urt. v. 8.11.2001 - 12 U 180/01.

863 *Zscherpe*, in: Taeger/Gabel (Hg.), BDSG, 2010, § 6b Rn. 49.

konkreten Zweck zu binden und damit Transparenz und Rechtssicherheit zu schaffen, verlangt vielmehr, dass sich die nicht öffentliche Stelle vor Beginn der Videoüberwachungsmaßnahme auf einen genau bestimmten und eindeutigen Zweck festlegt.[864] Diesem müssen alle Phasen der weiteren Datenverarbeitung dienen.[865] Nach den Vorgaben der Datenschutzrichtlinie in Art. 6 Abs. 1 Buchstabe b DSRL wurde mit § 6b Abs. 1 Nr. 3 BDSG eine Erlaubnisnorm geschaffen, die zum einen eine Begründungslast und zum anderen eine Zweckbindung enthält.[866] Bei der intelligenten Videoüberwachung als automatisierter Datenverarbeitung besteht zudem nach § 4g Abs. 2 BDSG i. V. m. § 4e S. 1 Nr. 4 BDSG und § 4d Abs. 1 BDSG wegen der Notwendigkeit, ein Verfahrensverzeichnis zu führen, das Schriftformerfordernis für die Zweckbestimmung.[867] Verändert sich der ursprünglich konkret festgelegte Zweck und wird er beispielsweise zeitlich ausgedehnt oder inhaltlich modifiziert, fehlt eine förmliche Absicherung der schutzwürdigen Interessen der Betroffenen, sodass diese „tatsächlich (…) gefährdet"[868] sind. Eine spätere Zweckänderung wirkt eingriffsintensivierend und muss besonders sorgfältig geprüft werden.[869] Durch sie wird unter Umständen eine Videoüberwachungsmaßnahme nachträglich unzulässig.

c) Verfolgter Zweck nach § 6b Abs. 3 S. 1 BDSG

Nach § 6b Abs. 3 S. 1 BDSG dürfen die nach § 6b Abs. 1 BDSG zulässigerweise durch die Beobachtung erhobenen Daten nur verarbeitet und genutzt werden, wenn dies erforderlich ist, um den verfolgten Zweck zu erreichen und keine

---

864 BT-Drs. 14/5793, S. 61; BGH, NJW 2013, 3089 (3092); *Scholz*, in: Simitis (Hg.), BDSG, 2011, § 6b Rn. 83 f., folgert aus einem fehlenden Nachweis die Unzulässigkeit der Videoüberwachung. *Brink*, in: Plath (Hg.), BDSG, 2013, § 6b Rn. 56, stellt fest, dass eine Videoüberwachung auch nicht rückwirkend zulässig wird, wenn später zulässige Überwachungszwecke erfunden werden.

865 *Scholz*, in: Simitis (Hg.), BDSG, 2011, § 6b Rn. 114.

866 *v. Zezschwitz*, in: Roßnagel (Hg.), HdD, 2003, Kap. 9.3 Rn. 17.

867 *Becker*, in: Plath (Hg.), BDSG/DSGVO, 2016, § 6b Rn. 18; *Scholz*, in: Simitis (Hg.), BDSG, 2011, § 6b Rn. 84, dort Fn. 189. Die Diskussion darüber, dass der Wortlaut des § 6b BDSG die Schriftform nicht zwingend vorsieht, woraus bspw. *Duhr et al.*, DuD 2002, 5 (28) folgern, dass über die Notwendigkeit einzelfallabhängig entschieden werden solle, erübrigt sich insofern für die intelligente Videoüberwachung.

868 BGH, NJW 2013, 3089 (3091), der zwar die Notwendigkeit der baulichen Entfernung der Videoüberwachungsanlage verneinte, aber mangels einer hinreichend eindeutigen Festlegung der Zwecke der Überwachung die sofortige Stilllegung der Anlage anordnete.

869 BGH, NJW 2013, 3089 (3091 f.).

Anhaltspunkte dafür bestehen, dass schutzwürdige Interessen der Betroffenen überwiegen. Aus der Zulässigkeit der Beobachtung nach § 6b Abs. 1 BDSG folgt also nicht die Zulässigkeit der Verarbeitung und Nutzung nach § 6b Abs. 3 S. 1 BDSG. Diese müssen eigenständig auf ihre Erforderlichkeit zur Zweckerreichung und ihr Potenzial, die schutzwürdigen Interessen des Betroffenen zu beeinträchtigen, geprüft werden. Da § 6b Abs. 3 S. 1 BDSG die Videoüberwachung „in allen Phasen der Verarbeitung und Nutzung an den (…) originären Beobachtungszweck“[870] bindet, muss untersucht werden, ob dieser sich verändert hat.[871] Für einen anderen als den ursprünglichen Zweck dürfen die Daten nach § 6b Abs. 3 S. 2 BDSG nur zur Abwehr von Gefahren für die staatliche und öffentliche Sicherheit sowie zur Verfolgung von Straftaten verarbeitet und genutzt werden.[872] Insbesondere ein Rückgriff auf die Tatbestände zulässiger Zweckänderung in § 28 BDSG, dem § 6b BDSG entlehnt ist, beispielsweise die zweckändernde Nutzung von Videomaterial zur Wahrnehmung berechtigter Interessen eines Dritten gemäß § 28 Abs. 3 Nr. 1 BDSG, ist nicht zulässig.[873]

6. Hinweispflicht nach § 6b Abs. 2 BDSG

Nach § 6b Abs. 2 BDSG sind der Umstand der Beobachtung und die verantwortliche Stelle durch geeignete Maßnahmen erkennbar zu machen. Für die herkömmliche Videoüberwachung wird dies zumeist durch Schilder oder Piktogramme verwirklicht.[874]

a) Rechtmäßigkeitsvoraussetzung oder Obliegenheit?

Der Gesetzgeber spricht einerseits von einer „Pflicht zur Kenntlichmachung“[875], hält das Gebot zur Kenntlichmachung aus § 6b Abs. 2 BDSG andererseits aber nur zur „Verfahrenssicherung“[876] für notwendig und erklärt, „Zulässigkeitsvoraussetzungen“[877] enthielten § 6b Abs. 1, Abs. 3 und Abs. 5 BDSG.[878] Damit

870 BT-Drs. 14/5793, S. 62.

871 BT-Drs. 14/5793, S. 62; *Scholz*, in: Simitis (Hg.), BDSG, 2011, § 6b Rn. 113.

872 BT-Drs. 14/5793, S. 62, wonach ein solcher Fall bspw. vorläge, wenn ein Passant in einer videoüberwachten Ladenpassage überfallen würde.

873 BT-Drs. 14/5793, S. 62.

874 BT-Drs. 14/4329, S. 28; *Wedde*, in: Däubler et al., BDSG, 2016, § 6b Rn. 49.

875 BT-Drs. 14/5793, S. 62.

876 BT-Drs. 14/5793, S. 62.

877 BT-Drs. 14/5793, S. 61.

878 BT-Drs. 14/5793, S. 61.

würde die in § 6b Abs. 2 BDSG geregelte Hinweispflicht die allgemeinen Verfahrenssicherungen der Meldepflicht aus § 4d Abs. 1 BDSG und der Vorabkontrolle nach § 4d Abs. 5 BDSG ergänzen, die bei einer automatisierten Videoüberwachung ausgelöst werden.[879] Die Erfüllung der Hinweispflicht nach § 6b Abs. 2 BDSG wäre dann keine Voraussetzung für die materiellrechtliche Zulässigkeit der Videoüberwachung.[880] Der Wortlaut des § 6b Abs. 2 BDSG weicht von § 6b Abs. 1 und Abs. 3 BDSG ab, da diese bestimmte Voraussetzungen beinhalten, unter denen die Videoüberwachung „zulässig ist", während § 6b Abs. 2 BDSG formuliert, dass „Maßnahmen" zu ergreifen „sind", welche die Videoüberwachung „erkennbar" machen. Dies und die nicht eindeutige Erklärung der Vorschrift durch den Gesetzgeber[881] sind Ausgangspunkte für die unterschiedlichen Ansichten darüber, ob die Pflicht zur Kenntlichmachung der Beobachtung nach § 6b Abs. 2 BDSG eine Rechtmäßigkeitsvoraussetzung der Videoüberwachung ist oder nicht.[882] Wäre sie es, wäre die Videoüberwachung unzulässig, wenn keine Hinweise erfolgen würden.[883]

Gegen eine Rechtmäßigkeitsvoraussetzung und für eine reine Obliegenheit wird angeführt, dass ein Verstoß gegen § 6b Abs. 2 BDSG in § 43 BDSG nicht als sanktionierbare Ordnungswidrigkeit erwähnt wird.[884] Auch der Wortlaut des § 6b Abs. 2 BDSG könnte Hinweise in Richtung einer Obliegenheit enthalten. Er verlangt, die Videoüberwachung „erkennbar zu machen". Dies könnte gegen einen Hinweis als Rechtmäßigkeitsvoraussetzung sprechen, da etwas Erkennbares nicht zwingend erkannt werden muss, weshalb nicht unbedingt so informiert werden müsste, dass die Information ihren Empfänger auch sicher erreicht oder von diesem bewusst wahrgenommen wird. § 6b Abs. 2 BDSG verlangt jedoch, dass der Umstand der Beobachtung und die verantwortliche Stelle erkennbar zu machen „sind". Hätte die Vorschrift keinen zwingenden Charakter haben

---

879 BT-Drs. 14/5793, S. 62.

880 So BAG, NJW 2012, 3594 (3598).

881 BT-Drs. 14/5793, S. 62.

882 Für die Einordnung der Hinweispflicht als Rechtmäßigkeitsvoraussetzung: *Brink*, in: Plath (Hg.) BDSG, 2013, § 6b Rn. 91; *Scholz*, in: Simitis (Hg.), BDSG, 2011, § 6b Rn. 110; dagegen: *Becker*, in: Wolff/Brink (Hg.), BDSG, 2013, § 6b Rn. 27; *Franzen*, in: Müller-Glöge et al. (Hg.), EfKA, 2013, § 6b BDSG Rn. 2; *Thüsing*, Arbeitnehmerdatenschutz, 2010, Rn. 365; *Byers/Pracka*, BB 2013, 760 (762); *Bergwitz*, NZA 2012, 1205 (1206).

883 So ArbG Frankfurt, BeckRS 2009, 68143; *Scholz*, in: Simitis (Hg.), BDSG, 2011, § 6b Rn. 110; *v. Zezschwitz*, in: Roßnagel (Hg.), HdD, 2003, Kap. 9.3 Rn. 76.

884 *Gola/Klug/Körffer*, in: Gola/Schomerus, BDSG, 2015, § 6b Rn. 26.

sollen, hätte etwa die Formulierung „sollen erkennbar gemacht werden" genügt. Erkennbar machen meint deshalb den Grad der Wahrnehmbarkeit des Hinweises: Erkennbarkeit unter normalen Umständen oder auch unter schwierigeren Umständen? Dies lässt sich dem Wortlaut des § 6b Abs. 2 BDSG nicht eindeutig entnehmen. Sollte jedoch angenommen werden, dass die Pflicht auf die Videoüberwachung hinzuweisen eine Rechtmäßigkeitsvoraussetzung der Videoüberwachung ist, muss der Hinweis auf diese auch jederzeit erkennbar sein.

Für die Kenntlichmachung der Videoüberwachung als Rechtmäßigkeitsvoraussetzung spricht zunächst neben dem Wortlaut des § 6b Abs. 2 BDSG der Zweck der Norm. Die Hinweispflicht dient dazu, den Vorgang der Videoüberwachung für den Betroffenen transparent zu gestalten und ihm zu vermitteln, gegenüber wem er gegebenenfalls seine Rechte geltend machen kann.[885] Er soll durch die Hinweise befähigt werden, der Videoüberwachung auszuweichen oder sein Verhalten anzupassen.[886] Damit wird dem Autonomiegedanken des Rechts auf informationelle Selbstbestimmung entsprochen.[887] Um diesen Zielen gerecht zu werden, muss auf die Videoüberwachung vor dem Betreten des überwachten Bereichs durch deutlich erkennbare Hinweise aufmerksam gemacht werden.[888] Die Datenschutzrichtlinie 95/46/EG gibt kaum Anhaltspunkte, wie § 6b Abs. 2 BDSG auszulegen ist, denn sie enthält keine eindeutige Regelung zu konkreten Hinweispflichten für die Videoüberwachung.[889] Art. 7 Buchstabe f DSRL nennt als Voraussetzung nur, dass die automatisierte Datenverarbeitung zur Verwirklichung eines berechtigten Interesses des für die Verarbeitung Verantwortlichen erforderlich sein muss und das Interesse oder die Grundrechte und Grundfreiheiten der betroffenen Person nicht überwiegen dürfen.[890] Erwägungsgrund Nr. 38 der Datenschutzrichtlinie 95/46/EG legt aber fest, dass die Betroffenen „in der Lage" sein müssen, zu erfahren, dass ihre personenbezogenen Daten automatisiert verarbeitet werden. Dies ist nur zu erreichen, wenn der Videoüberwachende gezwungen ist, den Betroffenen zu befähigen, die Videobeobachtung und ihren Verantwortlichen eindeutig zu erkennen.

Die Pflicht zur Kenntlichmachung nach § 6b Abs. 2 BDSG ist also nach dem Wortlaut und dem Telos der Norm sowie nach deren richtlinienkonformer Auslegung eine Rechtmäßigkeitsvoraussetzung der Videoüberwachung. Sie

---

885 BT-Drs. 14/4329, S. 38.

886 *Zscherpe*, in: Taeger/Gabel (Hg.), BDSG, 2010, § 6b Rn. 66.

887 Siehe BVerfGE 65, 1 (43).

888 *Scholz*, in: Simitis (Hg.), BDSG, 2011, § 6b Rn. 108.

889 BAG, NJW 2012, 3594 (3598).

890 BAG, NJW 2012, 3594 (3598).

trifft sowohl öffentliche als auch nicht öffentliche Stellen,[891] die als verantwortliche Stelle nach § 3 Abs. 7 BDSG gelten; nicht dagegen beispielsweise den Installateur eines Videoüberwachungssystems.[892] Da es aber Sinn und Zweck des § 6b Abs. 2 BDSG ist, im Zusammenhang mit § 6b Abs. 1 BDSG, die Interessen des Betroffenen und der nicht öffentlichen Stelle als Verantwortliche ins Gleichgewicht zu bringen, sind Fallkonstellationen denkbar, in denen nur eine verdeckte Videoüberwachung die verfassungsrechtlichen Rechte der verantwortlichen Stelle aus Art. 12 Abs. 1 GG oder Art. 14 Abs. 1 GG hinreichend berücksichtigen und deshalb zulässig sein kann.[893] Dies insbesondere, wenn die nicht kenntlich gemachte Videoüberwachung einziges Mittel zur Aufklärung eines konkret bestehenden Verdachts gegen eine bestimmte oder bestimmbare Person, wie beispielsweise im Fall *Köpke*[894], ist.[895] Auch ob eine nicht offengelegte Videoüberwachung unzulässig ist und möglicherweise zu Beweisverwertungsverboten führt, muss einzelfallbezogen untersucht werden.[896] Ein fehlender Hinweis muss sich deshalb bei der Interessenabwägung mittelbar über den Aspekt der Heimlichkeit der Videoüberwachung auswirken.[897] Aufgrund verfassungskonformer Einschränkung des § 6b BDSG kann also eine verdeckte Videoüberwachung ausnahmsweise zulässig sein.[898]

b) Hinweispflicht und die intelligente Videoüberwachung

Entsprechend diesen Erkenntnissen sind in eng umgrenzten Einzelfällen Ausnahmen denkbar, in denen ein Hinweis auf eine intelligente Videoüberwachung

---

891 BT-Drs. 14/4329, S. 28.

892 BGH, NJW 2010, 1533 (1534).

893 BAG, NJW 2012, 3594 (3598).

894 EGMR, Urt. v. 05.10.2010, Köpke (No. 420/07) = EuGRZ 2011, 471 ff.

895 *Gola/Klug/Körffer*, in: Gola/Schomerus, BDSG, 2015, § 6b Rn. 26 f.; *Thüsing*, Arbeitnehmerdatenschutz, 2010, Rn. 358; *Byers*, Videoüberwachung am Arbeitsplatz, 2010, S. 79; *Müller*, Videoüberwachung, 2008 S. 126 f.; *Bergwitz*, NZA 2012, 353 (357 f.).

896 BAG, NJW 2012, 3594 (3596); NJW 2003, 3436 (Ls. 2); ArbG Frankfurt, RDV 2006, 214; *Bauer/Schansker*, NJW 2012, 3537 (3539 f.).

897 BAG, NJW 2012, 3594 (3596 f.); siehe auch *Schwenke*, Private Nutzung von Smartglasses im öffentlichen Raum, 2016, S. 227. Zum Topos der Heimlichkeit im Rahmen der Interessenabwägung siehe Kap. F. III. 8. b).

898 BAG, NJW 2012, 3594 (3598); LAG Hamm, BeckRS 2011, 79152; *Franzen*, in: Müller-Glöge et al. (Hg.), EfKA, 2013, § 6b BDSG Rn. 2; *Byers*, Videoüberwachung am Arbeitsplatz, 2010, S. 79 f.; *Müller*, Videoüberwachung, 2008, S. 126 f.; *Bayreuther*, DB 2012, 2222 (2223); *Gola/Klug*, RDV 2004, 65 (73); *Helle*, JZ 2004, 340 (346).

zulässigerweise unterbleiben kann. Bereits für die herkömmliche Videoüberwachung werden jedoch hohe Anforderungen dahin gehend formuliert, dass etwa ein konkreter Verdacht gegenüber einer bestimmten Person oder einem bestimmten Personenkreis bestehen muss.[899] Diese Voraussetzungen müssen aufgrund der veränderten Überwachungsqualität der intelligenten Videoüberwachung und der daraus resultierenden erhöhten Gefährdung der schutzwürdigen Interessen der Betroffenen besonders streng geprüft werden. Es kann also nicht generell gegenüber einem abstrakten Adressatenkreis auf die Hinweispflicht verzichtet werden.

Die bereits für die herkömmliche Videoüberwachung bestehenden Anforderungen an die Art und Weise der Kenntlichmachung wachsen zudem in dem Maße, in dem die Videoüberwachung mithilfe von Mustererkennungs- und Videotrackingsoftware erfolgt. Während mit den bislang verwendeten Hinweisschildern deutlich wird, dass videoüberwacht wird, ist eine begreifbare piktografische Darstellung von Mustererkennungstechniken, wie der biometrischen Gesichtserkennung oder dem Videotracking, kaum vorstellbar. Hinsichtlich der veränderten Qualität einer intelligenten Videoüberwachung können die Maßgaben, dass lediglich der Umstand der Videoüberwachung, aber nicht die genau eingesetzte Technik kenntlich gemacht werden muss, nicht dauerhaft aufrechterhalten werden. Der Gesetzgeber hat zwar eine solch weitreichende Kenntlichmachung in der Gesetzesbegründung nicht verlangt,[900] aber eine Verschärfung der Hinweispflichten ist hinsichtlich der Zwecksetzung des § 1 Abs. 1 BDSG und des Transparenzgebotes gegenüber dem Betroffenen sowie angesichts der betroffenen Rechtsgüter und der besonderen Würdigung automatisierter Datenverarbeitungsvorgänge[901] wünschenswert.[902]

7. Erforderlichkeit nach § 6b Abs. 1 und Abs. 3 S. 1 BDSG

Die Erforderlichkeit der Videoüberwachung muss sowohl im Rahmen des § 6b Abs. 1 BDSG als auch des § 6b Abs. 3 S. 1 BDSG geprüft werden.[903] Sie ist

---

899 EGMR, Urt. v. 05.10.2010, Köpke (No. 420/07) = EuGRZ 2011, 471 (476); BAG, NJW 2012, 3594 (3596).

900 BT-Drs. 14/4329, S. 38.

901 BT-Drs. 14/4329, S. 62.

902 So *Scholz*, in: Simitis (Hg.), BDSG, 2011, § 6b Rn. 103. Ansätze finden sich hierfür auch in der DSGVO, die nach Art. 13 Abs. 2 DSGVO verlangt, die Betroffenen über die involvierte Logik der Datenverarbeitung zu informieren. Siehe näher dazu in Kap. H. IV. 2. d).

903 BT-Drs. 14/5793, S. 62.

grundsätzlich erforderlich, wenn das konkret festgelegte Ziel mit ihrer Hilfe tatsächlich erreicht werden kann und es dafür kein anderes, gleich wirksames, aber hinsichtlich der schutzwürdigen Interessen der betroffenen Personen weniger einschneidendes Mittel gibt.[904]

Diese Maßgabe entspricht höherrangigem Recht, denn auch dieses verlangt im Rahmen der verfassungsrechtlichen Verhältnismäßigkeitsprüfung *im weiteren Sinne* den legitimen Zweck, die Geeignetheit, die Erforderlichkeit und die Verhältnismäßigkeit *im engeren Sinne*, die sog. Angemessenheit, zu untersuchen.[905] So setzt beispielsweise die Rechtfertigung von Eingriffen in Art. 8 Abs. 1 EMRK gemäß Art. 8 Abs. 2 EMRK neben einer gesetzlichen Grundlage[906] voraus, dass die dort genannten legitimen Ziele erreicht werden können[907] und der Eingriff hierfür notwendig ist.[908] Auch Art. 52 Abs. 1 S. 2 GRCh gibt vor, dass Einschränkungen der Unionsgrundrechte nur zulässig sind, wenn sie erforderlich sind.[909] Die Datenschutzrichtlinie 95/46/EG konkretisiert dies ebenfalls an verschiedenen Stellen. Art. 6 Abs. 1 Buchstabe e DSRL verlangt beispielsweise, dass personenbezogene Daten „nicht länger, als es für die Realisierung der Zwecke, für die sie erhoben oder weiterverarbeitet werden, erforderlich ist, in einer Form aufbewahrt werden, die die Identifizierung der betroffenen Personen ermöglicht". Auch nach Art. 7 Buchstabe f DSRL ist die Verarbeitung personenbezogener Daten zur Verwirklichung des berechtigten Interesses nur zulässig, wenn sie erforderlich ist.

Im Rahmen der Erforderlichkeitsprüfung hat die Bewertung des Ob und des Wie ausgehend von einer objektiven Betrachtungsweise im Rahmen einer Einzelfallprüfung zu erfolgen, da die technischen, räumlichen und zeitlichen Einsatzvarianten ebenso wie die Ausstattung der Videoüberwachungssysteme und die konkret verfolgten Zwecke eine pauschale Antwort nicht erlauben.[910] Ist die

---

904 OVG Nds., Urt. v. 29.09.2014 – 11 LC 114/13; *Scholz*, in: Simitis (Hg.), BDSG, 2011, § 6b Rn. 88; *Schrems*, Private Videoüberwachung, 2011, S. 66 f.; *Zscherpe*, in: Taeger/Gabel (Hg.), BDSG, 2010, § 6b Rn. 51; *Gola/Klug*, RDV 2004, 65 (70).

905 BVerfGE 63, 131 (144); 115, 166 (192).

906 Nach *Marauhn/Thorn*, in: Dörr et al. (Hg.), EMRK/GG, 2013, Kap. 16, Rn. 81, ist in Art. 8 Abs. 2 EMRK ein echter Gesetzesvorbehalt normiert.

907 *Westphal*, in: Bauer/Reimer (Hg.), HD, 2009, S. 64.

908 *Pätzold*, in: Karpenstein/Mayer (Hg.), EMRK, 2012, Art. 8 EMRK Rn. 90, 99; *Meyer-Ladewig*, EMRK, 2011, Art. 8 EMRK Rn. 43, 99, 108 f.; *Frowein*, in: ders./Peukert (Hg.), EMRK, 2009, Vorb. zu Art. 8–11 Rn. 2 f.

909 *Ehlers*, in: ders. (Hg.), EuGR, 2014, § 14 VIII 4, Rn. 112.

910 *Becker*, in: Plath (Hg.), BDSG/DSGVO, 2016, § 6b Rn. 20; *Scholz*, in: Simitis (Hg.), BDSG, 2011, § 6b Rn. 89.

Videoüberwachung grundsätzlich ungeeignet, den angestrebten Zweck zu erreichen, ist sie nicht erforderlich und damit unzulässig.[911] Der Zweck muss jedoch nicht vollständig erreicht werden, sondern es genügt, wenn die Videoüberwachung geeignet ist, ihn zu fördern.[912] Die Tauglichkeit der Videoüberwachung im Einzelfall hängt deshalb davon ab, ob sie die technischen Voraussetzungen erfüllt oder erfüllen kann, die zur Zweckerreichung notwendig sind.[913] Ausgeschlossen wäre dies beispielsweise, wenn die Bilder nicht hochauflösend genug dargestellt werden könnten, um einen Personenabgleich vorzunehmen,[914] oder die Algorithmen technisch nicht dazu in der Lage wäre, einen positiven Treffer zu erzeugen. Wird geprüft, ob die Installation einer intelligenten Videoüberwachung in der geplanten Ausführung erforderlich ist, sind zudem die vorgesehenen Speicherzeiten und Löschfristen, sowie räumlich-zeitliche Beschränkungen und Anonymisierungs- oder Pseudonymisierungsmöglichkeiten zu bedenken.[915] Veränderungen der Systemstruktur können die Verarbeitung personenbezogener Daten auf ein Minimum beschränken und den Geboten der Datenvermeidung und Datensparsamkeit aus § 3a BDSG dienen.[916] Zu präferieren ist deshalb beispielsweise stets eine offene gegenüber einer heimlichen Videoüberwachung.[917] Außerdem ist eine Speicherung von Daten nur erforderlich, wenn sie für das Erreichen des angestrebten Zwecks unvermeidbar ist.[918]

Bei der Erforderlichkeitsprüfung wird als milderes Mittel oft der Einsatz von Wachpersonal diskutiert.[919] Dieser wird aber bereits für die herkömmliche

---

911 *Scholz*, in: Simitis (Hg.), BDSG, 2011, § 6b Rn. 87.

912 Siehe BVerfGE 63, 88 (115); 67, 157 (175); 96, 10 (23); 100, 313 (373); 103, 293 (307); 115, 276 (308).

913 Siehe dazu und für Beispiele *Zscherpe*, in: Taeger/Gabel (Hg.), BDSG, 2010, § 6b Rn. 52 f.

914 Siehe *Scholz*, in: Simitis (Hg.), BDSG, 2011, § 6b Rn. 87; *Zscherpe*, in: Taeger/Gabel (Hg.), BDSG, 2010, § 6b Rn. 52 f.

915 *Weichert*, DuD 2000, 662 (668).

916 BT-Drs. 14/4329, S. 33; *Wedde*, in: Däubler et al., BDSG, 2016, § 6b Rn. 41.

917 *Wedde*, in: Däubler et al., BDSG, 2016, § 6b Rn. 40.

918 Siehe *Wedde*, in: Däubler et al., BDSG, 2016, § 6b Rn. 60; *Scholz*, in: Simitis (Hg.), BDSG, 2011, § 6b Rn. 90.

919 Siehe *Scholz*, in: Simitis (Hg.), BDSG, 2011, § 6b Rn. 88. Die daneben diskutierte Sozialkontrolle durch die Bürger ist als anderes, milderes Mittel aufgrund einschlägiger Erfahrungen im Zusammenhang mit in der Öffentlichkeit ausgeführten Gewaltdelikten von Beginn an als nicht gleich geeignet abzulehnen, siehe *Wächter*, NdsVBl. 2001, 77 (80), der die Einhaltung gemeinsamer Standards durch eine Kontrolle abweichenden Verhaltens durch die Bürger im Ergebnis ablehnt, da anwesende Personen selbst bei nicht sozialadäquatem Verhalten nicht eingreifen würden.

Videoüberwachung als weitaus personalintensiver und kostspieliger als die Anschaffung eines Videoüberwachungssystems erachtet und ist deshalb nicht zumutbar.[920] Außerdem kann das Sicherheitspersonal nicht an jedem Ort zur gleichen Zeit sein und somit nicht die gleiche räumlich-zeitliche Abdeckung garantieren, wie es ein Videoüberwachungssystem kann.[921] Die Bilder einer Videokamera sind im Gegensatz zur visuellen Wahrnehmung eines Menschen auch speicherbar und im weiteren Verfahren wiederholt abrufbar.[922] Sie sind somit besser geeignet als Aussagen von Augenzeugen, um Sachverhalte aufzuklären, da sie diese objektiv darstellen und so eine verlässlichere Personenidentifizierung und Situationsrekonstruktion ermöglichen.[923]

Theoretisch sind intelligente Videoüberwachungssysteme zur Abschreckung von potenziellen Straftätern, besserer Überwachung gefährlicher Anlagen und auch der späteren Beweisführung geeignet.[924] Der Nachweis eines positiven Effekts oder einer tatsächlichen Erfolgsquote ist aber nur durch statistische Untersuchungen zu erbringen.[925] Für die intelligente Videoüberwachungstechnik fehlen solche Studien bislang.[926] Von Privaten sind derartige Erhebungen kaum erwartbar. Dies von ihnen zu verlangen, würde mit der Privatautonomie der nicht öffentlichen Stellen kollidieren und die Verantwortlichen nicht zuletzt wirtschaftlich stark belasten. Allerdings muss für die intelligente Videoüberwachung erst recht gelten, was für die herkömmliche Videoüberwachung angenommen wird. Denn sie besitzt die Vorzüge einer herkömmlichen Videoüberwachungsanlage und ist frei von den Schwächen der menschlichen Überwachung, wie dem Aufmerksamkeits- und Konzentrationsverlust und der möglicherweise einseitigen Fokussierung auf Betroffenengruppen.[927] Denn der

---

920 OVG NRW, Urt. v. 08.05.2009 – 16 A 3375/07; AG Berlin-Mitte, NJW-RR 2004, 532; *Gola/Klug*, RDV 2004, 65 (70).

921 OVG Nds., Urt. v. 29.09.2014 – 11 LC 114/13, Rn. 57.

922 Zur abschreckenden Wirkung schnellerer Identifizierung und Festnahme siehe *Stutzer/Zehnder*, DIW Berlin 78 (2009), 119 (123).

923 AG Berlin-Mitte, NJW-RR 2004, 531 (532).

924 *Bier/Spiecker gen. Döhmann*, CR 2012, 610 (616).

925 Zur Diskussion um die präventive Wirkung von Videoüberwachung und ihre repressiven Effekte und zu der Aussagekraft von Datenanalysen siehe *Kett-Straub*, ZStW 2011, 110 f., die den Nutzen von Videoüberwachung im öffentlichen Raum für überbewertet hält (a. a. O., 133).

926 Siehe *Held*, Videoüberwachung, 2014, S. 126.

927 *Stutzer/Zehnder*, DIW Berlin 78 (2009), 119 (129 f.). Kritisch sieht dies *Brink*, in: Plath (Hg.), BDSG, 2013, § 6b Rn. 64, da auch eine sachgerecht eingesetzte herkömmliche Videoüberwachung kostenintensiv sei, da zumindest beim Monitoring stets

Operator ist nicht mehr gezwungen, von Beginn an jedes Videobild in Augenschein zu nehmen. Sie verspricht zudem eine größere zeitliche und räumliche Effektivität sowie Effizienz in der Erkennung von auffälligen oder abweichenden Mustern.[928] Die intelligenten Videoüberwachungssysteme sind somit gegenüber den diskutierten Alternativen, abhängig von der konkreten Ausgestaltung ihres Einsatzes im Einzelfall, als besser geeignetes und milderes Mittel anzuerkennen.[929]

8. Interessenabwägung im Rahmen des § 6b Abs. 1 und Abs. 3 S. 1 BDSG

Sowohl nach § 6b Abs. 1 BDSG als auch nach § 6b Abs. 3 S. 1 BDSG ist die Videoüberwachung nur zulässig, wenn letztlich keine „Anhaltspunkte bestehen, dass schutzwürdige Interessen der Betroffenen überwiegen". Diese Interessen speisen sich insbesondere aus dem verfassungsrechtlich geschützten Recht auf informationelle Selbstbestimmung gemäß Art. 2 Abs. 1 GG i. V. m. Art. 1 Abs. 1 GG. Sie sind mit den ebenfalls vom Grundgesetz geschützten Interessen der für die Videoüberwachung Verantwortlichen, wie dem Recht auf körperliche Unversehrtheit aus Art. 2 Abs. 2 S. 1 GG, der allgemeinen Handlungsfreiheit nach Art. 2 Abs. 1 GG oder dem Eigentumsrecht gemäß Art. 14 Abs. 1 GG und der Berufsfreiheit des Art. 12 Abs. 1 GG, in Ausgleich zu bringen.[930] Bei der Interessenabwägung nach § 6b Abs. 1 und Abs. 3 S. 1 BDSG ist zum einen zu beachten, dass die Schutzpositionen der Grundrechte der verantwortlichen nicht öffentlichen Stelle und der betroffenen Person grundsätzlich gleichrangig

---

überwachungsbereites Personal vorzuhalten sei, um eine Ermüdung und einen Konzentrationsverlust zu vermeiden. Gerade für den vorliegenden Untersuchungsgegenstand wäre diese Kritik aber nicht mehr aufrechtzuerhalten.

928 Siehe *Bier/Spiecker gen. Döhmann*, CR 2012, 610 (616), die die Erforderlichkeit des Einsatzes intelligenter Überwachungssysteme bejahen, weil sonst „die Information nicht gleich schnell, gleich sicher und zum Teil überhaupt nicht beschaffbar" wäre. *Dies.*, (a. a. O., 616), bilden hierfür das Beispiel der Verfolgung eines Warenhausdiebstahls, bei dem über die Verknüpfung eines RFID-Lesegerätes mit einer Videokamera die entwendete Ware samt Dieb aufgenommen und verfolgt werden kann.

929 Siehe *Held*, Intelligente Videoüberwachung, 2014, S. 127. Pessimistisch ist *Zöller*, NJW-Aktuell 2010, 10 (12), der aufgrund der Ergebnisse einer Studie zur Wirksamkeit der Videoüberwachung auf der Hamburger Reeperbahn eine präventive Wirkung der Videoüberwachung verneint und höchstens eine repressive Tauglichkeit des Überwachungsmittels anerkennen will.

930 *Zscherpe*, in: Taeger/Gabel (Hg.), BDSG, 2010, § 6b Rn. 59.

nebeneinander stehen, und zum anderen, dass die Abwägung auf einfachgesetzlicher Ebene erfolgt.[931] Das einfache Gesetz stellt an eine Interessenabwägung andere Anforderungen als an eine verfassungsrechtliche Verhältnismäßigkeitsprüfung. Eine pauschale Bevorzugung eines der beteiligten Interessen verbietet sich deshalb.[932] Richtungsweisend[933] sind der auf der Verfassungsebene im Wege praktischer Konkordanz im Einzelfall herzustellende Ausgleich[934] und die Ausstrahlungswirkung der Grundrechte in das Privatrecht.[935] Gelingt der Ausgleich nicht, muss das schwächere Interesse so weit zurücktreten,[936] wie dies unter Beachtung seines sachlichen Gehalts unabdingbar erscheint.[937]

Die in § 6b Abs. 1 und Abs. 3 S. 1 BDSG normierte Interessenabwägung entspricht den Vorgaben der Datenschutzrichtlinie 95/46/EG. Diese fordert für die Entscheidung, ob eine automatisierte Verarbeitung personenbezogener Daten nach Art. 7 Buchstabe f DSRL zulässig ist, „eine Abwägung der jeweiligen einander gegenüberstehenden Rechte und Interessen, in deren Rahmen die Bedeutung der Rechte der betroffenen Person, die sich [nach Erwägungsgrund Nr. 10 und Nr. 11 DSRL auch] aus den Art. 7 und 8 der Charta ergeben, zu berücksichtigen ist“[938]. Nach Erwägungsgrund Nr. 30 DSRL dürfen die Interessen des Betroffenen im Rahmen der konkreten Abwägung der tatsächlichen Interessen nicht überwiegen.[939] Die Datenschutzbelange der Betroffenen müssen also auch nach Maßgabe der europarechtlichen Vorgaben gegenüber anderen gewichtigen Interessen abgewogen werden.[940] Die Intensität der Beeinträchtigung der Rechte der Betroffenen beeinflussen beispielsweise die bereits für die herkömmliche Videoüberwachung diskutierten Aspekte der „Dauer, Länge, Auswirkung und

---

931 *Klar*, Datenschutzrecht, 2012, S. 85; *Lang*, Private Videoüberwachung, 2008, S. 201.

932 BVerfGE 89, 214 (232); *Schwenke*, Private Nutzung von Smartglasses im öffentlichen Raum, 2016, S. 155; *Lang*, Private Videoüberwachung, 2008, S. 199 f.

933 *Schwenke*, Private Nutzung von Smartglasses im öffentlichen Raum, 2016, S. 155; *Lang*, Private Videoüberwachung, 2008, S. 201.

934 BVerfGE 28, 243 (261); 30, 173 (195); 63, 131 (144); 81, 278 (293); 89, 214 (232).

935 Siehe BVerfGE 84, 192 f.

936 BVerfGE 67, 213 (228).

937 BVerfGE 28, 243 (261).

938 EuGH, Urt. v. 13.05.2014, Google Spain und Google, C-131/12, ECLI:EU:C:2014:317, Rn. 74; Urt. v. 24.11.2011, ASNEF/FECEMD, C-468/10 und C-469/10, ECLI:EU:C:2011:777, Rn. 51.

939 *Brühann*, in: Grabitz et al. (Hg.), EU, 2011, Art. 7 DSRL Rn. 21, wonach eine rein kursorische Prüfung den Vorgaben nicht genügt.

940 EuGH, Urt. v. 06.11.2003, Lindqvist, C-101/01, ECLI:EU:C:2003:596; EuGH, Urt. v. 29.01.2008, Promusicae, C-275/06, ECLI:EU:C:2008:54.

Irreversibilität"[941] der Maßnahme sowie deren „materielle, physische oder psychologische Auswirkungen"[942], ihre Anlasslosigkeit, räumlich-zeitliche Ausdehnung[943] und Heimlichkeit.[944]

Die Liste der zu erwägenden Kriterien erschöpft sich unter Umständen nicht in den nachfolgend dargestellten, da sich aufgrund technologischer Entwicklungen stetig neue abwägungsrelevante Topoi ergeben können.[945] Die nun abstrakt erörterten Kriterien werden später an konkreten Beispielsfällen dargestellt (siehe Kap. G.).

a) *Automatisierung*

Ein wesentliches Kriterium, das Einfluss auf die Intensität der Beeinträchtigung der Interessen im Rahmen der Abwägung nach § 6b Abs. 1 und Abs. 3 S. 1 BDSG hat, ist das der Automatisierung der Datenverarbeitung. Es fand im Jahre 2000 Eingang in das Bundesdatenschutzgesetz.[946] Gesetzgeberseitig wird vermutet, dass die schutzwürdigen Interessen der Betroffenen bei der automatisierten Videoüberwachung in erheblicher Weise berührt sind, weil die Technik „in besonders gravierender Weise in das informationelle Selbstbestimmungsrecht der Betroffenen" eingreife.[947] Den Abwägungsklauseln des § 6b Abs. 1 und Abs. 3 S. 1 BDSG kommt deshalb „herausragende Bedeutung"[948] zu. In deren Rahmen soll nach dem Willen des Gesetzgebers regelmäßig, insbesondere im Hinblick auf technologische Fortentwicklungen im Bereich der automatisierten Auswertung von Videoaufnahmen, das Interesse des Betroffenen überwiegen.[949] Dass automatisierte Datenverarbeitungen eine besonders sorgfältige Abwägung der konfligierenden Interessen erfordern, bestätigt ein Blick auf Erwägungsgrund Nr. 53 DSRL, der verlangt, dass die besonderen Gefährdungen für die

---

941 *Pätzold*, in: Karpenstein/Mayer (Hg.), EMRK, 2012, Art. 8 EMRK Rn. 61.

942 *Marauhn/Thorn*, in: Dörr et al. (Hg.), EMRK/GG, 2013, Kap. 16, Rn. 71.

943 EuGH, Urt. v. 08.04.2014, Digital Rights Ireland, C-293/12, C-594/12, ECLI:EU:C:2014:238.

944 BVerfGE 65, 1 (42); 93, 213 (243); 107, 299 (312); 115, 166 (194); 118, 168 (197 f.).

945 Siehe *Schwenke*, Private Nutzung von Smartglasses im öffentlichen Raum, 2016, S. 155.

946 BT-Drs. 14/4329.

947 BT-Drs. 14/5793, S. 62.

948 BT-Drs. 14/5793, S. 62.

949 BT-Drs. 14/5793, S. 62. Die Automatisierung als eingriffsintensiv einschätzend auch BVerfGE 65, 1 (42, 48); 113, 29 (45 f.); 115, 320 (342, 350, 357); 118, 168 (185); 120, 274 (312); 120, 378 (398, 407).

Rechte und Freiheiten des Betroffenen mit großer Sensibilität behandelt werden müssen. Risikoreiche Datenverarbeitungen sollen deshalb gemäß Erwägungsgrund Nr. 54 DSRL zahlenmäßig nur „sehr beschränkt“ durchgeführt werden.

Die intelligente Videoüberwachung als ein die Daten automatisiert vorauswertendes Assistenzsystem, das „zum Vergrößern und Herausfiltern einzelner Personen, zur biometrischen Erkennung, zum Bildabgleich oder zur Profilerstellung“[950] genutzt werden kann, ist also nur ausnahmsweise zulässig.[951] Die intelligente Videotechnik arbeitet im Gegensatz zur herkömmlichen Videoüberwachung auch in mehreren Verarbeitungsphasen automatisiert, beginnend bei der Analyse der Bilddaten.[952] Die Komplexität der algorithmischen Datenverarbeitung steigert zum einen die Intransparenz der Funktionsweise der intelligenten Videoüberwachung für die Betroffenen. Zum anderen besteht bei der Analyse bestimmter Merkmale, etwa dunkler Hautfarbe, die Gefahr der Verfestigung von Stereotypen beim Sicherheitspersonal, wenn das System vermehrt auf eine bestimmte Bevölkerungsgruppe oder Ethnie aufmerksam macht.[953] Aufgrund der automatisierten Datenverarbeitung können außerdem nahezu beliebig große und komplexe Datenmengen sehr schnell analysiert und Informationen geliefert werden, auf die es der verantwortlichen Stelle ankommt.[954] Sie erhebt dabei Daten, die der menschliche Beobachter allein mithilfe seiner Augen nicht oder jedenfalls nicht immer wahrgenommen hätte.[955] Die „Vervielfachung der Zahl der möglichen Erfassungsvorgänge“[956] führt zu einer „besonderen Schlagkraft“[957] automatisierter Datenverarbeitungen. Wenn die intelligente Videoüberwachung darüber hinaus dazu genutzt wird, personenbezogene Informationen aus verschiedenen Quellen zusammenzuführen und zu verknüpfen, kann sie ein vollständigeres Bild des Betroffenen erstellen, als dies aufgrund der reinen Betrachtung eines Videobildes möglich wäre.[958] Dies intensiviert die Beeinträchtigung.[959] Mithilfe vernetzter Kameras werden zudem Laufwege analysiert und detaillierte Informationen über den Aufenthaltsort und die sozialen Kontakte

---

950 BT-Drs. 14/5793, S. 62.

951 BT-Drs. 14/5793, S. 62.

952 *Held*, Intelligente Videoüberwachung, 2014, S. 50.

953 *Apelt/Möllers*, ZfAS 2011, 585 (590 f.).

954 *Roßnagel et al.*, ZD 2012, 459 (460).

955 *Roßnagel et al.*, ZD 2012, 459 (460).

956 BVerfGE 120, 378 (407).

957 BVerfGE 120, 378 (407); ebenso 115, 320 (356 f.).

958 *Roßnagel et al.*, ZD 2012, 459 (460); *Bier/Spiecker gen. Döhmann*, CR 2012, 610 (617).

959 Siehe BVerfG, NVwZ 2007, 688 (691).

von Personen erfasst. Die erleichterte Auswertung und Analyse personenbezogener Daten durch die Fokussierung auf eine bestimmte Person hebt den Einzelnen auch als algorithmischen „Treffer" aus der Masse heraus und macht ihn für den Sicherheitsoperator zum Objekt, das seine Intimität verliert.[960] All dies verstärkt die Beeinträchtigung.[961] Dass eine automatisierte Datenverarbeitung und gezieltere Überwachung nicht nur nachteilig sein muss, zeigt aber schon das Beispiel einer am Boden liegenden, verletzten Person, die die Hilfe der für den öffentlich zugänglichen Raum verantwortlichen Stelle benötigt. Um eine solche Notlage zu entdecken, könnte das intelligente Videoüberwachungssystem beispielsweise darauf programmiert sein, den Operator zu alarmieren, sobald sich Objekte von einer bestimmten Größe in einer bestimmten Höhe zum oder vom Boden befinden.

Die technische Eigenschaft der intelligenten Videoüberwachung, Daten zweckorientiert auf bestimmte Muster hin auszulesen, könnte auch genutzt werden, um dafür zu sorgen, dass Verarbeitungsschritte, die der automatisierten Analyse folgen, ein geringeres Beeinträchtigungspotenzial haben.[962] Denn das System könnte dem Operator nur jene Bildsequenzen zeigen, die die gesuchten Muster aufweisen und er müsste die Videobilder nicht einzeln am Bildschirm sichten.[963] Dies böte eine schnellere nachträgliche Analyse, Auswertung und Aufklärung, wenn es beispielsweise zu Einbrüchen, Diebstählen oder Gewalttaten gekommen ist.

Zusammenfassend ist festzuhalten: Die Anforderungen an die Interessenabwägung sind bei der intelligenten Videoüberwachung aufgrund der automatisierten Datenanalyse zunächst unabhängig von der Systemarchitektur grundsätzlich höher als bei der herkömmlichen Videoüberwachung.[964] Die Intensität der Beeinträchtigung schutzwürdiger Interessen des Betroffenen aufgrund der Automatisierung variiert jedoch je nach Aufbau des intelligenten Videoüberwachungssystems. Einen Weg, die kollidierenden Interessen in Ausgleich zu bringen, eröffnen klar definierte Voraussetzungen für die Datenverarbeitung.[965]

960 Aus diesem Grund befindet *Wächter*, NdsVBl. 2001, 77 (84, 86), dass der automatisierte Abgleich zwar zunächst für die betroffene, aber nicht gesuchte Person ein geringer Eingriff ist, der Mensch durch die automatisierte Suche nach Mustern und Merkmalen jedoch ohne subjektives Moment zum Objekt wird.

961 Siehe BVerfGE 120, 378 (406 f.); 65, 1 (42).

962 *Held*, Intelligente Videoüberwachung, 2014, S. 136.

963 Siehe *Held*, Intelligente Videoüberwachung, 2014, S. 136.

964 Siehe *Held*, Intelligente Videoüberwachung, 2014, S. 137.

965 Siehe BVerfGE 65, 1 (48).

Bei entsprechender Programmierung der Software und technisch einwandfreier Funktionsweise ermöglicht die intelligente Videoüberwachung dann den Vorteil, dass nur jene Informationen sichtbar werden, die vorab als relevant festgelegt und in Algorithmen umgesetzt wurden. Nichttreffer könnten systemautonom gelöscht werden und es fände keine weitere Verarbeitung personenbezogener Daten statt.[966] Die Reduktion der Bilddaten auf die für die Auswertung erforderlichen Informationen würde zudem die Menge zu speichernder Daten verkleinern.

b) *Heimlichkeit*

Bislang wurde der verdeckte Einsatz von Videokameras durch nicht öffentliche Stellen hauptsächlich im Zusammenhang mit der heimlichen Überwachung von Arbeitnehmern diskutiert.[967] Da Arbeitsplätze jedoch zu einem großen Teil im öffentlich zugänglichen Raum, beispielsweise in Kaufhäusern, Supermärkten, Restaurants oder Cafés, angesiedelt sind, können diese Erkenntnisse auf den vorliegenden Untersuchungsgegenstand übertragen werden. Der heimliche Einsatz von Videoüberwachung durch nicht öffentliche Stelle ist nicht grundsätzlich unzulässig.[968] Auch nicht vor dem Hintergrund, dass § 6b Abs. 2 BDSG prinzipiell die Kenntlichmachung der Videoüberwachung verlangt.[969] Allerdings wirkt die Heimlichkeit einer Überwachungsmaßnahme eingriffsintensivierend.[970] Denn mangels Erkenntnis, überwacht zu werden, können Betroffene keinen Rechtsschutz gegen die Maßnahmen suchen.[971] Außerdem sind sie in ihrer Selbstbestimmung beeinträchtigt, da es ihnen verwehrt wird, über die Verwendung der eigenen Daten zu bestimmen,[972] und sie ihr Verhalten nicht nach ihrer Vorstellung an die Überwachung anpassen oder auf diese hin ausrichten können.[973]

Deshalb sind nur ausnahmsweise Fallkonstellationen denkbar, in denen die nicht öffentliche Stelle ein überwiegendes berechtigtes Interesse an einer

---

966 Siehe dazu schon oben Kap. F. III. 4. d) cc).

967 Siehe bspw. EGMR, Urt. v. 05.10.2010, Köpke (No. 420/07) = EuGRZ 2011, 471 ff.; BAG, NJW 2012, 3594; NZA 2008, 1187 (1191); NZA 2004, 1278; NJW 2003, 3436.

968 EGMR, Urt. v. 05.10.2010, Köpke (No. 420/07) = EuGRZ 2011, 471 (475); BAGE 105, 356 ff.; NJW 2012, 3594 (3596); NJW 2003, 3436 (Ls. 2); ArbG Freiburg, BeckRS 2004, 15014; *Bergwitz*, NZA 2012, 1205 (1207).

969 Dazu oben Kap. F. III. 6.

970 BVerfGE 120, 378 (402 f.).

971 BVerfGE 120, 378 (403).

972 Entsprechend BVerfGE 65, 1 (42); 115, 320 (355).

973 BVerfGE 93, 213 (243); 107, 299 (312); 115, 166 (194); 118, 168 (197 f.).

heimlichen Videoüberwachung haben kann.[974] Ohne die Möglichkeit verdeckter Maßnahmen im Rahmen des § 6b BDSG wäre die Verwirklichung der Rechte der nicht öffentlichen Stelle aus Art. 14 GG, Art. 2 Abs. 1 und Abs. 2 GG sowie Art. 12 GG im Privatrecht nicht ausreichend gewährleistet.[975] Auch Art. 7 DSRL, der die Zulässigkeitsvoraussetzungen automatisierter Datenverarbeitungen normiert und Vorbild für § 6b BDSG bei der pflichtgemäßen Umsetzung der Datenschutzrichtlinie 95/46/EG war, ist deshalb so auszulegen, dass es stets möglich sein muss, die widerstreitenden Interessen vollständig gegeneinander abzuwägen.[976] Aufgrund der hohen Intensität, mit der die schutzwürdigen Interessen der Betroffenen bei einer heimlichen Überwachung beeinträchtigt werden, genügen aber nicht jegliche berechtigten Interessen der nicht öffentlichen Stelle, sondern nur solche von erheblichem Gewicht.[977] Denn die Datenschutzrichtlinie 95/46/EG geht davon aus, dass eine nach Treu und Glauben erfolgende Datenverarbeitung grundsätzlich nach Offenheit verlangt.[978] Eine heimliche Überwachung würde es dem Betroffenen auch nicht zuletzt erheblich erschweren, die Transparenz fördernden Informations-, Auskunfts- und Widerspruchsrechte der Art. 10 bis 14 DSRL wahrzunehmen.[979]

Pauschal lässt sich die Frage, wann das Kriterium der Heimlichkeit Anhaltspunkte für ein Überwiegen der schutzwürdigen Interessen der Betroffenen bietet, allerdings nicht beantworten. Entscheidend ist die Abwägung im Einzelfall.[980] Notwendig ist mindestens, dass ein begründeter Verdacht gegen eine bestimmte Person vorliegt, dass die Maßnahme zeitlich sowie örtlich beschränkt

---

974 In BAGE 105, 356 ff. hatte das Gericht bspw. eine heimliche Videoüberwachung zwar als Eingriff in das allgemeine Persönlichkeitsrecht erachtet, diesen aber aufgrund des dringenden Tatverdachts gegenüber dem Betroffenen als durch überwiegend schutzwürdige Interessen des Arbeitgebers gerechtfertigt beurteilt.

975 BAG, NJW 2003, 3436 (3438); NJW 2012, 3594 (3598). Zustimmend *Bergwitz*, NZA 2012, 1205 (1207), der feststellt, dass dem Betreiber der Videoüberwachung ohne die Möglichkeit, diese verdeckt einzusetzen, nur die Einschaltung der Polizei oder Staatsanwaltschaft bliebe. Ähnlich auch *Müller*, Videoüberwachung, 2008, S. 126.

976 EuGH, Urt. v. 24.11.2011, ASNEF/FECEMD, C-468, ECLI:EU:C:2011:777.

977 EGMR, Urt. v. 05.10.2010, Köpke (No. 420/07) = EuGRZ 2011, 471 (475); BAG, NJW 2012, 3594 (3596); NJW 2003, 3436, Ls. Nr. 2; LAG Hamm, BeckRS 2011, 79152. Das LAG Köln, BeckRS 2011, 68523, verlangt eine „notwehrähnliche Lage".

978 *Brühann*, in: Grabitz et al. (Hg.), EU, 2011, Art. 6 DSRL, Begr. und Rn. 8.

979 *Westphal*, in: Bauer/Reimer (Hg.), HD, 2009, S. 71; *Siemen*, Datenschutz, 2006, S. 237 f.; *Roßnagel/Brühann*, in: Roßnagel (Hg.), HdD, 2003, Kap. 2.4 Rn. 37 ff.; *Frenz*, HdE, 2009, Bd. 4, Kap. 7 § 5 S. 430 Rn. 1393 f.

980 BAG, NJW 3594 (3596).

ist und kein milderes, gleich effektives Mittel zur Verfügung steht.[981] Außerdem müssen weitreichende Vorkehrungen gegen missbräuchliche Verwendungen heimlich erhobener Daten getroffen werden.[982] Diese Vorgaben gelten aufgrund der veränderten Qualität und des höheren Eingriffspotenzials der Überwachung erst recht bei der heimlichen intelligenten Videoüberwachung.

c) Anlass und Verdacht

Die Gründe, weshalb ein intelligentes Videoüberwachungssystem installiert wird, können vielfältig und sowohl sach- als auch personenbezogenen sein.[983] Sachbezogen wäre beispielsweise der Einsatz zur Überwachung sicherheitsrelevanter Räume, wie von Schalterbereichen in Banken oder zum Schutz des Eigentums, etwa des Kassenbereichs von Einzelhandelsfilialen oder Eingangsbereichen von Tankstellen. Auslöser für die Implementierung intelligenter Videoüberwachung können zudem generell-negative Erfahrungen, Gefahrenprognosen für bestimmte Einsatzorte oder örtliche Begebenheiten sein.[984] Die betroffenen Personen haben in diesen Fällen aber keinen oder keinen direkten Anlass für die Verarbeitung ihrer personenbezogenen Daten gegeben.[985] Ein personenbezogener Anlass läge erst vor, wenn der von der Videoüberwachung Betroffene ein verdächtiges Verhalten erkennen lässt, das es rechtfertigt, ihn zu überwachen.[986] Ein allein sachbezogener Anlass darf nicht zugleich als personenbezogener Anlass gewertet werden, da die Anwesenheit des Einzelnen im videoüberwachten öffentlich zugänglichen Raum dann zufallsbedingt und nicht Ziel der Maßnahme ist.[987]

---

981 Siehe EGMR, Urt. v. 05.10.2010, Köpke (No. 420/07) = EuGRZ 2011, 471 (476); BAG, NJW 2012, 3594 (3596); NJW 2003, 3436, Ls. 2; ArbG Freiburg, BeckRS 2004, 15014.

982 EGMR, Urt. v. 04.05.2000, Rotaru (No. 28341/95); *Marauhn/Thorn*, in: Dörr et al. (Hg.), EMRK/GG, 2013, Kap. 16 Rn. 87.

983 *Held*, Intelligente Videoüberwachung, 2014, S. 129.

984 Derartige Gründe sind mit dem polizeirechtlichen Begriff der Gefahrenschwelle und deren Überschreiten vergleichbar und entsprechen der Abwehr abstrakter Gefahren durch Maßnahmen im Einzelfall, wie etwa der Verhütung von Straftaten durch die Installation polizeilicher Videoüberwachung; siehe *Held*, Intelligente Videoüberwachung, 2014, S. 129 f.

985 *Held*, Intelligente Videoüberwachung, 2014, S. 129.

986 *Held*, Intelligente Videoüberwachung, 2014, S. 129; vgl. auch AG Meldorf, BeckRS 27908.

987 *Held*, Intelligente Videoüberwachung, 2014, S. 129.

Einer Person nicht zurechenbare Maßnahmen sind „grundsätzlich von höherer Eingriffsintensität“[988]. Der Grund dafür ist, dass der Einzelne durch eine Maßnahme umso intensiver in seinen freiheitlichen Grundrechten betroffen ist, je weniger er sie initiiert hat.[989] Inwieweit der Grad der Beeinträchtigung der schutzwürdigen Interessen im Rahmen der Interessenabwägung des § 6b Abs. 1 und Abs. 3 S. 1 BDSG aufgrund eines fehlenden personenbezogenen Anlasses erhöht wird, kann nicht pauschal beantwortet werden.[990] Im Bereich des verdachtslosen Einsatzes der Videoüberwachung durch öffentliche Stellen sind die hohen Rechtfertigungshürden[991] mit der Funktion der Grundrechte, Abwehrrechte gegen den Staat zu verleihen, zu erklären.[992] Über die unbestimmten Rechtsbegriffe des „schutzwürdigen Interesses“ und der „berechtigten Interessen“ hat diese Dimension der Grundrechte, der sog. *status negativus*, Ausstrahlungswirkung auf die Interessenabwägung im Rahmen des § 6b Abs. 1 und Abs. 3 S. 1 BDSG und wirkt mittelbar auf die Beziehung zwischen dem Überwachten und der nicht öffentlichen Stelle ein. Soweit der Betroffene bei einer anlasslosen Videoüberwachung keine Ursache gesetzt hat und der Verantwortliche die intelligente Videoüberwachung aus eigenen Beweggründen implementiert, muss er deshalb gewichtige berechtigte Interessen ins Feld führen können. Allgemeine Mutmaßungen über abstrakte Gefahren genügen für eine anlasslose

---

988 BVerfGE 120, 378 (402) m. w. N. bei BVerfGE 100, 313 (376, 392); 107, 299 (320 f.); 109, 279 (353); 113, 29 (53); 113, 348 (383); 115, 320 (354); EuGH, Urt. v. 08.04.2014, Digital Rights Ireland, C-293/12, C-594/12, ECLI:EU:C:2014:238, Rn. 27, wonach die Vorratsdatenspeicherung aufgrund der fehlenden Beschränkung auf einen bestimmten Personenkreis oder eine bestimmte Person und mangels Rückbindung der Datenverarbeitung an einen Anlass unverhältnismäßig war.

989 Siehe BVerfGE 115, 320 (354).

990 Siehe *Held*, Intelligente Videoüberwachung, 2014, S. 130, wonach sich „keine Rückschlüsse auf die Eingriffsintensität folgern“ lassen.

991 Siehe *Dreier*, in: ders. (Hg.), GG, 2013, Bd. I, Vorb. Rn. 88, der von einem „strukturellen Rechtfertigungszwang für staatliche Eingriffe“ spricht. Für die Belastung mit einem Eingriff ohne konkreten Anlass fordert *Wächter*, NdsVBl. 2001, 77 (82 f.), für die staatliche Videoüberwachung einen Zurechnungsgrund in Form einer „örtlichen Sondersituation“ oder „einer akut drohenden Gefahr durch eine besonders schwere Straftat“. Der VGH B.-W., NVwZ 2004, 498 (502), erachtet eine Überwachungsmaßnahme an gefährlichen Orten oder Kriminalitätsbrennpunkten zur Gefahrenabwehr im Vorfeld, also bei Fehlen einer konkreten Gefahr als Eingriffsschwelle, als äußerst eingriffsintensiv und verlangt eine in spezifischer Weise am Grundsatz der Verhältnismäßigkeit zu messende Rechtfertigungsprüfung.

992 *Held*, Intelligente Videoüberwachung, 2014, S. 130 f.

Videoüberwachung, bei der alle Personen unter Generalverdacht gestellt werden, also nicht.[993]

Die intelligente Videoüberwachung ermöglicht durch die Programmierung bestimmter Mustererkennungsalgorithmen sowohl die repressive Fokussierung auf bestimmte Personen, die bereits auffällig geworden sind, als auch die präventive Analyse und Verarbeitung personenbezogener Daten von Betroffenen, die aufgrund gezeigter Bewegungs- oder Verhaltensmuster erstmals Anlass für die Verarbeitung der über sie gewonnenen Bilddaten bieten. Wird sie so eingesetzt, dass der menschliche Operator nur bei verdächtigen Abweichungen von vorgegebenen Mustern alarmiert wird, kann dies gegen die Grundannahme sprechen, dass die schutzwürdigen Interessen des Betroffenen überwiegen.[994] Denn dann hat der Betroffene – zumindest nach Maßgabe der Überwachungsparameter – einen spezifisch-individuellen Grund für die Erhebung seiner personenbezogenen Daten gegeben.[995] Dies setzt jedoch voraus, dass das Datenmaterial nicht an anderer Stelle vollständig kontrolliert und generell gespeichert wird.[996]

d) *Art der Daten*

Abhängig davon, ob der Erhebungskontext der öffentlichen Sphäre oder der Privatsphäre zugeordnet wird, sind die automatisiert verarbeiteten personenbezogenen Daten grundsätzlich als mehr oder weniger schutzwürdig zu kategorisieren, da ihre Persönlichkeitsrelevanz divergiert.[997] Je enger der Bezug der Daten zur Intimsphäre des Einzelnen ist, umso geringer ist der Raum für eine Abwägung. Hinsichtlich des Rechts auf informationelle Selbstbestimmung muss jedoch beachtet werden, dass der Einzelne, wenn er sich in die Allgemeinheit des öffentlich zugänglichen Raums begibt, Informationen preisgibt.[998] Es ist ebenfalls nicht davon auszugehen, dass jeder Ort eine bestimmte abstrakte Schutzwürdigkeit aufweist, diese muss vielmehr einzelfallbezogen beurteilt werden.[999] Auch

---

993 BAGE 105, 356; 127, 276; BAG, NJW 2012, 3594 (3596); ebenso LAG B.-W., BB 1999, 1439; ArbG Düsseldorf, BeckRS 2011, 78947; *Roßnagel*, ZRP 2013, 126.

994 Siehe *Held*, Intelligente Videoüberwachung, 2014, S. 131, für diese Einschätzung bei der intelligenten Videoüberwachung im polizeilichen Einsatz.

995 Siehe BVerwGE 45, 51 (58); 49, 36 (42 ff.); *Roßnagel et al.*, DuD 2011, 694 (696).

996 Siehe *Held*, Intelligente Videoüberwachung, 2014, S. 131.

997 Siehe BVerfGE 115, 320 (348); 120, 378 (404), wonach der öffentliche Charakter eines Verhaltens zwar nicht die Eingriffsqualität beseitigt, jedoch das Eingriffsgewicht verringert.

998 *Klar*, Datenschutzrecht, 2012, S. 86.

999 NdS-Landtag-Drs. 14/4000, S. 39 f.

wenn beispielsweise Kaufhauseingänge regelmäßig keine Orte des Verweilens und des sozialen Austauschs sind, kann dies trotzdem nicht für jeden Fall ausgeschlossen werden, etwa wenn sich dort ein Raucherbereich oder ein Außenbereich eines ansässigen Cafés befinden. Ebenso zählen Bereiche zum öffentlich zugänglichen Raum, die eine größere Nähe zur Intim- oder Privatsphäre aufweisen, zum Beispiel öffentliche Toiletten und Waschräume oder Sitzbereiche in Einkaufszentren. An diesen Orten besteht die Vermutung, dass Anhaltspunkte für ein grundsätzliches Überwiegen der schutzwürdigen Interessen der Betroffenen gegeben sind.[1000]

Grundsätzlich werden schon bei der herkömmlichen Videoüberwachung durch den Blick des Operators auf den Bildschirm persönlichkeitsrelevante Daten erhoben, da er bei entsprechender Bildqualität oder zumindest durch Nachbearbeitung Informationen über Geschlecht, Alter und körperliche Merkmale der Überwachten erhält.[1001] Die intelligente Videoüberwachung ermöglicht jedoch nicht nur die Erhebung dieser Daten erster Stufe.[1002] Durch die Verknüpfung von personenbezogenen Daten „ohne Persönlichkeitsrelevanz"[1003] mit durch Videotracking erlangten Bewegungsspuren einer Person kann die intelligente Videoüberwachung dem Operator Bewegungs- und Verhaltensmuster des Einzelnen offenlegen und es können Profile erstellt werden, die tief greifenden Aufschluss über soziale und wirtschaftliche Verhältnisse des Einzelnen erlauben. Die Verbindung zunächst scheinbar wenig persönlichkeitsrelevanter Daten durch die intelligente Videoüberwachung kann die schutzwürdigen Interessen folglich erheblich beeinträchtigen,[1004] da sie zusammengefasst sensible Datenkategorien betreffen können. Einzelfallbezogen muss somit stets berücksichtigt werden, in welchem Kontext die Daten verarbeitet werden, welchen Sensibilitätsgrad sie aufweisen und welcher Sphäre sie entnommen werden.[1005]

1000 BVerfGE 115, 320 (348), spricht insofern von Informationen, „bei deren Erlangung Vertraulichkeitserwartungen verletzt werden"; siehe auch *Lang*, Private Videoüberwachung, 2008, S. 305.

1001 *Held*, Intelligente Videoüberwachung, 2014, S. 143.

1002 Siehe zur damit angelegten Stufentheorie *Starck*, in: ders. (Hg.), GG, 2010, Art. 2 Rn. 118; ausführlich dazu *Held*, Intelligente Videoüberwachung, 2014, S. 143.

1003 *Held*, Intelligente Videoüberwachung, 2014, S. 143.

1004 Siehe BVerfGE 115, 320 (348).

1005 Siehe LG München I, Urt. v. 21.10.2011 – 20 O 19879/10, Rn. 27.

e) Technische Gestaltung

Intelligente Videoüberwachungssysteme können eine Vielzahl unterschiedlichster Bauteile enthalten, die abhängig von ihrer konkreten Kombination im Einzelfall erweiterte Überwachungsmöglichkeiten bieten und dadurch die Beeinträchtigung der schutzwürdigen Interessen des Überwachten verstärken.[1006] Denn je weiter die Verarbeitung reicht, umso größer sind die beeinträchtigenden Verknüpfungs- und Verwendungsmöglichkeiten.[1007] Für den Betroffenen besteht dann unter Umständen keine oder kaum eine Möglichkeit zur Kontrolle, wem seine personenbezogenen Daten zugänglich sind. Aus diesem Grund muss einzelfallbezogen geprüft werden, welche Art der Videokamera (z. B. eine Dome-Kamera) eingesetzt wird, wie leistungsfähig diese hinsichtlich Bildqualität und Übertragungsrate ist sowie, ob Zoommöglichkeiten[1008] und Schwenk-Neige-Mechanismen vorhanden sind oder weitere technische Geräte, etwa Bewegungsmelder, integriert sind. Die verschiedenen Gestaltungsoptionen der intelligenten Videoüberwachungstechnik können jedoch auch dazu dienen, die Beeinträchtigung der schutzwürdigen Interessen zu verringern und so die Interessenabwägung zugunsten der Verantwortlichen entscheiden. Je nach Einsatzzweck und Ziel der Videoüberwachung könnten dem Operator im Trefferfall beispielsweise lediglich pseudonymisierte Daten gezeigt werden, indem eine piktografische Darstellung gewählt wird.[1009]

1006 OLG München, Urt. v. 13.02.2012 – 20 U 4641/11 = Beschluss v. 13.02.2012 – 20 U 4641/11, wonach für die Qualität des Eingriffs in das allgemeinen Persönlichkeitsrecht gem. § 823 Abs. 1 BGB durch die Videoüberwachung nicht das technisch Machbare entscheidend ist, sondern die konkrete technische Ausgestaltung. Siehe auch *Büllesfeld*, in: Bücking (Hg.), Videoüberwachung, 2007, 63 (68, 73); *Gola/Klug*, RDV 2004, 65 (70).

1007 Das LArbG Berlin-Brandenburg, BeckRS 2011, 76074, Rn. 2.3.2.1.5., erachtete bspw. einleuchtend eine Live-Beobachtung in Form des sog. Monitorings als von geringerer Eingriffsqualität als eine Aufzeichnung.

1008 Das LArbG Berlin-Brandenburg, BeckRS 2011, 76074, Rn. 2.3.2.1.5, sah in der Zoom-Funktion der Videoüberwachungsanlage den Vorteil, dass nur verdächtige Arbeitnehmer beobachtet werden könnten und unbeteiligte – also nicht einer Straftat verdächtige – Arbeitnehmer verschont blieben. Dies entspricht jedoch nicht der herrschenden Meinung, wonach Zoommöglichkeiten gerade eingriffsintensivierend sind, da sie eine größere Individualisierbarkeit der Person ermöglichen, siehe nur *Becker*, in: Plath (Hg.), BDSG/DSGVO, 2016, § 6b Rn. 24; OLG München, Urt. v. 13.02.2012 – 20 U 4641/11 = Beschluss v. 13.02.2012 – 20 U 4641/11, wonach die abgeschaltete Zoomfunktion die Eingriffsintensität relativierte.

1009 *Schrems*, Private Videoüberwachung, 2011, S. 156.

Zur technischen Gestaltung des Videoüberwachungssystems gehören darüber hinaus die Aspekte des Datengeheimnisses und der Missbrauchskontrolle. Die verantwortliche nicht öffentliche Stelle muss dafür Sorge tragen, dass kein unautorisierter Datenzugriff erfolgen kann. Dies kann durch eine strenge, systemautonome Protokollierung des Zugriffs auf die erhobenen personenbezogenen Daten sichergestellt werden, indem stets das Vier-Augen-Prinzip eingehalten wird oder nur bestimmten Personen klar definierte Zugriffsrechte erteilt werden. Eine weitere Sicherung kann dadurch integriert werden, dass die Daten, falls kein Alarm erfolgt, in einer Endlosschleife systemimmanent überschrieben werden. Bei der intelligenten Videoüberwachung müssen zudem Sicherungen in der Systemarchitektur erfolgen, um eine Umprogrammierung der Algorithmen zu verhindern. Bereits in der Entwicklung der intelligenten Videoüberwachungssysteme und der Programmierung der Suchalgorithmen können sog. *privacy*-Filter verwendet werden. Vorausgesetzt die Filter funktionieren ordnungsgemäß, erkennen diese später die Personen in den Videobildern und verpixeln sie, sodass keine personenbezogenen Daten verarbeitet werden können.[1010] Da aber auch die berechtigten Interessen der Verwender intelligenter Videoüberwachung zu berücksichtigen sind, muss geprüft werden, wie viel der gewonnenen Bilddatenmenge (Gesicht, Statur, Räumlichkeit) verpixelt werden muss, um eine Person tatsächlich unkenntlich zu machen.[1011] Abstrakt betrachtet, bietet die technische Gestaltung der intelligenten Videoüberwachung somit sowohl die Möglichkeit, den Eingriff in die Rechte der Betroffenen zu mildern, als auch die Möglichkeit, diesen erst zu erlauben und auszuweiten.

f) Zeitliche und räumliche Beschränkung

Die automatisierte Datenverarbeitung ermöglicht es, die intelligente Videoüberwachung zeitlich und räumlich auszudehnen. Da die intelligente Videoüberwachung großflächiger und gleichzeitig exakter beobachtet als das bloße Auge des Streifenpolizisten oder des privaten Sicherheitspersonals können zum Beispiel

---

1010 Erst durch das Pseudoynmisieren oder Anonymisieren der zunächst personenbezogenen Daten verlieren diese ihren Personenbezug, da die Person dann nicht mehr identifizierbar ist, siehe BVerwG Schweiz, Urt. v. 04.04.2011 – A-7040/2009; *Solmecke*, Google Street View, 2010, http://www.wbs-law.de/allgemein/google-street-view-eingriff-in-persoenlichkeitsrechte-und-datenschutz-oder-unbedenklicher-service-oder-1818/ (abgerufen am 17.01.2017).

1011 Siehe zur herkömmlichen Videoüberwachung *Schrems*, Private Videoüberwachung, 2011, S. 164.

im Nachhinein Personen fokussiert werden, die zunächst nicht identifiziert oder gezielt beobachtet wurden.[1012] Je länger die Videoüberwachung dauert und je weiter sie ausgedehnt wird, umso mehr Daten über die Gewohnheiten und Eigenheiten des Einzelnen, etwa über seinen Tagesablauf oder seine sozialen Kontakte, können erhoben werden.[1013] Die daraus folgende hohe Informationsdichte und der erlangte Informationsgehalt beeinträchtigen die schutzwürdigen Interessen der Betroffenen stark.[1014] Eine zeitliche und räumliche Beschränkung der Überwachungsmaßnahme ist deshalb ein wichtiger Indikator für die Intensität der Beeinträchtigung der schutzwürdigen Interessen des Betroffenen.[1015]

Um die Beeinträchtigung aufgrund der Dauer der intelligenten Videoüberwachung zu reduzieren, könnte die Datenverarbeitung auf bestimmte Tages- oder Nachtzeiten beschränkt werden oder mithilfe eines Bewegungsmelders nur anlassbezogen erfolgen. Bei der Beurteilung der Dauer der Videoüberwachung ist auch maßgeblich, ob der Betroffene ihr ausweichen kann oder gezwungen ist, die permanente Überwachung über längere Zeit hinzunehmen.[1016] Denn eine dauerhafte, unvermeidbare Kontrolle steigert den vom Betroffenen möglicherweise empfundenen Überwachungsdruck.[1017] Will der Einzelne nicht auffallen, ist er zur Verhaltensanpassung gezwungen. Das Problem eines empfundenen Überwachungsdrucks[1018] kann bei der intelligenten Videoüberwachung verstärkt auftreten, wenn der Einzelne erkennt oder mitgeteilt bekommt, dass er automatisiert überwacht wird, aber unsicher ist, wie das System grundsätzlich funktioniert und welche Verhaltensweisen algorithmisch auffällig sind.[1019] Aufgrund der Unsicherheit kann er in der freien Entwicklung und Entfaltung seiner Persönlichkeit wesentlich gehemmt sein.[1020] Dadurch werden seine Interessen stärker beeinträchtigt.

1012 Siehe zur herkömmlichen Videoüberwachung *Wächter*, NdsVBl. 2001, 77 (79).

1013 *Lang*, Private Videoüberwachung, 2008, S. 303; *Wächter*, NdsVBl. 2001, 77 (83).

1014 *Lang*, Private Videoüberwachung, 2008, S. 301; *Büllesfeld*, in: Bücking (Hg.), Videoüberwachung, 2007, 63 (73).

1015 BGH, NJW 2010, 1533 (1534), Rn. 11.

1016 BAG, BeckRS 2005, 41749, S. 5; LG Braunschweig, NJW 1995, 2457 ff.; AG Berlin-Mitte, NJW-RR 2004, 531 (532); *Wächter*, NdsVBl. 2001, 77 (83).

1017 BAGE 111, 173 ff.; BAG, BeckRS 2005, 41749, S. 4; LG Detmold, Urt. v. 08.07.2015 – 10 S 52/15, Rn. 9; *Schrems*, Private Videoüberwachung, 2011, S. 159.

1018 BGH, NJW 2010, 1533 (1534), Rn. 13.

1019 Siehe zu gegenteiligen Befunden aus der sozialpsychologischen Forschung die Erkenntnisse von MuViT-SozPsy (Kap. A. V. 2. a), die jedoch nicht repräsentativ und somit nur bedingt belastbar sind.

1020 BAGE 127, 276 (283).

Der Sensibilität personenbezogener Daten ist auch dadurch Rechnung zu tragen, dass die Videoüberwachung auf bestimmte räumliche Bereiche beschränkt wird. Einer Videoüberwachung grundsätzlich versperrt sind Toiletten, Waschräume oder Umkleidekabinen.[1021] Auch die Überwachung von Grundstücken oder Gebäuden sollte an der eigenen Grenze enden und darf nicht auf öffentliche Verkehrsflächen oder Nachbargrundstücke ausgedehnt werden.[1022] Allerdings können Ausnahmen zulässig sein, wenn diese für eine effektive Videoüberwachung notwendig sind.[1023] Des Weiteren ist anhand des konkreten Einsatzortes zu eruieren, ob der Betroffene davon ausgehen kann, sich im öffentlich zugänglichen Raum in einem zurückgezogenen Bereich zu befinden, in dem er seine Persönlichkeit frei entfalten kann.[1024] Denn während beispielsweise in Cafés, Restaurants oder Parks der soziale Austausch, die Entspannung und die Konzentration auf die eigene Person im Vordergrund stehen, treten an Orten wie Tankstellen, Banken oder Supermärkten andere, weniger private Interessen in den Vordergrund und die Persönlichkeitsrechte sind geringer betroffen. Bei der Videoüberwachung eines Freizeitbades oder einer Stätte religiöser Begegnung kann hingegen selbst bei einer räumlichen Beschränkung auf den Eingangsbereich das schutzwürdige Interesse des Betroffenen daran bestehen und überwiegen, dass seine personenbezogenen Daten nicht verarbeitet werden.

Die räumliche und zeitliche Ausdehnung muss also stets einzelfallbezogen geprüft werden und der Zweckerreichung dienen, darf aber nicht darüber hinausgehen. Je weiter sie ausgedehnt wird, umso gewichtiger müssen die berechtigten Interessen der verantwortlichen nicht öffentlichen Stelle sein. Eine permanente intelligente Videoüberwachung ohne räumliche Ausweichmöglichkeiten für die

---

1021 BT-Drs. 14/5793, S. 62.

1022 BGH, NJW 1995, 1955 ff., wo ein das allgemeine Persönlichkeitsrecht aus § 823 Abs. 1 BGB beeinträchtigender, dauernder Überwachungsdruck zur Unzulässigkeit der Videoaufzeichnung eines öffentlichen Zugangsweges durch einen privaten Anwohner geführt hatte.

1023 So wurde vom AG Berlin-Mitte, NJW-RR 2004, 531 (533), in einem Fall der Videoüberwachung im Außenbereich eines Kaufhauses ein Toleranzbereich von einem Meter über die Grundstücksgrenze hinaus als noch zulässig erachtet, um eine ausreichend effektive Videoüberwachung zu gewährleisten. Als Argument wurde angeführt, dass sonst zwar die Mine des Stiftes, die über die Hauswand gleitet, gefilmt werden dürfte, aber die den Stift führende Hand oder Person nicht mehr, was die Videoüberwachung zu Aufklärungszwecken überflüssig werden ließe.

1024 EGMR, Urt. v. 28.04.2003, Peck (No. 44647/98); Urt. v. 17.03.2003, Perry (No. 63737/00), Rn. 40; *Marauhn/Thorn*, in: Dörr et al. (Hg.), EMRK/GG, 2013, Kap. 16, Rn. 27; *Meyer-Ladewig*, EMRK, 2011, Art. 8 EMRK Rn. 8.

Betroffenen kann aufgrund der intensiven Beeinträchtigung ihrer schutzwürdigen Interessen nur dann zulässig sein, wenn die berechtigten Interessen des Verantwortlichen schwerwiegend beeinträchtigt werden und ein unmittelbarer Angriff auf sie zu befürchten ist.[1025]

g) Zahl der Betroffenen

Bei der Berücksichtigung des Topos „Zahl der Betroffenen" gilt es, die Begriffe der Streubreite einer Maßnahme (aa) und der Quantität (bb) voneinander zu unterscheiden.

aa) Streubreite

Der Terminus der Streubreite bedeutet, dass eine Vielzahl von Personen der Wirkung einer Maßnahme ausgesetzt wird, obwohl diese keinen direkten Anlass dazu gegeben haben.[1026] Die Streubreite bezieht sich somit objektiv auf die Zielgenauigkeit einer Maßnahme, gemessen an ihrem Einsatzzweck.[1027] Die Effizienz der Überwachung ist für die Intensität des Eingriffs in das Recht auf informationelle Selbstbestimmung aufgrund der objektiv-rechtlichen Wirkung der Grundrechte zu berücksichtigen.[1028] Da sie in der Lage ist, schneller große Datenmengen zu erheben und viele Personen zu erfassen, ist sie grundsätzlich geeignet, die Streubreite zu vergrößern.[1029] Sie bietet jedoch durch die Fokussierung auf algorithmisch als verdächtig eingestufte Personen die Chance einer präziseren Überwachung sowie die Möglichkeit, die eine Rechtsfolge auslösende Zahl der Nachkontrollen einzuschränken und die Streubreite im Vergleich zur herkömmlichen Videoüberwachung zu verringern.[1030] Die intelligente Videoüberwachung ist also umso ineffizienter, je weniger die Person, über die persönliche Daten erhoben werden, tatsächlich als „richtiger" Treffer zu bewerten ist.

1025 Siehe zur herkömmlichen Videoüberwachung BAG, BeckRS 2005, 41749; BGH, NJW 1995, 1955 (1957).

1026 BVerfGE 115, 320 (354). Der BGH, NJW 2003, 2093 ff., verwendete diesen Begriff bspw. bei der Frage, ob ein grundpfandrechtlich abgesicherter Kredit zu den üblichen Bedingungen gewährt worden ist, oder ob dieser außerhalb der Streubreite liegt.

1027 *Held*, Intelligente Videoüberwachung, 2014, S. 132.

1028 BVerfGE 100, 313 (373); *Held*, Intelligente Videoüberwachung, 2014, S. 132; *Wächter*, NdsVBl. 2001, 77 (83).

1029 *Roßnagel et al.*, ZD 2012, 459 (460).

1030 *Held*, Intelligente Videoüberwachung, 2014, S. 133; *Bier/Spiecker gen. Döhmann*, CR 2012, 610 (617).

Wird die intelligente Videoüberwachung nicht entsprechend eingesetzt, muss die Streubreite als ein die schutzwürdigen Interessen der Betroffenen äußerst stark beeinträchtigender Topos in die Interessenabwägung eingestellt werden.[1031] Damit keine Anhaltspunkte für deren Überwiegen bestehen, müsste die verantwortliche nicht öffentliche Stelle erhebliche berechtigte Interessen ins Feld führen können. Für die Verhältnismäßigkeit einer polizei- und ordnungsrechtlichen Maßnahme mit großer Streubreite wird beispielsweise „eine konkrete Gefahr für hochrangige Rechtsgüter wie den Bestand oder die Sicherheit des Bundes oder eines Landes oder für Leib, Leben oder Freiheit einer Person"[1032] gefordert. Eine konkrete Gefahr würde bedeuten, dass Tatsachen vorliegen, die mit hinreichender Wahrscheinlichkeit erwarten lassen, dass in absehbarer Zeit ein Schaden eintritt.[1033] Wie erheblich der drohende Schaden sein muss, ist einzelfallabhängig zu bestimmen und hängt von der Wertigkeit des Rechtsgutes ab, das beeinträchtigt wird.[1034] Diese hohen Hürden können nicht unmittelbar auf die Interessenabwägung im Rahmen des § 6b BDSG bei der Videoüberwachung durch nicht öffentliche Stellen übertragen werden, ohne die wesentlichen Strukturunterschiede zwischen Ordnungs- und Datenschutzrecht zu berücksichtigen. Denn bei der datenschutzrechtlichen Beurteilung einer intelligenten Videoüberwachung durch nicht öffentliche Stellen stehen gleichrangige, verfassungsrechtlich geschützte Interessen gegenüber.[1035] Im Gegensatz zur Maßgabe für die staatliche Überwachung[1036] sind deshalb die Anforderungen an den Interessenausgleich beim Einsatz der intelligenten Videoüberwachung durch nicht öffentliche Stellen niedriger. Entsprechend weniger konkret und groß kann die Gefahr sein, der man mit intelligenter Videoüberwachung begegnen will.

Genügen könnten eine abstrakte Gefahr oder sogar eine sog. Anscheinsgefahr. Letztere ist dadurch gekennzeichnet, dass sich im Rückblick zwar herausstellt, dass objektiv keine Gefahr bestanden hat, aber aus subjektiver Sicht vertretbar von einer Sachlage auszugehen war, die bei ungehindertem Geschehensablauf mit Wahrscheinlichkeit zum Schaden eines Rechtsgutes führt.[1037] Stellt sich diese Einschätzung beim Einsatz intelligenter Videoüberwachung später

---

1031 Siehe zur herkömmlichen Videoüberwachung BVerfGE 100, 313 (376, 392); 107, 299 (320 f.); 109, 279 (353); 113, 29 (53); 113, 348 (383); 115, 320 (354).

1032 BVerfGE 115, 320, Ls. 1.

1033 *W.-R. Schenke*, Polizei- und Ordnungsrecht, § 3 II 7, Rn. 69.

1034 *W.-R. Schenke*, Polizei- und Ordnungsrecht, § 3 II 7, Rn. 69.

1035 Siehe zur herkömmlichen Videoüberwachung *Wächter*, NdsVBl. 2001, 77 (83).

1036 Siehe dazu bspw. BVerfGE 115, 320 f.

1037 *W.-R. Schenke*, Polizei- und Ordnungsrecht, § 3 II 7, Rn. 80.

als falsch heraus, bleibt sie also zulässig. Das würde bedeuten, dass personenbezogene Daten einer Vielzahl von Personen erhoben und verarbeitet werden dürften, ohne dass diese dafür einen Anlass geboten haben. Außerdem müssten die Befürchtungen der nicht öffentlichen Stelle, dass beispielsweise ihr Eigentum durch diese Betroffenen beschädigt oder entwendet werden könnte, nicht gerechtfertigt sein. Diese geringen Anforderungen sind bei einer Maßnahme von großer Streubreite, die wichtige verfassungsrechtlich geschützte Interessen wie das Recht auf informationelle Selbstbestimmung gemäß Art. 2 Abs. 1 GG i. V. m. Art. 1 Abs. 1 GG stark beeinträchtigt, abzulehnen. Eine Anscheinsgefahr genügt nicht.

Die abstrakte Gefahr ist der Gegenbegriff zur konkreten Gefahr.[1038] Sie liegt vor, wenn eine generell-abstrakte Beurteilung bestimmter Verhaltensweisen ergibt, dass mit hinreichender Wahrscheinlichkeit ein Schaden eintritt, dies aber verhindert werden soll, wobei ein Schaden im Einzelfall nicht nachgewiesen werden muss.[1039] Das könnte beispielsweise bedeuten, dass der Betreiber eines Fußballstadions aufgrund von Warnungen der Polizei vor anreisenden und grundsätzlich gewaltbereiten Hooligans, eine intelligente Videoüberwachung mit Gesichtserkennungssoftware einsetzt, um diese frühzeitig in der Masse der Fußballfans erkennen und aus dieser aussondern zu können. Eine solche Maßnahme von großer Streubreite ist zwar von hoher Eingriffsintensität für die Betroffenen,[1040] kann aber aufgrund einer abstrakten Gefahr hinzunehmen sein. Diese berücksichtigt am besten die konfligierenden Rechte der nicht öffentlichen Stelle und der Betroffenen und ermöglicht es, deren kollidierende Interessen im Rahmen der Interessenabwägung des § 6b BDSG gerecht miteinander in Ausgleich zu bringen, weshalb sie als Maßstab für den Einsatz einer intelligenten Videoüberwachung herangezogen werden muss.

bb) Quantität

Ein anderer, nicht mit der Streubreite zu verwechselnder Begriff, der im Zusammenhang mit der Zahl der beobachteten Personen Relevanz erhält, ist derjenige der Quantität. Während die Streubreite die Effizienz der Maßnahme betrifft, erfasst die Quantität die Zahl der überwachten Menschen. Die Quantität muss als Kriterium der Abwägung diskutiert werden, da massenhafte

---

1038 BVerfGE 115, 320 (354).

1039 *W.-R. Schenke*, Polizei- und Ordnungsrecht, § 3 II 7, Rn. 70.

1040 BVerfGE 100, 313 (376, 392); 107, 299 (320 f.); 109, 279 (353); 113, 29 (53); 113, 348 (383); 115, 320 (354).

Überwachungsmaßnahmen Einschüchterungseffekte auf die Gesellschaft und den Einzelnen befördern und die freie Grundrechtausübung einschränken sollen.[1041] Es wird zudem vermutet, dass sie Skepsis gegenüber Missbrauchsrisiken erzeugen.[1042]

Eine dogmatische Basis finden diese Überlegungen in der Prämisse, dass die Grundrechte eine objektiv-rechtliche Dimension besitzen[1043] und dem Staat daraus die Aufgabe erwächst, Menschen untereinander vor massenhaften Überwachungen zu schützen. Die quantitative Steigerung einer Überwachungsmaßnahme bedeutet eine gesteigerte Schutzbedürftigkeit und somit eine intensivierte Eingriffsqualität.[1044] Bei der infolge der intelligenten Videoüberwachung quantitativ gesteigerten Datenverarbeitung wird eine große Datenmenge auf algorithmisch festgelegte Auffälligkeiten hin analysiert.[1045] Der Einzelne muss dabei allerdings nicht notwendigerweise identifiziert werden oder bereits identifizierbar sein. Die intelligente Videoüberwachungsanlage kann vielmehr technisch derart gestaltet und programmiert sein, dass die Daten zunächst nur verpixelt oder pseudonymisiert erhoben werden.[1046] Im Trefferfall können die Videodaten sodann über eine bestimmte Sequenz entpixelt werden. Die intelligente Videoüberwachung eröffnet folglich die Chance zahlenmäßig verringerter Eingriffe in das Recht auf informationelle Selbstbestimmung bei gleicher Quantität der Überwachungszahlen. Dies wirkt sich in der Interessenabwägung im Rahmen des § 6b BDSG zugunsten des Verwenders aus.

h) Speicherfristen und Löschen von Daten

Ein weiterer Gesichtspunkt, der in die Interessenabwägung des § 6b Abs. 1 und Abs. 3 S. 1 BDSG einfließen muss, ist der Umgang der Daten verarbeitenden Stelle mit aufgezeichneten Videobildern. Eine Speicherung beeinträchtigt die schutzwürdigen Interessen grundsätzlich stark,[1047] da die Aufzeichnung und die

---

1041 BVerfGE 107, 299 (328); 115, 320 (354); 120, 378 (402). Zu Einschüchterungseffekten als Eingriff siehe Kap. F. III. 4. d.) bb) und als Topos i. R. d. Interessenabwägung siehe Kap. F. III. 8. i).

1042 BVerfGE 107, 299 (328); 120, 378 (402).

1043 BVerfGE 100, 313 (376); 107, 299 (328).

1044 BVerfGE 100, 313 (376); 115, 320 (357).

1045 *Roßnagel et al.*, ZD 2012, 459 (460).

1046 Siehe dazu Kap. F. III. 3. e) aa).

1047 EGMR, Urt. v. 05.10.2010, Köpke (No. 420/07) = EuGRZ 2011, 471 (474); Urt. v. 04.05.2000, Rotaru (No. 28341/95); Urt. v. 25.12.2001, P.G. und J.H. (No. 44787/98); Urt. v. 17.03.2003, Perry (No. 63737/00), Rn. 40; Urt. v. 28.04.2003,

technische Fixierung der beobachteten Szenen deren ständige Abrufbarkeit und weitere Verknüpfung mit anderen Daten erlauben.[1048] Dadurch perpetuiert sich die Beeinträchtigung. Die Videodaten müssen deshalb gemäß § 6b Abs. 5 BDSG unverzüglich gelöscht werden, wenn sie zur Erreichung des Zwecks nicht mehr erforderlich sind oder schutzwürdige Interessen der Betroffenen einer weiteren Speicherung entgegenstehen.

Dies entspricht Art. 6 Abs. 1 Buchstabe e DSRL, der bestimmt, dass Daten „nicht länger, als es für die Realisierung der Zwecke, für die sie erhoben oder weiterverarbeitet werden, erforderlich ist, in einer Form aufbewahrt werden [sollen], die die Identifizierung der betroffenen Personen ermöglicht". Bei der personenbezogenen Datenverarbeitung mithilfe der intelligenten Videoüberwachung ist dies nur dann der Fall, wenn ein positiver Treffer gemeldet wird und die Daten für dessen Aufklärung weiterhin benötigt werden. Im Falle eines negativen Treffers liegt zwar im ersten Moment ein systemautonom korrekter Treffer im Sinne einer algorithmischen Auffälligkeit vor, es gibt aber kein sicherheitsrelevantes Ereignis. § 6b Abs. 5 BDSG geht jedoch über die Anforderungen des Art. 6 Abs. 1 Buchstabe e DSRL hinaus, da nicht nur Videodaten, die für den Beobachtungszweck nicht mehr benötigt werden zu löschen sind, sondern auch solche, die zwar noch gebraucht werden, deren Speicherung aber schutzwürdige Interessen des Betroffenen entgegenstehen.[1049] Dieses Mehr ist unproblematisch, da die Datenschutzrichtlinie 95/46/EG ein Mindestmaß für den Schutz personenbezogener Daten bei der automatisierten Verarbeitung vorgibt und die Mitgliedstaaten dieses im Rahmen des ihnen gewährten Spielraums überschreiten dürfen.[1050]

Mit dem Gebot der Löschung hat das Prinzip der Erforderlichkeit aus § 6b Abs. 1 und Abs. 3 S. 1 BDSG eine zeitliche Dimension erhalten[1051] und Einfluss auf die Interessenabwägung gewonnen. Der Gesetzgeber leitet aus dieser zweifachen Ausrichtung des Gebots zur Löschung von Daten in § 6b Abs. 5 BDSG die Pflicht ab, die Videoaufnahmen innerhalb von ein bis zwei Arbeitstagen zu prüfen.[1052] Der Wortlaut des § 6b Abs. 5 BDSG sieht eine

---

Peck (No. 44647/98); VGH B.-W., NVwZ 2004, 498 (500); OLG Frankfurt, NJW 1987, 1087 ff.

1048 BVerfGE 65, 1 (45); 100, 313 (367); 115, 320 (350); 120, 274 (312); 120, 378 (398 f.); 122, 342 (370); BVerfG NJW 2009, 3293 ff.

1049 BT-Drs. 14/5793, S. 62 f.

1050 Siehe bspw. Erwägungsgründe Nr. 9 und Nr. 10 DSRL oder EuGH, Urt. v. 06.11.2003, Lindqvist, C-101/01, ECLI:EU:C:2003:596, Rn. 95 f.

1051 *v. Zezschwitz*, in: Roßnagel (Hg.), HdD, 2003, Kap. 9.3 Rn. 82.

1052 BT-Drs. 14/5793, S. 63.

kurze Frist zur Löschung vor, da „unverzüglich" gemäß § 121 Abs. 1 BGB ohne schuldhaftes Zögern bedeutet.[1053] Die Daten müssen also nicht sofort gelöscht werden.[1054] Die Länge der Speicher- oder Löschfristen variiert vielmehr je nach Kontext und Umständen des Einzelfalls entsprechend einer angemessenen Prüf- und Überlegungsfrist.[1055] Für die öffentliche Verkehrsinfrastruktur wurden beispielsweise Zeitspannen zwischen 16 und 72 Stunden als noch angemessen erachtet.[1056] Dies ist auch für nicht öffentlichen Stellen ausreichend.[1057] Denn es ist zumutbar, die Videodaten innerhalb von einem bis zu drei Tagen soweit auszuwerten, dass erkennbar wird, ob sie zur Aufklärung eines Geschehens weiter benötigt werden, und um die möglicherweise beeinträchtigten schutzwürdigen Interessen der Betroffenen zu ermitteln. Zu bevorzugen ist im Hinblick auf den Grundsatz der Datenvermeidung und Datensparsamkeit des § 3a BDSG die „automatisierte periodische Löschung, etwa durch Selbstüberschreiben zurückliegender Aufnahmen"[1058].

Die Länge der Zeitspanne zur Aufklärung etwaiger Ereignisse ist von erheblicher Bedeutung für die Intensität der Beeinträchtigung der schutzwürdigen Interessen des Betroffenen.[1059] Dies gilt bei der intelligenten Videoüberwachung aufgrund der Automatisierung und der weitergehenden Möglichkeiten der Mustererkennungs- und Videotrackingtechniken in erhöhtem Maße. Werden Daten zur Beweissicherung gespeichert und sind sie als Beweismittel unverzichtbar, ist ihre Speicherung so lange angemessen, wie die Daten für die Ermittlungen und sich möglicherweise anschließende Gerichtsverfahren erforderlich sind.[1060] Die

1053 *Scholz*, in: Simitis (Hg.), BDSG, 2011, § 6b Rn. 140; *Ellenberger*, in: Palandt (Bg.), BGB, § 121, Rn. 3, wonach die Legaldefinition des Begriffs unverzüglich für das gesamte Privatrecht und das öffentliche Recht gilt.

1054 RGZ 124, 116 (118).

1055 *Ellenberger*, in: Palandt (Bg.), BGB, § 121, Rn. 3.

1056 *LfD Bay.*, 20. TB 2002, S. 268, https://www.datenschutz-bayern.de/tbs/tb20/tb20.pdf (abgerufen am 29.01.2017); *Becker*, in: Plath (Hg.), BDSG/DSGVO 2016, § 6b Rn. 30 und *Brink*, in: Plath (Hg.), BDSG, 2013, § 6b Rn. 114 verlangen eine generelle unverzügliche Löschpflicht nach spätestens 48 Stunden.

1057 *Sommer (LfDI Bremen)*, Datenschutztipps Beruf und Alltag, Überwachung mit Videokameras, https://ssl.bremen.de/datenschutz/sixcms/detail.php?gsid=bremen236.c.3744.de (abgerufen am 03.03.2017).

1058 BT-Drs. 14/5793, S. 63.

1059 Siehe EuGH, Urt. v. 08.04.2014, Digital Rights Ireland, C-293/12, C-594/12, ECLI:EU:C: 2014:238, Rn. 64; VGH B.-W., NVwZ 2004, 498 (503).

1060 *Zscherpe*, in: Taeger/Gabel (Hg.), BDSG 2010, § 6b Rn. 101; *Scholz*, in: Simitis (Hg.), BDSG, 2011, § 6b Rn. 139, hält die Speicherung zur Beweissicherung nur bis zur Übergabe an die zur Strafverfolgung zuständige Stelle für zulässig.

automatisierte Datenverarbeitung der intelligenten Videoüberwachung kann gegebenenfalls so eingesetzt werden, dass dem Gebot aus § 6b Abs. 5 BDSG in besonderem Maße Rechnung getragen wird. Die mit der Automatisierung der Verarbeitung personenbezogener Daten verbundene größere Rechnerleistung für eine umfassendere Datenanalyse zu nutzen, ist nicht nur technisch und ökonomisch sinnvoll. Kombiniert man diese potenzierten Möglichkeiten mit einer ausreichenden Löschfunktion und Pseudonymisierungs- oder Anonymisierungssoftware, bleiben die Eingriffe quantitativ und qualitativ hinter denjenigen durch die herkömmliche Videoüberwachung zurück, da pseudonymisiert erhobene, unauffällige Daten sofort gelöscht oder überschrieben werden können.[1061] Aufgrund des Problems, dass einzelne Bilder unter Umständen belastend wirken, eine gesamte Szene jedoch den zunächst gewonnenen Eindruck revidieren kann,[1062] ist es auch notwendig, eine gewisse Zeitspanne an Videobildaufnahmen zu speichern, um einen rein selektiven Eindruck zu vermeiden. Damit kann die Speicherung der den Vorfall betreffenden Szene dazu genutzt werden, den Betroffenen zu entlasten, da eine genauere Analyse der Videobilder möglich ist.

i) Einschüchterungseffekte

Die bislang hauptsächlich anhand staatlicher Handlungen diskutierten[1063] Einschüchterungseffekte von Überwachungsmaßnahmen entstehen mutmaßlich aus der Unkenntnis und Unsicherheit des Einzelnen darüber, ob, wie und von wem er überwacht wird.[1064] Bereits im Jahr 1983 erkannte das Bundesverfassungsgericht ein erhebliches Einschüchterungspotenzial durch die Erhebung, Speicherung, Verwendung und Weitergabe personenbezogener Daten an.[1065] Diese Bedenken sind aufgrund der bei einer privaten Überwachung in vergleichbarer Art denkbaren psychologischen Auswirkungen, der Ungewissheit über die technische Funktionsweise sowie des möglicherweise herrschenden subjektiven Konformitätsdrucks auf die intelligente Videoüberwachung durch nicht öffentliche Stellen übertragbar. Denn die Mannigfaltigkeit programmierbarer Mustererkennungsalgorithmen einer intelligenten Videoüberwachung

---

1061 *Held*, Intelligente Videoüberwachung, 2014, S. 218.

1062 *Schrems*, Private Videoüberwachung, 2011, S. 120.

1063 BVerfGE 65, 1 (42); 107, 299 (328); 113, 29 (46); 115, 320 (354 f.); 120, 378 (402 f.); *Oermann/Staben*, Der Staat 52 (2013), 630 f.; *Rath*, KJ 2009, 65 (70).

1064 *Klar*, Datenschutzrecht, 2012, S. 59.

1065 BVerfGE 65, 1 (43). *Kühling et al.*, Datenschutzrecht, 2011, S. 52, erachten die damalige Feststellung des BVerfG als „visionär“.

erschwert es dem Einzelnen noch mehr als bei einer herkömmlichen Videoüberwachung, ohne vollständige Aufklärung durch die verantwortliche Stelle zu erkennen, welche Verhaltensweisen, körperlichen und persönlichen Attribute oder Bewegungsmuster genau auffällig sind oder wodurch er in den Fokus der Algorithmen gerät. Um nicht überwacht zu werden, dem situationsbedingten subjektiven Anpassungsdruck auszuweichen, Nachteile zu vermeiden oder zu verhindern, dass Informationen über sie gesammelt werden,[1066] könnten Betroffene deshalb bestimmte Orte meiden, ihr Äußeres anpassen oder eigentlich zulässige Verhaltensweisen unterlassen.[1067] Durch all diese Reaktionen würden sie auf die Ausübung eines Teils ihrer freiheitlichen Grundrechte verzichten.[1068] Bislang gibt es keine belastbaren empirischen Studien zu durch ein Gefühl ständiger Überwachung entstehenden Einschüchterungseffekten.[1069] Sie scheinen aber generell anerkannt zu sein.[1070] Deshalb muss ihnen zumindest im Rahmen

---

1066 BGH, NJW 2010, 1533 ff. Siehe zum Einschüchterungseffekt auch *Klar*, Datenschutzrecht, 2012, S. 36 f.

1067 Siehe BVerfGE 65, 1 (43); 113, 29 (46); LG Bonn, NJW-RR 2005, 1067 ff.; *Roth*, KJ 2009, 65. Sozialpsychologisch wird in diesem Zusammenhang von einer durch die Fremdwahrnehmung ausgelösten erhöhten Selbstaufmerksamkeit gesprochen, die durch eine größere Sensibilität die Kontrolle und Anpassung der eigenen Konformität mit sozialen Standards oder Normen verursacht, siehe *Strack/Markel*, Abschlussbericht MuViT-SozPsy, 2013, S. 21; *Silvia/Duval*, Pers Soc Psychol Rev 2001, 230 ff.

1068 BVerfGE 65, 1 (43).

1069 *Würtenberger*, in: Ruffert (Hg.), FS Schröder, 2012, S. 285 (299); *R. P. Schenke*, ZRP 2013, 126. Für allgemeine Studien zum Einfluss herkömmlicher Videoüberwachung auf das Verhalten von Betroffenen siehe z. B. *Wicklund/Frey*, in: Frey/Irle (Hg.), Bd. I, 1993, S. 155 f.

1070 BVerfGE 65, 1 (43); 113, 29 (46). Die Argumentation des BGH, NJW 2010, 1533 ff., übernehmend, ist das OLG München, Urt. v. 13.02.2012 – 20 U 4641/11, der Ansicht, dass ein Überwachungsdruck nur dann besteht, wenn „eine Überwachung durch Überwachungskameras objektiv ernsthaft" zu befürchten sei, was der Fall sei, „wenn [die Befürchtung, überwacht zu werden,] aufgrund konkreter Umstände als nachvollziehbar und verständlich erscheint und nicht ausgeschlossen ist, dass auch öffentliche Flächen, welche die Kläger nutzen, erfasst werden". Für das LG München I, BeckRS 2012, 04221, überwogen die Sicherungsinteressen des Betreibers, da die Betroffenen der offen erkennbaren Videoüberwachung fernbleiben oder ausweichen konnten. Das im Einzelfall auch eine wirklichkeitsgetreu aussehende und den Eindruck einer Videoüberwachung erzeugende Attrappe ausreichen kann, befürworten das LG Braunschweig, NJW 1998, 2457 f., und das LG Darmstadt, NZM 2000, 360 f., sowie das LG Bonn, BeckRS 2005, 03745. Ablehnend hingegen: LG Itzehoe, NJW-RR 1999, 139 f.; LG Koblenz, NJW-RR 2006, 1200 f.; LG Bielefeld, NJW-RR 2008, 327 (328). Einleuchtend betont das VG Oldenburg, Urt. v. 12.03.2013 – 1A

der Interessenabwägung indizielle Wirkung zukommen und sie müssen einzelfallbezogen berücksichtigt und beurteilt werden.[1071]

j) Summierung von Grundrechtseingriffen

Grundsätzlich ist jeder Datenverarbeitungsvorgang eigenständig auf seine Eingriffsqualität hin zu untersuchen[1072] und im Rahmen der Interessenabwägung gesondert zu betrachten.[1073] Allerdings erfolgen bei der intelligenten Videoüberwachung im Normalfall mehrere und verschiedenartige Datenverarbeitungsvorgänge in einem einheitlichen oder zumindest zeitlich eng verbundenen Sachverhalt. Der Betroffene wird dadurch summierten Grundrechtseingriffen ausgesetzt, die je für sich betrachtet zwar gerechtfertigt sein können, in Addition jedoch aufgrund einer übermäßigen Belastung nicht mehr.[1074] Ungeklärt ist, wann die Kumulation von jeweils zulässigen Grundrechtseingriffen erlaubt ist.[1075] Herangezogen werden folgende Beurteilungskriterien: die Gleichzeitigkeit

---

3850/12 = ZD 2013, 296 (298), dass für die Erfassung einer Videoüberwachung durch § 6b Abs. 1 BDSG ein tatsächliches Beobachten durch eine funktionsfähige und funktionstätige Videokamera notwendig, und ein etwaiger Überwachungsdruck zivilrechtlich zu verfolgen sei.

1071 Das LG Itzehoe, BeckRS 2010, 14994, hat bspw. die psychologischen Beeinträchtigungen durch Videotechnik im Falle der Überwachung des Eingangs eines Amtsgerichtsgebäudes als von „allenfalls geringe[r] Eingriffsintensität" beurteilt, da der Akt des Betretens eines Gerichtsgebäudes noch nicht zu einer Kategorisierung oder Bewertung einer Person führe und somit keine unmittelbaren oder konkreten Nachteile erwarten ließe. Diese Annahme kann jedoch nicht verallgemeinert werden, denn der Druck, überwacht zu werden, ist unabhängig von der tatsächlichen Videoaufnahme geeignet, den Eingriff in das allgemeine Persönlichkeitsrecht zu intensivieren, wenn der Betroffene jederzeit mit einer Datenverarbeitung rechnen muss, ohne dass dies für ihn erkennbar wird oder er sich entziehen kann, siehe LG Bonn, BeckRS 2005, 03745.

1072 BVerfGE 100, 313 (366); 115, 320 (343).

1073 *Schwenke*, Private Nutzung von Smartglasses im öffentlichen Raum, 2016, S. 169.

1074 BVerfGE 112, 304 (319); 114, 196 (247); 120, 274 (302 f.); 123, 186 (266); 125, 260 (324). Die Problematik auf die Videoüberwachung übertragend: *Held*, Intelligente Videoüberwachung, 2014, S. 110, 121; *Klar*, Datenschutzrecht, 2012, S. 92 ff.; *Hillgruber*, in: Isensee/Kirchhof (Hg.), HStR IX, 2011, § 200 Rn. 99 f.; *Hufen*, NJW 1994, 2913 (2916). Zur „vertikalen Kumulation" von Grundrechtseingriffen durch neue Sicherheitstechniken siehe *Würtenberger/Tanneberger*, in: Winzer et al. (Hg.), acatech DISKUTIERT, 2010, 221 (226).

1075 OVG NRW, Beschluss v. 26.11.2013 – 14 A 2401/13.

der Maßnahmen,[1076] die notwendige Einheitlichkeit des Lebensvorgangs, innerhalb dessen die Grundrechtseingriffe aufgrund eines tatsächlichen Wirkungszusammenhangs kumulieren,[1077] und der gemeinsame Zweck.[1078] Allen Ansätzen gemein ist, dass das durch die Summierung der Grundrechtseingriffe erhöhte spezifische Gefährdungspotenzial[1079] für die grundrechtliche Freiheit des Einzelnen im Rahmen der einzelfallbezogenen Verhältnismäßigkeitsprüfung berücksichtigt werden muss.[1080]

Additive Grundrechtseingriffe entfalten ihre Wirkung auch unter Privaten. Der Staat ist über die Schutzpflichtendimension der Grundrechte gefordert, ein adäquates Schutzniveau zu gewährleisten.[1081] Zudem schützt die Privatsphäre sowohl subjektive als auch gesellschaftliche Interessen, sodass ihre Gesamtbelastung Einfluss auf die Beziehung der Privatrechtssubjekte zueinander hat.[1082] Im Rahmen der einfachgesetzlichen Interessenabwägung sind deshalb die einzelnen Verarbeitungsschritte zunächst gesondert voneinander und anschließend in ihrer gemeinsamen Wirkung im konkreten Einzelfall zu würdigen.[1083]

Neben den Aspekt des additiven Eingriffs in ein einzelnes Grundrecht tritt unter Umständen die parallele Beeinträchtigung verschiedener Grundrechte,[1084] beispielsweise des Rechts auf informationelle Selbstbestimmung nach Art. 2 Abs. 1 GG i. V. m. Art. 1 Abs. 1 GG und des besonderen Gleichheitssatzes des Art. 3 Abs. 3 GG. Die Anwendung der intelligenten Videoüberwachung

1076 *G. Kirchhof*, NJW 2006, 732 (734).

1077 *Klar*, Datenschutzrecht, 2012, S. 95 f.

1078 Ein gleiches Regelungsziel im gleichen Lebensbereich verlangt das OVG NRW, Beschluss v. 26.11.2013 - 14 A 2401/13; siehe dazu *Lücke*, DVBl. 2001, 1469 (1470). A. A. ist *Klar*, Datenschutzrecht, 2012, S. 96, nach dessen Dafürhalten die Streitfrage um den gemeinsamen Zweck der Maßnahmen unnötig ist, da durch den notwendigen einheitlichen Lebensvorgang zumindest ein zusammenhängender Zweck besteht.

1079 So i. E. bspw. *G. Kirchhof*, NJW 2006, 732 (734); *Hufen*, NJW 1994, 2913 (2916).

1080 BVerfGE 112, 304 (320); 130, 372 (392). Nach *Klar*, Datenschutzrecht, 2012, S. 94, gelingt dies durch die Schaffung eines adäquaten legislativen Rahmens. *Schwenke*, Private Nutzung von Smartglasses im öffentlichen Raum, 2016, S. 170, und ebenso schon *Roßnagel*, NJW 2010, 1238 (1240), verlangen eine doppelte Verhältnismäßigkeitsprüfung.

1081 *Klar*, Datenschutzrecht, 2012, S. 96 f.

1082 *Schwenke*, Private Nutzung von Smartglasses im öffentlichen Raum, 2016, S. 171; *Klar*, Datenschutzrecht, 2012, S. 96.

1083 *Klar*, Datenschutzrecht, 2012, S. 94.

1084 BVerfGE 50, 336 (339); *Hofmann*, Abwägung im Recht, 2007, S. 409.

wird eine Idealkonkurrenz dieser Grundrechte bewirken.[1085] Ihre kumulative Wirkung ist, wie die Summierung von Beeinträchtigungen eines einzelnen Grundrechts, im Rahmen der Interessenabwägung zu berücksichtigen.[1086] Die Intensität erhöhende Summierung der Beeinträchtigung schutzwürdiger Interessen des Betroffenen kann im Rahmen der Abwägung nach § 6b Abs. 1 und Abs. 3 S. 1 BDSG also dazu führen, dass die Anhaltspunkte für deren Überwiegen das berechtigte Interesse der verantwortlichen Stelle übersteigen und die intelligente Videoüberwachung nicht zulässig eingesetzt werden kann, obwohl jeder Verarbeitungsschritt für sich betrachtet rechtmäßig ist.

IV. Anforderungen an die Suchalgorithmen intelligenter Videoüberwachung im Hinblick auf Diskriminierungsverbote

Die Verwendung von Mustererkennungs- und Videotrackingtechniken bedeutet nicht nur, dass personenbezogene Daten verarbeitet und dadurch die Persönlichkeitsrechte beeinträchtigt werden können. Sie wirft auch Gleichbehandlungsfragen auf. Denn die Technik ermöglicht es, an äußere Merkmale oder bestimmte Verhaltens- und Bewegungsmuster anzuknüpfen und die beobachteten Personen nach Kriterien wie am Körper getragenen Gegenständen oder Kleidungsstücken, dem Geschlecht, der Haarfarbe, der Hautfarbe, der Bewegungsschnelligkeit oder der Größe zu klassifizieren.[1087] Bei der herkömmlichen Videoüberwachung reagiert ein Operator aufgrund seiner Kenntnisse, Fähigkeiten, Ausbildung, sozialen Intelligenz und Erfahrung, die ihm helfen, auf den Videobildern sicherheitsrelevante Szenen zu erkennen, konkret-individuell auf am Kameramonitor sichtbare Geschehnisse.[1088] Die intelligente Videoüberwachung analysiert die Videodaten hingegen automatisiert aufgrund statistischer Zusammenhänge oder aufgrund der Präferenzen des Systemverwenders mithilfe der zur Mustererkennung eingesetzten Algorithmen. Diese klassifizieren die Bilder für den menschlichen Operator in auffällige und unauffällige Daten.[1089] Dafür müssen sie alle in den Kamerafokus geratenen Personen untersuchen und unentwegt zwischen ihnen differenzieren.[1090] Aufgrund der abstrakt festgelegten

---

1085 Siehe bspw. BVerfGE 82, 236 (258); 90, 255 (259); 91, 346 (356).

1086 *Hofmann*, AöR 133 (2008), 523 (551).

1087 *R. P. Schenke*, in: Zöller et al. (Hg.), FS Wolter, 2013, S. 1077 (1085).

1088 *R. P. Schenke*, in: Zöller et al. (Hg.), FS Wolter, 2013, S. 1077 (1085).

1089 *R. P. Schenke*, in: Zöller et al. (Hg.), FS Wolter, 2013, S. 1077 (1085).

1090 *Held*, Intelligente Videoüberwachung, 2014, S. 157.

Kriterien und der generellen Kontrolle durch das intelligente Videoüberwachungssystem, erfolgt eine systemimmanente strukturelle Ungleichbehandlung.[1091]

Im Privatrecht ist es grundsätzlich nicht illegitim, zu unterscheiden. Vielmehr ist es der Kern der Privatautonomie, differenzieren zu dürfen.[1092] Da ungerechtfertigte Ungleichbehandlungen jedoch geeignet sind, die Rechte der von der intelligenten Videoüberwachung Betroffenen zu verletzen, muss die Vereinbarkeit der Implementierung dieser Technologie mit dem allgemeinen Gleichheitssatz des Art. 3 Abs. 1 GG (1.) und den speziellen Diskriminierungsverboten des Art. 3 Abs. 2 und Abs. 3 GG (2.) geprüft, sowie ein Blick auf die europarechtlichen Diskriminierungsverbote (3.) geworfen werden. Denn sowohl das Recht auf informationelle Selbstbestimmung nach Art. 2 Abs. 1 GG i. V. m. Art. 1 Abs. 1 GG als auch die Gleichbehandlungsgebote des Art. 3 GG dienen dem Schutz der Autonomie und der effektiven Selbstdarstellung.[1093] Bei der nachfolgenden Erörterung ist zu beachten, dass in der vorliegenden Untersuchung konfligierende Interessen zweier Grundrechtsberechtigter betroffen sind und die Gleichbehandlungsgebote des Grundgesetzes im Privatrechtsverkehr nur mittelbar Geltung erlangen.[1094]

Am Maßstab des Art. 3 GG wird im Folgenden nicht § 6b BDSG als Zulässigkeitstatbestand gemessen, denn er benennt keine Kriterien, nach denen die Betroffenen zu analysieren und zu unterscheiden sind. Er gibt dem Verwender der Technologie nur einen abstrakt-generellen Rahmen vor, um eine Vielzahl an Fallgestaltungen zu erfassen.[1095] Da der Operator bei der intelligenten Videoüberwachung erst Einblick in die Videobilder nehmen soll, wenn er vom System alarmiert wurde, kann auch sein Blick nicht an Art. 3 GG gemessen werden. Die Entscheidung, ob eine Person auffällig ist oder nicht und deshalb kontrolliert

---

1091 *Held*, Intelligente Videoüberwachung, 2014, S. 158.

1092 Zur Freiheit, ungleich zu behandeln und ungleich behandelt zu werden, schon *Dürig*, in: Maunz (Hg.), FS Nawiasky, 1956, S. 157 (160); *Masing*, NJW 2012, 2305 (2307). Ausführlich zur Frage, wie sich Diskriminierungsschutz und Privatautonomie begegnen, *Britz*, VVDStRL, 64 (2005), 355 ff.

1093 Siehe dazu *Streibel*, Rassendiskriminierung, 2010, S. 33; *Britz*, Einzelfallgerechtigkeit, 2008, S. 51; *Ruffert*, Vorrang der Verfassung, 2002, 177 f.; schon früh auch *Canaris*, AcP 184 (1984), 201 (243) und *Salzwedel*, in: Carstens/Peters (Hg.), FS Jahrreiß, 1964, S. 339 f.

1094 Zur Drittwirkung der Grundrechte des Grundgesetzes siehe Kap. E. I. 1. und 2.

1095 Vgl. *Held*, Intelligente Videoüberwachung, 2014, S. 161 zur polizeirechtlichen Befugnisnorm als Maßstab.

wird oder nicht, initiiert der Algorithmus. Er ist deshalb der Anknüpfungspunkt für die zu untersuchenden gleichheitsrechtlichen Fragen zum Einsatz intelligenter Videoüberwachung.[1096]

1. Allgemeiner Gleichheitssatz des Art. 3 Abs. 1 GG

Die Prüfung eines Eingriffs in den allgemeinen Gleichheitssatz des Art. 3 Abs. 1 GG vollzieht sich in zwei Schritten: Im ersten Schritt muss die rechtlich relevante Ungleichbehandlung festgestellt werden, um im zweiten Schritt nach deren verfassungsrechtlicher Rechtfertigung zu fragen.[1097]

a) Gleich- oder Ungleichbehandlung?

Ein Eingriff in Art. 3 Abs. 1 GG liegt vor, wenn wesentlich Gleiches willkürlich ungleich und wesentlich Ungleiches willkürlich gleich behandelt wird.[1098] Um dies festzustellen, muss untersucht werden, ob eine Person oder eine Personengruppe auf eine bestimmte Weise rechtlich behandelt wurde und eine andere Person oder Personengruppe in einer anderen Weise, obwohl sie als wesentlich Gleiches zusammengefasst werden können, wofür unter den Verglichenen nach einem gemeinsamen Bezugspunkt oder einem gemeinsamen Oberbegriff zu suchen ist.[1099] Aufgrund ihrer äußerlichen Einzigartigkeit fällt es aber schwer, die in den Fokus der intelligenten Videoüberwachung geratenen Personen zu vergleichen oder aus ihnen eine gemeinsame Gruppe zu bilden.

Eine unberechtigte Ungleichbehandlung läge beispielsweise vor, wenn die Algorithmen darauf programmiert wären, in einem Einkaufszentrum Menschen mit Pistolen zu detektieren und das intelligente Videoüberwachungssystem fälschlicherweise andere Gegenstände mit echten Pistolen verwechselt, wodurch einige Kunden aufgrund eines systemautonom ausgelösten Alarms des intelligenten Videoüberwachungssystems zu Unrecht einer Kontrolle durch das Sicherheitspersonal unterzogen würden, während andere, die ebenfalls keine Pistole bei sich trügen, unbehelligt blieben.[1100] Das Merkmal anhand dessen im

---

1096 *Held*, Intelligente Videoüberwachung, 2014, S. 161; *R. P. Schenke*, in: Zöller et al. (Hg.), FS Wolter, 2013, S. 1077 (1085); *Roßnagel et al.*, ZD 2012, 459 (460).

1097 *Kischel*, in: Epping/Hillgruber (Hg.), BeckOK GG, 2016, Art. 3 GG Rn. 14; *Jarass*, in: ders./Pieroth (Hg.) GG, 2011, Art. 3 GG Rn. 1, 7 f.; *Osterloh*, in: Sachs (Hg.), GG, 2011, Art. 3 GG Rn. 38.

1098 BVerfGE 1, 14 (52); 18, 36 (46); 49, 148 (165).

1099 Siehe BVerfGE 55, 72 (88); 98, 1 (12).

1100 Siehe für die polizeiliche Kontrolle *R. P. Schenke*, in: Zöller et al. (Hg.), FS Wolter, 2013, S. 1077 (1086).

Beispielsfall unterschieden würde, wäre die Detektion eines technisch auffälligen Musters, das einer Pistole gleicht. Da von einer Ungleichbehandlung bereits bei einer bloßen Interessenberührung auszugehen ist,[1101] genügte für eine relevante Benachteiligung, dass die Betroffenen im Gegensatz zu anderen vergleichbaren Personen gegenüber dem Sicherheitspersonal in erhöhtem Maße Rede und Antwort stehen müssten und einer Kontrolle ausgesetzt wären.[1102] Gemeinsamer Oberbegriff der Gruppe der kontrollierten Personen und der Gruppe der nicht kontrollierten Personen wäre ihre Eigenschaft als Kunden.

Idealerweise sollte das intelligente Videoüberwachungssystem zum Ausschluss von Fehlalarmen derart funktionieren, dass es nur tatsächlich gefährliche oder sicherheitsrelevante Momente erfasst und wiedergibt. Im gebildeten Beispiel sollten also nur Personen als auffällig gemeldet werden, die eine (echte) Pistole bei sich trügen. Beim momentanen Stand der Technik ist jedoch davon auszugehen, dass Fehler auftreten werden.[1103] Die Ursachen hierfür sind unter anderem die teilweise schlechte Bildqualität und die innerhalb des jeweiligen Kontextes stark variierenden Einsatzbedingungen, wie etwa die Tageszeit, die Licht- und Wetterverhältnisse sowie die Menge der zu verarbeitenden Daten. Diese Umstände erschweren die Analyse durch die Erkennungsalgorithmen. Die Fehlerraten skalieren deshalb im alltäglichen Einsatz stark. An einem Ort wie dem Hauptbahnhof Berlin mit täglich etwa 300.000 Reisenden[1104] würde eine Erkennungsrate von 99 % beispielsweise bedeuten, dass immerhin 3.000 Fehlalarme pro Tag ausgelöst würden. Dies wäre bereits deshalb kein zu akzeptierender Wert, weil dem Sicherheitspersonal der Aufwand an notwendigen Nachkontrollen nicht zumutbar wäre.

b) Rechtfertigung

Eine willkürliche Ungleichbehandlung von wesentlich Gleichem und damit ein Verstoß gegen Art. 3 Abs. 1 GG liegt vor, wenn es keine vernünftigen Erwägungen oder keinen sachlichen Grund für diese Ungleichbehandlung gibt.[1105] Da

1101 *Jarass*, in: ders./Pieroth (Hg.) GG, 2011, Art. 3 GG Rn. 10; *Sachs*, in: Isensee/Kirchhof (Hg.), HStR VIII, 2010, § 182 Rn. 56.

1102 *Held*, Intelligente Videoüberwachung, 2014, S. 158; *R. P. Schenke*, in: Zöller et al. (Hg.), FS Wolter, 2013, S. 1077 (1086).

1103 *R. P. Schenke*, in: Zöller et al. (Hg.), FS Wolter, 2013, S. 1077 (1086).

1104 Reisendenzahl aus dem Jahr 2012, abrufbar unter www.bahnhof.de (Stand: 13.05.2014), und nach E-Mail-Auskunft von Herrn Kienitz, Assistent des Leiters Regionalbereich Ost (I.SV-O) der Deutschen Bahn AG.

1105 BVerfGE 10, 234 (246); 102, 127 (141).

der Begriff der Willkür nur in engen Ausnahmefällen erfüllt ist, erweiterte das Bundesverfassungsgericht die Prüfung des Willkürverbots[1106] um die sog. Neue Formel. Danach ist Art. 3 Abs. 1 GG verletzt, wenn „eine Gruppe von Normadressaten im Vergleich zu anderen Normadressaten anders behandelt wird, obwohl zwischen beiden Gruppen keine Unterschiede von solcher Art und solchem Gewicht bestehen, daß sie die ungleiche Behandlung rechtfertigen könnten“[1107]. Damit genügte fortan nicht mehr jeglicher sachliche Grund, sondern nur noch ein solcher von einigem Gewicht.[1108] Die einzelfallabhängige Intensität der Ungleichbehandlung entschied darüber, ob die Willkürformel oder die sog. Neue Formel angewendet wurden.[1109] Es galt ein zweigeteilter Prüfungsmaßstab.[1110]

Die Entwicklung blieb jedoch nicht stehen, sondern bewirkte, dass sich aus dem allgemeinen Gleichheitssatz des Art. 3 Abs. 1 GG nunmehr „je nach Regelungsgegenstand und Differenzierungsmerkmalen unterschiedliche Grenzen (…) [ergeben], die von gelockerten auf das Willkürverbot beschränkten Bindungen bis hin zu strengen Verhältnismäßigkeitserfordernissen reichen können“[1111]. Es wird nicht mehr zwischen personenbezogenen und sachverhaltsbezogenen Ungleichbehandlungen unterschieden.[1112] Differenzierungen müssen durch Sachgründe gerechtfertigt sein, „die dem Differenzierungsziel und dem Ausmaß der Ungleichbehandlung angemessen sind.“[1113] „Dabei gilt ein stufenloser, am Grundsatz der Verhältnismäßigkeit orientierter verfassungsrechtlicher Prüfungsmaßstab, dessen Inhalt und Grenzen sich nicht abstrakt, sondern nur

---

1106 Zu dessen Entstehung und Entwicklung siehe *Streibel*, Rassendiskriminierung, 2010, S. 38 f.

1107 BVerfGE 55, 72 (88); 98, 1 (12).

1108 *Epping*, Grundrechte, 2015, Rn. 796.

1109 *Epping*, Grundrechte, 2015, Rn. 796.

1110 *Britz*, NJW 2014, 346 (347).

1111 BVerfGE 88, 87 (96); 129, 49 (68); 130, 131 (142).

1112 BVerfGE 127, 263 (280); 129, 49 (69). Der Zweite Senat des BVerfG hatte diese Unterscheidung anfangs noch beibehalten, siehe BVerfGE 131, 239 (256), orientiert seine Prüfung jedoch inzwischen ebenfalls am Verhältnismäßigkeitsgrundsatz, sodass die Herangehensweisen sich im Ergebnis nicht mehr unterscheiden, siehe dazu *Kischel*, in: Epping/Hillgruber (Hg.), BeckOK GG, 2016, Art. 3 GG Rn. 29.1; *Jarass*, in: ders./ Pieroth (Hg.) GG, 2011, Art. 3 GG Rn. 17, 27a; *Osterloh*, in: Sachs (Hg.), GG, 2011, Art. 3 GG Rn. 8 ff.; *Britz*, NJW 2014, 346 (347 f.).

1113 BVerfGE 129, 49 (68).

nach den jeweils betroffenen unterschiedlichen Sach- und Regelungsbereichen bestimmen lassen."[1114] Knüpft die Differenzierung an Persönlichkeitsmerkmale an, ist die Bindung strenger.[1115] Die verfassungsrechtlichen Anforderungen verschärfen sich umso mehr, je weiter sich die Merkmale denen des Art. 3 Abs. 3 GG annähern oder Freiheitsrechte betroffen sind.[1116]

Der genaue Zuschnitt der Prüfung des Gleichheitssatzes bleibt trotz der dargestellten bundesverfassungsgerichtlichen Maßgaben umstritten.[1117] Um eine strukturierte Prüfung zu ermöglichen, wird die weitere Untersuchung dem grundsätzlichen Aufbau der Verhältnismäßigkeitsprüfung angepasst und nach rechtfertigenden Sachgründen für eine Ungleichbehandlung gefragt, die sich im Hinblick auf deren Ziel und Maß als verhältnismäßig erweisen.[1118] Die unberechtigte Ungleichbehandlung ist demzufolge zulässig, wenn sie einen legitimen Zweck verfolgt[1119] und dazu dient, diesen zu erreichen, also geeignet ist.[1120] Außerdem darf die Belastung durch die Ungleichbehandlung nicht weiter reichen, „als der die Verschiedenbehandlung legitimierende Zweck es rechtfertigt"[1121], das heißt, es darf kein milderes, gleich geeignetes Mittel zur Zweckerreichung geben.[1122] Letztlich muss die Ungleichbehandlung in angemessenem Verhältnis

1114 BVerfGE 129, 49 (69); 130, 131 (142).

1115 BVerfGE 129, 49 (69).

1116 BVerfGE 129, 49 (69) mit Verweis auf BVerfGE 124, 199 (200); 88, 87 (96) in dieser Reihenfolge.

1117 *Ipsen*, StaatsR II, 2015, Rn. 813, meint bspw., dass durch die Anwendung des Verhältnismäßigkeitsmaßstabs strikt zu trennende verfassungsrechtliche Maßstäbe vermengt würden, was letztlich zu einer methodisch nicht mehr kontrollierbaren Abwägungsdiffusion führe. *Starck*, in: ders. (Hg.), GG, 2010, Art. 3 Abs. 1 Rn. 12, kritisiert, dass durch die entwickelten Formeln der allgemeine Gleichheitssatz nicht mit Inhalt gefüllt werde, erkennt aber an, dass Argumentationsschemata aufgestellt werden könnten. Die unterschiedlichen Ansichten im Detail darstellend *Kischel*, in: Epping/Hillgruber (Hg.), BeckOK GG, 2016, Art. 3 GG Rn. 14.4 ff., der meint, dass sich die unterschiedlichen Ansichten letztlich nicht gegenseitig ausschließen, sondern sich die Schwerpunkte der Prüfung verlagern.

1118 *Epping*, Grundrechte, 2015, Rn. 800.

1119 Die teilweise erörterte Unterscheidung in interne und externe Zwecke wird im Folgenden nicht weiter verfolgt, siehe dazu bspw. *Epping*, Grundrechte, 2015, Rn. 802 ff.

1120 *Epping*, Grundrechte, 2015, Rn. 808.

1121 BVerfGE 85, 238 (245).

1122 *Epping*, Grundrechte, 2015, Rn. 808.

zum Zweck stehen.[1123] Ob ihre Intensität im Verhältnis zur Bedeutung des Zwecks steht, bemisst sich nach dem jeweiligen Einzelfall.[1124]

Im Fall der Detektion einer Pistole ist die Ungleichbehandlung gegenüber der Person, die einen Fehlalarm ausgelöst hat, zu rechtfertigen, da in diesem Fall – um die polizeirechtliche Dogmatik zu bemühen[1125] – eine bloße Anscheinsgefahr anzunehmen ist.[1126] Denn die intelligente Kamera würde etwa eine Spielzeugpistole nicht als solche erkennen können. Die bessere Erkenntnis nach der Kontrolle durch den menschlichen Operator ändert deshalb nichts am Vorliegen der Gefahr im Moment der algorithmischen Detektion. Eine sog. Putativgefahr (Scheingefahr) sollte beim Einsatz intelligenter Videoüberwachung grundsätzlich nicht auftreten, da das System die Situation aufgrund der Algorithmen stets zumindest so verständig und sachgerecht würdigen können sollte, dass nicht bereits im Vorhinein erkennbar ist, dass keine Gefahr vorliegt. Legitimer Zweck der Detektion von Pistolen könnte zum Beispiel das Ziel der nicht öffentlichen Stelle sein, Angriffe auf ihr Eigentum oder ihren Besitz durch bewaffnete Überfälle zu verhindern und Sicherheit für ihre Angestellten und Kunden im von ihr beherrschten Raum zu gewährleisten. Der Alarm als Auffälligkeit im rein technischen Sinne veranlasst den Betreiber, nur den Betroffenen und nicht alle Personen zu kontrollieren, sodass ein Grund für die Ungleichbehandlung vorliegt. Die Überprüfung des Einzelnen ist auch geeignet, um festzustellen, ob tatsächlich ein sicherheitsrelevanter Zwischenfall vorliegt. Mildere Mittel sind ebenfalls nicht erkennbar, da eine manuelle Kontrolle jedes einzelnen Kunden des Einkaufszentrums durch das Sicherheitspersonal nicht nur sehr zeitaufwendig und kostenintensiv wäre, sondern auch jeden Einzelnen in seinen Interessen beeinträchtigen würde, ohne dass hierfür wie im Falle des technischen Alarms ein Anlass bestünde.

Je gewichtiger die Gründe für die Ungleichbehandlung sind, umso mehr rechtfertigen sie die rechtserhebliche Differenzierung. Grundsätzlich gilt, dass der private Verwender der intelligenten Videoüberwachung seine eigenen Rechtspositionen schützen dürfen muss, indem er sich technischer Hilfsmittel bedient. Entscheidend ist, zu welchem Zweck die intelligente Videoüberwachung

---

[1123] BVerfGE 55, 72 (88); 88, 87 ff.; 127, 263 ff.; 130, 131 (143); *Kischel*, in: Epping/Hillgruber (Hg.), BeckOK GG, 2016, Art. 3 GG, Rn. 28; *Epping*, Grundrechte, 2015, Rn. 800; *Britz*, NJW 2014, 346 (350).

[1124] *Epping*, Grundrechte, 2015, Rn. 809.

[1125] Zur Erläuterung der Begriffe siehe *Würtenberger/Heckmann*, Polizeirecht in B.-W., 2005, S. 193, Rn. 418 f.

[1126] *R. P. Schenke*, in: Zöller et al. (Hg.), FS Wolter, 2013, S. 1077 (1087).

im Einzelfall eingesetzt wird. Da es sich bei dem Differenzierungskriterium des detektierten Gegenstandes „Pistole" nicht um ein personenbezogenes Merkmal oder eines der Merkmale des Art. 3 Abs. 3 GG handelt, ist die Ungleichbehandlung nicht von besonders hoher Intensität.[1127] Zur Kontrolle kommt es jedoch allein aufgrund der algorithmischen Analyse und Detektion eines pistolenähnlichen Gegenstandes. Die Betroffenen eines Fehlalarms können keinen Einfluss auf die Verwirklichung dieses Differenzierungsmerkmals nehmen, wodurch die Anforderungen an die Angemessenheitsprüfung steigen.[1128] Der Einzelne ist aber auch nicht gänzlich wehrlos, da er sich im Falle einer weiteren Nachschau durch das Sicherheitspersonal diesem gegenüber erklären und sich wehren kann. Mildernd wirkt, dass die Ungleichbehandlung von kurzer Dauer ist. Erkennt der menschliche Operator bereits am Videobildschirm, dass ein Fehlalarm vorliegt, kommt es zu keiner weiteren persönlichen Kontrolle und der Betroffene wird den Besuch des Einkaufszentrums unbehelligt fortsetzen können. Ist der Befund zunächst unklar und ergibt erst die weitere Prüfung, dass ein Fehlalarm vorliegt, erfolgte die Untersuchung nicht willkürlich, sondern aufgrund tatsächlicher Anhaltspunkte. Im Beispielsfall steht der Grund für die Ungleichbehandlung – die Befürchtung eines sicherheitsrelevanten Vorfalls aufgrund des systemseitigen Treffers – deshalb insgesamt noch in angemessenem Verhältnis zu ihrer Intensität und ist gerechtfertigt.

2. Spezielle Gleichheitsrechte des Art. 3 Abs. 2 GG und des Art. 3 Abs. 3 GG

Die Angemessenheit ist weitaus schwieriger zu beurteilen, wenn die Suchalgorithmen der intelligenten Videoüberwachung an biometrische Merkmale oder andere persönliche Eigenschaften anknüpfen, die Gegenstand der Diskriminierungsverbote des Art. 3 Abs. 2 und Abs. 3 GG sind.[1129] Die auf bestimmte persönlichkeitsbezogene Kriterien ausgerichtete intelligente Videoüberwachung kann eine stigmatisierende Wirkung gegenüber denjenigen Personen haben, die aufgrund dieser Attribute einer verstärkten Kontrolle unterworfen sind.[1130] Die Eigenschaft als Merkmalsträger begründet zugleich eine Gruppenzugehörigkeit

---

[1127] Denn personenbezogene Ungleichbehandlungen und Differenzierungen anhand eines verpönten Merkmal sind von besonderer Intensität siehe bspw. BVerfGE 88, 87 (96); 129, 49 (69).

[1128] BVerfGE 88, 87 (96); 129, 49 (69).

[1129] *R. P. Schenke*, in: Zöller et al. (Hg.), FS Wolter, 2013, S. 1077 (1088).

[1130] Siehe BVerfGE 115, 320 (352), zu dieser Wirkung der Rasterfahndung.

mit der für Außenstehende eine pauschale Vorstellung über körperliche, seelische und charakterliche Eigenarten der Gruppenmitglieder einhergeht.[1131] Geraten vermehrt bestimmte Personengruppen in den Fokus des Sicherheitspersonals, könnten sich gesellschaftliche Vorurteile und Stereotype verstärken.[1132]

Das Verhältnis von Art. 3 Abs. 2 S. 1 GG und Art. 3 Abs. 3 S. 1 GG wird im Folgenden nicht näher beleuchtet.[1133] Vielmehr wird die Frage nach der Gleichbehandlung von Mann und Frau in dieser Untersuchung unter dem Aspekt des Merkmals „Geschlecht" in Art. 3 Abs. 3 S. 1 GG erörtert. Denn im Zusammenhang mit der Zulässigkeit intelligenter Videoüberwachung ist nicht die Pflicht, aktiv auf die Gleichbehandlung hinzuwirken, relevant. Im Vordergrund steht vielmehr das Verbot einer Ungleichbehandlung wegen des Geschlechts als eines der Merkmale des Art. 3 Abs. 3 S. 1 GG. Dies entspricht der Maßgabe des Bundesverfassungsgerichts, wonach Art. 3 Abs. 2 GG die Pflicht der Förderung der Gleichbehandlung von Frau und Mann enthält, während Art. 3 Abs. 3 GG das Verbot einer Ungleichbehandlung statuiert.[1134] Zumindest aus bundesverfassungsgerichtlicher Perspektive stellt sich die rechtssystematische Frage hinsichtlich einer Funktionslosigkeit des Art. 3 Abs. 2 GG im Hinblick auf die doppelte Normierung des Merkmals „Geschlecht" in Art. 3 GG somit nicht.[1135] Gesetzgeberisch wurde dies durch den Zusatz in Art. 3 Abs. 2 S. 2 GG bestätigt.[1136]

Die Bedeutung des Art. 3 Abs. 3 GG im Bereich intelligenter Videoüberwachung lässt sich gut anhand eines Beispiels erläutern: Statistische Erhebungen zeigen, dass Männer übermäßig häufig Tatverdächtige sind.[1137] Daraus ließe sich

---

1131 *Streibel*, Rassendiskriminierung, 2010, S. 41.

1132 BVerfGE 115, 320 (353); *R. P. Schenke*, in: Zöller et al. (Hg.), FS Wolter, 2013, S. 1077 (1085); *Roßnagel et al.*, ZD 2012, 459 (460).

1133 Siehe hierfür z. B. *Osterloh*, in: Sachs (Hg.), GG, 2011, Art. 3 GG, Rn. 259 ff.

1134 BVerfGE 85, 191 (206); 92, 91 (109).

1135 *Kischel*, in: Epping/Hillgruber (Hg.), BeckOK GG, 2016, Art. 3 GG Rn. 183, betrachtet die doppelte Absicherung des Merkmals Geschlecht in Art. 3 Abs. 2 und Abs. 3 GG als zusammengehörigen Regelungskomplex.

1136 BVerfGE 92, 91 (109); *Dürig/Scholz*, in: Maunz/Dürig (Bg.), GG, 2013, Art. 3 Abs. 2 GG Rn. 4 e) ff., wonach hinsichtlich der sonstigen in Art. 3 Abs. 3 GG genannten Merkmale aufgrund des allgemeinen Ungleichbehandlungsverbotes in Art. 3 Abs. 1 GG keine ausdrückliche Aufnahme in die verfassungsrechtlichen Diskriminierungsverbote nötig war. Beim Merkmal Geschlecht „als einem sonst unvergleichbaren Bereich menschlicher Beziehungen" seien hingegen ohne die Doppelung des Merkmals in Art. 3 GG Differenzierungen zu befürchten (a. a. O.).

1137 So bspw. in BKA PKS 2012, S. 11, wonach der Anteil weiblicher Tatverdächtiger bei Körperverletzungen bei lediglich 18,5 % liegt.

schlussfolgern, dass Männer häufiger gewalttätiges Verhalten zeigen als Frauen. Wollte man nun frühzeitig in der Lage sein, auf Vandalismus und Gewalt zu reagieren, könnte der Suchalgorithmus der privaten intelligenten Videoüberwachung entweder darauf ausgerichtet werden, bestimmte aggressive Bewegungsmuster zu erkennen,[1138] oder das Merkmal „männliches Geschlecht" als zu detektierendes Muster verwenden. In den Fokus gerieten jeweils vergleichsweise aggressive Personen, da ihre Muster mit den vorab festgelegten Suchparametern der Algorithmen übereinstimmen würden. Diese Personen wären jedoch – ausgehend von den genannten Prämissen – übermäßig häufig männlich, weshalb eine Ungleichbehandlung wegen einem der Merkmale des Art. 3 Abs. 3 GG zu diskutieren wäre.

a) „Wegen"

Das Diskriminierungsverbot des Art. 3 Abs. 3 S. 1 GG wird verletzt, wenn eine benachteiligende Ungleichbehandlung *wegen* eines der verpönten Merkmale des Art. 3 Abs. 3 S. 1 GG vorliegt. Der Wortlaut des Grundrechts verlangt Kausalität,[1139] wobei über diese Erkenntnis hinaus Streit über den notwendigen Zusammenhang besteht.[1140] Um dem Schutzzweck des Art. 3 Abs. 3 GG zu größtmöglicher Effektivität zu verhelfen, wird zum Teil ein absolutes Anknüpfungsverbot an die Merkmale des Art. 3 Abs. 3 GG angenommen.[1141] Diese Ansicht erfährt jedoch Kritik, da rechtliche Regelungen zulässigerweise auf das Wesen dieser Begriffe abstellen können müssten.[1142] Nicht erforderlich für eine Ungleichbehandlung ist, dass ihr eine entsprechende Absicht zugrunde liegt.[1143] Andernfalls würde aufgrund des zu starken subjektiven Moments der

---

1138 Dies ist etwa das Ziel des vom BMBF geförderten Projektes CamInSens gewesen (siehe oben Kap. A. V. 1).

1139 BVerfGE 2, 266 (286); 59, 128 (157); 63, 266 (302); *Starck*, in: ders. (Hg.), GG, 2010, Art. 3 Abs. 3 Rn. 379.

1140 *Kischel*, in: Epping/Hillgruber (Hg.), BeckOK GG, 2016, Art. 3 GG Rn. 212 f.; *Dürig/Scholz*, in: Maunz/Dürig (Bg.), GG, 2013, Art. 3 Abs. 3 GG Rn. 133 ff.; *Schmidt*, in: Müller-Glöge et al. (Hg.), EfKA, 2013, Art. 3 GG Rn. 75; *Sachs*, in: Isensee/Kirchhof (Hg.), HStR VIII, 2010, § 182 Rn. 69 ff.; *Fehling*, in: Heckmann et al. (Hg.), FS Würtenberger, 2013, S. 669 (683).

1141 *Sachs*, in: Isensee/Kirchhof (Hg.), HStR VIII, 2010, § 182, Rn. 69.

1142 *Dürig/Scholz*, in: Maunz/Dürig (Bg.), GG, 2013, Art. 3 Abs. 3 GG Rn. 135, nennen etwa die StVO oder das StAG; *Starck*, in: ders. (Hg.), GG, 2010, Art. 3 Abs. 3 Rn. 386, nennt als Beispiel aus dem Privatrecht das Familienrecht, bei dem z. B. Bevorzugungen oder Benachteiligungen aufgrund der Abstammung zulässig sind.

1143 So aber noch BVerfGE 75, 40 (70).

Schutzzweck des Art. 3 Abs. 3 GG unterlaufen.[1144] Um die Schutzfunktion des Art. 3 Abs. 3 GG und die nötige Abwägungsoffenheit zu gewährleisten, muss vielmehr die tatsächliche Anknüpfung an eines der Merkmale eine benachteiligende Folge zeitigen.[1145] Der Begriff „wegen" ist daher als „anhand" zu verstehen,[1146] wobei der von Art. 3 Abs. 3 GG verlangte Zusammenhang dennoch ein kausales Moment voraussetzt. Wenn der Algorithmus im Beispielsfall direkt auf die Erkennung von Männern ausgerichtet ist und diese anhand biometrischer Erkennungsmuster physiologischer Merkmale ihres Geschlechts detektiert, erfolgt eine unmittelbare Diskriminierung wegen des Geschlechts gemäß Art. 3 Abs. 3 S. 1 GG.

b) Mittelbare Diskriminierung

Die Wahl eines zunächst neutralen Differenzierungskriteriums, das im Ergebnis zur Ungleichbehandlung bestimmter Träger eines verpönten Merkmals führt, ist schwieriger zu beurteilen. Über die damit verbundene dogmatische Figur der mittelbaren Diskriminierung[1147] aufgrund der Verwendung eines sog. Stellvertretermerkmals[1148] wird gestritten.[1149] Gemeint ist beispielsweise die Anknüpfung

---

1144 BVerfGE 81, 191 ff.; *Osterloh*, in: Sachs (Hg.), GG, 2011, Art. 3 GG Rn. 252; *Rüfner*, in: Wendt et al. (Hg.), FS Friauf, 1996, S. 331 (333).

1145 *Jarass*, in: ders./Pieroth (Hg.) GG, 2011, Art. 3 GG Rn. 131, der auf die tatsächliche Anknüpfung an ein Merkmal abhebt; *Rüfner*, in: Wendt et al. (Hg.), FS Friauf, 1996, S. 331 (332 f.).

1146 *Epping*, Grundrechte, 2015, Rn. 827.

1147 Mit *Fehling*, in: Heckmann et al. (Hg.), FS Würtenberger, 2013, S. 669, ist hierunter die Ungleichbehandlung anhand *prima facie* neutraler Merkmale, die sich jedoch faktisch nachteilig auswirken, zu verstehen.

1148 Zur Verwendung dieses Begriffes siehe *Britz*, Einzelfallgerechtigkeit, 2008, S. 9. Zum Surrogationsmerkmal, dem das Stellvertretermerkmal entliehen ist, schon *Heck*, AcP 112 (1914), 183; hierzu auch *Sachs*, in: Isensee/Kirchhof (Hg.), HStR VIII, 2010, § 182 Rn. 32, 95, der die Figur der mittelbaren Diskriminierung für diese Konstellation ablehnt.

1149 Zur mittelbaren Diskriminierung und Art. 3 Abs. 2 und Abs. 3 GG siehe *Streibel*, Rassendiskriminierung, 2010, S. 72 f.; *Rüfner*, in: Wendt et al. (Hg.), FS Friauf, 1996, S. 331. Benachteiligungen mit sachlich überzeugenden Gründen für zu rechtfertigen halten *Schmidt*, in: Müller-Glöge et al. (Hg.), EfKA, 2013, Art. 3 GG, Rn. 76 und *Osterloh*, in: Sachs (Hg.), GG, 2011, Art. 3 GG, Rn. 255; ablehnend: *Kischel*, in: Epping/Hillgruber (Hg.), BeckOK GG, 2016, Art. 3 GG, Rn. 215. Im Bereich des Art. 3 Abs. 2 S. 1 GG ist herrschende Ansicht, dass, wenn erhebliche Nachteile überwiegend ein Geschlecht betreffen, obwohl eine vermeintlich geschlechtsneutrale Regelung geschaffen wurde, die Vorschrift auf hinreichenden Gründen beruhen

an aggressives Verhalten nicht als eine Eigenschaft, die nur bei einem Geschlecht vorkommt, sondern als solche, die Männern oder Frauen typischerweise zugeordnet wird. Es würde anhand des diskriminierungsschutzrechtlich neutralen Hauptmerkmals der Aggression an das verpönte Stellvertretermerkmal des Geschlechts angeknüpft.[1150] Wären die Algorithmen auf die Erkennung aggressiven Verhaltens programmiert, träfe die Überwachung aufgrund der statistischen Wahrscheinlichkeit häufiger Männer. Käme es zu Fehlalarmen, entstünde eine Ungleichbehandlung dieser Männer nicht nur gegenüber jenen Männern, bei denen kein Alarm aufträte, sondern zugleich gegenüber aggressiven Frauen, die vom Algorithmus nicht entdeckt würden.

Gegen eine Ausdehnung der Anwendung des Art. 3 Abs. 3 S. 1 GG auf die mittelbare Diskriminierung spricht, dass Stellvertreterkriterien zwar typischerweise einer bestimmten Merkmalsgruppe zugeordnet werden können, oftmals aber denknotwendige Voraussetzung für gesetzgeberische Lösungen sind.[1151] Zudem ist zweifelhaft, ob angesichts der Möglichkeit des Rückgriffs auf Art. 3 Abs. 1 GG eine Differenzierung in mittelbare und unmittelbare Diskriminierungen notwendig ist. Obwohl ursprünglich im Rahmen des Art. 3 Abs. 2 GG entwickelt,[1152] gilt das Verbot der mittelbaren Diskriminierung jedoch inzwischen auch in den Fällen des Art. 3 Abs. 3 GG.[1153] Denn der Staat muss umfassend und wirksam vor Diskriminierungen schützen. Zudem treten

---

muss, siehe zur Rechtfertigung über biologische und funktionale Unterschiede bspw. BVerfGE 52, 369 (374); *Jarass*, in: ders./Pieroth (Hg.) GG, 2011, Art. 3 GG Rn. 87. Von der mittelbaren Diskriminierung müssen die Fälle abgegrenzt werden, bei denen es sich um eine bloße Beschränkung handelt. Eine solche ist gegeben, wenn sich die Differenzierung anhand eines zunächst neutralen Differenzierungsmerkmals zwar als Ungleichbehandlung herausstellt, diese allerdings lediglich eine Benachteiligungsgefahr erzeugt, oder wenn gerade nicht das verpönte Merkmal entscheidend für die Ungleichbehandlung ist, siehe *Fehling*, in: Heckmann et al. (Hg.), FS Würtenberger, 2013, S. 669 (679).

1150 *Britz*, Einzelfallgerechtigkeit, 2008, S. 57.

1151 Beispiele sind bestimmte Einbürgerungsvoraussetzungen für Ausländer, die u. U. statistisch belegt von Einwanderern aus bestimmten Herkunftsländer nicht erfüllt werden, oder günstigere Regelungen für Geringverdiener, die hauptsächlich Frauen treffen, so *Rüfner*, in: Wendt et al. (Hg.), FS Friauf, 1996, S. 331 (335); in diese Richtung auch *Sachs*, in: Isensee/Kirchhof (Hg.), HStR VIII, 2010, § 182, Rn. 96.

1152 BVerfGE 126, 29 (54).

1153 BVerfGE 85, 191 (206); 113, 1 (15); 121, 241 (254); 126, 29 (53); *Osterloh*, in: Sachs (Hg.), GG, 2011, Art. 3 GG, Rn. 256; *Jarass*, in: ders./Pieroth (Hg.) GG, 2011, Art. 3 GG, Rn. 119.

mittelbare unzulässige Benachteiligungen insbesondere aufgrund eines der in Art. 3 Abs. 3 S. 1 und S. 2 GG aufgeführten Merkmale auf, und ein Rückgriff auf Art. 3 Abs. 1 GG würde letztlich zur Umgehung des Art. 3 Abs. 3 GG führen.[1154] Die besonderen Gleichheitssätze sollen außerdem den in Art. 3 Abs. 1 GG gewährleisteten Mindestumfang an Grundrechtsschutz anheben und besitzen aus diesem Grund eigene normative Kraft.[1155] Insofern gibt es keine überzeugenden Gründe, weshalb eine mittelbare Diskriminierung lediglich im Rahmen des Art. 3 Abs. 2 GG relevant werden sollte.[1156]

c) Rechtfertigung

Der Wortlaut von Art. 3 Abs. 3 GG legt nahe, dass es absolut verboten ist, an eines der genannten Merkmale anzuknüpfen.[1157] Dennoch sind in eng begrenzten Einzelfällen Differenzierungen anhand dieser Kriterien zulässig.[1158] Die verfassungsrechtliche Rechtfertigung einer unmittelbaren Diskriminierung ist durch kollidierendes Verfassungsrecht oder einen besonders schwerwiegenden Grund möglich und erfordert eine strenge Verhältnismäßigkeitsprüfung.[1159] Angewendet auf den Untersuchungsgegenstand bedeutet dies, dass die grundrechtlich geschützten Interessen der nicht öffentlichen Stelle aus Art. 14 Abs. 1 GG und Art. 2 Abs. 1 GG als verfassungsimmanente Schranken herangezogen und im Wege praktischer Konkordanz mit dem Diskriminierungsschutz des Betroffenen in Ausgleich gebracht werden müssen.

In der ersten Variante des Beispiels (siehe oben IV. 2. a) knüpft der Algorithmus unmittelbar an das Merkmal des männlichen Geschlechts an, um das von Art. 14 Abs. 1 GG geschützte Eigentum des Betreibers der intelligenten

---

1154 *Jarass*, in: ders./Pieroth (Hg.) GG, 2011, Art. 3 GG Rn. 145; *Fehling*, in: Heckmann et al. (Hg.), FS Würtenberger, 2013, S. 669 (678).

1155 *Sachs*, in: Isensee/Kirchhof (Hg.), HStR VIII, 2010, § 182 Rn. 17.

1156 *Osterloh*, in: Sachs (Hg.), GG, 2011, Art. 3 GG Rn. 255; *Fehling*, in: Heckmann et al. (Hg.), FS Würtenberger, 2013, S. 669 (681 f.).

1157 *Epping*, Grundrechte, 2015, Rn. 838.

1158 BVerfGE 92, 91 (109); befürwortend *Kischel*, in: Epping/Hillgruber (Hg.), BeckOK GG, 2016, Art. 3 GG, Rn. 214 f.; *Epping*, Grundrechte, 2015, Rn. 838; *Morlok*, Grundrechte, 2014, Rn. 818 f.; ablehnend *Ipsen*, StaatsR II, 2015, Rn. 823.

1159 BVerfGE 85, 191 (206); 92, 91 (109); 97, 35 (43); 114, 357 (364); 121, 241 (257); *Kischel*, in: Epping/Hillgruber (Hg.), BeckOK GG, 2016, Art. 3 GG Rn. 214; *Schmidt*, in: Müller-Glöge et al. (Hg.), EfKA, 2013, Art. 3 GG, Rn. 75; *Osterloh*, in: Sachs (Hg.), GG, 2011, Art. 3 GG Rn. 250 f.; *Jarass*, in: ders./Pieroth (Hg.) GG, 2011, Art. 3 GG Rn. 134 f.; *Streibel*, Rassendiskriminierung, 2010, S. 71.

Videoüberwachungsanlage vor Vandalismus und Gewalt zu schützen. Dem steht die Maßgabe gegenüber, dass an das Geschlecht als Differenzierungskriterium des Art. 3 Abs. 3 GG grundsätzlich nicht angeknüpft werden soll.[1160] Im Beispielsfall wird aber nicht an das Kriterium Geschlecht angeknüpft, um gezielt Männer zu diskriminieren, sondern um aggressives Verhaltens zu detektieren. Da angenommen wird, dass sie übermäßig häufig aggressives Verhalten zeigen, werden sie unmittelbar wegen ihres Geschlechts vom intelligenten Videoüberwachungssystem detektiert und durch das Sicherheitspersonal kontrolliert. Dabei ist zunächst unerheblich, ob sie tatsächlich gewaltbereit sind oder aggressives Verhalten zeigen. Die Auswahl des personenbezogenen Merkmals des Geschlechts dient lediglich der Detektion eines statistisch angenommenen Risikos höherer Gewaltbereitschaft von Männern, ohne konkrete Anhaltspunkte im Einzelfall. Deshalb ergibt die Gesamtschau in diesem Fall, dass die Ungleichbehandlung von hoher Intensität und nicht mehr verhältnismäßig ist, weshalb die Interessen des Verantwortlichen dahinter zurückstehen müssen.

In der zweiten Beispielsvariante, der Detektion aggressiven Verhaltens kann die mittelbare Diskriminierung zulässig sein. Denn da bereits eine unmittelbare Diskriminierung ausnahmsweise gerechtfertigt sein kann, muss dies erst recht für eine mittelbare Diskriminierung gelten. Außerdem wirkt diese sich weniger intensiv aus und der Wortlaut des Art. 3 Abs. 3 GG erfasst sie nicht ausdrücklich.[1161] Für die Rechtfertigung indirekter rechtlich relevanter Ungleichbehandlungen genügen hinreichend sachliche Gründe.[1162] Nötig ist jedoch auch hier die Abwägung mit kollidierendem Verfassungsrecht im Rahmen der Verhältnismäßigkeitsprüfung.[1163] Diese kann allerdings bei der mittelbaren Diskriminierung weniger streng ausfallen als bei einer unmittelbaren Diskriminierung.[1164]

Zusammenfassend ist festzuhalten, dass die Zulässigkeit einer rechtlich relevanten Ungleichbehandlung stark von den jeweiligen Besonderheiten des Einzelfalls abhängig ist. Um dies zu verdeutlichen, wird an späterer Stelle ein Beispielszenario geprüft (Kap. G. III.), in dem die Anknüpfung der Algorithmen an Merkmale des Art. 3 Abs. 3 GG exemplarisch erörtert wird.

1160 BVerfGE 114, 357 (364).

1161 *Epping*, Grundrechte, 2015, Rn. 840.

1162 BVerfGE 113, 1 (20).

1163 BVerfGE 121, 241 (257); *Jarass*, in: ders./Pieroth (Hg.) GG, 2011, Art. 3 GG Rn. 134.

1164 BVerfGE 113, 1 (20); *Kischel*, in: Epping/Hillgruber (Hg.), BeckOK GG, 2016, Art. 3 GG Rn. 190; *Osterloh*, in: Sachs (Hg.), GG, 2011, Art. 3 GG Rn. 256; *Fehling*, in: Heckmann et al. (Hg.), FS Würtenberger, 2013, S. 669 (686).

3. Europarechtliche Diskriminierungsverbote und die intelligente Videoüberwachung

Im Primär- und Sekundärrecht der Europäischen Union findet sich eine Vielzahl von Gleichheitssätzen und Diskriminierungsverboten, wie beispielsweise Art. 23 ff. GRCh, Art. 18 AEUV oder Art. 157 AEUV. Die nachfolgende Betrachtung wird auf den allgemeinen Gleichheitssatz des Art. 20 GRCh und das spezielle Diskriminierungsverbot des Art. 21 GRCh sowie den Art. 2 der Richtlinie 2000/43/EG, den Art. 2 der Richtlinie 2000/78/EG und den Art. 8 der Richtlinie 95/46/EG beschränkt. Die Art. 20 GRCh und Art. 21 GRCh wurden gewählt, da sie den Gleichheitssätzen des Art. 3 Abs. 1 GG und Art. 3 Abs. 3 GG vergleichbar sind. Außerdem wirken die Unionsgrundrechte durch die unionsrechtskonforme Auslegung des § 6b BDSG mittelbar auf die Beziehung zwischen der videoüberwachenden nicht öffentlichen Stelle und dem Betroffenem ein und prägen die Interessenabwägung. Die ausgewählten Sekundärrechtsakte sind nicht nur von Interesse, weil § 6b BDSG im Zuge der Umsetzung der Datenschutzrichtlinie 95/46/EG in das Bundesdatenschutzgesetz eingefügt wurde, sondern auch, weil sie besondere Gleichheitssätze enthalten und die Unionsgrundrechte konkretisieren, weshalb sie vorrangig zu prüfen sind.[1165] Außerdem binden die gleichheitsorientierten Richtlinien die Mitgliedstaaten umfassend und nicht nur bei der Durchführung von Unionsrecht gemäß Art. 51 Abs. 1 GRCh.[1166]

a) Die Gleichheitssätze des Art. 20 GRCh und des Art. 21 GRCh

Der inzwischen in Art. 20 GRCh niedergelegte allgemeine Gleichheitssatz galt bereits zuvor in ständiger Rechtsprechung des Europäischen Gerichtshofs als unionsrechtliches Grundprinzip.[1167] Er verbietet ebenso wie Art. 3 Abs. 1 GG, dass „vergleichbare Sachverhalte in unterschiedlicher Weise behandelt und dadurch bestimmte Betroffene gegenüber anderen benachteiligt werden, ohne dass dieser Unterschied in der Behandlung durch das Vorliegen objektiver Unterschiede von einigem Gewicht gerechtfertigt wäre“[1168]. Der Prüfungsaufbau

---

1165 *Kingreen*, in: Ehlers (Hg.), EuGR, 2014, § 21 I 1 Rn. 22.

1166 *Kingreen*, in: Ehlers (Hg.), EuGR, 2014, § 21 I 1 Rn. 5.

1167 So etwa EuGH, Urt. v. 19.10.1977, Ruckdeschl, C-117/76 und C-16/77, ECLI:EU:C:1977:160, Rn. 7; Urt. v. 16.10.1980, Hochstrass, C-147/79, ECLI:EU:C:1980:238, Rn. 7; Urt. v. 05.10.1994, Deutschland, C-280/93, ECLI:EU:C:1994:367, Rn. 67.

1168 EuGH, Urt. v. 13.07.1962, Klöckner-Werke AG, C-17/61 u. 20/61, ECLI:EU:C:1962:30, S. 692 ff.

entspricht dem der grundgesetzlichen Gleichheitsrechte.[1169] Der Konflikt mit Grundrechten der nicht öffentlichen Stelle muss im Wege der praktischen Konkordanz gelöst werden. Das Ergebnis der Interessenabwägung gemäß § 6b BDSG ist deshalb abhängig vom genauen Einsatzzweck der intelligenten Videoüberwachung im Einzelfall.

Der besondere Gleichheitssatz des Art. 21 Abs. 1 GRCh verbietet „Diskriminierungen insbesondere wegen des Geschlechts, der Rasse, der Hautfarbe, der ethnischen oder sozialen Herkunft, der genetischen Merkmale, der Sprache, der Religion oder der Weltanschauung, der politischen oder sonstigen Anschauung, der Zugehörigkeit zu einer nationalen Minderheit, des Vermögens, der Geburt, einer Behinderung, des Alters oder der sexuellen Ausrichtung". Er wird durch Art. 19 AEUV ergänzt. Auf den ersten Blick ist nicht eindeutig, ob und, wenn ja, welche Anhaltspunkte sich dem Unionsrecht für oder gegen die Zulässigkeit einer mittelbaren Diskriminierung entnehmen lassen. Denn Art. 21 GRCh spricht von einem Verbot der Anknüpfung an die verpönten Merkmale, während gleichzeitig der Schrankenvorbehalt des Art. 52 Abs. 1 S. 1 GRCh gilt.[1170]

b) Mittelbare Diskriminierung gemäß der Richtlinie 2000/43/EG und der Richtlinie 2000/78/EG

Hinweise, ob eine Rechtfertigung mittelbarer Diskriminierungen denkbar ist, geben beispielsweise die Art. 21 GRCh konkretisierenden Richtlinien 2000/43/EG zur Anwendung des Gleichbehandlungsgrundsatzes ohne Unterschied der Rasse oder der ethnischen Herkunft und 2000/78/EG zur Festlegung eines allgemeinen Rahmens für die Verwirklichung der Gleichbehandlung in Beschäftigung und Beruf. Beide Sekundärrechtssätze sind für die vorliegende Untersuchung nicht unmittelbar einschlägig, da weder Beschäftigungs- und Berufsverhältnisse noch der Zugang zu und die Versorgung mit Gütern und Dienstleistungen betrachtet werden. Sie geben aber grundsätzliche Anhaltspunkte für die Beurteilung, ob eine mittelbare Diskriminierung vorliegt und unter welchen Voraussetzungen diese zulässig sein kann.

Nach Art. 2 Abs. 1 der Richtlinie 2000/43/EG und Art. 2 Abs. 1 der Richtlinie 2000/78/EG darf es keine unmittelbare oder mittelbare Diskriminierung wegen der aufgezählten Merkmale geben. Die Legaldefinitionen in Art. 2 Abs. 2 Buchstabe b der Richtlinie 2000/43/EG und in Art. 2 Abs. 2 Buchstabe b der Richtlinie

---

1169 Dazu oben Kap. F. IV. 1. und *Kingreen*, in: Ehlers (Hg.), EuGR, 2014, § 21 III 1 Rn. 14 ff.

1170 *Kingreen*, in: Ehlers (Hg.), EuGR, 2014, § 21 IV 1 Rn. 21.

2000/78/EG sind wortlautidentisch: Eine mittelbare Diskriminierung liegt vor, wenn dem Anschein nach neutrale Vorschriften, Kriterien oder Verfahren Personen, die einer Rasse oder ethnischen Gruppe angehören oder Personen mit einer bestimmten Religion, Weltanschauung, einer bestimmten Behinderung, eines bestimmten Alters oder mit einer bestimmten sexuellen Ausrichtung gegenüber anderen Personen in besonderer Weise benachteiligen können. Dies gilt aber nicht absolut. Nach Art. 2 Abs. 2 Buchstabe b der Richtlinie 2000/43/EG und Art. 2 Abs. 2 Buchstabe b lit. i) der Richtlinie 2000/78/EG liegt ausnahmsweise keine unzulässige mittelbare Diskriminierung vor, wenn diese durch ein rechtmäßiges Ziel sachlich gerechtfertigt und die Mittel zur Erreichung dieses Ziels angemessen und erforderlich sind. Mit den unbestimmten Formulierungen wie „dem Anschein nach" und „in besonderer Weise" ist in beiden Richtlinienvorschriften ein wertendes Element verankert. Mittelbare Diskriminierungen liegen demnach vor, wenn sie ein gewisses Gewicht haben.[1171] Eine mittelbare Diskriminierung kann also auch nach sekundärrechtlichen Vorschriften ausnahmsweise zulässig sein,[1172] insbesondere zum Schutz anderer verfassungsrechtlich geschützter Rechtsgüter.[1173] Solche ergeben sich aus den Rechten der nicht öffentlichen Stelle auf körperliche Unversehrtheit aus Art. 3 Abs. 1 GRCh oder dem Schutz ihres Eigentums gemäß Art. 17 Abs. 1 GRCh. Sie müssen gegen die Interessen der Betroffenen abgewogen werden.

c) Diskriminierungsverbote gemäß Art. 8 der Richtlinie 95/46/EG

Die Verbote der Diskriminierung wegen bestimmter Merkmale oder Eigenschaften werden durch Art. 8 der Datenschutzrichtlinie 95/46/EG auf die automatisierte Verarbeitung personenbezogener Daten übertragen und finden durch die mitgliedstaatliche Umsetzung Eingang in das nationale Recht. Art. 8 Abs. 1 DSRL verpflichtet die Mitgliedstaaten dazu, „die Verarbeitung personenbezogener Daten, aus denen die rassische und ethnische Herkunft, politische Meinungen, religiöse oder philosophische Überzeugungen oder die Gewerkschaftszugehörigkeit hervorgehen, sowie von Daten über Gesundheit oder Sexualleben" zu untersagen. Diese sensitiven Merkmale wurden als

---

1171 *Held*, Intelligente Videoüberwachung, 2014, S. 172.

1172 Zum Kriterium des Dienstalters als zulässigem Anknüpfungspunkt siehe EuGH, Urt. v. 03.10.2006, Cadman, C-17/05, ECLI:EU:C:2006:633, Rn. 32; *Kingreen*, in: Ehlers (Hg.), EuGR, 2014, § 21 IV 1 Rn. 21, erkennt eine Rechtfertigungsmöglichkeit nur für einige Merkmale, wie etwa das Alter, nicht aber die Rasse oder die Hautfarbe an.

1173 *Kingreen*, in: Ehlers (Hg.), EuGR, 2014, § 21 IV 1 Rn. 21.

besondere Arten personenbezogener Daten in § 3 Abs. 9 BDSG niedergelegt.[1174] Sinn und Zweck des Verbots der Verarbeitung besonderer Kategorien personenbezogener Daten in Art. 8 Abs. 1 DSRL ist es, die Privatsphäre zu schützen, indem ihrem Inhalt nach sensible Daten grundsätzlich nicht verwendet werden dürfen. Hintergrund ist die Gefahr, Diskriminierungen oder Ungleichbehandlungen auszulösen, wenn bestimmte Personen oder Personengruppen im Fokus der Datenverarbeitung stehen.[1175] Aus diesem Grund ist neben der direkten Anknüpfung auch eine Verarbeitung verboten, die diese Merkmale indirekt betrifft.[1176] Würde die intelligente Videoüberwachung zum Beispiel mit einer Gesichtserkennungssoftware verbunden, bestünde also in richtlinienkonformer Auslegung des § 6b BDSG ein erhöhter Argumentationsbedarf, wenn das System dunkelhäutige Menschen besser detektieren und bei ihnen häufiger einen Alarm melden würde als bei hellhäutigen Menschen. Denn ein solches Vorgehen beträfe über das vom Wortlaut des Art. 8 Abs. 1 DSRL hinaus nicht explizit aufgeführte Merkmal der Hautfarbe hinaus indirekt das verbotene Differenzierungskriterium der Rasse.

Die Verarbeitung der in Art. 8 Abs. 1 DSRL aufgelisteten Kategorien personenbezogener Daten ist im Rahmen der in Art. 8 Abs. 2 DSRL abschließend geregelten kontextabhängigen Ausnahmefällen erlaubt. Für den Einsatz von intelligenter Videoüberwachung wäre beispielsweise an eine Einwilligung des Betroffenen nach Art. 8 Abs. 2 Buchstabe a DSRL, oder an eine Verarbeitung zum „Schutz lebenswichtiger Interessen der betroffenen Person oder eines Dritten“ gemäß Art. 8 Abs. 2 Buchstabe c DSRL zu denken. Die intelligente Videoüberwachung kann *prima facie* zum Schutz fundamentaler Belange wie der körperlichen Unversehrtheit der Betroffenen eingesetzt werden. Allerdings

---

1174 BR-Drs. 461/00. Damit vollzog der Gesetzgeber eine Abkehr vom bisherigen Verständnis des deutschen Datenschutzrechts, das die Sensitivität eines personenbezogenen Datums vom Verwendungszweck abhängig machte, siehe *Gola/Klug/Körffer*, in: Gola/Schomerus, BDSG, 2015, § 3 Rn. 56. Zur Kritik an der abstrakten Kategorisierung von Daten, die leicht zu falschen Schlüssen verleiten könne, siehe *Simitis*, in: ders. (Hg.), BDSG, 2011, § 3 Rn. 251 f.; *Buchner*, in: Taeger/Gabel (Hg.), BDSG, 2010, § 3 Rn. 58.

1175 *Brühann*, in: Grabitz et al. (Hg.), EU, 2011, Art. 8 DSRL, Rn. 7.

1176 *Brühann*, in: Grabitz et al. (Hg.), EU, 2011, Art. 8 DSRL, Rn. 9; *Schild*, EuZW 1996, 549 (552). Siehe auch EuGH, Urt. v. 06.11.2003, Lindqvist, C-101/01, ECLI:EU:C:2003:596, Rn. 51, wonach die Angabe, dass sich eine Person den Fuß verletzt hat und partiell krankgeschrieben ist, zu den personenbezogenen Daten über die Gesundheit im Sinne von Art. 8 Abs. 1 DSRL gehört.

ist Art. 8 Abs. 2 Buchstabe c DSRL nur anwendbar, wenn die Person physisch oder aus rechtlichen Gründen nicht im Stande ist, ihre Einwilligung zu erteilen. Bei der Überlegung, eine intelligente Videoüberwachung zu installieren, wird aber kaum bezweckt werden, die Handlungsunfähigkeit des Betroffenen zu ersetzen, sodass Art. 8 Abs. 2 Buchstabe c DSRL als Rechtfertigungstatbestand ausscheidet. Da sich die von der Datenverarbeitung betroffene Person dieser bei einer offenen Videoüberwachung im öffentlich zugänglichen Raum selbst aussetzt, könnte darüber hinaus an Art. 8 Abs. 2 Buchstabe e DSRL und die Preisgabe sensibler Daten durch die betroffene Person selbst als Ausnahmetatbestand gedacht werden. Dem Wortlaut dieser Vorschrift ist jedoch zu entnehmen, dass der Betroffene gerade die Absicht haben müsste, diese besondere Kategorie personenbezogener Daten offenkundig zu machen. Die bloße Anwesenheit im öffentlich zugänglichen Raum genügt hierfür nicht,[1177] weshalb auch Art. 8 Abs. 2 Buchstabe e DSRL nicht als Rechtfertigungsgrund einer intelligenten Videoüberwachung im öffentlich zugänglichen Raum dienen kann.

Auf die intelligente Videoüberwachung im öffentlich zugänglichen Raum durch nicht öffentliche Stellen ist also zum einen keine der Ausnahmen des Art. 8 Abs. DSRL anwendbar. Zum anderen hat der Gesetzgeber von seinem Umsetzungsspielraum in der Form Gebrauch gemacht, dass er nur einzelne Ausnahmeregelungen schuf.[1178] Solche Sondervorschriften finden sich für nicht öffentliche Datenverarbeitungsstellen in §§ 28 Abs. 6 bis Abs. 9, 29 Abs. 5, 30 Abs. 5 BDSG und § 30 a Abs. 5 BDSG, nicht jedoch in § 6b BDSG, der lex specialis für die Videoüberwachung ist. Es kann deshalb nicht angenommen werden, dass von der Maßgabe des Art. 8 Abs. 1 DSRL abgewichen werden darf. Die intelligente Videoüberwachung darf somit nicht dafür eingesetzt werden, Daten „über die rassische und ethnische Herkunft, politische Meinungen, religiöse oder philosophische Überzeugungen, Gewerkschaftszugehörigkeit, Gesundheit oder das Sexualleben“ zu verarbeiten.

V. Meldepflicht und Vorabkontrolle nach § 4d BDSG

Mit der Feststellung, dass die intelligente Videoüberwachung mithilfe von Mustererkennungs- und Videotrackingtechniken eine Form der automatisierten Verarbeitung personenbezogener Daten ist, geht die Pflicht zur Meldung und Vorabkontrolle nach § 4d BDSG einher.[1179]

1177 *Brühann*, in: Grabitz et al. (Hg.), EU, 2011, Art. 8 DSRL, Rn. 15.

1178 *Simitis*, in: ders. (Hg.), BDSG, 2011, § 3 Rn. 254.

1179 BT-Drs. 14/5793, S. 61.

1. Meldepflicht nach § 4d Abs. 1 BDSG

Eine automatisierte Videoüberwachung löst die Meldepflicht nach § 4d Abs. 1 BDSG aus,[1180] wobei diese kein Verfahren der Prüfung materieller Zulässigkeit einer Datenverarbeitung ist.[1181] Sie bezieht sich nicht auf jeden einzelnen Schritt einer Verarbeitung, sondern gilt, legt man § 4d Abs. 1 BDSG richtlinienkonform nach Art. 18 Abs. 1 DSRL aus, für die Inbetriebnahme des Systems als Ganzes.[1182] Verantwortliche nicht öffentliche Stellen müssen sich nach § 4d Abs. 1 BDSG grundsätzlich an die für sie zuständige Aufsichtsbehörde am Hauptgeschäftssitz der verantwortlichen Stelle wenden.[1183] Post- und Telekommunikationsunternehmen müssen ihre Meldung an den Bundesbeauftragten für den Datenschutz richten. Der Inhalt der Meldung richtet sich nach § 4e BDSG. Der Gesetzgeber hat bei der Umsetzung der Datenschutzrichtlinie 95/46/EG von der ihm ebenfalls nach Art. 18 DSRL offenstehenden Option Gebrauch gemacht, Ausnahmen von der Meldepflicht zu normieren. § 4d Abs. 2 BDSG sieht demgemäß vor, dass die Meldepflicht im nicht öffentlichen Bereich entfallen kann, wenn ein betrieblicher Datenschutzbeauftragter bestellt wurde. Außerdem bestimmt § 4d Abs. 3 BDSG, dass bei weniger beeinträchtigenden Verarbeitungen im Sinne des Art. 18 Abs. 2 DSRL die Meldepflicht entfällt, wenn Datenverarbeitungen zu eigenen Zwecken erfolgen, hierbei in der Regel höchstens neun Personen ständig mit der Verarbeitung personenbezogener Daten beschäftigt sind und entweder eine Einwilligung des Betroffenen vorliegt oder die Datenverarbeitungen für die Begründung, Durchführung oder Beendigung eines rechtsgeschäftlichen oder rechtsgeschäftsähnlichen Schuldverhältnisses mit dem Betroffenen erforderlich sind. Bei der Prüfung des zulässigen Einsatzes der intelligenten Videoüberwachung nach § 6b BDSG muss einzelfallbezogen untersucht werden, ob die Meldepflicht wegen einer der Ausnahmen des § 4d Abs. 2 oder Abs. 3 BDSG entfallen ist oder eingehalten werden musste, wobei die Rückausnahmen des § 4d Abs. 4 BDSG zu berücksichtigen sind.

2. Vorabkontrolle nach § 4d Abs. 5 BDSG

Um die automatisierte Entscheidung transparenter zu gestalten und das Datenverarbeitungssystem vor der Implementierung von einem Datenschutzbeauftragten überprüfen lassen zu können, hat der Gesetzgeber auf der Grundlage des

---

1180 BT-Drs. 14/5793, S. 62.

1181 BT-Drs. 14/4329, S. 35.

1182 BT-Drs. 14/5793, S. 61; BR-Drs. 461/00, S. 3.

1183 *Simitis*, in: ders. (Hg.), BDSG, 2011, § 4d, Rn. 21.

Art. 20 DSRL die sog. Vorabkontrolle nach § 4d Abs. 5 BDSG eingeführt.[1184] Sie hat eine „verfahrenssichernde Funktion"[1185] und greift vor allem bei Videoüberwachungen, die besondere Risiken für die Rechte und Freiheiten der Betroffenen bergen.[1186] Dies sind nach Art. 20 Abs. 2 DSRL sowie nach den Erwägungsgründen Nr. 53 DSRL und Nr. 54 DSRL Verfahren, bei denen „aufgrund ihrer Art, ihrer Tragweite oder ihrer Zweckbestimmung oder aufgrund der besonderen Verwendung einer neuen Technologie besondere Risiken im Hinblick auf die Rechte und Freiheiten der betroffenen Personen" entstehen. Die intelligente Videoüberwachung ist eine solche Technik, da man mit ihr eine größere Zahl von Betroffenen kontrollieren, die Überwachung zentral koordinieren und Einzelne automatisiert aus einer Datenmenge herausfiltern sowie Bewegungs- und Verhaltensprofile erstellen kann.[1187] Nach gesetzeshistorischer und richtlinienkonformer Auslegung sowie aus dem Zusammenspiel der §§ 6a und 6b BDSG erkennbar greift folglich bei der Implementierung der intelligenten Videoüberwachung stets § 4d Abs. 5 BDSG und die Vorabkontrolle ist gemäß § 4d Abs. 6 BDSG vom betrieblichen Datenschutzbeauftragten durchzuführen.

1184 BT-Drs. 14/4329, S. 29 f., 35.

1185 BT-Drs. 14/4320, S. 62.

1186 BT-Drs. 14/4329, S. 28.

1187 Siehe BT-Drs. 14/5793, S. 62, zu den Merkmalen, die eine Videoüberwachung besonders risikoreich machen.

G. Einsatzszenarien privater intelligenter Videoüberwachung

Intelligente Videoüberwachungssysteme können durch nicht öffentliche Stellen im öffentlich zugänglichen Raum mannigfaltig eingesetzt werden. In diesem Kapitel werden die technischen Möglichkeiten der Bewegungsverfolgung, der Zutrittskontrolle und der Detektion von Bewegungsmustern sowie der biometrischen Erkennung anhand von zwei fiktiven Szenarien dargestellt und deren Zulässigkeit nach § 6b BDSG geprüft.

I. Vorannahmen

Eine Einwilligung, egal ob ausdrücklich, konkludent oder mutmaßlich, scheidet als Grundlage des zulässigen Einsatzes der intelligenten Videoüberwachung in den ausgewählten Szenarien aus. Denn nach der hier vertretenen Ansicht sind die technische Funktionsweise der intelligenten Videoüberwachung zu komplex und die Anforderungen an eine wirksame Einwilligung zu hoch.[1188] Konkurrenznormen des § 6b BDSG werden im Folgenden ebenfalls nicht diskutiert.[1189] Für die weiteren Ausführungen ist zudem anzunehmen, dass ein arbeitsteiliges Vorgehen im Rahmen der Auftragsdatenverarbeitung gemäß § 11 BDSG zwischen der nicht öffentlichen Stelle, die die intelligente Videoüberwachung einsetzt (Auftraggeber), und dem beauftragten privaten Sicherheitsdienst (Auftragnehmer) besteht. Dadurch bleibt der Auftraggeber verantwortlich für die Einhaltung der Datenschutzvorgaben und ist Adressat der Rechtsansprüche Betroffener. Nur der Einsatz durch ihn ist nachfolgend Prüfungsgegenstand.

In dieser Untersuchung wurde festgestellt, dass der erste systemimmanente Datenverarbeitungsschritt eines intelligenten Videoüberwachungssystems aufgrund der Datenerhebung, der Datenanalyse und der Datenkategorisierung eine Kombination aus dem in § 6b Abs. 1 BDSG normierten Beobachten und einer zeitgleichen weiteren Verarbeitung und Nutzung der Videodaten im Sinne des § 6b Abs. 3 S. 1 BDSG ist.[1190] Da § 6b Abs. 3 S. 1 BDSG bestimmt, dass die

[1188] Siehe dazu Kap. F. II. 4.

[1189] Hinsichtlich der Frage konkurrierender oder parallel anwendbarer Normen des BDSG, wie § 6a BDSG oder § 28 BDSG, wird auf die Erläuterungen in Kap. F. II. 2. und 3. hingewiesen.

[1190] Siehe dazu Kap. F. III. 4. d).

„Verarbeitung oder Nutzung von nach Absatz 1 erhobenen Daten (…) zulässig [ist], wenn sie zum Erreichen des verfolgten Zwecks erforderlich ist und keine Anhaltspunkte bestehen, dass schutzwürdige Interessen der Betroffenen überwiegen", werden die § 6b Abs. 1 BDSG und § 6b Abs. 3 S. 1 BDSG nachfolgend zusammen geprüft. Es wird des Weiteren unterstellt, dass die installierte intelligente Videoüberwachung geeignet ist, die gewünschten Effekte zu erreichen. Denkbare mildere Mittel, wie die herkömmliche Videoüberwachung und Streifengänge durch das Sicherheitspersonal sind aufgrund des für die gleiche räumlich-zeitliche Abdeckung notwendigen Personalaufwandes keine gleich geeignete Alternative und dem Betreiber unzumutbar. Die eingesetzte intelligente Videoüberwachung ist deshalb stets als erforderlich anzusehen. Die Form des nachfolgenden Prüfungsaufbaus wurde außerdem bewusst gewählt, um die Probleme des Einsatzes intelligenter Videoüberwachung durch nicht öffentliche Stellen im öffentlich zugänglichen Raum anschaulich zu machen und im Tatbestand des § 6b BDSG zu verorten.

II. Szenario 1 – Bahnhof

Der Bahnhof in X-Stadt wurde von der Privat-Bahn AG als alleiniger Anteilseignerin der Betreibergesellschaft[1191] mit einem offen erkennbaren System intelligenter Videoüberwachung ausgestattet. Die Kameras sind miteinander vernetzt, suchen sich selbst automatisch den besten Aufnahmewinkel und organisieren den Wechsel untereinander autonom, um stets ein optimales Detektionsergebnis zu erhalten. Alle Daten laufen gebündelt in der Sicherheitszentrale zusammen, von wo aus die Sicherheitskräfte und das Bahnpersonal koordiniert werden können. Die durch eine Verpixelungssoftware zunächst verfremdeten Bilddaten werden automatisiert anhand festgelegter Parameter auf Abweichungen oder

---

1191 Die Sachverhaltsbeschreibung wurde entgegen der grundsätzlichen tatsächlichen rechtlichen Ausgestaltung in der Bundesrepublik Deutschland gewählt, um die in dieser Arbeit gewonnenen Erkenntnisse auf Verkehrsinfrastrukturbereiche anwenden zu können, die ein breites Einsatzgebiet für die intelligente Videoüberwachung darstellen, siehe bspw. *Szymanski*, Sicherheit im öffentlichen Nahverkehr, http://www.sueddeutsche.de/bayern/sicherheit-im-oeffentlichen-nahverkehr-mehr-videoueberwachung-in-bayerischen-zuegen-1.1639601 (abgerufen am 17.01.2017). Tatsächlich ist in Deutschland der größte Anbieter im Schienenverkehr, die DB AG, zu 100 % in staatlicher Hand, siehe *Deutsche Bahn AG*, Geschäftsbericht 2010, http://www1.deutschebahn.com/linkableblob/ecm2-db-de/1509634/data/2010_gb_dbkonzern-data.pdf (abgerufen am 09.01.2017).

Auffälligkeiten hin ausgewertet. Die in der Bahnhofshalle betriebenen Cafés, Restaurants und kleineren Läden dürfen aufgrund des Hausrechts der jeweiligen Besitzer nicht von der Privat-Bahn AG kontrolliert werden. Die Kontrolle beschränkt sich deshalb auf die offenen Flächen und Wege im Bahnhof. Das intelligente Videoüberwachungssystem erkennt zudem aggressives oder gewalttätiges Verhalten, indem es die Bilddaten der Personen auf dem Bahnsteig mit den in einer Referenzdatenbank gespeicherten entsprechenden Gesten und Mimiken vergleicht.[1192] Im Bereich der Bahnsteige, Treppenaufgänge und der Bahnhofshalle werden herrenlose Gepäckstücke detektiert. Die Daten werden alarmunabhängig und verschlüsselt gespeichert. Erfolgt innerhalb von achtundvierzig Stunden kein Abruf werden sie systemautonom überschrieben.

1. Zulässigkeitstatbestände des § 6b Abs. 1 Nr. 2 und Nr. 3 BDSG

Die Privat-Bahn AG als nicht öffentliche Stelle überwacht den öffentlich zugänglichen Bahnhof in X-Stadt[1193] mit Videokameras. Obwohl die Wahrnehmung des Hausrechts gemäß § 6b Abs. 1 Nr. 2 BDSG[1194] als Tatbestand in Betracht käme, stehen im Beispielszenario anderweitige Interessen der Betreibergesellschaft im Mittelpunkt. Im Zeitalter der Globalisierung ist Mobilität ein wichtiges Gut. Umso bedeutender ist es für das Transportwesen, Reisende, Arbeitnehmer und Dritte vor Gewalt und vor Verletzungsgefahren zu schützen sowie die Verkehrsinfrastruktur vor Schäden zu bewahren. Diese Bemühungen verursachen hohe Kosten und erfordern ein effektives Sicherheitsmanagement. Deshalb ist eine effiziente Risiko- und Gefahrenprävention notwendig. Neben dem Primärziel, Sicherheit zu gewährleisten, möchte die Privat-Bahn mithilfe intelligenter Videoüberwachungssysteme Ausfallzeiten reduzieren, Kosten sparen und das Sicherheitsgefühl sowie die Zufriedenheit der Bahnreisenden erhöhen. All dies sind berechtigte Interessen im Sinne des § 6b Abs. 1 Nr. 3 BDSG, auf die die Privat-Bahn AG die Implementierung der intelligenten Videoüberwachung stützen kann. Der Anwendungsbereich des § 6b Abs. 1 BDSG ist damit eröffnet.

1192 Zu diesen technischen Funktionsweisen siehe oben Kap. A. IV. 3.

1193 Zu den Begriffen „öffentlich zugänglicher Raum“ und „nicht öffentliche Stelle“ siehe Kap. F. III. 1. und 2.

1194 Dazu Kap. F. III. 5. a).

2. Verarbeitung und Nutzung gemäß § 6b Abs. 3 S. 1 BDSG

Auf der ersten Stufe[1195] überwacht die Privat-Bahn AG alle Reisenden und Passanten ausschließlich durch das intelligente Videosystem. Obwohl die Bilder dabei verpixelt auf den Kamerabildschirmen dargestellt werden, werden nach § 6b Abs. 1 BDSG erhobene personenbeziehbare Daten verarbeitet und von den Mustererkennungsalgorithmen automatisiert analysiert, sodass ein Datenverarbeitungsvorgang im Sinne des § 6b Abs. 3 S. 1 BDSG vorliegt. Durch diesen Vorgang wird in das durch Art. 2 Abs. 1 GG i. V. m. Art. 1 Abs. 1 GG geschützte Recht auf informationelle Selbstbestimmung der Betroffenen eingegriffen.[1196] Dieses strahlt auf § 6b BDSG aus und wirkt mittelbar zwischen der nicht öffentlichen Stelle und dem Einzelnen. Dadurch entstehen Anhaltspunkte für ein Überwiegen der schutzwürdigen Interessen der Betroffenen im Rahmen der in § 6b Abs. 3 S. 1 BDSG normierten Interessenabwägung.

Falls sich zwei ursprünglich zusammengehörende Gegenstände voneinander getrennt fortbewegen, oder aggressive Bewegungsmuster gezeigt werden, alarmiert das System auf der zweiten Stufe den Operator. Die Geschehnisse und die detektierten Personen werden dann von ihm über die Bildsequenzen hinweg weiterverfolgt. Damit der Operator den Sachverhalt dabei auf seine abstrakte Gefahr hin untersuchen kann, muss er das reale Geschehen erkennen können, wofür ihm zunächst noch eine geringe Auflösung der Bilddaten genügt.[1197] Dennoch werden auch hier erneut personenbezogene Daten verarbeitet, genutzt und die schutzwürdigen Interessen der Betroffenen aus ihrem informationellen Selbstbestimmungsrecht beeinträchtigt.[1198]

Hat der Operator das Geschehen verfolgt, einen positiven Treffer festgestellt und eine konkrete Gefahr erkannt, werden die Bilddaten auf der dritten Stufe detailgetreu dargestellt. Sie dienen dann der Aufklärung des Sachverhalts durch das Bahnpersonal oder die Sicherheitsbediensteten auf dem Bahnhofsgelände. Die auf dem Bildschirm erkennbaren Personen auf den Bahnsteigen und Treppenaufgängen sowie in der Bahnhofshalle sind durch den Blick des Operators nun eindeutig bestimmbar und beispielsweise anhand ihrer Größe, Hautfarbe, Haarfarbe, Kleidung, Gangart oder mitgeführter Gegenstände identifizierbar. Bei Gewaltvorfällen können sie zur Fahndung ausgeschrieben und

---

1195 Die nachfolgende Darstellung folgt dem 3-Stufen-Modell von *Roßnagel et al.*, DuD 2011, 694 ff.

1196 *Roßnagel et al.*, DuD 2011, 694 (698).

1197 *Roßnagel et al.*, DuD 2011, 694 (700).

1198 *Roßnagel et al.*, DuD 2011, 694 (699).

die Bilder zu Beweiszwecken verwendet werden.[1199] Im Falle eines herrenlosen Koffers kann die Person, die ihn als Letzte besaß, gesucht werden. Auf allen drei Stufen werden personenbezogene Daten im Sinne des § 3 Abs. 1 BDSG[1200] verarbeitet und genutzt. Dadurch liegen jeweils Eingriffe in das Recht auf informationelle Selbstbestimmung der Betroffenen gemäß Art. 2 Abs. 1 GG i. V. m. Art. 1 Abs. 1 GG vor.[1201] Sollte sich das intelligente Videoüberwachungssystem irren, erfolgt zudem eine rechtfertigungsbedürftige Ungleichbehandlung des fälschlicherweise Betroffenen, dessen Daten zur Einsichtnahme der Videobilder durch das Sicherheitspersonal führten. Die von der Privat-Bahn AG eingesetzte intelligente Videoüberwachung lässt deshalb vermuten, dass Anhaltspunkte für ein Überwiegen der schutzwürdigen Interessen der Betroffenen im Rahmen der Interessenabwägung nach § 6b BDSG vorliegen.

Die Privat-Bahn AG kann für die Installation der intelligenten Videoüberwachung gewichtige und verfassungsrechtlich geschützte berechtigte Interessen aus Art. 14 Abs. 1 GG, Art. 12 Abs. 1 GG und Art. 2 Abs. 1 GG ins Feld führen. Ein Bahnhof ist ein von Personen und Personengruppen hochfrequentierter Bereich mit ständiger Gefahrenlage. Die Privat-Bahn AG ist als verantwortliche nicht öffentliche Stelle durch den Einsatz der intelligenten Videotechnik in der Lage, im von ihr beherrschten Gefahrenbereich Sicherheitsvorschriften einzuhalten und Kunden vor Unfällen, Gewalttaten oder Überfällen zu schützen. Dies dient einer präziseren Prävention und somit nicht zuletzt den von der intelligenten Videoüberwachung Betroffenen. Die Privat-Bahn AG kann zudem ihre Eigentümerinteressen sicherstellen, einen ungestörten Betriebsablauf garantieren und eine intakte Infrastruktur gewährleisten. Außerdem können Kosten gespart und die Überwachung effizienter gestaltet werden. Solange der Betrachter die Person auf dem Bild nicht kennt und mangels hochauflösender Bildqualität keine unmittelbare Identifizierung der Person möglich ist, bestehen keine Anhaltspunkte für ein Überwiegen ihrer schutzwürdigen Interessen. Im Falle der Verifizierung eines Alarms durch die Inaugenscheinnahme des realen Geschehens und des Heranzoomens des Einzelnen, besteht bereits eine abstrakte Gefahr für die Rechtsgüter der Reisenden und der Betreibergesellschaft des Bahnhofs. Denn der Alarm wird durch das Stehenlassen eines Gepäckstückes oder das Zeigen einer aggressiven Verhaltensweise ausgelöst, also durch ein von der technischen Norm abweichendes Detektionsergebnis. Die Datenverarbeitung erfolgt damit

---

1199 *Roßnagel et al.*, DuD 2011, 694 (699).

1200 Zum Personenbezug siehe Kap. F. III. 3.

1201 *Roßnagel et al.*, DuD 2011, 694 (699).

nicht anlasslos. Die nachfolgende Verarbeitung und Nutzung der personenbezogenen Daten durch das Sicherheitspersonal beruht vielmehr objektiv auf einem konkreten Anlass bei zeitgleicher Verringerung der Streubreite der Maßnahme. Dies muss zugunsten der Privat-Bahn AG in die Interessenabwägung einfließen.

Die Videotechnik wird auch nicht heimlich eingesetzt. Ihre offene Installation stellt Transparenz her und verringert die Anhaltspunkte für eine Beeinträchtigung der schutzwürdigen Interessen der Betroffenen. Die Komplexität der algorithmischen Analyse erhöht hingegen die Unsicherheit der Beobachteten darüber, welches Verhalten detektiert und welche Daten erhoben werden. Dies führt zu vermehrten Anhaltspunkten für ein Überwiegen der schutzwürdigen Interessen der Überwachten. In Anbetracht dessen, dass es jedoch nicht nur ein Recht der Privat-Bahn AG ist, ihr Eigentum zu überwachen und zu schützen, sondern zugleich ihre Pflicht, den von ihr der Allgemeinheit gegenüber eröffneten Raum zu sichern, ist dies hinzunehmen. Da die intelligente Videoüberwachung außerdem so lange wie möglich pseudonymisiert stattfindet, das heißt, ohne durch das Sicherheitspersonal herstellbaren Personenbezug, wird die Eingriffstiefe der Überwachung verringert.[1202] Diese Vorgehensweise entspricht den datenschutzrechtlichen Grundsätzen der Datenvermeidung und Datensparsamkeit. In beiden Implementierungsfällen sind zudem weniger schützenswerte Daten aus der öffentlichen Sphäre betroffen.[1203] Grundsätzlich kritisch ist die zeitliche Permanenz der Videoüberwachung. Mildernd wirkt aber, dass der durchschnittliche Reisende sich typischerweise nur für eine begrenzte Zeit in der Bahnhofshalle oder auf den Bahnsteigen aufhält. Gleichzeitig werden bestimmte Rückzugsorte wie Cafés und Läden nicht intelligent überwacht, sodass die schutzwürdigen Interessen der Betroffenen durch die örtlichen Einschränkungen der Überwachung hinreichend gewahrt werden. Die achtundvierzigstündige Speicherung einer Bildsequenz im Trefferfall ist angesichts der nötigen Vorlaufzeit und Vorhaltedauer gemäß § 6b Abs. 5 BDSG ebenfalls erforderlich. Sie ist notwendig, um die Ereignisse zu überprüfen und die Daten bei Bedarf an die Strafverfolgungsbehörden weiterzuleiten.

Da auf der ersten Stufe der Überwachung alle Personen im Bild auf gleiche Weise pseudonymisiert dargestellt und ihre Daten analysiert werden, besteht keine ungerechtfertigte Ungleichbehandlung. Im Falle eines Nichttreffers liegt zwar auf der zweiten Stufe eine ungerechtfertigte Ungleichbehandlung vor.[1204] Ein

1202 *Roßnagel et al.*, DuD 2011, 694 (695).

1203 Zu Daten aus dieser Sphäre siehe bspw. LG München I, Urt. v. 21.10.2011 – 20 O 19879/10, Rn. 27.

1204 Kap. F. IV.

übermäßiges Machtgefälle zwischen der nicht öffentlichen Stelle und den Betroffenen fehlt jedoch. Blickt der Operator nach einem Alarm durch das System auf den Videomonitor und erkennt, dass kein menschliches Einschreiten nötig ist, besteht zwar auf der zweiten Stufe eine Ungleichbehandlung gegenüber Personen, die nicht in den Fokus geraten sind und von denen keine Daten verarbeitet wurden. Diese ist aber angesichts des Sicherheitsgewinns, mangels einer weiteren rechtsfolgenauslösenden Kontrolle der Person oder einer Sachverhaltsuntersuchung durch das Sicherheitspersonal gerechtfertigt und aufgrund der unverzüglichen und endgültigen Löschung der Daten nicht geeignet, Anhaltspunkte für ein Überwiegen der schutzwürdigen Interessen der Betroffenen zu bieten.

Zusammenfassend ist also davon auszugehen, dass keine Anhaltspunkte für ein Überwiegen der schutzwürdigen Interessen der Betroffenen gegenüber den berechtigten Interessen der Privat-Bahn AG, die intelligente Videoüberwachung einzusetzen, vorliegen. Die intelligente Videoüberwachung im Bahnhof in X-Stadt ist gemäß § 6b Abs. 1 Nr. 3 und Abs. 3 S. 1 BDSG zulässig.

III. Szenario 2 – Einkaufszentrum

Nach dem Vorbild amerikanischer Shopping-Malls hat die B-GmbH die Einkaufswelt-B geschaffen, in der sich 120 Ladengeschäfte, mehrere Cafés und Restaurants befinden. Sie hat ein offen erkennbares intelligentes Videoüberwachungssystem installieren lassen, dessen Videokameras miteinander vernetzt sind. Alle Daten laufen gebündelt in der Sicherheitszentrale zusammen und werden alarmunabhängig über einen Zeitraum von zweiundsiebzig Stunden verschlüsselt gespeichert. Im Nichttrefferfall werden sie automatisch überschrieben. Zugriff auf die gespeicherten Daten haben die Geschäftsführer der B-GmbH und der Leiter des Einkaufszentrums. Die Toiletten- und Waschräume, die Mitarbeiterbereiche und die in der Einkaufswelt B befindlichen Cafés und Restaurants werden nicht überwacht.

Die B-GmbH verwendet die intelligente Videoüberwachung zum einen, um auszuwerten, wie viele Kunden wann vor welchen Schaufenstern verharren. Dabei werden die Daten durch eine Software automatisch analysiert und anonymisiert und können vom Sicherheitspersonal nicht deanonymisiert werden. Zum anderen werden in der Einkaufswelt-B plötzliche Bewegungen großer Menschenmengen registriert und gemeldet. Ziel hiervon ist es, im Falle von Massenpaniken gezielt Zu- und Ausgänge zu öffnen und zu schließen, um die Personenbewegungen zu koordinieren. Mithilfe einer biometrischen Erkennungssoftware gleicht das intelligente Videoüberwachungssystem darüber hinaus Gesichter mit Fotos in einer privaten Datenbank der B-GmbH ab. In dieser sind Bilder von Personen gespeichert, gegen die ein Hausverbot ausgesprochen wurde. Aufgrund vermehrter fremdenfeindlicher Vorfälle, bei denen männliche Skinheads mit Glatze brutal Jagd auf Ausländer gemacht haben, werden zudem Kunden mit Vollglatze beim Betreten der Einkaufswelt markiert und ihr Weg durch das Einkaufszentrum verfolgt.

1. Zulässigkeitstatbestände des § 6b Abs. 1 Nr. 2 und Nr. 3 BDSG

Die B-GmbH als nicht öffentliche Stelle beobachtet mittels optisch-elektronischer Einrichtungen in Form der intelligenten Videoüberwachung die Einkaufswelt-B als einen innerhalb der Öffnungszeiten öffentlich zugänglichen Raum. Die Monitore des intelligenten Videosystems erfassen die Gesichter der Kunden und gleichen sie mithilfe einer biometrischen Erkennungssoftware mit den Fotos in der Hausdatenbank ab. Dadurch ist es der B-GmbH möglich, Personen mit Hausverbot zu erkennen und ihnen das Betreten der Einkaufswelt-B zu untersagen, oder sie aus dieser zu verweisen. So kann sie ihr Eigentum schützen. Die Auswertung des Kundenandrangs vor den Ladengeschäften optimiert die Wertschöpfung. Außerdem kann der Personaleinsatz effektiver geplant werden. Die Ausrichtung der intelligenten Videoüberwachung auf die Detektion von Kunden mit Glatze zielt darauf ab, frühzeitig männliche Skinheads zu entdecken, um Gewalttaten oder Vandalismus vorzubeugen. Auf diese Weise sollen zum einen die Kunden und Mitarbeiter in der Einkaufswelt-B vor Schaden bewahrt und zum anderen das Gebäude und andere bauliche Elemente gegen Beschädigung oder Zerstörung gesichert werden. An Glatzen wird angeknüpft, da diese nach Ansicht der B-GmbH übermäßig häufig bei aggressiven und gewalttätigen männlichen Skinheads zu beobachten sind. Die Implementierung der intelligenten Videotechnik zur Überwachung von Menschenmassen soll im Notfall durch schnellere Reaktionen die Sicherheit erhöhen, Verkehrssicherungspflichten erfüllen und das Kundenerlebnis sowie die Kundenzufriedenheit verbessern. Die bessere Absicherung generiert letztlich geringere Haftungsrisiken und vergünstigte Versicherungsprämien. Der Einsatz der intelligenten Videoüberwachung erfolgt somit auf Grundlage von § 6b Abs. 1 Nr. 2 und Nr. 3 BDSG, da die B-GmbH einerseits ihr Hausrecht aus §§ 859, 904, 1004 BGB und andererseits berechtigte Interessen für konkret festgelegte Zwecke wahrnimmt.

2. Verarbeitung und Nutzung gemäß § 6b Abs. 3 S. 1 BDSG

Auf der ersten Überwachungsstufe aller Einsatzvarianten der intelligenten Videoüberwachung in der Einkaufswelt-B ist eine menschliche Beobachtung oder Überwachung nicht notwendig. Dennoch entspricht die stattfindende systemautonome algorithmische Analyse im Falle der Kontrolle von Massenbewegungen, dem Abgleich mit der Hausdatenbank und der Detektion von Glatzenträgern der Verarbeitung personenbeziehbarer oder personenbezogener Daten im Sinne des § 6b Abs. 3 S. 1 BDSG. Deshalb erfolgt ein Eingriff in das informationelle Selbstbestimmungsrecht der Betroffenen.[1205] Dieses strahlt auf das Verhältnis zwischen der B-GmbH und den Besuchern der Einkaufswelt-B aus und es besteht die Gefahr, dass Anhaltspunkte dafür vorliegen, dass die schutzwürdigen Interessen der Betroffenen überwiegen. Dem gegenüberzustellen sind die dargestellten gewichtigen Interessen der B-GmbH. Auf der ersten Überwachungsstufe werden die Daten nur verpixelt dargestellt, im Nichttrefferfall nach zweiundsiebzig Stunden systemautonom gelöscht, der Datenzugriff streng geregelt und sensible Bereiche und Rückzugsorte, wie Toiletten oder Cafés ausgespart. Da prinzipiell die Daten aller überwachten Personen auf die gleiche Weise algorithmisch analysiert und pseudonymisiert werden, besteht keine zu rechtfertigende Ungleichbehandlung wesentlich Gleichens. In der Gesamtschau bestehen deshalb auf der ersten Stufe keine Anhaltspunkte für ein Überwiegen der schutzwürdigen Interessen der Betroffenen.

Wenn das intelligente Videoüberwachungssystem eine Abweichung von der vorgegebenen Norm erkennt, verfolgt es diese auf der zweiten Stufe und alarmiert den menschlichen Operator. Stellt dieser einen positiven Treffer fest, werden die Bilddaten auf der dritten Stufe zur Sachverhaltsaufklärung und weiteren Verarbeitung verwendet. Das ist zulässig, wenn die Interessenabwägung nach § 6b Abs. 3 S. 1 BDSG auch auf diesen Stufen ergibt, dass die schutzwürdigen Interessen der Betroffenen, die sich insbesondere aus ihrem Recht auf informationelle Selbstbestimmung nach Art. 2 Abs. 1 GG i. V. m. Art. 1 Abs. 1 GG und ihrem Recht auf Gleichbehandlung nach Art. 3 Abs. 1 und Abs. 3 GG ergeben, die berechtigten Interessen der B-GmbH aus Art. 14 Abs. 1 GG, Art. 12 Abs. 1 GG und Art. 2 Abs. 1 GG nicht überwiegen.

a) Kundenerfassung vor den Ladengeschäften

Bei der Kundenerfassung vor den Ladengeschäften werden zwar personenbezogene Daten automatisiert verarbeitet[1206] und für die Auswertung zu statistischen Zwecken für eine technisch notwendige Zeitspanne vorgehalten. Ein Zugriff auf

---

1205 *Roßnagel et al.*, DuD 2011, 694 (698).

1206 *Bayerisches Landesamt für Datenschutzaufsicht*, TB 2013/14, S. 143, https://www.lda.bayern.de/media/baylda_report_06.pdf (abgerufen am 28.01.2017).

die Klardaten ist aber nicht erforderlich. Für die Betreiber der Einkaufswelt-B sind die Identität der erfassten Person und der Grund, weshalb sie sich vor dem Ladengeschäft aufhält, also beispielsweise um ein Geschenk für einen Familienangehörigen zu kaufen, notwendige Erledigungen zu machen oder weil sie auf eine andere Person wartet, uninteressant. Die B-GmbH benötigt statistische Werte, wie Geschlecht, Alter, Tageszeit oder Verweildauer und keine Videobilder. Der Operator im Kontrollraum muss keine Treffer verifizieren. Ziel ist es, die Leistungsfähigkeit einzelner Läden zu kontrollieren und den Umsatz dadurch zu steigern, dass Ladenlayouts besser geplant und Waren besser platziert sowie die Verkaufsflächen optimiert werden. Indem der Erfolg des jeweiligen *Point of Sale* ausgewertet wird, können die Umsätze erhöht werden. Solange die B-GmbH sicherstellt, dass die biometrischen Daten anonymisiert bleiben und nach der Auswertung systemautonom gelöscht werden, ist kein Personenbezug gegeben. Dadurch fehlt die datenschutzrechtliche Relevanz dieser Auswertungsvorgänge.[1207]

b) Kontrolle von Massenbewegungen

Für die Kontrolle von systemseitig als auffällig gemeldeten Massenbewegungen genügt zunächst die Darstellung des realen Geschehens in verminderter Bildqualität, die noch keine eindeutige Bestimmung oder Identifikation der einzelnen beobachteten Personen erlaubt. Diese Form der Übersichtsaufnahme genügt dem Operator, um einen Trefferfall im Sinne einer plötzlichen und unkontrollierten Bewegung von Menschenmassen, zu verifizieren. Dabei werden zwar personenbezogene Daten verarbeitet, es liegen aber noch keine Anhaltspunkte für ein Überwiegen der schutzwürdigen Interessen der Betroffenen vor.[1208] Denn Zweck der zweiten Überwachungsstufe ist es nicht, eine einzelne Person zu entdecken und isoliert zu überprüfen, sondern das Gesamtgeschehen im Auge zu behalten. Es erfolgt lediglich eine Einschätzung der Lage. Die Maßnahme soll darüber hinaus der Sicherheit und der körperlichen Unversehrtheit der Betroffenen dienen. Das berechtigte Interesse der B-GmbH daran, ihren Verkehrssicherungspflichten nachzukommen und ihr Eigentum zu schützen, übersteigt deshalb die geringen Anhaltspunkte für ein Überwiegen der schutzwürdigen Interessen der Betroffenen im Rahmen der Interessenabwägung nach § 6b Abs. 3 S. 1 BDSG.

1207 *Bayerisches Landesamt für Datenschutzaufsicht*, TB 2013/14, S. 143, https://www.lda.bayern.de/media/baylda_report_06.pdf (abgerufen am 28.01.2017).

1208 *Roßnagel et al.*, DuD 2011, 694 (699).

Erachtet es der Operator aufgrund des Befundes auf der zweiten Stufe für notwendig, auf der dritten Stufe ein hochauflösendes Bild zu betrachten, werden die auf dem Videobild sichtbaren Personen eindeutig einzeln erkennbar und identifizierbar. Durch den in diesem Moment entstehenden Personenbezug werden die Betroffenen in ihren durch das Recht auf informationelle Selbstbestimmung nach Art. 2 Abs. 1 GG i. V. m. Art. 1 Abs. 1 GG geschützten Interessen beeinträchtigt. Der Zweck der Verarbeitung personenbezogener Daten ist dennoch weiterhin in erster Linie der Schutz der Betroffenen. Aufgrund der auf der zweiten Stufe entdeckten und verifizierten konkreten Gefahr einer Massenpanik überwiegen die berechtigten Interessen der B-GmbH daran, die intelligente Videoüberwachung dazu einzusetzen, alle Menschen in Sicherheit zu bringen und ein koordiniertes Verlassen des Einkaufszentrums zu steuern. Nur so können Personen- und Sachschäden so gering wie möglich gehalten werden. Die geringfügig beeinträchtigten Interessen der Betroffenen aus ihrem informationellen Selbstbestimmungsrecht müssen darum hinter den ebenfalls verfassungsrechtlich geschützten Interessen auf körperliche Unversehrtheit, Leben und Schutz des Eigentums anderer Kunden und der B-GmbH zurückstehen. Die intelligente Videoüberwachung zur Detektion von Massenpaniken ist daher auch auf der zweiten und dritten Stufe gemäß § 6b Abs. 1 Nr. 3 und Abs. 3 S. 1 BDSG zulässig.

c) Abgleich mit der Hausdatenbank

Beim Abgleich mit der Hausdatenbank arbeitet das intelligente Videoüberwachungssystem der B-GmbH mithilfe einer die biometrischen Persönlichkeitsmerkmale der Kunden vermessenden und mit den gespeicherten Bilddaten vergleichenden Gesichtserkennungssoftware. Das Sicherheitspersonal muss das Videobild im Alarmfall in nicht pseudonymisierter oder verpixelter Form analysieren, um den Treffer zu verifizieren und die Person als eine solche mit Hausverbot zu identifizieren. Die Maßnahme erzeugt deshalb einen Personenbezug und greift in das Recht auf informationelle Selbstbestimmung nach Art. 2 Abs. 1 GG i. V. m. Art. 1 Abs. 1 GG ein. Im Falle eines Fehlalarms erfolgt außerdem eine zu rechtfertigende Ungleichbehandlung.

Anhaltspunkte für ein Überwiegen der schutzwürdigen Interessen der Betroffenen fehlen aber. Die B-GmbH besitzt insgesamt das stärkere Interesse, die erhobenen Daten mithilfe der intelligenten Videoüberwachung zu verarbeiten und zu nutzen. Denn durch den rechtswidrigen Zutritt einer Person, der aufgrund vergangener Zwischenfälle ein Hausverbot erteilt wurde, entsteht eine konkrete Gefahr für die berechtigten Interessen der B-GmbH aus ihrem Eigentumsrecht. Die Person gerät in den Fokus des offen erkennbar installierten

Überwachungssystems und wird als Auffälligkeit gemeldet, da sie in der Vergangenheit entweder störend oder sogar deliktisch, beispielsweise durch Diebstähle im Einkaufszentrum, aufgefallen ist. Sie hat somit die Verarbeitung ihrer personenbezogenen Daten selbst verursacht und für diese einen Anlass gegeben. Die zeitlich-räumliche Ausdehnung der Überwachung innerhalb des Einkaufszentrums gereicht der B-GmbH ihnen gegenüber nicht zum Nachteil, da sich Personen, die unter Hausverbot stehen, nicht in der Einkaufswelt-B aufhalten dürfen. Bei etwaigen Fehlalarmen können die Daten sofort gelöscht werden und es erfolgt keine persönliche Kontrolle der Personen oder eine Konfrontation mit dem Sicherheitspersonal. Die relativ kurze Inaugenscheinnahme durch den Sicherheitsdienstleister ist deshalb von vergleichsweise geringer Intensität. Der Abgleich mit der Hausdatenbank ist somit nach § 6b Abs. 1 Nr. 2 und Abs. 3 S. 1 BDSG zulässig.

d) Detektion von Glatzenträgern

Die B-GmbH lässt Kunden mit Vollglatzen vom System markieren und verfolgen. Dabei werden personenbezogene Daten verarbeitet. Deshalb bestehen auch hier Anhaltspunkte für ein Überwiegen der schutzwürdigen Interessen der Betroffenen aus ihrem Recht auf informationelle Selbstbestimmung gemäß Art. 2 Abs. 1 GG i. V. m. Art. 1 Abs. 1 GG. Durch das Anknüpfen an die Glatze als einem sog. neutralen Hauptmerkmal, das überwiegend von Männern getragen wird, geraten diese mittelbar wegen ihres Geschlechts in den Fokus der Überwachung. Auf diese Weise erfolgt möglicherweise eine im Lichte des Art. 3 Abs. 3 GG als ungerechtfertigt zu erachtende mittelbare Ungleichbehandlung.[1209]

Die Intensität der Beeinträchtigung der schutzwürdigen Interessen ist infolge der Automatisierung der Datenverarbeitung grundsätzlich verstärkt. Durch die sichtbare Installation der intelligenten Videoüberwachung und deren räumlich und zeitlich begrenzte Durchführung wird sie aber abgeschwächt. Es entsteht auch kein ständiger Überwachungsdruck. Die Kunden werden zwar während ihres Aufenthalts innerhalb der Öffnungszeiten in der Einkaufswelt-B permanent überwacht, haben aber die Möglichkeit, sich in die nicht videoüberwachten Bereiche zurückzuziehen und so der Überwachung auszuweichen. Es steht ihnen darüber hinaus frei, das Einkaufszentrum – trotz der intelligenten Videoüberwachung – zu besuchen, oder sich dagegen zu entscheiden. Zugleich wird derjenige, der sich entscheidet, der Überwachung auszuweichen, nicht von

---

1209 Zur mittelbaren Diskriminierung siehe Kap. F. IV. 2. b).

Bereichen oder Dienstleistungen abgeschnitten, die für die allgemeine Lebensgestaltung notwendig sind. Die B-GmbH vermeidet auch so weit wie möglich die Verarbeitung personenbezogener Daten durch einen menschlichen Operator. Diese erfolgt erst, wenn dazu aufgrund eines algorithmischen Treffers ein konkreter Anlass besteht. Mithilfe der intelligenten Videoüberwachung kann die B-GmbH auch ihre Verkehrssicherungspflichten in erweitertem Maße wahrnehmen und die körperliche Unversehrtheit der Kunden schützen. Die dadurch erhöhte Sicherheit ermöglicht den Besuchern des Einkaufszentrums außerdem eine positive Kundenerfahrung. Dies führt zu einer erhöhten Kundenbindung. Obgleich die anlasslose Speicherung der Daten geeignet ist, die Beeinträchtigung der Betroffenen in hohem Maße zu intensivieren, da die Daten jederzeit verfügbar und verknüpfbar sind, gilt eine zweiundsiebzigstündige Speicherung noch als angemessen. Sie dient der notwendigen Aufklärung und erforderlichen Untersuchung etwaiger Zwischenfälle. Die Beeinträchtigung der schutzwürdigen Interessen der Betroffenen aus ihrem Recht auf informationelle Selbstbestimmung überwiegt deshalb nicht.

Die biometrische Analyse knüpft bei der Detektion von Glatzen nicht unmittelbar an das in Art. 3 Abs. 3 GG aufgezählte Kriterium des Geschlechts an. Das verwendete Merkmal ist allerdings derart eng mit diesem verknüpft, dass die Maßnahme von besonderer Intensität ist. Eine Glatze ist gewöhnlich vor allem bei Männern zu beobachten. Werden sie allein aufgrund ihrer äußeren, grundsätzlich neutralen Merkmale einer intensiveren Kontrolle ausgesetzt, werden ihre schutzwürdigen Interessen durch die automatisierte Datenverarbeitung nicht nur berührt, sondern erheblich beeinträchtigt. Denn sie werden gegenüber Personen ohne Glatze und solchen anderen Geschlechts ungleich behandelt, ohne dass hierfür tatsächliche Anhaltspunkte einer konkreten Gefahr oder gewichtige objektive Gründe bestünden. Im Rahmen der Interessenabwägung muss zwar zugunsten der B-GmbH gewertet werden, dass nicht allein ihr Interesse am Schutz ihres Eigentums vor Zerstörung mit jenen der Beobachteten kollidiert, sondern auch ihr Interesse, anwesende Kunden vor Verletzungen von Leib und Leben zu schützen. Diese können auch auf Vorfälle in der Vergangenheit gestützt werden, da männliche Skinheads in der B-Welt für gewalttätige Zwischenfälle gesorgt, Straftaten begangen und Kunden bedroht haben. Veränderliche äußere Merkmale wie eine Glatze sind aber wenig belastbare Anknüpfungspunkte für eine gezielte Detektion. Die B-GmbH kann zudem lediglich abstrakte Vorsorgeinteressen geltend machen. Aus einer subjektiven Wahrnehmung heraus mag das Tragen einer Glatze bei Skinheads häufig der Fall sein. Ebenso gut können sie allerdings einen kurzen Bürstenhaarschnitt haben, weshalb die Wahrscheinlichkeit eines positiven Treffers als gering einzustufen ist.

Die Betroffenen geraten jedoch beim Betreten der Einkaufswelt-B aufgrund der freien Entscheidung, eine Glatze zu tragen, in den Mittelpunkt der Aufmerksamkeit, ohne notwendigerweise gewaltbereit oder aggressiv zu sein. Sie sind einer verstärkten, unter Umständen stigmatisierenden Kontrolle als unmittelbar negativer Konsequenz ausgesetzt und stehen dabei unter einem erhöhten Erklärungsdruck. Nebeneffekte dieser Nachschau sind zudem die (intendierte) Selektion anwesender sozialer Gruppen infolge des möglicherweise entstehenden Überwachungsdrucks und die Verstetigung von Vorurteilen beim Sicherheitspersonal oder bei anwesenden Dritten, die Zeugen einer Kontrolle von Glatzenträgern werden. Den grundsätzlich berechtigten Interessen der B-GmbH stehen somit negative soziale Effekte und eine schwerwiegende Beeinträchtigung schutzwürdiger Interessen der Betroffenen aus deren Recht, nicht wegen eines der in Art. 3 Abs. 3 GG aufgezählten Merkmale diskriminiert zu werden, gegenüber. Die Detektion von Glatzen durch die intelligente Videoüberwachung ist somit weder nach § 6b Abs. 1 Nr. 2 oder Nr. 3 BDSG noch nach § 6b Abs. 3 S. 1 BDSG zulässig.

H. § 6b BDSG und die Europäische Datenschutz-Grundverordnung

Der Datenschutz auf EU-Ebene ist im Bereich der automatisierten Verarbeitung personenbezogener Daten maßgeblich durch die Datenschutzrichtlinie 95/46/EG geprägt. Ihr Zweck besteht darin, den europäischen Datenschutz zu harmonisieren. Da sie jedoch von den Mitgliedstaaten in unterschiedlicher Weise umgesetzt wurde, entstanden voneinander abweichende Schutzniveaus und Rechtsunsicherheit.[1210] Um den Datenschutz in der Europäischen Union zu vereinheitlichen und zu verbessern,[1211] wurde am 27. April 2016 die Verordnung (EU) 2016/679 des Europäischen Parlaments und des Rates zum Schutz natürlicher Personen bei der Verarbeitung personenbezogener Daten, zum freien Datenverkehr und zur Aufhebung der Richtlinie 95/46/EG (Europäische Datenschutz-Grundverordnung) verabschiedet.[1212] Die Europäische Datenschutz-Grundverordnung (DSGVO) soll außerdem den Herausforderungen der Digitalisierung begegnen[1213] und das Recht auf Datenschutz bei der Verarbeitung personenbezogener Daten nach Art. 8 Abs. 1 GRCh und Art. 16 Abs. 1 AEUV gewährleisten.[1214]

Die folgenden Ausführungen beschränken sich, angepasst an den Untersuchungsgegenstand und die Komplexität der Datenschutz-Grundverordnung, nach einem kurzen Überblick über den Entstehungsprozess (I.), die Kritik (II.) und die Besonderheiten der gewählten Rechtsaktform (III.), auf einen Vergleich zwischen § 6b BDSG und den Regelungen der Verordnung, die die Videoüberwachung betreffen (IV.). Abschließend erfolgt ein Einblick in die Regelungen durch das neue Bundesdatenschutzgesetz (V.).

1210 *Europäische Kommission*, SEC (2012) 73 final, S. 2, http://ec.europa.eu/justice/data-protection/document/review2012/sec_2012_73_en.pdf (abgerufen am 11.01.2017); *Laue*, ZD 2016, 463 (463); *Härting*, BB 2012, 459 (460).

1211 *Schantz*, NJW 2016, 1841 f.; *Härting*, BB 2012, 459.

1212 ABl. EU L 119 vom 4.5.2016, S. 1.

1213 *Europäische Kommission*, SEC (2012) 73 final, S. 3, http://ec.europa.eu/justice/data-protection/document/review2012/sec_2012_73_en.pdf (abgerufen am 11.01.2017); *Härting*, BB 2012, 459.

1214 *Europäische Kommission*, SEC (2012) 73 final, S. 4, http://ec.europa.eu/justice/data-protection/document/review2012/sec_2012_73_en.pdf (abgerufen am 11.01.2017); *Wybitul/Fladung*, BB 2012, 509; *Reding*, ZD 2012, 195 (196).

I. Entstehung der Datenschutz-Grundverordnung

Die auf die Kompetenz aus Art. 16 Abs. 2 AEUV gestützte[1215] Datenschutz-Grundverordnung wurde erstmals am 25. Januar 2012 von der damaligen EU-Justizkommissarin *Reding* vorgestellt. Nachdem das Gesetzgebungsvorhaben in das Europäische Parlament eingebracht wurde, bildeten die aus den Beratungen resultierenden Änderungsvorschläge sowie der am 8. Januar 2013 veröffentlichte Berichtsentwurf die Grundlage des anschließenden Trilogs mit dem Ministerrat und der Kommission. Im Anschluss gab die *Article 29 Data Protection Working Group (Article 29 WP)*[1216] bekannt, dass sich der *LIBE-Ausschuss*[1217] mit dem Entwurf der Datenschutz-Grundverordnung befasst hatte. Dieser einigte sich am 21. Oktober 2013 trotz zahlreicher Änderungsvorschläge[1218] auf einen gemeinsamen Standpunkt (EP-E).[1219] Diesen bestätigte das EU-Parlament am 12. März 2014. Parallel fanden die Beratungen der Mitgliedstaaten statt, die mit der allgemeinen Ausrichtung des Rates (Rats-E)[1220] im Juni 2015 endeten. Der im Rahmen des Trilogs zwischen Kommission, Rat und Parlament gefundene Kompromiss durchlief letztlich das europäische Gesetzgebungsverfahren und die Datenschutz-Grundverordnung wurde verabschiedet. Sie gilt gemäß Art. 99 Abs. 2 DSGVO ab dem 25. Mai 2018 in den Mitgliedstaaten.

1215 *Schantz*, NJW 2016, 1841 f.; *Wybitul/Fladung*, BB 2012, 509 f.

1216 Die *Article 29 Data Protection Working Group* ist ein im Jahre 1996 gegründetes, unabhängiges Beratungsgremium zu Fragen des Datenschutzes und der Privatheit, das auf Grundlage von Art. 29 DSRL gegründet wurde und sich aus Vertretern der Datenschutzbehörden der Mitgliedstaaten, der Europäischen Kommission und des Europäischen Datenschutzbeauftragten zusammensetzt.

1217 Der *LIBE-Ausschuss* (Ausschuss für Bürgerliche Freiheiten, Justiz und Inneres) ist für den Großteil der Rechtsvorschriften und für die demokratische Überwachung von politischen Maßnahmen im Bereich Justiz und Inneres zuständig. Er soll die uneingeschränkte Achtung der GRCh innerhalb der EU, die Einhaltung der EMRK und die Stärkung der europäischen Bürgerschaft überwachen.

1218 *Forgó*, ZD 2014, 57, spricht von einer „Kakofonie von Änderungsanträgen".

1219 Legislative Entscheidung des EP v. 12.3.2014, COM (2012) 0011-C7-0025/2012-2012/0011 (COD).

1220 *Rat der Europäischen Union*, Interinstitutionelles Dossier: 2012/0011 (COD), Nr. 956/15. Eine allgemeine Ausrichtung ist eine politische Einigung des Rates, auf deren Grundlage dieser in Verhandlungen mit dem Europäischen Parlament eintreten kann, um zu einer Gesamteinigung über die neuen Datenschutzregeln der EU zu gelangen, siehe *Rat der Europäischen Union*, PM 450/15 v. 15.06.2015, http://www.consilium.europa.eu/press-releases-pdf/2015/6/40802199180_de.pdf (abgerufen am 01.04.2017).

II. Kritik an der Datenschutz-Grundverordnung

Sowohl der Entwurf der Europäischen Datenschutz-Grundverordnung als auch der letztlich verabschiedete Rechtsakt ernteten Kritik.

1. Vor Inkrafttreten

Im Anschluss an die Vorstellung der geplanten EU-Reform zu Beginn des Jahres 2012 wurde das Konzept auf europäischer und nationaler Ebene kontrovers diskutiert.[1221] Neben der *US-Administration*, die die neuen Schutzinstrumente der Verordnung durch eine *informal note* kritisierte,[1222] äußerte sich die *Article 29 WP* zum Entwurf der Datenschutz-Grundverordnung. Sie sollte zu einem Europäischen Datenschutzausschuss ausgebaut werden und begrüßte die Vorschläge der EU-Kommission zur EU-Datenschutzreform im Grundsatz. Sie schlug allerdings vor, die ihr zugedachte Alleinzuständigkeit zu einer Hauptverantwortlichkeit abzuschwächen und diese bei rein nationalen datenschutzrechtlichen Sachverhalten gänzlich unangewendet zu lassen.[1223] Die Datenschutzbeauftragten des Bundes und der Länder forderten den Erhalt eines hohen Datenschutzniveaus.[1224] Hinterfragt wurde auch die zunehmende Kompetenz der Kommission, was als institutionelle Verschiebung auf europäischer Ebene empfunden wurde.[1225] Die Kompetenzfülle böte zwar die Chance, mithilfe delegierter Rechtsakte und Durchführungsrechtsakte dem technologischen Fortschritt durch einheitliche EU-Regelungen Rechnung zu tragen,[1226] überdehne aber

---

1221 *Schultze-Melling*, ZD 2012, 97.

1222 *Hornung*, ZD 2012, 99.

1223 *Art. 29 WP*, PM v. 29.03.2012, wonach Klärungs- und Konkretisierungsbedarf hinsichtlich der Frage bestehe, wie der Hauptsitz eines multinationalen Unternehmens bestimmt werden soll, um die One-Stop-Shop-Idee effektiv umzusetzen. Nach dem One-Stop-Shop-Konzept sollte nur eine Datenschutzbehörde allumfassend die Aufsicht über den gesamten Datenschutz in der Union haben, http://ec.europa.eu/justice/data-protection/article-29/press-material/press-release/art29_press_material/2012/20120329_press_release_fop.pdf (abgerufen am 29.01.2017).

1224 *Lepper (LDI NRW)*, 21. DB 2013, S. 32 f., https://www.ldi.nrw.de/mainmenu_Service/submenu_Berichte/Inhalt/21_DIB/DIB_2013.pdf (abgerufen am 29.01.2017), wonach die Ermächtigung der Kommission zu delegierten Rechtsakten weitgehend eingeschränkt werden sollte und ein Verlust der Unabhängigkeit der Datenschutzaufsicht sowie eine unnötige Bürokratisierung durch das geplante Kohärenzverfahren befürchtet wurde.

1225 *Hornung*, ZD 2012, 99 (104); *Schild/Tinnefeld*, DuD 2012, 312 (314).

1226 *Tinnefeld*, DuD 2012, 364; *Härting*, BB 2012, 459 (460).

Art. 290 Abs. 1 AEUV, da nicht nur unwesentliche Vorschriften entstünden. Das Kohärenzverfahren[1227] mit der Kommission als unabhängigem Datenschutzkontrollgremium sei außerdem eine wenig positive Entwicklung. Es ergebe sich „eine in ihrer Weite unangemessene, primärrechtlich problematische und (…) systemwidrige Befugnisfülle.“[1228]

Der Kritik hielt Justizkommissarin *Reding* entgegen, dass die Befugnis der EU-Kommission delegierte Rechtsakte zu erlassen, der Kompetenzübertragung aus Art. 290 AEUV entspreche und auf eine Initiative des Europäischen Parlaments zurückzuführen sei. Durch die Zustimmungspflichtigkeit sei eine ausreichende Kontrolle gegen missbräuchliche oder zu weitgehende Rechtsakte gesichert.[1229] In der Einrichtung eines Europäischen Datenschutzausschusses und der zentralen Zuständigkeit einer einzigen Datenschutzbehörde sah *Reding* die Chance zur Verbesserung der Rechtssicherheit, der Rechtseinheitlichkeit und der Wettbewerbsgleichheit in der Europäischen Union.[1230] Das Kohärenzverfahren sei deshalb für die zuverlässige und schnelle Zusammenarbeit bei grenzüberschreitenden Sachverhalten das richtige Instrument.[1231]

2. Nach Inkrafttreten

Trotz jahrelanger Diskussionen, Forderungen nach Verbesserungen[1232] und Änderungen, stößt die Datenschutz-Grundverordnung auch nach ihrer Verabschiedung auf Kritik.[1233] Als problematisch wird betrachtet, dass sie das

---

[1227] Das Kohärenzverfahren sollte eingeleitet werden, wenn in den Fällen des sog. One-Stop-Shop bei der zentralen Datenschutzbehörde am Unternehmenssitz keine Einigung zwischen der federführenden und der betroffenen nationalen Aufsichtsbehörde erzielt werden kann. In diesem Fall wird der Streit durch einen verbindlichen Beschluss des Europäischen Datenschutzausschusses (EDA) beigelegt; nunmehr geregelt in Art. 65 Abs. 1 Buchstabe a DSGVO.

[1228] *Hornung*, ZD 2012, 99 (104 f.).

[1229] *Reding*, Speech 12/316, http://europa.eu/rapid/press-release_SPEECH-12-316_en.htm (abgerufen am 29.01.2017).

[1230] *Reding*, ZD 2012, 195 (197).

[1231] *Reding*, ZD 2012, 195 (197).

[1232] *Ronellenfitsch*, PM v. 26.08.2015, https://www.datenschutz.hessen.de/print.php?printpage_ID=632&printentry_ID=4487&printmode=entry&remember=no (abgerufen am 29.01.2017).

[1233] *Laue*, ZD 2016, 463 (464). *Roßnagel*, DuD 2016, 561 (565), spricht von einem eklatanten Versagen und einer Verfehlung im Hinblick auf spezifische Grundrechtsrisiken durch die Möglichkeiten automatisierter Verarbeitung personenbezogener Daten. *Hoeren* bezeichnete die DSGVO auf dem Euroforum Datenschutzkongress

hochkomplexe und kleinteilig ausgebildete deutsche Datenschutzrecht durch ihre abstrakten und unbestimmten Regelungen nicht ausreichend abbilden und hinreichend regeln könne.[1234] Auch die Öffnungsklauseln werden nicht nur als Gewinn betrachtet. Es wird befürchtet, dass sie die rechtliche Situation verkomplizieren und ein hohes Maß an Rechtsunsicherheit schaffen.[1235] Zudem wird bemängelt, dass die Datenschutz-Grundverordnung durch die Informations- und Dokumentationspflichten Unternehmen übermäßig belasten und die Wirtschaft ausbremsen werde.[1236]

III. Bedeutung des gewählten Rechtsaktes

Die Europäische Datenschutz-Grundverordnung gilt als Verordnung im Sinne des Art. 288 Abs. 3 AEUV grundsätzlich in all ihren Teilen und unmittelbar in jedem Mitgliedstaat der Europäischen Union. Sie wird Bestandteil der nationalen Rechtsordnungen, der Europäische Gerichtshof besitzt die Auslegungshoheit über sie und ihr Datenschutzniveau darf durch die Mitgliedstaaten weder unter- noch überschritten werden.[1237] Aufgrund des Anwendungsvorrangs des Unionsrechts[1238] und der Pflicht zur loyalen Zusammenarbeit nach Art. 4 Abs. 3 AEUV[1239] müssen zudem die Bundes- und Landesdatenschutzgesetze sowie die Datenschutzrichtlinie 95/46/EG prinzipiell unangewendet bleiben, wenn sie der Verordnung widersprechen.[1240]

---

als „größte Katastrophe des 21. Jahrhunderts", siehe *Krempl*, http://www.heise.de/newsticker/meldung/Rechtsexperte-Datenschutz-Grundverordnung-als-groesste-Katastrophe-des-21-Jahrhunderts-3190299.html (abgerufen am 11.01.2017).

1234 *Roßnagel*, DuD 2016, 561 (564).

1235 *Roßnagel*, in: ders. (Hg.), DSGVO, 2017, S. 5.

1236 *Rüße*, PM BVDW v. 15.04.2016, http://www.bvdw.org/medien/bvdw-zur-eu-datenschutzreform-ueberregulierung-statt-rechtssicherheit?media=7645 (abgerufen am 18.01.2017).

1237 *Roßnagel*, in: ders. (Hg.), DSGVO, 2017, S. 67; *Europäische Kommission*, SEC (2012) 73 final, S. 5 f., http://ec.europa.eu/justice/data-protection/document/review2012/sec_2012_73_en.pdf (abgerufen am 11.01.2017); *Tinnefeld/Schild*, DuD 2012, 312 (313); *Tinnefeld*, DuD 2012, 364.

1238 EuGH, Urt. v. 09.03.1978, Simmenthal II, C-106/77, ECLI:EU:C:1978:49, Rn. 17 ff.; Urt v. 15.07.1964, Costa/ENEL, C-6/64, ECLI:EU:C:1964:66.

1239 EuGH, Urt. v. 26.04.1988, Kommission/Deutschland, C-74/86, ECLI:EU:C:1988:198, Rn. 11.

1240 *Roßnagel*, in: ders. (Hg.), DSGVO, 2017, S. 5.

Die Datenschutz-Grundverordnung enthält aber Regelungen, die den Mitgliedstaaten gesetzgeberischen Spielraum einräumen, sog. Öffnungsklauseln.[1241] Diese erlauben es ihnen, zusätzliche Bedingungen, einschließlich Beschränkungen, einzuführen oder bestehende Regelungen aufrechtzuerhalten.[1242] Die Ziele und Grundsätze der Datenschutzrichtlinie 95/46/EG besitzen nach Erwägungsgrund Nr. 9 DSGVO außerdem nach wie vor Gültigkeit. Durch diese Instrumente und Vorgaben wird der Schutzstandard der Datenschutz-Grundverordnung verändert[1243] und es werden Ausnahmen von ihren verbindlichen Vorgaben geregelt. Dies widerspricht auf den ersten Blick dem prinzipiellen Regelungsgehalt einer EU-Verordnung nach Art. 288 Abs. 3 AEUV. Ein Motiv für die Integration der Öffnungsklauseln war jedoch das Verlangen, „die Möglichkeit [zu eröffnen], durch einzelstaatliches Recht weitergehende Regelungen zu treffen"[1244]. Ziel dieser Forderung war es, die entsprechend der jeweiligen Rechtstradition ausgeformten Grundrechte abzusichern und Raum für innovative Rechtsfortbildung zu schaffen.[1245] Denn auf Unionsebene fehlt die Möglichkeit der Verfassungsbeschwerde und der Europäische Gerichtshof hat den Grundrechtsschutz im Bereich des allgemeinen Persönlichkeitsrechts[1246] bislang nicht in der elaborierten Form ausgestaltet, wie es das Bundesverfassungsgericht getan hat.[1247] Durch die Öffnungsklauseln sollen außerdem der Grundsatz der begrenzten Einzelermächtigung sowie die Verhältnismäßigkeits- und Subsidiaritätsprinzipien aus Art. 4 Abs. 3 AEUV und Art. 5 Abs. 3 AEUV sowie Art. 5 Abs. 4 AEUV respektiert werden.[1248] Dies gelingt, da es aufgrund der Öffnungsklauseln keinen zwingenden Anpassungsbefehl gibt, weshalb kein Anpassungszwang besteht.[1249] Die Verordnung ist deshalb ein „Hybrid zwischen Richtlinie und Verordnung"[1250].

1241 *Roßnagel*, in: ders. (Hg.), DSGVO, 2017, S. 5; *Kühling et al.*, DSGVO, 2016, S. 1.

1242 So bspw. nach Art. 9 Abs. 4 DSGVO, soweit die Verarbeitung von genetischen oder biometrischen Daten und Gesundheitsdaten betroffen ist.

1243 *Schantz*, NJW 2016, 1841 (1842).

1244 *Datenschutzbeauftragte des Bundes und der Länder*, 83. Konferenz 2012, S. 1, https://datenschutz-ber-lin.de/attachments/864/Entschlie__ung_EU_Rechtsrahmen_83DSK.pdf?1332426505 (abgerufen am 14.01.2017).

1245 *Datenschutzbeauftragte des Bundes und der Länder*, 83. Konferenz 2012, S. 2, https://datenschutz-ber-lin.de/attachments/864/Entschlie__ung_EU_Rechtsrahmen_83DSK.pdf?1332426505 (abgerufen am 14.01.2017).

1246 *Masing*, NJW 2012, 2305.

1247 *Kühling/Martini*, EuZW 2016, 448 f.; *Hornung*, ZD 2012, 99 (100).

1248 *Kühling et al.*, DSGVO, 2016, S. 3.

1249 *Kühling et al.*, DSGVO, 2016, S. 3.

1250 *Kühling et al.*, DSGVO, 2016, S. 1; ebenso *Kühling/Martini*, EuZW 2016, 448 (449).

IV. Vergleich von § 6b BDSG mit den Regelungen zur Videoüberwachung in der Datenschutz-Grundverordnung

Um festzustellen, ob im Bereich der Videoüberwachung ein Anwendungsvorrang besteht, muss untersucht werden, inwiefern die Verordnung eine Regelung enthält, die unmittelbar auf diesen Sachverhalt anwendbar ist. Diese muss zudem hinreichend bestimmt und unbedingt formuliert sein, sodass eine weitere gesetzliche Konkretisierung zur Berechtigung oder Verpflichtung des Normadressaten unnötig ist.[1251] Um herauszufinden, ob der Rechtsanwender für die Prüfung der Zulässigkeit intelligenter Videoüberwachung künftig statt auf das Bundesdatenschutzgesetz auf die Europäische Datenschutz-Grundverordnung zurückgreifen muss, wird im Folgenden untersucht, ob die Verordnung auf die intelligente Videoüberwachung anwendbar ist (1.). Denn solange der Anwendungsbereich nicht eröffnet ist, besteht kein Anwendungsvorrang. Anschließend werden § 6b BDSG und diejenigen Regelungen der Datenschutz-Grundverordnung, die für eine Beurteilung der intelligenten Videoüberwachung infrage kommen, überblicksartig verglichen (2.–6.), da eine ausführliche Prüfung der Zulässigkeit intelligenter Videoüberwachung nach der Datenschutz-Grundverordnung nicht Gegenstand dieser Arbeit ist.

1. Eröffnung des Anwendungsbereichs der Datenschutz-Grundverordnung für die intelligente Videoüberwachung

Die Zulässigkeit intelligenter Videoüberwachung durch nicht öffentliche Stellen im öffentlich zugänglichen Raum ist in der Datenschutz-Grundverordnung nicht ausdrücklich geregelt. Sie enthält auch keine explizite Regelung zur herkömmlichen Videoüberwachung.

a) Regelungsadressat

Die Verordnung regelt gemäß Art. 1 DSGVO den Schutz natürlicher Personen bei der Verarbeitung personenbezogener Daten. Hierzu verpflichtet sie keine öffentliche oder nicht öffentliche Stelle, sondern „Verantwortliche" oder „Auftragsverarbeiter"[1252]. Dies sind nach Art. 4 Nr. 7 und Nr. 8 DSGVO unter anderem natürliche oder juristische Personen, die allein oder gemeinsam mit

---

1251 EuGH, Urt. v. 16.06.1996, Lütticke, C-57/65, ECLI:EU:C:1966:34.

1252 Siehe bspw. Erwägungsgründe Nr. 22 und Nr. 23 DSGVO.

anderen über die Zwecke und Mittel der Verarbeitung von personenbezogenen Daten entscheiden oder personenbezogene Daten im Auftrag des Verantwortlichen verarbeiten. Regelungsadressat der Datenschutz-Grundverordnung ist also der Adressatenkreis, der auch als „nicht öffentliche Stelle" im Sinne von § 2 Abs. 4 S. 1 BDSG von § 6b Abs. 1 BDSG erfasst wird.[1253] Die Datenschutz-Grundverordnung ist damit auf die in dieser Untersuchung betrachteten Verantwortlichen grundsätzlich anwendbar.

b) Sachlicher Anwendungsbereich

Die Verarbeitung umfasst nach Art. 2 Abs. 1 DSGVO und Art. 4 Nr. 2 DSGVO die ganz oder teilweise automatisierte Verarbeitung personenbezogener Daten, die in einem Dateisystem gespeichert sind oder gespeichert werden sollen. Zur Verarbeitung zählen nach Art. 4 Nr. 2 DSGVO auch die Vorgänge des Erhebens, des Erfassens, der Organisation, der Speicherung, des Auslesens und der Offenlegung durch Übermittlung, Verbreitung oder eine andere Form der Bereitstellung sowie der Abgleich oder die Verknüpfung, die Einschränkung, das Löschen oder die Vernichtung von Daten. Diese sind auch bei der intelligenten Videoüberwachung relevant. Der Schutz der personenbezogenen Daten ist nach Erwägungsgrund Nr. 15 zudem technologieneutral, sodass automatisierte Videoüberwachungstechnik wie die intelligente Videoüberwachung grundsätzlich der DSGVO unterfällt.

Art. 1 Abs. 1 DSGVO und Art. 2 DSGVO verlangen für die Eröffnung des Anwendungsbereichs der Verordnung einen Personenbezug. Da beim Einsatz intelligenter Videotechnik keine permanente Bildübertragung und dauernde Bildüberwachung nötig sind, ist die Bewertung, ab welchem Verarbeitungszeitpunkt personenbezogene Daten vorliegen, schwierig.[1254] Nach Art. 4 Nr. 1 DSGVO sind personenbezogene Daten alle Informationen, die sich auf eine identifizierte oder identifizierbare natürliche Person beziehen. Erfasst werden sämtliche Informationen über ein Individuum, unabhängig vom Bezug zum Privatleben, zum Beruf oder zur Freizeitgestaltung.[1255] Unklar ist, ob die Norm einen absoluten oder relativen Personenbezug regelt.[1256] Der erste Halbsatz von Art. 4 Nr. 1 DSGVO könnte aufgrund des Begriffs „identifizierbar" als Hinweis auf einen absoluten Personenbezug gelesen werden.[1257] Art. 4 Nr. 1 DSGVO

1253 Siehe Kap. F. III. 2.

1254 *Bretthauer/Krempel/Birnstill*, CR 2015, 239 (241).

1255 *Wybitul/Rauer*, ZD 2012, 160 (161).

1256 Zur Unterscheidung schon oben Kap. F. III. 3. c).

1257 *Pahlen-Brandt*, DuD 2008, 34 (37 f.).

bestimmt auch im zweiten Halbsatz, dass „als identifizierbar eine natürliche Person angesehen [wird], die direkt oder indirekt, insbesondere mittels Zuordnung zu einer Kennung wie einem Namen, zu einer Kennnummer, zu Standortdaten, zu einer Online-Kennung oder zu einem oder mehreren besonderen Merkmalen, die Ausdruck der physischen, physiologischen, genetischen, psychischen, wirtschaftlichen, kulturellen oder sozialen Identität dieser natürlichen Person sind, identifiziert werden kann". Derartige Informationen stehen unter Umständen nicht nur der die intelligente Videoüberwachung einsetzenden nicht öffentlichen Stelle, sondern auch beliebigen Dritten zur Verfügung. Erwägungsgrund Nr. 26 DSGVO, wonach „alle Mittel berücksichtigt werden [sollten], die von dem Verantwortlichen oder einer anderen Person nach allgemeinem Ermessen wahrscheinlich genutzt werden", macht aber deutlich, dass nicht ein allumfassender Wissensbegriff gemeint ist. Vielmehr ist auf das dem menschlichen Operator im Einzelfall frei zugängliche, jedoch noch ohne unverhältnismäßigen Zeit- und Arbeitsaufwand verfügbare Wissen abzustellen.[1258] Der Personenbezug innerhalb der DSGVO ist also relativ[1259] und entspricht damit dem bereits im Rahmen des § 6b BDSG angenommenen.[1260] Grundsätzlich ist er gegeben, sobald eine Identifikation des Überwachten durch den Betreiber möglich ist.[1261]

c) *Räumlicher Anwendungsbereich*

Für den räumlichen Anwendungsbereich der Datenschutz-Grundverordnung ist nach Art. 3 Abs. 1 DSGVO ausreichend, dass der für die intelligente Videoüberwachung Verantwortliche eine Niederlassung in der Europäischen Union hat, unabhängig davon, ob die Verarbeitung in der Union oder in dieser Niederlassung stattfindet.[1262] Außerdem bestimmt Art. 3 Abs. 2 DSGVO nach dem sog. Marktortprinzip, dass die Verordnung auch anwendbar ist, wenn keine europäische Niederlassung vorliegt, aber personenbezogene Daten von Betroffenen verarbeitet werden, die sich in der Union aufhalten.[1263] Damit weicht die Europäische Datenschutz-Grundverordnung von Art. 4 Abs. 1 Buchstabe a DSRL

1258 *Kühling/Klar*, NJW 2013, 3611 (3616). Von einer Enttäuschung aufgrund des unklaren Wortlauts sprechen *Schneider/Härting*, ZD 2012, 199 ff.

1259 So auch *Barlag*, in: Roßnagel (Hg.), DSGVO, 2017, S. 111.

1260 Siehe Kap. F. III. 3. d).

1261 EuGH, Urt. v. 11.12.2014, František Ryneš, C-212/13, ECLI:EU:C:2014:2428, Rn. 22.

1262 EuGH, Urt. v. 13.05.2014, Google Spain und Google, C-131/12, ECLI:EU:C:2014:317; *Barlag*, in: Roßnagel (Hg.), DSGVO, 2017, S. 113.

1263 *Barlag*, in: Roßnagel (Hg.), DSGVO, 2017, S. 113 f.

und seiner Umsetzung durch § 1 Abs. 5 BDSG ab. Denn bislang wird mitgliedstaatliches Recht auf Verarbeitungen personenbezogener Daten durch den Verantwortlichen angewendet, die im Rahmen der Tätigkeit seiner Niederlassung mit Sitz im Hoheitsgebiet des Mitgliedstaates ausgeführt wurden.

Für die intelligente Videoüberwachung durch nicht öffentliche Stellen im öffentlich zugänglichen Raum ist insbesondere Art. 3 Abs. 2 Buchstabe b DSGVO zu beachten. Er eröffnet den Anwendungsbereich für die Beobachtung von Personen, deren Verhalten in der Union stattfindet. Nach Erwägungsgrund Nr. 24 DSGVO liegt eine Verarbeitung, die der Beobachtung des Verhaltens dient, vor, wenn die Internetaktivitäten des Betroffenen nachvollzogen werden. Erfasst werden außerdem die mögliche nachfolgende „Verwendung von Techniken zur Verarbeitung personenbezogener Daten, durch die von einer natürlichen Person ein Profil erstellt wird, das insbesondere die Grundlage für sie betreffende Entscheidungen bildet oder anhand dessen ihre persönlichen Vorlieben, Verhaltensweisen oder Gepflogenheiten analysiert oder vorausgesagt werden sollen." Der Wortlaut des Art. 3 DSGVO beschränkt den Anwendungsbereich entgegen des ersten Anscheins nicht auf das Internet. Denn die Verordnung strebt nach Art. 1 Abs. 1 DSGVO den Schutz natürlicher Personen bei der Verarbeitung personenbezogener Daten an und begrenzt diesen nicht. Nach Wortlaut und Telos der Verordnung ist der Begriff der Beobachtung des Verhaltens weit zu verstehen und erfasst auch die intelligente Videoüberwachung. Denn bei deren Einsatz im öffentlich zugänglichen Raum wird das Verhalten von Personen beobachtet und analysiert. Der räumliche Anwendungsbereich der Datenschutz-Grundverordnung ist somit für die intelligente Videoüberwachung eröffnet.

2. Erlaubnistatbestände für die intelligente Videoüberwachung in der Datenschutz-Grundverordnung

Die Datenverarbeitung ist nach Art. 6 Abs. 1 DSGVO zulässig, wenn der von ihr Betroffene seine Einwilligung erteilt hat oder einer der genannten gesetzlichen Fälle vorliegt, zum Beispiel die Verarbeitung zur Wahrnehmung der berechtigten Interessen des Verantwortlichen nach Art. 6 Abs. 1 Buchstabe f DSGVO. Damit wird das aus der Datenschutzrichtlinie 95/46/EG bekannte – und in Deutschland in § 4 Abs. 1 BDSG umgesetzte – Prinzip des Verbots mit Erlaubnisvorbehalt beibehalten.[1264]

1264 Siehe Kap. F. II. 1.

a) Einwilligung

Die Einwilligung setzt gemäß Art. 6 Abs. 1 Buchstabe a DSGVO voraus, dass der Betroffene den genau festgelegten Verarbeitungszweck im Einzelfall kennt. Sie muss nach Art. 4 Nr. 11 DSGVO und Erwägungsgrund Nr. 32 DSGVO freiwillig und in Kenntnis der Sachlage durch eine „unmissverständlich abgegebene Willensbekundung in Form einer Erklärung oder einer sonstigen eindeutigen bestätigenden Handlung" erfolgen. Damit sollen Zweifelsfälle über die bewusste Erteilung einer Einwilligung ausgeräumt und es soll sichergestellt werden, dass der Betroffene weiß, worin er einwilligt.[1265] Aus Erwägungsgrund Nr. 43 DSGVO ergeben sich Indizien für die Beantwortung der Frage, ob eine konkludente Einwilligung zur Zulässigkeit des Einsatzes der intelligenten Videoüberwachung nach der Datenschutz-Grundverordnung führen kann.

Die Einwilligung als Rechtsgrundlage wird nach Erwägungsgrund Nr. 43 DSGVO grundsätzlich verworfen, wenn ein erhebliches Ungleichgewicht zwischen Betroffenem und Verwender besteht. Dieser klassischerweise aus dem Arbeitsrecht bekannte Aspekt der Disparität ist auch beim Einsatz intelligenter Videoüberwachung im öffentlich zugänglichen Raum durch eine nicht öffentliche Stelle relevant. Denn die nicht öffentliche Stelle besitzt aufgrund ihrer Kenntnisse über die Programmierung der Algorithmen einen Wissensvorsprung und kann den Betroffenen im Falle eines Alarms und eines positiven Treffers vom Zugang zu ihren Geschäften ausschließen. Der Betroffene hat zudem keinen Einfluss auf seine Überwachung und kann diese nicht ablehnen. Eine konkludente Einwilligung kann deshalb auch nach der DSGVO keine Rechtsgrundlage für die Implementierung intelligenter Videoüberwachung sein.

b) Wahrnehmung berechtigter Interessen

Einen § 6b Abs. 1 Nr. 2 und Nr. 3 BDSG ähnlichen Regelungsgehalt weist Art. 6 Abs. 1 Buchstabe f DSGVO auf. Danach ist die Verarbeitung rechtmäßig, wenn sie zur Wahrung der berechtigten Interessen des Verantwortlichen oder eines Dritten erforderlich ist, „sofern nicht die Interessen oder Grundrechte und Grundfreiheiten der betroffenen Person, die den Schutz personenbezogener

---

1265 *Europäische Kommission*, KOM(2012) 11 endgültig, S. 8, http://eur-lex.europa.eu/LexUriServ/LexUriServ.do?uri=COM:2012:0011:FIN:DE:PDF (abgerufen am 29.01.2017). Zur Einwilligung bei der intelligenten Videoüberwachung siehe Kap. F. II. 4. und für eine ausführliche Erörterung der Anforderungen der DSGVO an die Einwilligung siehe *Nebel*, in: Roßnagel (Hg.), DSGVO, 2017, S. 130.

Daten erfordern, überwiegen". Diese Form der Interessenabwägung ist aus der Anwendung der Datenschutzrichtlinie 95/46/EG und des § 6b BDSG vertraut. Der Begriff der „berechtigten Interessen" in Art. 6 Abs. 1 Buchstabe f DSGVO entspricht dem Wortlaut des § 6b Abs. 1 Nr. 3 BDSG. Er bleibt jedoch in der Datenschutz-Grundverordnung ebenso undefiniert wie im Bundesdatenschutzgesetz.

Erwägungsgrund Nr. 47 DSGVO erklärt, das berechtigte Interesse liege vor, „wenn eine maßgebliche und angemessene Beziehung zwischen der betroffenen Person und dem Verantwortlichen besteht", und es sei zu prüfen, „ob eine betroffene Person zum Zeitpunkt der Erhebung der personenbezogenen Daten und angesichts der Umstände, unter denen sie erfolgt, vernünftigerweise absehen kann, dass möglicherweise eine Verarbeitung für diesen Zweck erfolgen wird." Dies wird konkretisiert durch den Zusatz, dass die Verarbeitung personenbezogener Daten im für die Verhinderung von Betrug unbedingt erforderlichen Umfang und zum Zwecke der Direktwerbung ein berechtigtes Interesse darstellen könne. Nach Erwägungsgrund Nr. 49 DSGVO stellt die Datenverarbeitung ein berechtigtes Interesse der „Anbieter von Sicherheitstechnologien und -diensten" dar, wenn sie unbedingt notwendig ist, um Informationssicherheit zu gewährleisten. Der Wortlaut des Erwägungsgrundes erfasst zwar auf den ersten Blick lediglich die Zuverlässigkeit und Gewährleistung von Computerdiensten. Die intelligente Videoüberwachung ist jedoch ebenfalls eine Sicherheitstechnologie. Erwägungsgrund Nr. 49 DSGVO kann also mittelbar herangezogen werden, um den Begriff des berechtigten Interesses im Zusammenhang mit der Verwendung intelligenter Videoüberwachung zu bestimmen. Er dient als Anhaltspunkt für den Grad der Bedeutung, den das berechtigte Interesse des Verwenders einer Sicherheitstechnologie erreichen muss und zeigt, dass die automatisierte Datenverarbeitung auf Ausnahmefälle beschränkt sein soll.[1266] Diese müssen erhebliches Gewicht haben und die automatisierte Datenverarbeitung muss geeignet sein, erhebliche Schäden oder konkrete Gefahren abzuwenden. Eine automatisierte Datenverarbeitung würde also, nach Maßgabe dieses Erwägungsgrundes, die schutzwürdigen Interessen des Betroffenen in der Regel unangemessen beeinträchtigen. Es könnte nur in Ausnahmefällen von einem Überwiegen der

---

1266 *Committee on Civil Liberties Justice and Home Affairs*, Draft Report, 2012/0011 (COD), http://www.europarl.europa.eu/meetdocs/2009_2014/documents/libe/pr/922/922387/922387en.pdf (abgerufen am 28.01.2017); *Bits of Freedom*, A loophole in data processing, 2012, https://www.bof.nl/live/wp-content/uploads/20121211_onderzoek_legitimate-interests-def.pdf (abgerufen am 18.01.2017).

berechtigten Interessen des Verwenders der intelligenten Videoüberwachung ausgegangen werden.

Der in § 6b Abs. 1 Nr. 3 BDSG normierte unbestimmte Rechtsbegriff des berechtigten Interesses der nicht öffentlichen Stelle ist weiter gefasst als der in Erwägungsgrund Nr. 49 DSGVO. Das berechtigte Interesse der bundesdatenschutzgesetzlichen Vorschrift ist deshalb dem des Erwägungsgrundes Nr. 47 DSGVO vergleichbar, da jedes rechtliche, wirtschaftliche oder ideelle Interesse genügt. Mangels einer eindeutigen und generellen Aussage, wann berechtigte Interessen vorliegen, muss der unbestimmte Rechtsbegriff der „berechtigten Interessen" allerdings auch bei Anwendung der DSGVO im Einzelfall geprüft und letztlich im Rahmen der verhältnismäßigen Interessenabwägung beurteilt werden.

3. Mustererkennung und Videotracking in der Datenschutz-Grundverordnung

Die Europäische Datenschutz-Grundverordnung erfasst Mustererkennungs- und Videotrackingtechnologien. Dies wird zum Beispiel am Wortlaut des Art. 4 Nr. 4 DSGVO deutlich, wonach „biometrische Daten" mit speziellen technischen Verfahren gewonnene personenbezogene Daten zu den physischen, physiologischen oder verhaltenstypischen Merkmalen einer natürlichen Person sind, die beispielsweise mithilfe von Gesichtsbildern deren eindeutige Identifizierung ermöglichen oder bestätigen. „Profiling" erfasst gemäß Art. 4 Nr. 14 DSGVO jede Art der automatisierten Verarbeitung personenbezogener Daten, die darin besteht, dass diese Informationen verwendet werden, um bestimmte persönliche Aspekte, die sich auf eine natürliche Person beziehen, zu bewerten, insbesondere ihr Verhalten oder ihren Aufenthaltsort zu analysieren oder vorherzusagen. Diese Maßgaben entsprechen den in der vorliegenden Untersuchung der intelligenten Videoüberwachung zugeordneten technischen Möglichkeiten. Die Europäische Datenschutz-Grundverordnung legt für deren Einsatz einige Rechtmäßigkeitsanforderungen fest, um die dabei verarbeiteten besonderen Kategorien personenbezogener Daten zu schützen.

a) Biometrie

Knüpfen die Algorithmen der intelligenten Videoüberwachung bei der Verwendung einer Mustererkennungssoftware an Merkmale wie das Geschlecht, die Rasse oder das Alter an, ist Art. 9 Abs. 1 DSGVO zu beachten. Dieser verbietet unter anderem die Verarbeitung personenbezogener Daten, aus denen die rassische und ethnische Herkunft hervorgeht, sowie die Verarbeitung von biometrischen Daten zur eindeutigen Identifizierung einer natürlichen Person. Allerdings enthält Art. 9 Abs. 2 Buchstabe a DSGVO Ausnahmen von diesem Verbot, beispielsweise aufgrund der Einwilligung des Betroffenen oder zur Sicherstellung zivilrechtlicher Ansprüche. Art. 9 Abs. 4 DSGVO öffnet die Verordnung zudem für zusätzliche mitgliedstaatliche Bedingungen, einschließlich Beschränkungen, soweit die Verarbeitung biometrischer Daten betroffen ist. Die Verarbeitung sensibler Daten durch nicht öffentliche Stellen im öffentlich zugänglichen Raum mithilfe von intelligenter Videoüberwachung durch biometrische Mustererkennung wird also weiterhin zulässig sein. Dies entspricht dem bisherigen Befund zu Art. 8 DSRL.[1267]

b) Profiling

Bei der automatisierten Verarbeitung besonderer Kategorien personenbezogener Daten mithilfe der Mustererkennungsalgorithmen der intelligenten Videoüberwachung ist darüber hinaus Art. 22 Abs. 1 DSGVO, der Art. 15 Abs. 1 DSRL entlehnt ist, zu berücksichtigen. Er normiert das Recht des Betroffenen, nicht einer ausschließlich auf einer automatisierten Verarbeitung, einschließlich Profiling, beruhenden Entscheidung unterworfen zu werden, allerdings nur, wenn diese ihm gegenüber rechtliche Wirkung entfaltet oder ihn erheblich beeinträchtigt.[1268] Profiling wird in Art. 4 Nr. 14 DSGVO definiert als ein Verfahren der automatisierten Datenverarbeitung, „das darin besteht, einer natürlichen Person ein ‚Profil' zuzuordnen, um insbesondere Entscheidungen in Bezug auf ihre Person zu treffen oder um ihre persönlichen Vorlieben, Verhaltensweisen und Einstellungen zu analysieren oder vorherzusagen"[1269]. Die Mustererkennungsalgorithmen der intelligenten Videoüberwachungstechnik ermöglichen es grundsätzlich, ein solches Profil im Sinne eines Datensatzes zu erstellen, „der

---

1267 Siehe Kap. F. IV. 3.

1268 Art. 22 Abs. 2 DSGVO normiert weitere Ausnahmen, die allerdings von Art. 22 Abs. 4 DSGVO eingeschränkt werden. Dieser verlangt, dass Profilingmaßnahmen nicht auf die in Art. 9 Abs. 1 DSGVO genannten Kriterien gestützt werden, solange keine Einwilligung des Betroffenen vorliegt oder eine Datenverarbeitung aufgrund einer Rechtsvorschrift des Mitgliedstaats aus Gründen eines erheblichen öffentlichen Interesses erforderlich ist. Diese grundsätzliche Unzulässigkeit eines *racial profiling* entspricht dem hohen Datenschutzniveau, dem die DSGVO gerecht werden will, und garantiert den Schutz der Art. 7 GRCh und Art. 8 GRCh.

1269 *Ministerkommitee des Europarates*, CM/Rec (2010) 13, Anhang zur Empfehlung, Ziff. 1. e), https://search.coe.int/cm/Pages/result_details.aspx?ObjectId=09000016805cdd0a (abgerufen am 01.04.2017).

eine bestimmte Gruppe von Menschen charakterisiert und auf eine Einzelperson angewendet werden soll“[1270].

Unklar ist aber, ob Art. 22 Abs. 1 DSGVO auf eine voll automatisierte Datenverarbeitung im Sinne des Art. 15 DSRL und des § 6a BDSG Bezug nimmt oder die automatisierte Verarbeitung nach § 6b BDSG erfasst. Aus Art. 4 DSGVO oder Art. 22 DSGVO ergeben sich hierzu keine Anhaltspunkte. Erwägungsgrund Nr. 63 DSGVO erwähnt im Zusammenhang mit Profilingmaßnahmen die automatische Datenverarbeitung. Art. 35 Abs. 3 Buchstabe a DSGVO, der für risikobehaftete Datenverarbeitungen zur Durchführung einer Folgenabschätzung verpflichtet, nennt das Profiling hingegen im Zusammenhang mit automatisierter Verarbeitung. Art. 47 Abs. 2 Buchstabe e DSGVO bezeichnet es als Maßnahme einer ausschließlich automatisierten Verarbeitung. Nach Erwägungsgrund Nr. 70 DSGVO sollten die „automatisierte Entscheidungsfindung und [das] Profiling auf der Grundlage besonderer Kategorien von personenbezogenen Daten (…) nur unter bestimmten Bedingungen erlaubt sein.“ Art. 4 Nr. 4 DSGVO, der eine Legaldefinition des Profiling enthält, erfasst es als Art „der automatisierten Verarbeitung personenbezogener Daten“. Die gesetzessystematische Auslegung spricht damit für eine Auslegung, nach der mit „automatisierte Datenverarbeitung“ im Zusammenhang mit dem „Profiling“ im Sinne der Datenschutz-Grundverordnung eine automatische oder voll automatisierte Verarbeitung gemeint ist. Die intelligente Videoüberwachung, wie sie in der vorliegenden Arbeit untersucht wird, ist jedoch gerade kein automatisch oder voll automatisiert arbeitendes System. Sie trifft nicht selbstständig eine endgültige Entscheidung über die Kategorisierung einer Person, sondern dient als Mittel der Vorselektion und fällt damit nicht unter Art. 22 DSGVO.

4. Hinweispflicht, Zweckbindung, Speicherbegrenzung

Im Unterschied zu § 6b BDSG enthält Art. 6 DSGVO keine Regelungen zur Ausgestaltung der Videoüberwachung, wie beispielsweise konkrete Hinweis- oder Löschpflichten. Diese Grundsätze und Prinzipien der Datenverarbeitung sind vielmehr an verschiedenen Stellen der Datenschutz-Grundverordnung geregelt.

Art. 5 DSGVO enthält allgemeine Vorgaben für die automatisierte Verarbeitung personenbezogener Daten, wie die Zweckbindung, das Gebot der Transparenz und der Datenminimierung oder die Speicherbegrenzung. Diese

---

1270 *Ministerkommitee des Europarates*, CM/Rec (2010) 13, Anhang zur Empfehlung, Ziff. 1. d), https://search.coe.int/cm/Pages/result_details.aspx?ObjectId=09000016805cdd0a (abgerufen am 01.04.2017).

werden an anderer Stelle der Verordnung ergänzt. Die Pflicht zur Löschung personenbezogener Daten ist zum Beispiel in Art. 17 DSGVO geregelt. Die Norm verpflichtet zur Löschung personenbezogener Daten, sobald sie für die ursprünglichen Zwecke nicht mehr notwendig sind oder der Betroffene seine nach Art. 6 Abs. 1 Buchstabe a DSGVO erteilte Einwilligung widerruft. Damit findet sich auch in der Europäischen Datenschutz-Grundverordnung eine bislang aus § 6b Abs. 5 BDSG bekannte Löschpflicht.

Das Gebot der Transparenz aus Art. 5 Abs. 1 Buchstabe a DSGVO wird insbesondere durch Art. 12 Abs. 1 DSGVO ergänzt, der regelt, dass die Informationen über die Erhebung und Verarbeitung personenbezogener Daten den Betroffenen „in präziser, transparenter, verständlicher und leicht zugänglicher Form in einer klaren und einfachen Sprache“ übermittelt werden müssen. Die Information kann dabei schriftlich, mündlich oder wie von Art. 12 Abs. 7 DSGVO erlaubt, durch standardisierte Bildsymbole erfolgen.

Art. 13 Abs. 1 DSGVO verpflichtet dazu, über die Erhebung personenbezogener Daten zu informieren und dabei den Verantwortlichen, die Zwecke der Verarbeitung und deren Rechtsgrundlage sowie, insbesondere bei einer Verarbeitung nach Art. 6 Abs. 1 Buchstabe f DSGVO, die berechtigten Interessen zu benennen. Nach Art. 13 Abs. 2 DSGVO besteht außerdem die Pflicht, etwa durch Angaben zur Dauer der Datenspeicherung, eine „transparente Verarbeitung zu gewährleisten.“ Es müssen vor allem „aussagekräftige Informationen über die involvierte Logik sowie die Tragweite und die angestrebten Auswirkungen einer derartigen Verarbeitung für die betroffene Person“ erteilt werden. Dies ist für den Einsatz von heimlicher Videoüberwachung von Bedeutung. Denn der Wortlaut der Verordnung unterscheidet nicht zwischen einer verdeckten oder offenen Datenverarbeitung. Durch die Normierung von Transparenz- und Informationspflichten des für die Datenverarbeitung Verantwortlichen findet das Kriterium der Heimlichkeit aber Eingang in die Europäische Datenschutz-Grundverordnung. Eine intransparente Videoüberwachung hat damit weiterhin eine höhere Eingriffsqualität und ist ein Kriterium in der Interessenabwägung nach Art. 6 Abs. 1 Buchstabe f DSGVO.

5. Datenschutzfolgenabschätzung statt Vorabkontrolle

Erwägungsgrund Nr. 89 DSGVO enthält das Ziel, die bürokratischen und finanziell aufwendigen Meldepflichten abzuschaffen und durch wirksamere Verfahren zu ersetzen. Diese sollen sich nur noch mit Verarbeitungsvorgängen befassen, die aufgrund ihrer Art, ihres Umfangs, ihrer Umstände und ihrer Zwecke wahrscheinlich ein hohes Risiko für die Rechte und Freiheiten natürlicher Personen mit sich bringen, insbesondere durch den Einsatz neuer Technologien. Erreicht werden soll dies durch die in Art. 35 Abs. 3 Buchstabe c DSGVO normierte Datenschutzfolgenabschätzung. Diese löst die nach § 4d Abs. 5 BDSG erforderliche Vorabkontrolle bei der Videoüberwachung ab.[1271] Nach dem Wortlaut des Art. 35 Abs. 3 Buchstabe a und Buchstabe c DSGVO ist eine Datenschutzfolgenabschätzung in der Regel bei systematischer, umfangreicher Bewertung persönlicher Aspekte aufgrund automatisierter Verarbeitung in öffentlich zugänglichen Bereichen erforderlich. Die Datenverarbeitung muss ihrerseits als Grundlage für Entscheidungen dienen, die Rechtswirkung gegenüber natürlichen Personen entfalten. Die unbestimmten Rechtsbegriffe „systematisch" und „umfangreich" werden jedoch nicht näher erläutert oder definiert. Dies eröffnet einen erheblichen Interpretationsspielraum.

Die intelligente Videoüberwachung ist eine Form automatisierter Datenverarbeitung. Der Einsatz von Mustererkennungs- und Videotrackingsoftware dient der systematischen Überwachung anhand der Klassifizierung und Vorselektion von Daten. Sie hilft dem menschlichen Operator bei seiner Entscheidung, die wiederum für die von der Datenverarbeitung betroffene natürliche Person Rechtswirkungen haben kann. Eine Datenschutzfolgenabschätzung nach Art. 35 DSGVO muss deshalb künftig bei jedem Einsatz intelligenter Videoüberwachung erfolgen oder ihre Notwendigkeit mindestens geprüft werden. Diese Feststellung wird von Erwägungsgrund Nr. 91 DSGVO gestützt, der eine Datenschutzfolgenabschätzung „für die weiträumige Überwachung öffentlich zugänglicher Bereiche, insbesondere mittels optoelektronischer Vorrichtungen" für erforderlich erklärt. Der Begriff einer umfangreichen Datenverarbeitung meint nach Erwägungsgrund Nr. 91 DSGVO Vorgänge, „die dazu dienen, große Mengen personenbezogener Daten auf regionaler, nationaler oder supranationaler Ebene zu verarbeiten, eine große Zahl von Personen betreffen könnten (...), [bei denen] neue Technologie eingesetzt wird [und die] (...) ein hohes Risiko für die (...) Rechte und Freiheiten der betroffenen Person mit sich bringen". Was genau „große Mengen", „weiträumig", „eine große Zahl" oder „ein hohes Risiko" sind, bleibt der Interpretation des Rechtsanwenders überlassen. Ausgenommen von einer zwingenden Datenschutzfolgenabschätzung ist nach Erwägungsgrund Nr. 91 DSGVO die Verarbeitung von Patienten- oder Mandantendaten durch einzelne Ärzte oder Rechtsanwälte. Allerdings variieren auch hier die Patienten- und Mandantenzahlen, sodass diese Einschränkung keine Klärung der Begriffe herbeizuführen vermag. Orientierungshilfe verspricht die von der

---

1271 *Marschall*, in: Roßnagel (Hg.), DSGVO, 2017, S. 159 f.

Aufsichtsbehörde nach Art. 35 Abs. 4 DSGVO zu erstellende und zu veröffentlichende Liste der Verarbeitungsvorgänge, für die eine Datenschutzfolgenabschätzung durchzuführen ist.

6. Zwischenergebnis

Die intelligente Videoüberwachung mithilfe von Mustererkennungs- und Videotrackingtechnik durch nicht öffentliche Stellen im öffentlich zugänglichen Raum wird von der Europäischen Datenschutz-Grundverordnung erfasst. Art. 6 Abs. 1 Buchstabe f DSGVO ersetzt künftig § 6b Abs. 1 Nr. 2 und Nr. 3 sowie Abs. 3 S. 1 BDSG, denn die Verordnung bewirkt, dass die nationalen Regelungen zur Zulässigkeit der Videoüberwachung nicht mehr anwendbar sind.[1272] Die unbestimmten und in der DSGVO zum Teil nicht konkretisierten oder nicht definierten Rechtsbegriffe, wie die „berechtigten Interessen" in Art. 6 Abs. 1 Buchstabe f DSGVO, bergen die Gefahr von Rechtsunsicherheit. Der Rechtsanwender muss sie nach europäischem Recht autonom auslegen oder der Gesetzgeber sie über die Öffnungsklauseln anhand des nationalen Rechts präzisieren.[1273]

Zwar ist § 6b BDSG auf die intelligente Videoüberwachung durch nicht öffentliche Stellen in öffentlich zugänglichen Räumen ab Geltung der DSGVO nicht mehr anwendbar. Das bislang bekannte Prüfschema zu § 6b BDSG kann aber als gedankliche Ausgangsbasis für die Entscheidung der Frage dienen, ob eine vergleichbare Maßnahme zulässig ist.[1274] Denn die Verordnung enthält im Wesentlichen die Begriffe und Prinzipien der Datenschutzrichtlinie 95/46/EG,[1275] die für die Videoüberwachung in § 6b BDSG aufgenommen wurden. Sie behalten ebenso Geltung wie die zur Anwendung und Auslegung von § 6b BDSG entwickelten Grundsätze, sodass der Rechtsanwender hier Orientierung findet.[1276] Dies entspricht den Zielen der Verordnung.[1277] Sie will nicht ein abschließendes

1272 *Roßnagel*, DuD 2016, 561 (562).

1273 *Nebel*, in: Roßnagel (Hg.), DSGVO, 2017, S. 142.

1274 *Nebel*, in: Roßnagel (Hg.), DSGVO, 2017, S. 142, der befürchtet, dass sich dadurch bzgl. der Anwendung des Art. 6 Abs. 1 Buchstabe f DSGVO in den Mitgliedstaaten andere Rechtsanwendungen und unterschiedliche Spruchpraxen etablieren werden. *Becker*, in: Plath (Hg.), BDSG/DSGVO 2016, § 6b Rn. 1 konstatiert sogar, dass § 6b BDSG neben der DSGVO bestehen bleiben kann, da er die speziellere Regelung zur Videoüberwachung enthält.

1275 *Roßnagel*, in: ders. (Hg.), DSGVO, 2017, S. 51.

1276 *Nebel*, in: Roßnagel (Hg.), DSGVO, 2017, S. 142, meint die Grundsätze des § 6b BDSG könnten die Bewertung der Zulässigkeit anleiten.

1277 Dazu *Roßnagel*, in: ders. (Hg.), DSGVO, 2017, S. 50.

Regelwerk für den Datenschutz sein, sondern vereinheitlichend wirken,[1278] um ein gleichmäßiges Datenschutzniveau zu gewährleisten, wie dies in den Erwägungsgründen Nr. 10 DSGVO und Nr. 13 DSGVO zum Ausdruck kommt. Weitere Klarheit und Hilfestellung könnte der nationale Gesetzgeber bringen, wenn es ihm gelingt, die nicht mehr anwendbaren Regelungen des Bundesdatenschutzgesetzes aufzuheben oder neue Normen zu schaffen, um die Datenschutz-Grundverordnung zu präzisieren.[1279] Unterstützen könnte dabei der nach Art. 68 DSGVO einzurichtende Europäische Datenschutzausschuss, der nach Art. 70 Abs. 1 DSGVO unter anderem durch die Bereitstellung von Leitlinien, Empfehlungen sowie bewährten Verfahren die einheitliche Anwendung der Verordnung sicherstellen soll.

V. Anpassungen des nationalen Datenschutzrechts an die Europäische Datenschutz-Grundverordnung

Die Europäische Datenschutz-Grundverordnung (DSGVO) enthält Öffnungsklauseln und Regelungsaufträge an die Mitgliedstaaten. Mit dem Gesetz zur Anpassung des Datenschutzrechts an die Verordnung (EU) 2016/679 und zur Umsetzung der Richtlinie (EU) 2016/680 (Datenschutz-Anpassungs- und -Umsetzungsgesetz EU – DSAnpUG-EU) vom 30. Juni 2017, das am 25. Mai 2018 in Kraft getreten ist, hat der Gesetzgeber dem Anpassungsbedarf und der Umsetzungspflicht entsprochen.[1280] Bereits durch das Videoüberwachungsverbesserungsgesetz vom 28. April 2017[1281] hatte er § 6b BDSG a. F. ergänzt. Auch diese Erweiterung hat durch § 4 BDSG-neu Eingang in das neue Bundesdatenschutzgesetz gefunden, welches das alte Bundesdatenschutzgesetz abgelöst hat. § 4 BDSG-neu entspricht im Wesentlichen § 6b BDSG a. F. und schreibt diesen fort.[1282]

1278 *Roßnagel*, in: ders. (Hg.), DSGVO, 2017, S. 63, der diese Zielsetzung aber erheblich bezweifelt, wenn er der DSGVO Unterkomplexität konstatiert und sie als „Schweizer Käse“ bezeichnet, dessen Löcher von den Mitgliedstaaten unterschiedlich gefüllt werden, sodass kein einheitliches Datenschutzrecht entstehen werde (a. a. O., S. 62).

1279 *Roßnagel*, in: ders. (Hg.), DSGVO, 2017, S. 65.

1280 BT-Drs. 18/11325, S. 1; *Kühling*, NJW 2017, 1985.

1281 BGBl. Jahrgang 2017 Teil I Nr. 23, ausgegeben zu Bonn am 4. Mai 2017.

1282 *Kühling*, NJW 2017, 1985 (1987).

1. Gesetzgebungskompetenz und Vereinbarkeit des neuen Bundesdatenschutzgesetzes mit dem Recht der Europäischen Union

Der Bund stützte sich bei der Schaffung des neuen Bundesdatenschutzgesetzes auf seine Gesetzgebungskompetenzen aus Art. 73 GG bis Art. 74 GG und Art. 23 GG sowie, speziell für nicht öffentliche Stellen im Bereich des Datenschutzes, auf die Annexkompetenz aus Art. 74 Abs. 1 Nr. 11 GG.[1283] Die Gesetzgebungskompetenz aus Art. 72 Abs. 2 GG begründete er mit der Notwendigkeit einer bundesgesetzlichen Regelung zur Wahrung der Rechtseinheit im Bundesgebiet und der Vermeidung gesamtwirtschaftlicher Nachteile oder Wettbewerbsverzerrungen und Schranken für die länderübergreifende Wirtschaftstätigkeit.[1284] Die Vereinbarkeit des neuen Bundesdatenschutzgesetzes mit der DSGVO folgerte der Gesetzgeber aus dem Charakter des EU-Rechtsaktes als Grund-Verordnung, die zwar das Ziel vorgebe, das Datenschutzrecht in der Europäischen Union zu vereinheitlichen, dies jedoch nicht selbstständig erreiche und deshalb ergänzungsbedürftig sei.[1285] Denn durch die Öffnungsklauseln beschränke die Verordnung ihre unmittelbare Wirkung selbst.[1286]

Der Gesetzgeber stützt seine Ansicht u. a. auf Erwägungsgrund Nr. 8 DSGVO, wonach Wiederholungen zulässig sind, wenn sie im sachlichen Zusammenhang mit Verordnungsbestimmungen stehen, die dem Mitgliedstaat die Möglichkeit nationaler Präzisierungen oder Einschränkungen einräumen, und wenn sie erforderlich sind, um Kohärenz zu wahren und die nationalen Vorschriften verständlicher zu machen.[1287] Diese Voraussetzungen seien gegeben, sodass, ohne gegen das europäische Wiederholungsverbotzu verstoßen, punktuell der Wortlaut der

---

[1283] BT-Drs. 18/11325, S. 70.

[1284] BT-Drs. 18/11325, S. 70.

[1285] BT-Drs. 18/11325, S. 73.

[1286] BT-Drs. 18/11325, S. 73.

[1287] Das sog. Wiederholungsverbot des EuGH setzt einer wiederholenden Wiedergabe von Teilen einer Verordnung Grenzen, um zu verhindern, dass deren unmittelbare Geltung verschleiert wird, weil die Normadressaten über den wahren Urheber des Rechtsaktes oder die Jurisdiktion des EuGH im Unklaren gelassen werden. Das Wiederholungsverbot ist Ausfluss der Regelung des Art. 267 AEUV und der alleinigen Kompetenz des EuGH zur Auslegung der Unionsrechtsakte, siehe EuGH, Urt. v. 22.10.1987, Foto Frost, C-314/85, ECLI:EU:C:1987:452; Urt. v. 10.10.1973, Variola, C-34/73, ECLI:EU:C:1973:101; Urt. v. 31.01.1978, Zerbone, C-94/77, ECLI:EU:C:1978:17; BT-Drs. 18/11325, S. 72; *Kühling/Martini et al.*, DSGVO, 2016, S. 6 f.

DSGVO wiedergeben und Verweisungen in das neue Bundesdatenschutzgesetz aufgenommen werden könnten.[1288] Ergänzend bezieht sich der Gesetzgeber auf die Rechtsprechung des Europäischen Gerichtshofs, nach der es Ausnahmen vom Wiederholungsverbot gibt: Wiederholungen seien rechtlich zulässig, wenn sie sich im Rahmen von Öffnungsklauseln und Regelungsaufträgen halten, wenn durch eine Wiederholung die Bestimmungen einer Verordnung nicht lediglich übernommen, sondern inhaltlich verändert werden, oder wenn die punktuelle Wiederholung eines Normtextes zur Verständlichkeit notwendig ist.[1289]

2. Änderungen im Bereich der Videoüberwachung

§ 4 BDSG-neu regelt entsprechend § 6b BDSG a. F. die Zulässigkeit der Beobachtung öffentlich zugänglicher Räume mit optisch-elektronischen Einrichtungen zur Aufgabenerfüllung öffentlicher Stellen nach Abs. 1 S. 1 Nr. 1 sowie zur Wahrnehmung des Hausrechts in Abs. 1 S. 1 Nr. 2 und zur Wahrnehmung berechtigter Interessen für konkret festgelegte Zwecke in Abs. 1 S. 1 Nr. 3.[1290] Fallgestaltungen, die nicht unter § 4 BDSG-neu fallen, müssen nunmehr auf Art. 6 Abs. 1 Buchstabe f DSGVO „als allgemeine Rechtsgrundlage der Videoüberwachung durch Private“[1291] gestützt werden.

In § 4 BDSG-neu beibehalten werden der Begriff „optisch-elektronische Einrichtungen“, das Stufenverhältnis zwischen Beobachtung nach Absatz 1 und Speicherung oder Verwendung nach Absatz 3, wobei der in § 6b BDSG a. F. verwendete Begriff „Nutzung“ ohne Bedeutungsänderung gegen den Begriff „Verwendung“ ausgetauscht wurde, um Art. 4 Nr. 2 EU-DSGVO zu entsprechen. Dieser definiert den Begriff „Verarbeitung“ als „jeden mit oder ohne Hilfe automatisierter Verfahren ausgeführten Vorgang oder jede solche Vorgangsreihe im Zusammenhang mit personenbezogenen Daten wie das Erheben, das Erfassen, die Organisation, das Ordnen, die Speicherung, die Anpassung oder Veränderung, das Auslesen, das Abfragen, die Verwendung, die Offenlegung durch Übermittlung, Verbreitung oder eine andere Form der Bereitstellung, den Abgleich oder die Verknüpfung, die Einschränkung, das Löschen oder die Vernichtung.“

1288 BT-Drs. 18/11325, S. 72 f.

1289 EuGH, Urt. v. 11.01.2001, Monte Arcosu, C-403/98, ECLI:EU:C:2001:6, Rn. 26, 28; *Kühling et al.*, DSGVO, 2016, S. 6 f.; BT-Drs. 18/11325, S. 73.

1290 BT-Drs. 18/11325, S. 81.

1291 *BMI*, Referentenentwurf zum DSAnpUG-EU, S. 73, https://www.datenschutzverein.de/wp-content/uploads/2016/11/2016-11-11_DSAnpUG-EU-BDSG-neu_Entwurf-2_Ressortabstimmung.pdf (abgerufen am 20.10.2018).

Beibehalten werden auch die Pflichten zur Kennzeichnung, Information und Löschung von Daten und, in Absatz 3, die Zweckbindung.[1292] Wie bislang muss die Videoüberwachung nach § 4 Abs. 1 S. 1 und Abs. 3 BDSG-neu erforderlich sein, und im Rahmen der Interessenabwägung dürfen die schutzwürdigen Interessen der Betroffenen nicht überwiegen. § 4 Abs. 4 BDSG-neu bezweckt wie § 6b Abs. 4 BDSG a. F., die weitere Verwendung personenbezogener Daten für die Betroffenen transparent zu machen, um ihnen die Überprüfung der Rechtmäßigkeit der Datenverarbeitung zu ermöglichen, und verweist deklaratorisch auf Art. 13 DSGVO und Art. 14 DSGVO.[1293]

Die durch das Videoüberwachungsverbesserungsgesetz vom 28. April 2017 in § 6b BDSG a. F. ergänzend aufgenommene Regelung, wonach zum Schutz von Leben, Gesundheit oder Freiheit von Personen in Fahrzeugen und öffentlich zugänglichen großflächigen Einrichtungen des öffentlichen Schienen-, Schiffs- und Busverkehrs sowie in öffentlich zugänglichen großflächigen Anlagen der Einsatz von Videoüberwachung in höherem Maße als bisher erlaubt ist, wurde in § 4 Abs. 1 S. 2 BDSG-neu beibehalten.[1294] Als großflächige Anlagen werden, nicht abschließend, Sport-, Versammlungs- und Vergnügungsstätten, Einkaufszentren oder Parkplätze genannt. Nach Ansicht des Bundesministeriums des Inneren sind diese Orte, „die nach dem erkennbaren Willen des Betreibers von jedermann betreten oder genutzt werden können“[1295], „von ihrer Größe her geeignet (…), eine größere Anzahl von Menschen aufzunehmen“[1296] und weisen „einen entsprechenden Publikumsverkehr“ auf.[1297] Nach § 4 Abs. 1 S. 2 BDSG-neu gilt der Schutz der abschließend aufgezählten Rechtsgüter in diesen hochfrequentierten Räumen als ein besonders wichtiges Interesse.[1298] Diese „normative Gewichtungsvorgabe“[1299] prägt die Abwägung der Interessen und lenkt sie in

---

[1292] BT-Drs. 18/11325, S. 81.

[1293] *Frenzel*, in: Paal/Pauly, DS-GVO BDSG, 2. Aufl 2018, § 4, Rn. 32.

[1294] BT-Drs. 18/11325, S. 81; BT-Drs. 18/10941, S. 10.

[1295] *BMI*, Referentenentwurf zum DSAnpUG-EU, S. 73, https://www.datenschutzverein.de/wp-content/uploads/2016/11/2016-11-11_DSAnpUG-EU-BDSG-neu_Entwurf-2_Ressortabstimmung.pdf (abgerufen am 20.10.2018).

[1296] *BMI*, Referentenentwurf zum DSAnpUG-EU, S. 73, https://www.datenschutzverein.de/wp-content/uploads/2016/11/2016-11-11_DSAnpUG-EU-BDSG-neu_Entwurf-2_Ressortabstimmung.pdf (abgerufen am 20.10.2018).

[1297] *BMI*, Referentenentwurf zum DSAnpUG-EU, S. 73, https://www.datenschutzverein.de/wp-content/uploads/2016/11/2016-11-11_DSAnpUG-EU-BDSG-neu_Entwurf-2_Ressortabstimmung.pdf (abgerufen am 20.10.2018).

[1298] BT-Drs. 18/10941, S. 10.

[1299] BT-Drs. 18/10941, S. 8.

eine bestimmte Richtung.[1300] Das Ziel der Änderung des § 6b BDSG a. F. war es, die Sicherheit an und in den genannten Orten und Räumen zu erhöhen und Anschläge zu verhindern.[1301] Die den Einsatz der Videoüberwachung prüfenden Datenschutzaufsichtsbehörden der Länder, die in der Vergangenheit restriktiv geprüft haben, sollen die Sicherheitsbelange der Betreiber stärker in die Abwägungsentscheidung einbeziehen und entsprechend berücksichtigen.[1302] Denn die Betreiber von Videoüberwachungsanlagen können nach dem Willen des Gesetzgebers durch den Einsatz der Videoüberwachungstechnik einen Beitrag zu mehr Sicherheit leisten, der auch im öffentlichen Interesse liegt und über ihre zivilrechtlichen Verpflichtungen hinausgeht.[1303] Wenn potenzielle Täter und Straftaten frühzeitig erkannt und verhindert werden könnten, könne einerseits ein präventiver Beitrag zur Erhöhung der Sicherheit der Bevölkerung geleistet werden.[1304] Andererseits würden durch einen verbreiteten Einsatz von Videoüberwachung die Strafverfolgungsbehörden bei ihrer Ermittlungstätigkeit unterstützt.[1305] Die Videoüberwachung wird damit insgesamt privilegiert.

§ 4 Abs. 2 BDSG-neu verlangt, dass der Umstand der Beobachtung und der Name sowie die Kontaktdaten des Verantwortlichen durch geeignete Maßnahmen zum frühestmöglichen Zeitpunkt erkennbar gemacht werden. Die Regelung konkretisiert die Vorgabe des § 6b Abs. 2 BDSG a. F., da sie verlangt, den Namen und die Kontaktdaten des Verantwortlichen zu nennen und nicht wie bislang nur „die verantwortliche Stelle". Die intelligente Videoüberwachung muss damit weiterhin grundsätzlich offen durchgeführt werden, wobei eine Abstufung zur Informationspflicht aus § 6b Abs. 4 BDSG a. F.[1306] und ein Unterschied zur Hin weispflicht aus § 6b Abs. 2 BDSG a. F. bestehen. Denn Kenntlichmachen bedeutet nicht, dass jedes Videogerät unmittelbar erkennbar zu sein hat[1307] bzw. die Betroffenen aktiv auf ein solches Gerät hingewiesen und aufgeklärt werden müssen. Durch die Vorgabe, dass die Betroffenen „frühestmöglich" durch „geeignete Maßnahmen" erkennen können müssen, dass sie videoüberwacht werden, muss die Kenntlichmachung jedoch so weit außerhalb bzw. vor dem zu betretenden Raum und in einer auffälligen Art erfolgen, dass der Betroffene die Schilder oder

1300 BT-Drs. 18/11325, S. 81; BT-Drs. 18/10941, S. 10.
1301 BT-Drs. 18/10941, S. 8.
1302 BT-Drs. 18/10941, S. 1.
1303 BT-Drs. 18/10941, S. 10.
1304 BT-Drs. 18/10941, S. 8.
1305 BT-Drs. 18/10941, S. 8.
1306 *Frenzel*, in: Paal/Pauly, DS-GVO BDSG, 2. Aufl 2018, § 4, Rn. 25.
1307 *Frenzel*, in: Paal/Pauly, DS-GVO BDSG, 2. Aufl 2018, § 4, Rn. 25.

Hinweistafeln ohne Weiteres wahrnehmen kann.[1308] Nur so kann er sein Verhalten anpassen oder ggf. darauf verzichten, den Raum zu betreten – soweit dies möglich ist. Somit ergeben sich auch durch die Neuregelung in § 4 Abs. 2 BDSG-neu im Ergebnis keine Erleichterungen für die Offenlegung der Videoüberwachung im Vergleich zu § 6b Abs. 2 BDSG a. F.

3. Kritik

Bereits die ersten Entwürfe der Neufassung des Bundesdatenschutzgesetzes wurden kritisiert. Der Gesetzgeber wurde unter anderem aufgefordert, das Wiederholungsverbot ernst zu nehmen,[1309] die Artikel der Datenschutz-Grundverordnung als rechtsverbindlich zu begreifen und diese als einzige Rechtsquelle für die rechtliche Beurteilung von Sachverhalten heranzuziehen, die durch sie abschließend geregelt werden.[1310] Bezweifelt wurde, dass durch das neue Bundesdatenschutzgesetz mehr Rechtssicherheit entsteht.[1311] Zwar sei die DSGVO komplex und teilweise durch unbestimmte Rechtsbegriffe offen gestaltet, doch würden vielschichtige nationale Gesetze mit einer Mischung aus eigenen Regelungen und Verweisen keine Abhilfe schaffen.[1312] Besser sei es, diese Aufgabe den Gerichten und Aufsichtsbehörden zu überlassen, da sonst noch größere Unsicherheit und Unklarheit beim Rechtsanwender entstünden.[1313]

§ 4 BDSG-neu wurde insbesondere dahingehend kritisiert, dass Regelungen zur Beobachtung ohne Speicherung und zur Weiterverarbeitung zu anderen Zwecken fehlten oder nicht aus dem alten Bundesdatenschutzgesetz übernommen worden seien[1314] und dass eine heimliche Videoüberwachung nicht verboten

---

[1308] *Frenzel*, in: Paal/Pauly, DS-GVO BDSG, 2. Aufl 2018, § 4, Rn. 26.

[1309] *Albrecht/Wybitul*, ZD 2016, 457; *Müller (LfDI M.-V.)*, Stellungnahme des LfDI M.-V. zum DSAnpUG-EU v. 25.01.2017, S. 1, https://www.datenschutz-mv.de/serviceassistent/_php/download.php?datei_id=1589894 (abgerufen am 20.10.2018); *Datenschutzbeauftragte des Bundes und der Länder*, Eckpunkte S. 4, https://www.datenschutz-mv.de/static/DS/Dateien/Themen/Eckpunktepapier-Datenschutz-Anpassung.pdf (abgerufen am 20.10.2018).

[1310] *Albrecht/Wybitul*, ZD 2016, 457 f.

[1311] *Roßnagel*, in: ders. (Hg.), DSGVO, 2017, S. 65; *Albrecht/Wybitul*, ZD 2016, 457 (458).

[1312] *Albrecht/Wybitul*, ZD 2016, 457 (458).

[1313] *Albrecht/Wybitul*, ZD 2016, 457 f.

[1314] *Datenschutzbeauftragte des Bundes und der Länder*, Eckpunkte S. 17, https://www.datenschutz-mv.de/static/DS/Dateien/Themen/Eckpunktepapier-Datenschutz-Anpassung.pdf (abgerufen am 20.10.2018).

werde.[1315] Dem begegnete der Gesetzgeber mit dem Argument der Technikneutralität der DSGVO und der Intention des Verordnungsgebers, Rechtsgrundlagen vornehmlich für bestimmte Informationstechnologien zu vermeiden, wodurch sich speziellere nationale Regelungen verbieten würden.[1316] Bemängelt wurde auch, dass durch die Regelung in § 4 Abs. 1 S. 2 BDSG-neu, wonach der Schutz der aufgezählten Rechtsgüter als ein besonders wichtiges Interesse in der Abwägungsentscheidung gilt, die Prüfung zugunsten der Zulässigkeit des Einsatzes von Videoüberwachung beeinflusst werde. Es sei Aufgabe des Staates, für die Sicherheit der Bürger zu sorgen.[1317] Dies dürfe er nicht Privaten übertragen.[1318] Zudem sehe die DSGVO eine mitgliedstaatliche Vorentscheidung über das Abwägungsergebnis nicht vor.[1319] Die Aufzählung in § 4 Abs. 1 S. 2 BDSG-neu nehme zudem typischerweise gefährliche Örtlichkeiten vom Anwendungsbereich aus, da eine großflächig bauliche Anlage gegeben sein muss. Dadurch würden beispielsweise Fußgängerzonen oder Parkanlagen trotz der Eigenart ihrer Nutzung und ihrer Attraktivität für mögliche Anschläge oder andere Straftaten nicht erfasst.[1320]

4. Auswirkungen des neuen Bundesdatenschutzgesetzes auf die intelligente Videoüberwachung durch nicht öffentliche Stellen in öffentlich zugänglichen Räumen

§ 4 BDSG-neu konkretisiert die technologieneutrale DSGVO[1321] hinsichtlich der Zulässigkeit der intelligenten Videoüberwachung und schreibt § 6b BDSG a. F. fort, ohne dass sich für die Subsumtion der intelligenten Videoüberwachung unter die Regelung im neuen Bundesdatenschutzgesetz Wesentliches ändert. Die zu § 6b BDSG a. F. entwickelte bereichsspezifische Dogmatik bleibt

---

1315 *Müller (LfDI M.-V.)*, Stellungnahme des LfDI M.-V. zum DSAnpUG-EU v. 25.01.2017, S. 2, https://www.datenschutz-mv.de/serviceassistent/_php/download.php?datei_id=1589894 (abgerufen am 20.10.2018).

1316 BT-Drs. 18/10137, S. 9.

1317 *Müller (LfDI M.-V.)*, Stellungnahme des LfDI M.-V. zum DSAnpUG-EU v. 25.01.2017, S. 2, https://www.datenschutz-mv.de/serviceassistent/_php/download.php?datei_id=1589894 (abgerufen am 20.10.2018).

1318 *Müller (LfDI M.-V.)*, Stellungnahme des LfDI M.-V. zum DSAnpUG-EU v. 25.01.2017, S. 2, https://www.datenschutz-mv.de/serviceassistent/_php/download.php?datei_id=1589894 (abgerufen am 20.10.2018).

1319 *Frenzel*, in: Paal/Pauly, DSGVO BDSG § 4 Rn. 23.

1320 *Frenzel*, in: Paal/Pauly, DSGVO BDSG § 4 Rn. 24.

1321 *Frenzel*, in: Paal/Pauly, DSGVO BDSG, § 4 Rn. 3, 39.

weiterhin anwendbar.[1322] § 4 BDSG-neu weitet durch die Ergänzung in Abs. 1 S. 2 die Zulässigkeit des Einsatzes der intelligenten Videoüberwachung aus und ermöglicht es, die Interessen der Betreiber in der Interessenabwägung stärker zu berücksichtigen. Dennoch darf § 4 Abs. 1 S. 2 BDSG-neu nicht pauschal und nicht vorschnell angewendet werden.[1323] Stets zu beachten sind die Vorgaben der Art. 5 und 6 DSGVO.[1324]

1322 *Frenzel*, in: Paal/Pauly, DSGVO BDSG, § 4 Rn. 4.
1323 *Frenzel*, in: Paal/Pauly, DSGVO BDSG; § 4, Rn. 23.
1324 *Frenzel*, in: Paal/Pauly, DSGVO BDSG; § 4 Rn. 23.

I. Erkenntnisse dieser Arbeit

Die intelligente Videoüberwachung durch nicht öffentliche Stellen im öffentlich zugänglichen Raum kann nach § 6b BDSG rechtmäßig eingesetzt werden. Ihre durch Chancen und Gefahren bedingte Janusköpfigkeit erfordert aber weiterhin den Menschen als Kontrollinstanz. Nur er kann – aufgrund seiner Ausbildung, seines Erfahrungsschatzes, seiner Intuition und seiner Flexibilität – beurteilen, ob es sich bei dem detektierten Muster um einen sicherheitsrelevanten Vorfall handelt oder ob das System einen tolerierbaren Sachverhalt falsch eingeordnet hat.

I. Qualitativer und quantitativer Entwicklungssprung

Die technischen Unterschiede zwischen der intelligenten und der herkömmlichen Videoüberwachung liegen vor allem in der Automatisierung der Datenverarbeitung und der Integration von Mustererkennungs- und Videotrackingtechniken. Automatisierung bedeutet, dass die intelligente Videoüberwachung als Assistenzsystem für den menschlichen Beobachter die beobachteten Videobilder algorithmisch und systemautonom auswertet. Dadurch hat sich nicht nur die Technik weiterentwickelt, sondern die Videoüberwachung eine andere Qualität erhalten. Die Vorteile intelligenter Videoüberwachung bestehen zum Beispiel in der gesteigerten räumlich-zeitlichen Abdeckung des überwachten Gebietes und der erhöhten Aufmerksamkeit des Sicherheitspersonals im Ernstfall bei gleichzeitiger Kostenreduktion. Am bedeutendsten ist, dass die Überwachungsbilder im ersten Schritt ohne Personenbezug kontrolliert werden können. Die intelligente Videoüberwachung besitzt damit abhängig von ihrem konkreten Einsatz das Potenzial, die schutzwürdigen Interessen der Betroffenen besser zu achten als die herkömmliche Videoüberwachung. Durch eine weiterhin erfolgende Zwischenschaltung des Menschen ist zudem gesichert, dass der Betroffene nicht einer automatisch erzeugten, intransparenten und irreversiblen Entscheidung ausgeliefert wird. Unwägbarkeiten ergeben sich aus der, infolge der Automatisierung der Datenverarbeitung, grundsätzlich erhöhten Intensität des Eingriffs in das informationelle Selbstbestimmungsrecht und der Problematik, Algorithmen festzulegen, die weder unmittelbar noch mittelbar an Merkmale des Art. 3 Abs. 3 GG anknüpfen. Außerdem von Nachteil ist die Intransparenz der technischen Funktionsweise der intelligenten Videoüberwachung. Im derzeitigen Entwicklungsstadium der Technologie ist zudem mit einer erheblichen

Zahl an Fehlalarmen zu rechnen, die eine zusätzliche Belastung der Betroffenen bedeuten und die Interessenabwägung des § 6b BDSG zuungunsten der nicht öffentlichen Stellen beeinflussen können.

II. Zulässigkeit privater intelligenter Videoüberwachung nach § 6b BDSG

Der Einsatz intelligenter Videoüberwachung durch nicht öffentliche Stellen im öffentlich zugänglichen Raum ist grundsätzlich unter § 6b Abs. 1 Nr. 2 und Nr. 3 sowie § 6b Abs. 3 S. 1 BDSG subsumierbar. Die Auslegung und Anwendung der Norm muss sich an den Vorgaben des europäischen Mehrebenensystems orientieren. Die Aspekte Privatsphäre, Datenschutz und Diskriminierungsschutz nehmen hierbei eine herausragende Stellung ein. Sie werden insbesondere durch Art. 2 Abs. 1 GG i. V. m. Art. 1 Abs. 1 GG, Art. 3 Abs. 1 und Abs. 3 GG, Art. 8 Abs. 1 EMRK, Art. 7 GRCh und Art. 8 GRCh, Art. 20 GRCh, Art. 21 GRCh und die Datenschutzrichtlinie 95/46/EG gewährleistet sowie von den jeweiligen Verfassungsgerichtsbarkeiten kontrolliert.

Der Anwendungsbereich des § 6b BDSG ist eröffnet, wenn ein relativer Personenbezug infolge der automatisierten Datenverarbeitung durch eine Videoüberwachungsanlage vorliegt. Im Nichttrefferfall müssen keine personenbezogenen Daten verarbeitet werden, da es die systemimmanente Selektion der Bilddaten anhand der vorgegebenen Algorithmen erlaubt, unauffällige Daten sofort systemautonom zu löschen. Im ersten Schritt der intelligenten Videoüberwachung kann auch mit Anonymisierungs- oder Pseudonymisierungssoftware gearbeitet werden, ohne dass notwendigerweise Nachteile für die Einschätzung der Sicherheit eintreten. Dadurch werden die Anhaltspunkte für ein Überwiegen der Beeinträchtigung der schutzwürdigen Interessen der Betroffenen reduziert. Diese gilt es im Anschluss an die Feststellung, dass die intelligente Videoüberwachung erforderlich ist, zu prüfen. Dabei sind die sich grundsätzlich gleichrangig gegenüberstehenden schutzwürdigen Interessen der Betroffenen gegen die berechtigten Interessen des Systemverwenders abzuwägen. Diese speisen sich aus den im Privatrecht mittelbar wirkenden Grundrechten. Aufseiten der nicht öffentlichen Stellen sind dies vor allem das Eigentumsrecht aus Art. 14 Abs. 1 GG und die allgemeine Handlungsfreiheit aus Art. 2 Abs. 1 GG sowie die Berufsfreiheit gemäß Art. 12 Abs. 1 GG oder das Recht auf körperliche Unversehrtheit aus Art. 2 Abs. 2 S. 1 GG. Aufseiten der Betroffenen sind das Recht auf informationelle Selbstbestimmung gemäß Art. 2 Abs. 1 GG i. V. m. Art. 1 Abs. 1 GG und die Diskriminierungsverbote des Art. 3 Abs. 1 und Abs. 3 GG zu beachten.

Die Interessenabwägung ist von einer Vielzahl von Kriterien geprägt, die einzelfallbezogen zu prüfen sind. Eine pauschale Aussage, in welchen Fällen stets von einem Überwiegen des schutzwürdigen Interesses der Betroffenen zu sprechen ist, kann und soll vorliegend nicht getroffen werden. Allerdings wurden die jeweils in die Abwägung einzustellenden Topoi bewertet. Grundsätzlich muss das informationelle Selbstbestimmungsrecht als schutzwürdiges Interessen des Betroffenen im Rahmen der Abwägung gegenüber den berechtigten Interessen des Verwenders der intelligenten Videoüberwachung zu Beginn als überwiegend eingestuft werden. Dieser erster Befund kann sich durch die Berücksichtigung weiterer Topoi ändern. Die Automatisierung hat die höchste Eingriffsqualität. Wurde die Videoüberwachung erkennbar installiert, ist nicht nur die Rechtmäßigkeitsvoraussetzung der Hinweispflicht des § 6b Abs. 2 BDSG erfüllt, sondern zugleich ein den Eingriff mildernder Umstand gegeben. Eine verdeckte intelligente Videoüberwachung ist nur in den seltensten Fällen zulässig, wenn zum Beispiel aufseiten des Systemverwenders hochrangige Rechtsgüter wie sein eigenes Leben oder das Leben Dritter konkret gefährdet sind oder ein konkreter Verdacht einer strafbaren Handlung gegen eine bestimmte Person oder Personengruppe besteht. Die heimliche Videoüberwachung muss dabei zur Aufklärung und Beweissicherung erforderlich sein. Das Kriterium des konkreten Verdachts gegenüber den Betroffenen ist geeignet, die Waagschalen der Interessenabwägung zugunsten desjenigen zu neigen, der die intelligente Videoüberwachung einsetzt. Die Interessen des Systemverwenders überwiegen im Zusammenhang mit diesem Topos allerdings umso weniger, je weiter sich der konkrete Verdacht zu einem nurmehr sachbezogenen Anlass verringert. Ein wesentliches Element der Abwägung ist zudem, wie weit der einzelfallbezogen herstellbare oder hergestellte Personenbezug in die Privat- oder Intimsphäre der Betroffenen reicht, das heißt, welche Art der Daten verarbeitet werden. Je stärker höchstpersönliche Informationen betroffen sind, umso unzulässiger ist die intelligente Videoüberwachung.

Ebenfalls variabel gestaltbar und insofern von Einfluss auf die Interessenabwägung sind die Aspekte der technischen Gestaltung, der räumlich-zeitlichen Beschränkung, der Zahl der Betroffenen und der Speicherung oder Löschung der Daten. Regelmäßig eingriffsintensivierend wirken Videoüberwachungsmaßnahmen mit großer Streubreite. Sie können ebenso wie die Massenhaftigkeit der Verarbeitung personenbezogener Daten vermieden werden, indem eine genaue und zuverlässige algorithmische Selektion erfolgt. Das intelligente Videoüberwachungssystem kann dann datenvermeidend oder datensparend eingesetzt werden. Erhebliches Gewicht erhalten die schutzwürdigen Interessen der Betroffenen, sobald personenbezogene Daten gespeichert werden. Die potenzierten

Gefahren der intelligenten Videoüberwachung und die verschärfte Abwägung verlangen auch eine besondere Sensibilität hinsichtlich der Speicherung, insbesondere wenn diese anlasslos erfolgt. Eine verlässliche technische Funktionsweise, die nur im Trefferfall Daten speichert und die enge Bindung der Betreiber und Verwender an den Verarbeitungszweck sowie eine möglichst anonymisierte oder pseudonymisierte Datenverarbeitung balancieren den Eingriff hingegen aus. Einschüchterungseffekte besitzen keine Eingriffsqualität. Sie sind im Rahmen der Interessenabwägung zu thematisieren, auch wenn sie bislang empirisch nicht belegt sind. Die erhöhte Gefährdung durch summierte Eingriffe in die schutzwürdigen Interessen der Betroffenen ist ebenfalls als ein die schutzwürdigen Interessen stärker beeinträchtigendes Kriterium im Rahmen der Abwägung der Interessen zu beachten.

Für den zulässigen Einsatz der intelligenten Videoüberwachung sind aufgrund der parallelen Anwendung des § 6a BDSG außerdem eine Vorabkontrolle gemäß § 4d Abs. 5 BDSG durchzuführen und die Meldepflicht nach § 4d Abs. 1 BDSG zu beachten.

III. Gleichheitsrechte und algorithmische Differenzierung

Aufgrund der algorithmischen Differenzierung ist beim Einsatz der privaten intelligenten Videoüberwachung der bislang größtenteils unbeachtet gebliebene Aspekt des Eingriffs in Gleichheitsrechte zu beachten. Unabhängig von der eingesetzten Art der intelligenten Videoüberwachung erfolgt im falschen oder negativen Trefferfall eine rechtfertigungsbedürftige Ungleichbehandlung der Betroffenen nach Art. 3 Abs. 1 GG, obwohl rein informationstechnisch ein Treffer vorliegt. Denn die untersuchten Personen wurden in ihren schutzwürdigen Interessen beeinträchtigt. In den meisten Fällen werden die sich anschließenden Maßnahmen durch das Sicherheitspersonal jedoch so niedrigschwellig sein, dass die aus Art. 3 Abs. 1 GG ausfließenden schutzwürdigen Interessen der Betroffenen nach § 6b Abs. 1 und Abs. 3 S. 1 BDSG regelmäßig nicht die Sicherheitsinteressen des Verwenders überwiegen.

Durch die Programmierung der Algorithmen kann darüber hinaus unmittelbar oder mittelbar an verpönte Merkmale des Art. 3 Abs. 3 GG angeknüpft und gegen das Diskriminierungsverbot verstoßen werden. Bei der intelligenten Videoüberwachung ist ein besonderes Augenmerk auf die mittelbare Diskriminierung anhand neutraler Hauptmerkmale zu legen. Denn aufgrund der Anknüpfung der Algorithmen an ein auf den ersten Blick neutrales Merkmal, das im Ergebnis eines der in Art. 3 Abs. 3 GG aufgezählten betrifft, erfolgt eine systemimmanente und zu rechtfertigende Ungleichbehandlung. Diese kann grundsätzlich gerechtfertigt werden und in der Abwägung kann sich ergeben, dass die schutzwürdigen Belange der Betroffenen zurückstehen müssen. Angesichts der hohen Stigmatisierungsgefahr, der besonderen Bedeutung der Diskriminierungsverbote und des in diesen Fällen stets zu beachtenden Problems sich summierender Eingriffe müssen aber besonders strenge Maßstäbe angelegt werden.

IV. Europäische Perspektive

Die Europäische Datenschutz-Grundverordnung und das BDSG-neu gelten seit dem 25. Mai 2018. § 6b BDSG a. F. ist auf die intelligente Videoüberwachung durch nicht öffentliche Stellen im öffentlich zugänglichen Raum nicht mehr anwendbar. Heranzuziehen sind vielmehr Art. 6 Abs. 1 Buchstabe f DSGVO und § 4 BDSG-neu. Der Rechtsanwender kann aber die Ausführungen dieser Untersuchung und die gewonnenen Erkenntnisse weiterhin als Anhaltspunkte für die Zulässigkeitsprüfung verwenden.

Literaturverzeichnis

Adomeit, Klaus: Diskriminierung – Inflation eines Begriffs, NJW 2002, 1622–1623.

Albrecht, Jan Philipp/Wybitul, Tim: Brauchen wir neben der DS-GVO noch ein neues BDSG?, ZD 2016, 457–458.

Apelt, Maja/Möllers, Norma/Hälterlein, Jens/Spies, Tina: Schlussbericht zum BMBF-Projekt MuViT-Soz: Soziologische Perspektiven auf Mustererkennung und Video Tracking, unveröffentlichter Bericht, Wirtschafts- und Sozialwissenschaftliche Fakultät, Potsdam 2013.

Apelt, Maja/Möllers, Norma: Wie „intelligente" Videoüberwachung erforschen? Ein Resümee aus zehn Jahren Forschung zu Videoüberwachung, ZfAS 2011, 585–593.

Articel 29 Data Protection Working Party (Art. 29 WP): Stellungnahme 4/2007 zum Begriff „personenbezogene Daten" v. 20.06.2007, Nr. 01248/07/DE WP 136, abrufbar unter: http://ec.europa.eu/justice/policies/privacy/docs/wpdocs/2007/wp136_de.pdf (abgerufen am 29.01.2017).

– Pressemitteilung v. 29.03.2012, European Data Protection Authorities adopt opinion on data protection reform proposals, abrufbar unter: http://ec.europa.eu/ju stice/data-protection/article-29/press-material/press-release/art29_press_material/ 2012/20120329_press_release_fop.pdf (abgerufen am 29.01.2017).

Bamberger, Heinz-Georg/Roth, Herbert (Hg.): Beck'scher Online-Kommentar BGB, München, Stand: 01.11.2016 (zit.: *Bearbeiter*, in: Bamberger/Roth (Hg.), BeckOK BGB, 2016).

Bauer, Jobst-Hubertus/Schansker, Mareike: (Heimliche) Videoüberwachung durch den Arbeitgeber. Notwendige Maßnahme oder unzulässige Bespitzelung, NJW 2012, 3537–3541.

– /*Arnold, Christian*: Auf „Junk" folgt „Mangold" – Europarecht verdrängt deutsches Arbeitsrecht, NJW 2006, 6–12.

Bauer, Lukas/Reimer, Sebastian (Hg.): Handbuch Datenschutzrecht, Wien 2009 (zit.: *Bearbeiter*, in: Bauer/Reimer (Hg.), HD, 2009).

Bausch, Stephan: Videoüberwachung als präventives Mittel der Kriminalitätsbekämpfung in Deutschland und in Frankreich, zugl. Diss. jur. Bonn, Marburg 2004.

Bayerisches Landesamt für Datenschutzaufsicht: 6. Tätigkeitsbericht des Bayerischen Landesamtes für Datenschutzaufsicht für die Jahre 2013 und

2014, abrufbar unter https://www.lda.bayern.de/media/baylda_report_06.pdf (abgerufen am 28.01.2017).

Bayerischer Landesbeauftragter für den Datenschutz (LfD Bay.): 20. Tätigkeitsbericht, Berichtszeitraum 2001/2002, abrufbar unter: https://www.datenschutz-bayern.de/tbs/tb20/tb20.pdf (abgerufen am 29.01.2017).

Bayreuther, Frank: Zulässigkeit und Verwertbarkeit heimlicher Videoaufzeichnungen am Arbeitsplatz, DB 2012, 2222–2226.

Benda, Ernst: Die Bindungswirkung von Entscheidungen des Europäischen Gerichtshofs für Menschenrechte, AnwBl. 2005, 602–608.

Bergmann, Jan: Das Bundesverfassungsgericht in Europa, EuGRZ 2004, 620–627.

Bergwitz, Christoph: Verdeckte Videoüberwachung weiterhin zulässig, NZA 2012, 1205–1208.

– Prozessuale Verwertungsverbote bei unzulässiger Videoüberwachung, NZA 2012, 353–359.

Bertram, Nickolay/Menevidis, Zaharya: Videoanalyse-Tool erkennt Gefahrensituationen, Themenblatt zum Projekt ADIS, Fraunhofer-Institut für Produktionsanlagen und Konstruktionstechnik (IPK), abrufbar unter: https://www.ipk.fraunhofer.de/fileadmin/user_upload/_imported/fileadmin/user_upload/IPK_FHG/publika tionen/themenblaetter/at_adis.pdf (abgerufen am 02.01.2017).

Bier, Christoph/Spiecker gen. Döhmann, Indra: Intelligente Videoüberwachungstechnik: Schreckensszenario oder Gewinn für den Datenschutz?, CR 2012, 610–618.

Bishop, Christopher M.: Pattern Recognition and Machine Learning, New York 2006.

Bitkom: Sind Sie für eine stärkere Videoüberwachung öffentlicher Plätze zur Vermeidung von Straftaten?, Erhebung durch Forsa, veröffentlicht durch BITKOM, 2008, abrufbar unter: https://de.statista.com/statistik/daten/studie/2003 /umfrage/staerkere-videoueberwachung-von-oeffentlichen-plaetze/ (abgerufen am 31.12.2016).

Bits of Freedom: A loophole in data processing, v. 11.12.2012, abrufbar unter: https://www.bof.nl/live/wp-content/uploads/20121211_onderzoek_legitimate-inte rests-def.pdf (abgerufen am 18.01.2017).

Bleckmann, Albert: Der Grundsatz der Völkerrechtsfreundlichkeit der deutschen Rechtsordnung, DÖV 1996, 137–145.

– Neue Aspekte der Drittwirkung der Grundrechte, DVBl. 1988, 938–946.

Böckenförde, Ernst-Wolfgang: Grundrechte als Grundsatznormen. Zur gegenwärtigen Lage der Grundrechtsdogmatik, Der Staat 29 (1990), 1–31.

v. Bogdandy, Armin/Bast, Jürgen (Hg.): Europäisches Verfassungsrecht, Theoretische und Dogmatische Grundzüge, 2. Aufl., Berlin [u. a.] 2009 (zit.: *Bearbeiter*, in: v. Bogdandy/Bast (Hg.), 2009).

Brandenburg, Anne/Leuthner, Christian: Local Commerce – Verbindung von eCommerce mit stationärem Handel. Rechtliche Betrachtung des Einsatzes aktueller Technologien, ZD 2014, 617–621.

Brenneisen, Hartmut/Staack, Dirk: Die Videobildübertragung nach allgemeinem Polizeirecht, DuD 1999, 447–450.

Bretthauer, Sebastian: Anmerkung zu EuGH, Urt. v. 11.12.2014, C-212/13: Videoaufzeichnung öffentlichen Straßenraums mit privater Überwachungskamera, CR 2015, 100–103.

– */Krempel, Erik/Birnstill, Pascal*: Intelligente Videoüberwachung in Kranken- und Pflegeeinrichtungen von morgen. Eine Analyse der Bedingungen nach den Entwürfen der EU-Kommission und des EU-Parlaments für eine DSGVO, CR 2015, 239–245.

Britz, Gabriele: Der allgemeine Gleichheitssatz in der Rechtsprechung des BVerfG. Anforderungen an die Rechtfertigung von Ungleichbehandlungen durch Gesetz, NJW 2014, 346–351.

– Europäisierung des grundrechtlichen Datenschutzes?, EuGRZ 2009, 1–11.

– Einzelfallgerechtigkeit versus Generalisierung: Verfassungsrechtliche Grenzen statistischer Diskriminierung, Tübingen 2008.

– Diskriminierungsschutz und Privatautonomie, VVDStRL 64 (2005), 355–402.

Brühann, Ulf: Mindeststandards oder Vollharmonisierung des Datenschutzes in der EG, Zugleich ein Beitrag zur Systematik von Richtlinien zur Rechtsangleichung im Binnenmarkt in der Rechtsprechung des Europäischen Gerichtshofs, EuZW 2009, 639–644.

Buchner, Benedikt: Informationelle Selbstbestimmung im Privatrecht, Tübingen 2006.

Bücking, Hans-Jörg (Hg.): Polizeiliche Videoüberwachung, Berlin 2007 (zit.: *Bearbeiter*, in: Bücking (Hg.), Videoüberwachung, 2007).

Büllesfeld, Dirk: Polizeiliche Videoüberwachung öffentlicher Straßen und Plätze zur Kriminalitätsvorsorge, zugl. Diss. jur. Freiburg, Stuttgart 2002.

Bundesministerium des Innern (BMI): Referentenentwurf des Bundesministeriums des Innern, Entwurf eines Gesetzes zur Anpassung des Datenschutzrechts an die Verordnung (EU) 2016/679 und zur Umsetzung der Richtlinie (EU) 2016/680 (Datenschutz-Anpassungs- und Umsetzungsgesetz EU – DSAnpUG-EU), 2.

Ressortabstimmung v. 11.11.2016, abrufbar unter: https://www.datenschutzverein.de/wp-content/uploads/2016/11/2016-11-11_DSAnpUG-EU-BDSG-neu_Entwurf-2_ Ressortabstimmung.pdf (abgerufen am 14.01.2017).

Bundesministerium für Bildung und Forschung (BMBF): Analyse von Personenbewegungen an Flughäfen mittels zeitlich rückwärts- und vorwärtsgerichteter Videodatenströme (APFel), abrufbar unter: http://www.sifo.de /files/Projektumriss_APFel.pdf (abgerufen am 02.01.2017)..

– Automatische Situationseinschätzung für ereignisgesteuerte Videoüberwachung (ASEV), abrufbar unter: http://www.sifo.de/files/Projektumriss_ASEV.pdf (abgerufen am 02.01.2017).

Bundesregierung: Gesetz im Kabinett, Meldung Datenschutzrecht novelliert, abrufbar unter: https://www.bundesregierung.de/Content/DE/Artikel/2017/02/2017-02-01-datenschutz.html (abgerufen am 01.04.2017).

Burger, Bettina: Videoüberwachung öffentlicher Räume. Leitfaden für die Stadtplanung zu einem brisanten Thema, Bayreuth 2003.

Bydlinski, Franz: Juristische Methodenlehre und Rechtsbegriff, 2. Aufl., Wien 1991.

Byers, Philipp: Die Videoüberwachung am Arbeitsplatz unter besonderer Berücksichtigung des neuen § 32 BDSG, zugl. Diss. jur. Jena, Frankfurt a. M. 2010.

– */Pracka, Joanna*: Die Zulässigkeit der Videoüberwachung am Arbeitsplatz, BB 2013, 760–765.

Calliess, Christian: Europäische Gesetzgebung und nationale Grundrechte – Divergenzen in der aktuellen Rechtsprechung von EuGH und BVerfG, JZ 2009, 113–121.

–*/Ruffert, Matthias (Hg.)*: EUV/AEUV. Das Verfassungsrecht der Europäischen Union mit Europäischer Grundrechtecharta, Kommentar, 5. Aufl., München 2016 (zit.: *Bearbeiter*, in: Calliess/Ruffert (Hg.), EUV/AEUV, 2016).

Canaris, Claus-Wilhelm: Die richtlinienkonforme Auslegung und Rechtsfortbildung im System der juristischen Methodenlehre, in: Koziol, Helmut/Rummel, Peter (Hg.), Im Dienste der Gerechtigkeit, Festschrift für Franz Bydlinski zum 70. Geburtstag, Wien [u. a.] 2002, S. 47–103.

– Grundrechte und Privatrecht, AcP 184 (1984), 201–246.

Caspar, Johannes (HmbDSB): 23. Tätigkeitsbericht Datenschutz des Hamburgischen Beauftragten für Datenschutz und Informationsfreiheit zugleich Tätigkeitsbericht der Aufsichtsbehörde für den nicht-öffentlichen Bereich 2010/2011, v. 30.12.2011, abrufbar unter: https://www.datenschutz-hamburg.de/fileadmin/user_upload/documents/23._Taetigkeitsbericht_Datenschutz_2010-2011.pdf (abgerufen am 21.02.2017).

Chen-Yu, Lin: Öffentliche Videoüberwachung in den USA, Großbritannien und Deutschland – Ein Drei-Länder-Vergleich, zugl. Diss. Soz., Göttingen 2006.

Classen, Claus Dieter: Freiheit und Gleichheit im öffentlichen und im privaten Recht – Unterschiede zwischen europäischem und deutschem Grundrechtsschutz?, EuR 2008, 627–653.

– Die Drittwirkung der Grundrechte in der Rechtsprechung des Bundesverfassungsgerichts, AöR 122 (1997), 65–107.

Committee on Civil Liberties Justice and Home Affairs: Draft Report, 2012/0011 (COD), v. 17.12.2012, abrufbar unter: http://www.europarl.europa.eu/meetdocs/ 2009_2014/documents/libe/pr/922/922387/922387en.pdf (abgerufen am 28.01.2017).

Däubler, Wolfgang/Klebe, Thomas/Wedde, Peter/Weichert, Thilo: Bundesdatenschutzgesetz, Kompaktkommentar zum BDSG, 5. Aufl., Frankfurt a. M. 2016 (zit.: *Bearbeiter*, in: Däubler et al., BDSG, 2016).

Dammann, Ulrich/Simitis, Spiros: EG-Datenschutzrichtlinie: Kommentar, Baden-Baden 1997.

Datenschutzbeauftragte des Bundes und der Länder: Datenschutzrechtliche Eckpunkte zu den in die Öffentlichkeit gelangten Überlegungen des BMI für ein Gesetz zur Anpassung des Datenschutzrechts an die Datenschutzgrundverordnung und zur Umsetzung der Richtlinie (EU) 2016/680 (Datenschutz-Anpassungs-und Umsetzungsgesetz EU – DSAnpUG-EU), abrufbar unter: https://www.datenschutz-mv.de/static/DS/Dateien/Themen/Eckpunktepapier-Datenschutz-Anpassung.pdf (abgerufen am 20.10.2018).

– Entschließung der 83. Konferenz der Datenschutzbeauftragten des Bundes und der Länder am 21./22.03.2012 in Potsdam: Ein hohes Datenschutzniveau für ganz Europa, abrufbar unter: https://datenschutz-berlin.de/attachments/864/Entschlie__ung_EU_Rechtsrahmen_83DSK.pdf?1332426505 (abgerufen am 28.01.2017).

de Maizière, Thomas: „Deutschland bleibt ein sicheres Land", Bundesinnenminister stellt geplante Maßnahmen zur Erhöhung der Sicherheit in Deutschland vor, v. 11.08.2016, abrufbar unter: http://www.bmi.bund.de/SharedDocs/Kurzmeldungen/DE/2016/08/pressekonferenz-zu-massnahmen-zur-erhoehung-der-sicherheit-in-deutschland.html (abgerufen am 28.01.2017).

Deutsche Bahn AG: O-Ton-Beitrag: Deutsche Bahn verstärkt Sicherheitsmaßnahmen Zusammenarbeit mit der Bundespolizei erfolgreich. DB Sicherheit wird auf 3.000 Mitarbeiter ausgebaut. Mehr Videokameras auf Bahnhöfen, v. 11.09.2006, abrufbar unter: http://www.presseportal.de/pm/31465/871848/o-ton-beitrag-deutsche-bahn-verstaerkt-sicherheitsmassnahmen-zusammenarbeit-mit-der-bundespolizei (abgerufen am 08.01.2017).

– Geschäftsbericht 2010, veröffentlicht am 31.03.2011, abrufbar unter: http://www1.deutschebahn.com/linkableblob/ecm2-db-de/1509634/data/2010_gb_dbkonzern-data.pdf (abgerufen am 09.01.2017).

Di Fabio, Udo: Richtlinienkonformität als ranghöchstes Normauslegungsprinzip? – Überlegungen zum Einfluß des indirekten Gemeinschaftsrechts auf die nationale Rechtsordnung, NJW 1990, 947–954.

Dörr, Oliver/Grote, Rainer/Marauhn, Thilo (Hg.): EMRK/GG, Konkordanzkommentar zum europäischen und deutschen Grundrechtsschutz, 2. Aufl., Band I, Kap. 1–19, Tübingen 2013 (zit.: *Bearbeiter*, in: Dörr et al. (Hg.), EMRK/GG, 2013).

Dreier, Horst (Hg.): Grundgesetz-Kommentar, Band I, 3. Aufl., Tübingen 2013 (zit.: *Bearbeiter*, in: Dreier (Hg.), GG, 2013).

Dürig, Günter: Grundrechte und Zivilrechtsprechung, in: Maunz, Theodor (Hg.), Vom Bonner Grundgesetz zur gesamtdeutschen Verfassung, Festschrift für Hans Nawiasky zum 75. Geburtstag, München 1956, S. 157–190.

– in: Bettermann, Karl August/Neumann, Franz L./Nipperdey, Carl/Scheuner, Ulrich (Hg.): Die Grundrechte. Handbuch der Theorie und Praxis der Grundrechte, Band II, Berlin 1954.

Duhr, Elisabeth/Naujok, Helga/Peter, Martina/Seiffert, Evelyn: Neues Datenschutzrecht für die Wirtschaft, Erläuterungen und praktische Hinweise zu § 1 bis § 11 BDSG, DuD 2002, 5–36.

Eckstein, Ken: Im Netz des Unionsrechts – Anmerkungen zum Fransson-Urteil des EuGH, ZIS 2013, 220–225.

Ehlers, Dirk (Hg.): Europäische Grundrechte und Grundfreiheiten, 4. Aufl., Berlin [u. a.] 2014 (zit.: *Bearbeiter*, in: Ehlers (Hg.), EuGR, 2014).

Eichenhofer, Eberhard: Diskriminierungsschutz und Privatautonomie, DVBl. 2004, 1078–1086.

Ekardt, Felix/Lessmann, Verena: EuGH, EGMR und BVerfG. Die dritte Gewalt im transnationalen Mehrebenensystem, KJ 2006, 381–397.

Enders, Christoph: Grundrechtseingriffe durch Datenerhebung? Am Beispiel der Videoüberwachung insbesondere von Versammlungen, in: Heckmann, Dirk/Schenke, Ralf P./Sydow, Gernot (Hg.), Verfassungsstaatlichkeit im Wandel, Festschrift für Thomas Würtenberger zum 70. Geburtstag, Berlin 2013, S. 655–668.

Engels, Stefan/Jürgens, Uwe: Auswirkungen der EGMR-Rechtsprechung zum Privatsphärenschutz. Möglichkeiten und Grenzen der Umsetzung des „Caroline“-Urteils im deutschen Recht, NJW 2007, 2517–2522.

Engisch, Karl: Einführung in das juristische Denken, hrsg. und bearb. von Würtenberger, Thomas/Otto, Dirk, 11. Aufl., Stuttgart 2010.

Epping, Volker: Grundrechte, 6. Aufl., Heidelberg [u. a.] 2015.

– */Hillgruber, Christian (Hg.)*: Beck'scher Online-Kommentar GG, München Stand: 01.12.2016 (zit.: *Bearbeiter*, in: Epping/Hillgruber (Hg.), BeckOK GG, 2016).

Europäische Kommission: Commission Staff Working Paper, Brussels v. 25.01.2012, SEC (2012) 73, abrufbar unter: http://ec.europa.eu/justice/data-protection/document/review2012/sec_2012_73_en.pdf (abgerufen am 11.01.2017).

– Vorschlag für eine Verordnung des Europäischen Parlaments und des Rates zum Schutz natürlicher Personen bei der Verarbeitung personenbezogener Daten und zum freien Datenverkehr (Datenschutz-Grundverordnung), KOM (2012) 11 endgültig, v. 25.01.2012, abrufbar unter: http://eur-lex.europa.eu/LexUriServ/Lex UriServ.do?uri=COM:2012:0011:FIN:DE:PDF (abgerufen am 29.01.2017).

Evening Times Online: Big Brother isn't watching, v. 26.11.2007, abrufbarunter:http://www.eveningtimes.co.uk/big-brother-isn-t-watching-1.976256 (abgerufen am 28.12.2016).

Fabisch, Dieter: Die unmittelbare Drittwirkung der Grundrechte im Arbeitsrecht. Die Auswirkungen der von Hans Carl Nipperdey begründeten Lehre auf die Rechtsprechung des Bundesarbeitsgerichts, zugl. Diss. jur. Rostock, Frankfurt a. M. 2010.

Fassbender, Gerd: Schwachstellen der Informationsverarbeitung durch Dritte, Vortrag von Gerd Fassbender auf der 17. Datenschutzfachtagung (DAFTA), RDV 1994, 12–15.

FAZ-Online: Datenschutz, Beobachtet von privaten Überwachungskameras, v. 09.02.2015, abrufbar unter: http://www.faz.net/aktuell/politik/inland/datenschuetzer-besorgt-ueber-private-kameraueberwachung-13417886.html (abgerufen am 28.12.2016).

– Terror in Paris: Anschlag auf die Freiheit, v. 07.01.2015, abrufbar unter: http://www.faz.net/-gpf-7yanw (abgerufen am 30.12.2016).

Fehling, Michael: Mittelbare Diskriminierung und Art. 3 (Abs. 3) GG: Vom europäischen Recht lernen!?, in: Heckmann, Dirk/Schenke, Ralf P./Sydow, Gernot (Hg.), Verfassungsstaatlichkeit im Wandel, Festschrift für Thomas Würtenberger zum 70. Geburtstag, Berlin 2013, S. 669–688.

Feltes, Thomas/Kudlacek, Dominic/Ruch, Andreas: Schlussbericht zum Verbundprojekt Analyse von Personenbewegungen an Flughäfen mittels zeitlich rückwärts- und vorwärtsgerichteter Videodatenströme (APFel), Teilvorhaben der Ruhr-Universität Bochum: Untersuchungen zum Sicherheitsgefühl sowie zur

Akzeptanz, Nutzerfreundlichkeit und Datenschutz, Themenfeld „Mustererkennung“, Bochum, 2013.

Feris, Rogerio S./Hampapur, Arun/Zhai, Yun/Bobbitt, Russell/Brown, Lisa/Vaquero, Daniel A./Tian, Ying-li/Liu, Haowei/Sun, Ming-Ting: „Case Study: IBM Smart Surveillance System“, in: Yunqian, Ma/Gang, Qian, Intelligent Video Surveillance, Systems and Technology, Boca Raton 2010.

Fischer-Lescano, Andreas: Kritik der praktischen Konkordanz, KJ 2008, 166–177.

Forgó, Nikolaus: Und täglich grüßt die Datenschutzgrundverordnung, ZD 2014, 57–58.

Forschner, Benedikt: Europarecht und nationale Rechtsordnung: „Mangold“ in geklärtem dogmatischem Kontext, ZJS 2011, 456–464.

Franzius, Claudio: Grundrechtsschutz in Europa. Zwischen Selbstbehauptung und Selbstbeschränkung der Rechtsordnungen und ihrer Gerichte, ZaöRV 75 (2015), 384–412.

Frenz, Walter: Handbuch Europarecht (HdE), Band 4: Europäische Grundrechte, Berlin [u. a.] 2009.

Frowein, Jochen: Die Überwindung von Diskriminierungen als Staatsauftrag in Art. 3 Abs. 3 GG, in: Ruland, Franz/Zacher, Hans Friedrich, Verfassung, Theorie und Praxis des Sozialstaats, Festschrift für Hans F. Zacher zum 70. Geburtstag, Heidelberg 1998, S. 157–168.

– */Peukert, Wolfgang (Hg.)*: Europäische Menschenrechtskonvention, EMRK-Kommentar, 3. Aufl., Kehl am Rhein 2009.

Fuchs, Walter: Private Sicherheitsdienste und öffentlicher Raum. Ein Überblick über die öffentlich-rechtlichen Rahmenbedingungen in Österreich mit rechtstatsächlichen und kriminologischen Anmerkungen, zugl. Diss. jur. Innsbruck 2005.

Gerhardt, Michael: Europa als Rechtsgemeinschaft: Der Beitrag des Bundesverfassungsgerichts, ZRP 2010, 161–165.

Götting, Horst-Peter: Anmerkung zu den BGH-Urteilen „Abgestuftes Schutzkonzept“ (GRUR 2007, 523) und „Winterurlaub“ (GRUR 2007, 527), GRUR 2007, 530–531.

Gola, Peter/Schomerus, Rudolf: BDSG Bundesdatenschutzgesetz, Kommentar, bearb. von Gola, Peter/Klug, Christoph/Körffer, Barbara/Schomerus, Rudolf (bis zur 9. Aufl.), 12. Aufl., München 2015 (zit.: *Bearbeiter*, in: Gola/Schomerus, BDSG, 2015).

– */Klug, Christoph*: Zulässigkeit der Videoüberwachung nach BDSG, RDV 2004, 70–74.

Grabenwarter, Christoph: Europäische Menschenrechtskonvention (EMRK), 3. Aufl., München 2008.

Grabitz, Eberhard/Hilf, Meinhard/Nettesheim, Martin (Hg.): Das Recht der Europäischen Union, 60. Ergänzungslieferung, München 2016 (zit.: *Bearbeiter*, in: Grabitz et al. (Hg.), EU, 2016).

– */dies. (Hg.)*: Das Recht der Europäischen Union, 46. Ergänzungslieferung, München 2011 (zit.: *Bearbeiter*, in: Grabitz et al. (Hg.), EU, 2011).

Gras, Marianne: Kriminalprävention durch Videoüberwachung: Gegenwart in Großbritannien – Zukunft in Deutschland?, Mainzer Schriften zur Situation von Kriminalitätsopfern, Baden-Baden 2003.

Grupp, Klaus/Stelkens, Uwe: Zur Berücksichtigung der Gewährleistungen der Europäischen Menschenrechtskonvention bei der Auslegung deutschen Rechts, DVBl. 2005, 133–143.

Hager, Johannes: Grundrechte im Privatrecht, JZ 1994, 373–383.

Hähner, Jörg/Grenz, Carsten: Schlussbericht zu den Teilvorhaben: Selbst-organisierende Kameranetze – Kooperation und Koordination (LUH-SRA), Selbstorganisierende Kameranetze – Spezialsensorik (LUH-SIM), Dynamische Stereoverfahren (LUH-IPI), Szenenanalyse – Mustererkennung in Personen-Tracks (LUH-ikg), Förderkennzeichen 13N10813 im Verbundprojekt: Verteilte, vernetzte Kamerasysteme zur in situ-Erkennung Personen-induzierter Gefahren (CamInSens) im Rahmen des Förderprogramms „Forschung für die zivile Sicherheit" des Bundesministeriums für Bildung und Forschung (BMBF), Hannover 2013, abrufbar unter: http://edok01.tib.uni-hannover.de/edoks/e01fb14/7900373 27.pdf (abgerufen am 28.01.2017).

– */Grenz, Carsten/Jänen, Uwe*: Verteilte vernetzte Kamerasysteme zur in-situ Erkennung Personen-induzierter Gefahrensituationen, abrufbar unter: http://www.sifo.de/files/CamInSens.pdf (abgerufen am 28.01.2017).

Härting, Niko: Anonymität und Pseudonymität im Datenschutzrecht, NJW 2013, 2065–2071.

– Starke Behörden, schwaches Recht – der neue EU-Datenschutzentwurf, BB 2012, 459–466.

Handelsblatt Online: Kofferbomben in Nahverkehrszügen, BKA zeigt mutmaßliche Kofferbomber, v. 18.08.2006, abrufbar unter: http://www.handelsblatt.com/politik/deutschland/kofferbomben-in-nahverkehrszuegen-bka-zeigt-mutmassliche-kofferbomber-seite-3/2694600-3.html (abgerufen am 30.12.2016).

Harand, Gerhard: Anforderungen an Videoüberwachungssysteme auf zivilen Flughäfen. Gegenüberstellung analoger/digitaler Videotechnik auf Basis des „Vienna International Airports", Saarbrücken 2010.

Haratsch, Andreas/Koenig, Christian/Pechstein, Matthias: Europarecht, 10. Aufl., Tübingen 2016.

Heck, Philipp: Gesetzesauslegung und Interessenjurisprudenz, AcP 112 (1914), 1–318.

Heiderhoff, Bettina: Der Einfluss des europäischen Rechts auf das nationale Privatrecht, ZJS 2008, 25–32.

– Gemeinschaftsprivatrecht, 2. Aufl., München 2007.

Held, Cornelius: Intelligente Videoüberwachung. Verfassungsrechtliche Vorgaben für den polizeilichen Einsatz, zugl. Diss. jur. Würzburg, Berlin 2014.

– */Krumm, Julia/Markel, Petra/Schenke, Ralf P.*: Intelligent Video Surveillance, IEEE Computer Society 45 (2012), 83–84.

Helle, Jürgen: Die heimliche Videoüberwachung – zivilrechtlich betrachtet, JZ 2004, 340–347.

Helten, Frank/Fischer, Bernd: Reactive Attention: Video Surveillance in Berlin Shopping Malls, CCTV Special (2/3), Surveillance & Society (S&S) 2004, 323–345.

Herdegen, Matthias: Europarecht, 1. Teil, § 3 Die Europäische Menschenrechtskonvention als gemeineuropäischer Grundrechtsstandard, 18. Aufl., München 2016.

Hermes, Georg: Grundrechtsschutz durch Privatrecht auf neuer Grundlage? Das BVerfG zu Schutzpflicht und mittelbarer Drittwirkung der Berufsfreiheit, NJW 1990, 1764–1768.

Herrmann, Christoph: Richtlinienumsetzung durch die Rechtsprechung, Schriften zum Europäischen Recht, zugl. Diss. jur. Bayreuth, Berlin 2003.

Herresthal, Carsten: Die richtlinienkonforme und die verfassungskonforme Auslegung im Privatrecht, JuS 2014, 289–298.

Heselhaus, Sebastian M./Nowak, Carsten (Hg.): Handbuch der Europäischen Grundrechte, München 2006 (zit.: *Bearbeiter*, in: Heselhaus/Nowak (Hg.), HEGR, 2006).

Höpfner, Clemens: Die systemkonforme Auslegung. Zur Auflösung einfachgesetzlicher, verfassungsrechtlicher und europarechtlicher Widersprüche im Recht, Grundlagen der Rechtswissenschaft, Tübingen 2008.

– */Rüthers, Bernd*: Grundlagen einer europäischen Methodenlehre, AcP 209 (2009), 1–36.

Hofmann, Ekkehard: Grundrechtskonkurrenz oder Schutzbereichsverstärkung? Die Rechtsprechung des Bundesverfassungsgerichts zum „additiven" Grundrechtseingriff, AöR 133 (2008), 523–555.

– Abwägung im Recht, Tübingen 2007.

Hoffmann-Riem, Wolfgang: Kohärenz der Anwendung europäischer und nationaler Grundrechte, EuGRZ 2002, 473–485.

Holland, Martin: NSA-Überwachungsskandal: Von PRISM, Tempora, XKeyScore und dem Supergrundrecht – was bisher geschah, heise online, v. 14.08.2013, abrufbar unter: http://www.heise.de/newsticker/meldung/NSA-Ueberwachungsskandal-Von-PRISM-Tempora-XKeyScore-und-dem-Supergrundrecht-was-bisher-gesch ah-1931179.html (abgerufen am 30.12.2016).

Hoppe, Tilman: Privatleben in der Öffentlichkeit. Entscheidung des Europäischen Gerichtshofs für Menschenrechte vom 24. Juni 2004, ZEuP 2005, 656–673.

Hornung, Gerrit: Eine Datenschutz-Grundverordnung für Europa? Licht und Schatten im Kommissionsentwurf vom 25.01.2012, ZD 2012, 99–106.

– */Desoi, Monika*: „Smart Cameras" und automatische Verhaltensanalyse, K&R 2011, 153–158.

Huber, Peter: Auslegung und Anwendung der Charta der Grundrechte, NJW 2011, 2385–2390.

Hufen, Friedhelm: Berufsfreiheit – Erinnerung an ein Grundrecht (Mainzer Antrittsvorlesung), NJW 1994, 2913–2922.

Huster, Stefan: Gleichheit im Mehrebenensystem: Die Gleichheitsrechte der Europäischen Union in systematischer und kompetenzrechtlicher Hinsicht, EuR 2010, 325–337.

Ingendaay, Paul: 11. März: Schock in Spanien: Die Anschläge in Madrid, Frankfurter Allgemeine-Online, v. 23.03.2004, abrufbar unter: http://www.faz.net/-gpf-6osnm (abgerufen am 30.12.2016).

Introna, Lucas D./Wood, David: Picturing Algorithmic Surveillance: The Politics of Facial Recognition Systems, CCTV Special (2/3), Surveillance & Society (S&S) 2004, 177–198.

Ipsen, Jörn: Staatsrecht II. Grundrechte, 18. Aufl., München 2015.

Isensee, Josef/Kirchhof, Paul (Hg.): Handbuch des Staatsrechts der Bundesrepublik Deutschland, Band X, Deutschland in der Staatengemeinschaft, 3. Aufl., Heidelberg 2012 (zit.: *Bearbeiter*, in: Isensee/Kirchhof (Hg.), HStR X, 2012).

– Handbuch des Staatsrechts der Bundesrepublik Deutschland, Band IX, Allgemeine Grundrechtslehren, 3. Aufl., Heidelberg 2011 (zit.: *Bearbeiter*, in: Isensee/Kirchhof (Hg.), HStR IX, 2011).

– Handbuch des Staatsrechts der Bundesrepublik Deutschland, Band VIII, Grundrechte: Wirtschaft, Verfahren, Gleichheit, 3. Aufl., Heidelberg 2010 (zit.: *Bearbeiter*, in: Isensee/Kirchhof (Hg.), HStR VIII, 2010).

Jarass, Hans D.: Charta der Grundrechte der Europäischen Union unter Einbeziehung der vom EuGH entwickelten Grundrechte, der Grundrechtsregelungen der Verträge und der EMRK, Kommentar, 3. Aufl., München 2016.

– Die Bindung der Mitgliedstaaten an die EU-Grundrechte, NVwZ 2012, 457–461.

– */Pieroth, Bodo (Hg.)*: Grundgesetz für die Bundesrepublik Deutschland, Kommentar, 11. Aufl., München 2011 (zit.: *Bearbeiter*, in: Jarass/Pieroth (Hg.) GG, 2011).

Jestaedt, Matthias: Diskriminierungsschutz und Privatautonomie, VVDStRL 64 (2005), 298–354.

– Grundrechtsentfaltung im Gesetz. Studien zur Interdependenz von Grundrechtsdogmatik und Rechtsgewinnungstheorie, Tübingen 1999.

Kammerer, Dietmar: Die Anfänge von Videoüberwachung in Deutschland, in: Zeitgeschichte-online, Dezember 2010, abrufbar unter: http://www.zeitgeschichte-online.de/kommentar/die-anfaenge-von-videoueberwachung-deutschland (abgerufen am 23.02.2017).

Karpenstein, Ulrich/Mayer, Franz C. (Hg.): EMRK. Konvention zum Schutz der Menschenrechte und Grundfreiheiten, Kommentar, München 2012 (zit.: *Bearbeiter*, in: Karpenstein/Mayer (Hg.), EMRK, 2012).

Kerwer, Christof: Das europäische Gemeinschaftsrecht und die Rechtsprechung der deutschen Arbeitsgerichte, Köln 2003.

Kett-Straub, Gabriele: Dient die Technoprävention der Vermeidung von Kriminalität? – Insbesondere die Wirksamkeit der staatlichen Videoüberwachung im öffentlichen Raum, ZStW 2011, 110–133.

Kilian, Wolfgang/Heussen, Benno (Hg.): Computerrechts-Handbuch, Informationstechnologie in der Rechts- und Wirtschaftspraxis, München 2008 (zit.: *Bearbeiter*, in: Kilian/Heussen (Hg.), CR-Handbuch, 2008).

Kirchhof, Ferdinand: Grundrechtsschutz durch europäische und nationale Gerichte, NJW 2011, 3681–3686.

Kirchhof, Gregor: Kumulative Belastung durch unterschiedliche staatliche Maßnahmen, NJW 2006, 732–736.

Kirchhof, Paul: Verfassungsgerichtlicher und internationaler Schutz der Menschenrechte: Konkurrenz oder Ergänzung?, EuGRZ 1994, 16–44.

Klar, Manuel: Datenschutzrecht und die Visualisierung des öffentlichen Raums, zugl. Diss jur. Regensburg, Berlin 2012.

Klauser, Francisco Reto: Videoüberwachung öffentlicher Räume. Zur Ambivalenz eines Instruments sozialer Kontrolle, Frankfurt a. M. 2006.

Klingbeil, Jörg (LfD B.-W.): 31. Tätigkeitsbericht des Landesbeauftragten für den Datenschutz Baden-Württemberg 2012/2013, v. 15.03.2012, abrufbar unter: https://www.baden-wuerttemberg.datenschutz.de/wp-content/uploads/2014/01/ 31.-TB-2012-2013.pdf (abgerufen am 28.12.2016).

Kniepert, Tanja: Videoüberwachung im öffentlichen Raum. Berlin und Madrid: Wie unterschiedliche Faktoren in Deutschland und Spanien den Umgang mit Videoüberwachung prägen, Bakkalaureatsarbeit im Fach Spanische Philologie, Regensburg 2010.

Koch, Heiner/Matzner, Tobias/Krumm, Julia: Privacy Enhancing of Smart CCTV and its Ethical and Legal Problems, European Journal of Law and Technology (EJLT), 4/2 (2013).

Königshofen, Thomas: Neue datenschutzrechtliche Regelungen zur Videoüberwachung, RDV 2001, 220–223.

Krempl, Stefan: Rechtsexperte: Datenschutz-Grundverordnung als „größte Katastrophe des 21. Jahrhunderts", v. 27.04.2016, abrufbar unter: http://www.heise.de/newsticker/meldung/Rechtsexperte-Datenschutz-Grundverordnung-als-groesste-Katastrophe-des-21-Jahrhunderts-3190299.html (abgerufen am 11.01.2017).

Kroschwald, Steffen: Verschlüsseltes Cloud-Computing. Auswirkung der Kryptografie auf den Personenbezug in der Cloud, ZD 2014, 75–80.

Kubicki, Philipp: Aktueller Begriff – Europa. Bindung der Mitgliedstaaten an EU-Grundrechte und EuGH, Rs. C-617/10 (Akerberg Fransson), Veröffentlichungen der Wissenschaftliche Dienste des Deutschen Bundestages, Nr. 02/2013, v. 19.03.2013.

Kudlacek, Dominic: Akzeptanz von Videoüberwachung. Eine sozialwissenschaftliche Untersuchung technischer Sicherheitsmaßnahmen, zugl. Diss. Soz. Wuppertal, Wiesbaden 2015.

Kühling, Jürgen: Neues Bundesdatenschutzgesetz – Anpassungsbedarf bei Unternehmen, NJW 2017, 1985 – 1990.

– *Jürgen/Martini, Mario/Heberlein, Johanna/Kühl, Benjamin/Nink, David/ Weinzierl, Quirin/Wenzel, Michael*: Die Datenschutz-Grundverordnung und das nationale Recht: Erste Überlegungen zum innerstaatlichen Regelungsbedarf, Münster 2016.

– */Martini, Mario*: Die DatenschutzGrundverordnung: Revolution oder Evolution im europäischen und deutschen Datenschutzrecht?, EuZW 2016, 448–454.

– */Klar, Manuel*: Unsicherheitsfaktor Datenschutzrecht – Das Beispiel des Personenbezugs und der Anonymität, NJW 2013, 3611–3617.

– /*Seidel, Christian*/*Sivridis, Anastasios*: Datenschutzrecht, 2. Aufl., Heidelberg 2011.

Kumanabrou, Sudabeh: Die Interpretation zivilrechtlicher Generalklauseln, AcP 202 (2002), 662–688.

L-1 Identity Solutions AG: Schlussbericht Videobasierte Personenwiedererkennung zu dem Verbundprojekt Analyse von Personenbewegungen an Flughäfen mittels zeitlich rückwärts- und vorwärtsgerichteter Videodatenströme – APFel, Bochum, Hannover 2014, abrufbar unter: http://edok01.tib.uni-hannover.de/edoks/e01fb15/835346005.pdf (abgerufen am 28.01.2017).

Lang, Markus: Private Videoüberwachung im öffentlichen Raum. Eine Untersuchung der Zulässigkeit des privaten Einsatzes von Videotechnik und der Notwendigkeit von § 6b BDSG als spezielle rechtliche Regelung, zugl. Diss. jur. Hamburg 2008.

– Videoüberwachung und das Recht auf informationelle Selbstbestimmung, BayVBl. 2006, 522–530.

Larenz, Karl: Methodenlehre der Rechtswissenschaft, 6. Aufl., Berlin [u. a.] 1991.

Laue, Philip: Öffnungsklauseln in der DSGVO – Öffnung wohin? Geltungsbereich einzelstaatlicher (Sonder-)Regelungen, ZD 2016, 463–467.

Leisner, Walter: Grundrechte und Privatrecht, München 1960.

Lepper, Ulrich (LDI NRW): 21. Datenschutz- und Informationsfreiheitsbericht des Landesbeauftragten für Datenschutz und Informationsfreiheit, Nordrhein-Westfalen für die Zeit v. 01.01.2011 bis zum 31.12.2012, abrufbar unter: https://www.ldi.nrw.de/mainmenu_Service/submenu_Berichte/Inhalt/21_DIB/DIB_2013.pdf (abgerufen am 29.01.2017).

Leupold, Andreas/*Glossner, Silke (Hg.)*: Münchener Anwaltshandbuch IT-Recht, 3. Aufl., München 2013 (zit.: *Bearbeiter*, in: Leupold/Glossner (Hg.), MAH IT-Recht, 2013).

Lianos, Michaelis /*Douglas, Mary*: Dangerization and the End of Deviance – The Institutional Environment, ISTD: The Centre for Crime and Justice Studies, British Journal of Criminology Brit. J. Criminol (Brit. J. Criminol.) 2000, 261–278.

Lösel, Friedrich/*Plankensteiner, Birgit*: Die Wirksamkeit der Videoüberwachung, Campbell Collaboration on Crime and Justice (CCJG) – Review, Stiftung Deutsches Forum für Kriminalprävention, Bonn 2005, abrufbar unter: http://www.kriminalpraevention.de/files/DFK/dfk-publikationen/2005_wirksamkeit_videoueberwachung.pdf (abgerufen am 18.01.2017).

Lücke, Jörg: Der additive Grundrechtseingriff sowie das Verbot der übermäßigen Gesamtbelastung des Bürgers, DVBl. 2001, 1469–1478.

– Die Drittwirkung der Grundrechte an Hand des Art. 19 Abs. 3 GG. Zur horizontalen Geltung der Grundrechte in neuer Sicht, JZ 1999, 377–384.

Macnish, Kevin: Unblinking Eyes: The Ethics of Automating Surveillance, Ethics and Information Technology (Ethics Inf Technol) 14 (2012), 151–167.

Mager, Ute: Diskussion, VVDStRL 64 (2005), 417.

Maggio, Emilio/Cavallaro, Andrea: Video Tracking. Theory and Practice, Chichester/ West Sussex 2011.

Masing, Johannes: Herausforderungen des Datenschutzes, NJW 2012, 2305–2312.

Matz-Lück, Nele: Europäische Rechtsakte und nationaler Grundrechtsschutz, in: Matz-Lück, Nele/Hong, Mathias, Grundrechte und Grundfreiheiten im Mehrebenensystem – Konkurrenzen und Interferenzen, in: v. Bogdandy, Armin/ Wolfrum, Rüdiger (Hg.), Beiträge zum ausländischen öffentlichen Recht und Völkerrecht, Band 229, Heidelberg [u. a.] 2012, S. 161–201.

Matzner, Tobias: The model gap: cognitive systems in security applications and their ethical implications, AI & Society: Knowledge, Culture and Communication (AI & Soc.), DOI 10.1007/s00146-013-0525-4, London 2013.

Maunz, Theodor/Dürig, Günter (Bg.): Grundgesetz-Kommentar, Band I, Art. 1–5 GG, München 2013 (zit.: *Bearbeiter*, in: Maunz/Dürig (Bg.), GG, 2013).

Medicus, Dieter: Der Grundsatz der Verhältnismäßigkeit im Privatrecht, AcP 192 (1992), 36–70.

Menevidis, Zaharya/Ajami, Mohamad: Schlussbericht Verbundprojekt: ADIS Automatisierte Detektion interventionsbedürftiger Situationen durch Klassifizierung visueller Muster, Teilvorhaben: BAMDIS Bewegungsanalysemethoden zur Detektion interventionsbedürftiger Situationen, Hannover 2014, abrufbar unter: http://edok01.tib.uni-hannover.de/edoks/e01fb15/815812493.pdf (abgerufen am 04.01.2017).

Merten, Detlef/Papier, Hans-Jürgen (Hg.): Handbuch der Grundrechte in Deutschland und Europa, Band VI/1. Europäische und internationale Grund- und Menschenrechte, Heidelberg 2010 (zit.: *Bearbeiter*, in: Merten/Papier (Hg.), HGR VI/1, 2010).

– Handbuch der Grundrechte in Deutschland und Europa, Band II. Grundrechte in Deutschland, Allgemeine Lehren I, Heidelberg 2006 (zit.: *Bearbeiter*, in: Merten/Papier (Hg.), HGR II, 2006).

Mertens, Hans-Joachim: Das Recht auf Gleichbehandlung im Verwaltungsprivatrecht – BGHZ 29, 76, JuS 1963, 391–396.

Meyer, Jürgen (Hg.): Charta der Grundrechte der Europäischen Union, 4. Aufl., Baden-Baden 2014 (zit.: *Bearbeiter*, in: Meyer (Hg.), GRCh, 2014).

Meyer-Ladewig, Jens: EMRK. Europäische Menschenrechtskonvention. Handkommentar, 3. Aufl., Baden-Baden 2011.

Ministerkomitee des Europarates: Empfehlung CM/Rec (2010) 13 des Ministerkomitees an die Mitgliedstaaten über den Schutz des Menschen bei der automatischen Verarbeitung personenbezogener Daten im Zusammenhang mit Profiling (angenommen vom Ministerkomitee am 23.11.2010 in der 1099. Sitzung der Stellvertreter der Minister), abrufbar unter: https://search.coe.int/cm/Pages/result_details.aspx?ObjectId=09000016805cdd0a (abgerufen am 01.04.2017).

Möllers, Thomas M. J./Redcay, Katharina: Das Bundesverfassungsgericht als europäischer Gesetzgeber oder als Motor der Union?, EuR 2013, 409–431.

Morlok, Michael: Grundrechte, 4. Aufl., Baden-Baden 2014.

Müller, Arnold: Die Zulässigkeit der Videoüberwachung am Arbeitsplatz. In der Privatwirtschaft aus arbeitsrechtlicher Sicht, zugl. Diss. jur. Mannheim, Baden-Baden 2008.

Müller, Heinz (LfDI M.-V.): Stellungnahme des LfDI M-V zum DSAnpUG-EU v. 25.01.2017, Vermerk, Aktenzeichen 0.6.9.000/053/2017-00829, abrufbar unter: https://www.datenschutz-mv.de/serviceassistent/_php/.php?datei_id=1589894 (abgerufen am 20.10.2018).

Müller-Glöge, Rude/Preis, Ulrich/Schmidt, Ingrid (Hg.): Erfurter Kommentar zum Arbeitsrecht (EfKA), 13. Aufl., München 2013 (zit.: *Bearbeiter*, in: Müller-Glöge et al. (Hg.), EfKA, 2013).

v. Münch, Ingo/Kunig, Philip (Hg.): Grundgesetz. Kommentar. Band 1: Präambel bis Art. 69, 6. Aufl., München 2012 (zit.: *Bearbeiter*, in: v. Münch/Kunig, GG, Bd. 1, 2012).

MuViT: Projektbeschreibung MuViT: Mustererkennung und Video Tracking: sozialpsychologische, soziologische, ethische und rechtswissenschaftliche Analysen, abrufbar unter: http://www.uni-tuebingen.de/einrichtungen/zentrale-einrichtungen/internationales-zentrum-fuer-ethik-in-den-wissenschaften/archiv/projekte/frueher e-projekte-sicherheitsethik/abgeschlossene-projekte/muvit.html (abgerufen am 18.01.2017).

MuViT-ReGI: Projektbeschreibung MuViT-ReGI: Rechtswissenschaftliche Grundlagenfragen und Implementation, abrufbar unter: http://www.jura.uni-wuerzburg.de/lehrstuehle/schenke/verbundprojekt_muvit/ (abgerufen am 18.01.2017).

Neuner, Jörg: Diskriminierungsschutz durch Privatrecht, JZ 2003, 57–66.

Nipperdey, Hans Carl: Grundrechte und Privatrecht, in: ders. (Hg.), Festschrift für Erich Molitor zum 75. Geburtstag, München [u. a.] 1962, S. 17–33.

Norris, Clive/Armstrong, Gary: The maximum surveillance society: the rise of CCTV, Oxford [u. a.] 1999.

Nusser, Julian: Die Bindung der Mitgliedstaaten an die Unionsgrundrechte. Vorgaben für die Auslegung von Art. 51 Abs. 1 S. 1 GRCh, Tübingen 2011.

Oermann, Markus/Staben, Julian: Mittelbare Grundrechtseingriffe durch Abschreckung? Zur grundrechtlichen Bewertung polizeilicher „Online-Streifen" und „Online-Ermittlungen" in sozialen Netzwerken, Der Staat 52 (2013), 630–661.

Oeter, Stefan: „Drittwirkung" der Grundrechte und die Autonomie des Privatrechts. Ein Beitrag zu den funktionell-rechtlichen Dimensionen der Drittwirkungsdebatte, AöR 119 (1994), 529–563.

Ohler, Christoph: Grundrechtliche Bindungen der Mitgliedstaaten nach Art. 51 GRCh, NVwZ 2013, 1433–1438.

Ostermann, Jörn: Abschlussbericht zu Nr. 3.2 Verbundprojekt: Automatische Situationseinschätzung für ereignisgesteuerte Videoüberwachung (ASEV), Teilvorhaben: Generierung, Verarbeitung und Sicherung von Wissen aus der Szene (ASEV-GVS), Hannover 2014, abrufbar unter: http://edok01.tib.uni-hannover.de/edoks/e 01fb15/819363235.pdf (abgerufen am 04.01.2017).

Paal, Boris P., Pauly, Daniel A. (Hrsg.): Beck'sche Kompakt-Kommentare, Datenschutzgrundverordnung, Bundesdatenschutzgesetz, 2. Auflage 2018, München *(zit.: Bearbeiter, in: Paal/Pauly, DSGVO BDSG)*

Pahlen-Brandt, Ingrid: Datenschutz braucht scharfe Instrumente. Beitrag zur Diskussion um „personenbezogene Daten", DuD 2008, 34–40.

Palandt, Otto (Bg.): Kommentar zum Bürgerlichen Gesetzbuch, bearb. von Bassenge, Peter/Brudermüller, Gerd/Ellenberger, Jürgen/Götz, Isabell/Grüneberg, Christian/Sprau, Hartwig/Thorn, Karsten/Weidenkaff, Walter/Weidlich, Dietmar, 73. Aufl., München 2014 (zit.: *Bearbeiter*, in: Palandt (Bg.), BGB, 2014).

Papier, Hans-Jürgen: Verhältnis des Bundesverfassungsgerichts zu den Fachgerichtsbarkeiten, DVBl. 2009, 473–481.

Pernice, Ingolf: Gemeinschaftsverfassung und Grundrechtsschutz, Grundlagen, Bestand und Perspektiven, NJW 1990, 2409–2420.

Pieroth, Bodo/Schlink, Bernhard/Kniesel, Michael: Polizei- und Ordnungsrecht mit Versammlungsrecht, 4. Aufl., München 2007.

Plath, Kai-Uwe (Hg.): Kommentar zum BDSG und zur DSGVO sowie den Datenschutzbestimmungen von TMG und TKG, 2. Aufl., Köln 2016 (zit.: *Bearbeiter*, in: Plath (Hg.), BDSG/DSGVO, 2016).

– Kommentar zum BDSG sowie den Datenschutzbestimmungen von TMG und TKG, Köln 2013 (zit.: *Bearbeiter*, in: Plath (Hg.), BDSG, 2013).

Politis, Antonios: Sturgeon und kein Ende. Zum Umgang der Gerichte mit einer möglichen Kompetenzüberschreitung des EuGH, EuZW 2014, 8–12.

Post, Christian: Polizeiliche Videoüberwachung an Kriminalitätsbrennpunkten. Zugleich eine Untersuchung des § 15 a PolG NW, zugl. Diss. jur. Münster, Berlin 2004.

Rabe, Hans-Jürgen: Grundrechtsbindung der Mitgliedstaaten, NJW 2013, 1407–1409.

Rat der Europäischen Union: Pressemitteilung 450/15 v. 15.06.2015, Datenschutz: Rat legt allgemeine Ausrichtung fest, abrufbar unter: http://www.consilium.europa.eu/ press-releases-pdf/2015/6/40802199180_de.pdf (abgerufen am 01.04.2017).

– Interinstitutionelles Dossier: 2012/0011 (COD), Nr. 956/15 Brüssel, den 11.06.2015, abrufbar unter: http://data.consilium.europa.eu/doc/document/ST-9565-2015-INIT/de/pdf (abgerufen am 01.04.2017).

Rath, Christian: Karlsruhe und der Einschüchterungseffekt – Praxis und Nutzen einer Argumentationsfigur des Bundesverfassungsgerichts, Verfassungsrecht und gesellschaftliche Realität. Dokumentation: Kongress „60 Jahre Grundgesetz: Fundamente der Freiheit stärken" der Bundestagsfraktion Bündnis 90/Die Grünen am 13./14.03.2009 in Berlin, KJ 2009, 65–80.

Räther, Philipp: Datenschutz und Outsourcing, DuD 2005, 461–466.

Redeker, Helmut: IT-Recht, 5. Aufl., München, 2012.

Reding, Viviane: Sieben Grundbausteine der europäischen Datenschutzreform, ZD 2012, 195–198.

– Speech/12/316, Strong and independent data protection authorities: the bedrock of the EU's data protection reform, abrufbar unter: http://europa.eu/rapid/press-release_SPEECH-12-316_en.htm (abgerufen am 29.01.2017).

Reich, Norbert: Wer hat Angst vor Straßburg?, EuZW 2011, 379–384.

– Anm. zu EuGH, Urt. v. 22.11.2005 – C-144/04 Werner Mangold/Rüdiger Helm: Gemeinschaftsrechtswidrigkeit der sachgrundlosen Befristungsmöglichkeit bei Arbeitnehmern ab 52 Jahren, EuZW 2006, 17–22.

Richardi, Reinhard: Neues und Altes – Ein Ariadnefaden durch das Labyrinth des Allgemeinen Gleichbehandlungsgesetzes, NZA 2006, 881–887.

Rixecker, Roland/Säcker, Franz Jürgen/Oetker, Hartmut (Hg.): Münchener Kommentar zum Bürgerlichen Gesetzbuch, 6. Aufl., München 2012 (zit.: *Bearbeiter*, in: Rixecker et al. (Hg.), MüKo BGB, 2012).

Roggan, Frederik: Die Videoüberwachung von öffentlichen Plätzen – Oder: Immer mehr gefährliche Orte für Freiheitsrechte, NVwZ 2001, 134–141.

Ronellenfitsch, Michael: Die Datenschutz-Grundverordnung muss in wesentlichen Punkten nachgebessert werden!, Pressemitteilung als Hessischer

Datenschutzbeauftragter v. 26.08.2015, abrufbar unter: https://www.datenschutz.hessen.de/print.php?printpage_ID=632&printentry_ID=4487&printmode=entry&remember=no (abgerufen am 29.01.2015).

– Der Vorrang des Grundrechts auf informationelle Selbstbestimmung vor dem AEUV, DuD 2009, 451–561.

Roßnagel, Alexander (Hg.): Europäische Datenschutz-Grundverordnung (DSGVO), Vorrang des Unionsrechts – Anwendbarkeit des nationalen Rechts, Baden-Baden 2017 (zit.: *Bearbeiter*, in: Roßnagel (Hg.), DSGVO, 2017).

– Wie zukunftsfähig ist die Datenschutz-Grundverordnung? Welche Antworten bietet sie für die neuen Herausforderungen des Datenschutzrechts?, DuD 2016, 561–565.

– Videoüberwachung im öffentlichen Raum?, ZRP 2013, 126.

– /*Desoi, Monika/Hornung, Gerrit*: Noch einmal: Spannungsverhältnis zwischen Datenschutz und Ethik. Am Beispiel der smarten Videoüberwachung, ZD 2012, 459–461.

– /*Desoi, Monika/Hornung, Gerrit*: Gestufte Kontrolle bei Videoüberwachungsanlagen. Ein Drei-Stufen-Modell als Vorschlag zur grundrechtsschonenden Gestaltung, DuD 2011, 694–701.

– Die „Überwachungs-Gesamtrechnung" – Das BVerfG und die Vorratsdatenspeicherung, NJW 2010, 1238–1242.

– /*Schnabel, Christoph*: Das Grundrecht auf Gewährleistung der Vertraulichkeit und Integrität informationstechnischer Systeme und sein Einfluss auf das Privatrecht, NJW 2008, 3534–3538.

– *(Hg.)*: Handbuch Datenschutzrecht (HdD). Die neuen Grundlagen für Wirtschaft und Verwaltung, München 2003 (zit.: *Bearbeiter*, in: Roßnagel (HdD), 2003).

RP-Online: Bomben-Terror in Boston, Videoüberwachung: Anschläge entfachen neue Debatte, v. 23.04.2013, abrufbar unter: http://www.rp-online.de/politik/deutschland/videoueberwachunganschlaege-entfachen-neue-debatte-1.3347840 (abgerufen am 30.12.2016).

Rüfner, Wolfgang: Die mittelbare Diskriminierung und die speziellen Gleichheitssätze in Art. 3 Abs. 2 und 3 GG, in: Wendt, Rudolf/Höfling, Wolfram/Karpen, Ulrich/Oldiges, Martin (Hg.), Staat, Wirtschaft, Steuern. Festschrift für Karl Heinrich Friauf zum 65. Geburtstag, Heidelberg 1996, S. 331–341.

– Drittwirkung der Grundrechte. Versuch einer Bilanz, in: Selmer, Peter/v. Münch, Ingo (Hg.), Gedächtnisschrift für Wolfgang Martens, Berlin New York 1987, S. 215–230.

Rüße, Jens: Pressemitteilung BVDW „BVDW zur EU-Datenschutzreform: Überregulierung statt Rechtssicherheit", Bundesverband Digitale Wirtschaft

(BVDW) e.V., v. 15.04.2016, abrufbar unter: http://www.bvdw.org/medien/bvdw-zur-eu-datenschutzreform-berregulierung-statt-rechtssicherheit?media=7645 (abgerufen am 18.01.2017).

Rüthers, Bernd: Rechtstheorie: Begriff, Geltung und Anwendung des Rechts, unter Mitarb. von Birk, Axel, 4. Aufl., München 2008.

Ruffert, Matthias: Schlüsselfragen der Europäischen Verfassung der Zukunft: Grundrechte – Institutionen – Kompetenzen – Ratifikation, EuR 2004, 165–201.

– Vorrang der Verfassung und Eigenständigkeit des Privatrechts – Eine verfassungsrechtliche Untersuchung zur Privatrechtswirkung des Grundgesetzes, Tübingen 2002.

– Die Mitgliedstaaten der Europäischen Gemeinschaft als Verpflichtete der Gemeinschaftsgrundrechte, EuGRZ 1995, 518–530.

Sachs, Michael (Hg.): Grundgesetz Kommentar, 6. Aufl., München 2011 (zit.: *Bearbeiter*, in: Sachs (Hg.), GG, 2011).

– Diskussion, VVDStRL 64 (2005), 419–421.

Säcker, Franz-Jürgen: „Vernunft statt Freiheit!" – Die Tugendrepublik der neuen Jakobiner, Referentenentwurf eines privatrechtlichen Diskriminierungsgesetzes, ZRP 2002, 286–290.

Safran Identity & Security (Société anonyme): Morpho Argus, abrufbar unter: http://www.morpho.com/en/public-security/check-id/video-screening/morpho-argus (abgerufen am 18.01.2017).

Safran Identity & Security (Société anonyme): Morpho Video Investigator, abrufbar unter: http://www.morpho.com/en/public-security/investigate/video-analysis/ morpho-video-investigator (abgerufen am 18.01.2017).

Salzwedel, Jürgen: Gleichheitsgrundsatz und Drittwirkung, in: Carstens, Karl/-Peters, Hans (Hg.), Festschrift für Hermann Jahrreiß zum 70. Geburtstag, Köln 1964, S. 339–354.

v. Savigny, Friedrich Carl: System des heutigen Römischen Rechts, Band I, Berlin 1840.

Schachtschneider, Karl Albrecht: Diskussion, VVDStRL 64 (2005), 418.

Schaller, Werner: Die EU-Mitgliedstaaten als Verpflichtungsadressaten der Gemeinschaftsgrundrechte, Baden-Baden 2003.

Schantz, Peter: Die Datenschutz-Grundverordnung – Beginn einer neuen Zeitrechnung im Datenschutzrecht, NJW 2016, 1841–1847.

Schaup, Sonja/Ott, Stefan/Schallauer, Peter/Winter, Martin/Thallinger, Georg: „Intelligente Videoanalyse" zur Detektion sicherheitsrelevanter Ereignisse. Möglichkeiten und Grenzen, Kriminalistik 2009, 635–638.

Schenke, Ralf P.: Konstitutionalisierung: Vorbild für die Europäisierung des Sicherheitsrechts?, in: Heckmann, Dirk/Schenke, Ralf P./Sydow, Gernot (Hg.), Verfassungsstaatlichkeit im Wandel, Festschrift für Thomas Würtenberger zum 70. Geburtstag, Berlin 2013, S. 1079–1100.

– Videoüberwachung 2.0 auf dem Prüfstein des Grundgesetzes, in: Zöller, Mark A./Hilger, Hans/Küper, Wilfried/Roxin, Claus (Hg.), Gesamte Strafrechtswissenschaft in internationaler Dimension, Festschrift für Jürgen Wolter zum 70. Geburtstag, Berlin 2013, S. 1077–1094.

– Videoüberwachung öffentlicher Räume?, ZRP 2013, 126.

– Von der unmittelbaren Geltung von Richtlinien zur richtlinienkonformen Rechtsfortbildung: Die steuerrechtliche Perspektive, in: Müller-Graf, Peter-Christian/ Schmahl, Stefanie/Skouris, Vassilios (Hg.), Europäisches Recht zwischen Bewährung und Wandel, Festschrift für Dieter H. Scheuing zum 70. Geburtstag, Baden-Baden 2011, S. 149–164.

– Methodenlehre und Grundgesetz, in: Dreier, Horst (Hg.), Macht und Ohnmacht des Grundgesetzes, Sechs Würzburger Vorträge zu 60 Jahren Verfassung, Berlin 2009, S. 51–74.

Schenke, Wolf-R.: Polizei- und Ordnungsrecht, 9. Aufl., Heidelberg 2016.

Schild, Hans-Hermann: Die EG-Datenschutz-Richtlinie, EuZW 1996, 549–555.

Schmidt, Jan-Hinrik/Weichert, Thilo (Hg.): Datenschutz. Grundlagen, Entwicklungen und Kontroversen, Schriftenreihe Band 1190, Bundeszentrale für politische Bildung, Bonn 2012 (zit.: *Bearbeiter*, in: Schmidt/Weichert (Hg.), 2012).

Schnabel, Christoph: Zur Verletzung des Rechts auf informationelle Selbstbestimmung durch maschinellen Abgleich von Kreditkartenabrechnungen – Mikado, Anm. zu BVerfG, Beschl. v. 17.2.2009 – 2 BvR 1372/07, 2 BvR 1745/07, CR 2009, 384–385.

Schneider, Jochen/Härting, Niko: Wird der Datenschutz nun endlich internettauglich? Warum der Entwurf einer Datenschutz-Grundverordnung enttäuscht, ZD 2012, 199–203.

Schrems, Maximilian: Private Videoüberwachung. Ein Leitfaden, Wien 2011.

Schultze-Melling, Jan: Ein Datenschutzrecht für Europa – eine schöne Utopie oder irgendwann ein gelungenes europäisches Experiment?, ZD 2012, 97–99.

Schwab, Dieter: Schranken der Vertragsfreiheit durch die Antidiskriminierungsrichtlinien und ihre Umsetzung in Deutschland, DNotZ 2006, 649–678.

Schwabe, Jürgen: Die sogenannte Drittwirkung der Grundrechte. Zur Einwirkung der Grundrechte auf den Privatrechtsverkehr, München 1971.

Schwarze, Jürgen/Becker, Ulrich/Hatje, Armin/Schoo, Johann (Hg.): EU-Kommentar, 3. Aufl., Baden-Baden 2012 (zit.: *Bearbeiter*, in: Schwarze et al. (Hg.), EU-Kommentar, 2012).

Schwenke, Thomas: Private Nutzung von Smartglasses im öffentlichen Raum, Edewecht, 2016.

Seifert, Achim: Die horizontale Wirkung von Grundrechten, EuZW 2011, 696–702.

Siegel, Thorsten: Grundlagen und Grenzen polizeilicher Videoüberwachung. Bestimmtheit durch Verhältnismäßigkeit?, NVwZ 2012, 738–742.

Siemen, Birte: Datenschutz als europäisches Grundrecht, Berlin 2006.

Silvia, Paul J./Duval, T. Shelley.: Objective self-awareness theory: Recent progress and enduring problems, Personality and Social Psychology Review (Pers Soc Psychol Rev), 2001, 230–241.

Simitis, Spiros (Hg.): Bundesdatenschutzgesetz, 7. Aufl., Baden-Baden 2011 (zit.: *Bearbeiter*, in: Simitis (Hg.), BDSG, 2011).

– Datenschutz – Rückschritt oder Neubeginn?, NJW 1998, 2473–2479.

Skouris, Vassilios: Vorrang des Europarechts: Verfassungsrechtliche und verfassungsgerichtliche Aspekte, in: Kluth, Winfried (Hg.), Europäische Integration und nationales Verfassungsrecht, Baden-Baden 2007, S. 31–46.

Söder, Stefan: Persönlichkeitsrechte in der Presse. Pressefreiheit nur noch im Dienst „legitimer Informationsinteressen“?, ZUM 2008, 89–96.

Solmecke, Christian: Google Street View: Eingriff in Persönlichkeitsrechte und Datenschutz oder unbedenklicher Service?, 17.08.2010, abrufbar unter: http://www.wbs-law.de/allgemein/google-street-view-eingriff-in-persoenlichkeitsrechte-und-datenschutz-oder-unbedenklicher-service-oder-1818/ (abgerufen am 17.01.2017).

Sommer, Imke (LfDI Bremen): Datenschutztipps Beruf und Alltag Überwachung mit Videokameras, abrufbar unter: https://ssl.bremen.de/datenschutz/sixcms/detail.php?gsid=bremen236.c.3744.de (abgerufen am 03.03.2017).

Specht, Louisa/Müller-Riemenschneider, Severin: Dynamische IP-Adressen: Personenbezogene Daten für den Webseitenbetreiber? Aktueller Stand der Diskussion um den Personenbezug, ZD 2014, 71–75.

Spindler, Gerald/Schuster, Fabian (Hg.): Recht der elektronischen Medien. Kommentar, 2. Aufl., München 2011 (zit.: *Bearbeiter*, in: Spindler/Schuster (Hg.), RdM, 2011).

Starck, Christian (Hg.): Kommentar zum Grundgesetz, Band 1: Präambel, Artikel 1 bis 19, begr. v. Mangoldt, Hermann/Klein, Friedrich, 6. Aufl., München 2010 (zit.: *Bearbeiter*, in: Starck (Hg.), GG, 2010).

Strack, Fritz/Markel, Petra: Abschlussbericht Verbundprojekt: MuViT – Mustererkennung und Video Tracking: sozialpsychologische, soziologische, ethische und rechtswissenschaftliche Analysen, Teilprojekt: MuViT – SozPsy: Exposition und Akzeptanz – Sozialpsychologische Studien in Reaktion auf Mustererkennung und Video Tracking, Würzburg 2013.

Streibel, Angela: Rassendiskriminierung als Eingriff in das allgemeine Persönlichkeitsrecht, zugl. Diss. jur. Bremen, Frankfurt a. M. [u. a.] 2010.

Streinz, Rudolf: Der Kontrollvorbehalt des BVerfG gegenüber dem EuGH nach dem Lissabon-Urteil und dem Honeywell-Beschluss, in: Sachs, Michael/ Siekmann, Helmut (Hg.), Der grundrechtsgeprägte Verfassungsstaat, Festschrift für Klaus Stern zum 80. Geburtstag, Berlin 2012, S. 963–980.

– Europarecht, 9. Aufl., Heidelberg [u. a.] 2012.

– /*Michl, Walther*: Die Drittwirkung des europäischen Datenschutzgrundrechts (Art. 8 GRCh) im deutschen Privatrecht, EuZW 2011, 384–388.

Stöber, Michael: Zulässigkeit und Grenzen der Videoüberwachung durch Private, NJW 2015, 3681–3685.

Stutzer, Alois/Zehnder, Michael: Ökonomische Überlegungen zur Kameraüberwachung als Maßnahme gegen den Terrorismus, Deutsches Institut für Wirtschaftsforschung (DIW) Berlin 78 (2009), 119–135.

Sutschet, Holger: Auftragsdatenverarbeitung und Funktionsübertragung, RDV 2004, 97–104.

Szymanski, Mike: Sicherheit im öffentlichen Nahverkehr, Mehr Videoüberwachung in Zügen, v. 03.04.2013, abrufbar unter: http://www.sueddeutsche.de/bayern/sicherheit-im-oeffentlichen-nahverkehr-mehr-videoueberwachung-in-bayerischen-zuegen-1.1639601 (abgerufen am 17.01.2017).

Taeger, Jürgen: Videoüberwachung von Bürohäusern. Zulässigkeitsvoraussetzungen zur Wahrung des Hausrechts im öffentlich zugänglichen Bereich, ZD 2013, 571–577.

– /*Gabel, Detlev (Hg.)*: Kommentar zum BDSG und zu den Datenschutzvorschriften des TKG und TMG, Frankfurt a. M. 2010 (zit.: *Bearbeiter*, in: Taeger/Gabel (Hg.), BDSG, 2010).

Teetzmann, Constantin: Grundrechtsbindung des Unionsgesetzgebers und Umsetzungsspielräume, EuR 2016, 90–104.

Teichmann, Christoph: Abschied von der absoluten Person der Zeitgeschichte, NJW 2007, 1917–1920.

Thomas, Christine: Bekanntmachung des Bundesministeriums für Bildung und Forschung von Richtlinien über die Förderung zum Themenfeld „Mustererkennung“ im Rahmen des Programms „Forschung für die zivile Sicherheit“

der Bundesregierung, Bonn, v. 14.05.2008, abrufbar unter: https://www.bmbf.de/foerderungen/bekanntmachung.php?B=350 (abgerufen am 02.01.2017).

Thüsing, Gregor: Arbeitnehmerdatenschutz und Compliance. Effektive Compliance im Spannungsfeld von reformiertem BDSG, Persönlichkeitsschutz und betrieblicher Mitbestimmung, München 2010.

Thym, Daniel: Vereinigt die Grundrechte!, JZ 2015, 53–63.

– Die Reichweite der EU-Grundrechte-Charta – Zu viel Grundrechtsschutz?, NVwZ 2013, 889–896.

Tinnefeld, Marie-Theres: Datenschutz in der Union, DuD 2012, 364.

– */Schild, Hans-Hermann*: Datenschutz in der Union – Gelungene oder missglückte Gesetzentwürfe, DuD 2012, 312–313.

– */Buchner, Benedikt/Petri, Thomas*: Einführung in das Datenschutzrecht. Datenschutz und Informationsfreiheit in europäischer Sicht, 5. Aufl., München 2012.

Tischer, Birgit: Das System der informationellen Befugnisse der Polizei, zugl. Diss. jur. Kiel, Frankfurt a. M. 2004.

Uerpmann-Wittzack, Robert: Gleiche Freiheit im Verhältnis zwischen Privaten: Artikel 3 Abs. 3 GG als unterschätzte Verfassungsnorm, ZaöRV 68 (2008), 359–370.

Velastin, Sergio A.: CCTV Video Analytics: Recent Advances and Limitations, in: Zaman, Halimah Badioze/Robinson, Peter/Petrou, Maria/Olivier, Patrick/ Schröder, Heiko/Shih, Timothy K., Visual Informatics: Bridging Research and Practice, First International Visual Informatics Conference, IVIC 2009 Kuala Lumpur, Malaysia, November 11-13, 2009 Proceedings, Berlin [u. a.] 2009, S. 22–34.

Vogel, Joachim: Radu – Melloni – Akerberg Fransson: „Staatsstreich" in Luxemburg?, StV 5/2013, Editorial I.

Voßkuhle, Andreas: Der europäische Verfassungsgerichtsverbund, NVwZ 2010, 1–8.

Wächter, Kay: Videoüberwachung öffentlicher Räume und systematischer Bildabgleich, NdsVBl. 2001, 77–86.

Wallrab, Annette: Die Verpflichteten der Gemeinschaftsgrundrechte: Umfang und Grenzen der Bindung der Europäischen Gemeinschaft und der Mitgliedstaaten an die Grundrechte des Europäischen Gemeinschaftsrechts, Baden-Baden 2004.

Weber, Rolf H./Sommerhalder, Markus: Das Recht der personenbezogenen Information, Baden-Baden 2007.

Weichert, Thilo: Private Videoüberwachung und Datenschutzrecht, Detektiv-Kurier Heft 04/2001, abrufbar unter: https://www.datenschutzzentrum.de/video/videpriv.htm (abgerufen am 18.01.2017).

- Rechtsfragen der Videoüberwachung, DuD 2000, 662–668.

Weiß, Wolfgang: Grundrechtsschutz durch den EuGH: Tendenzen seit Lissabon, EuZW 2013, 287–292.

Wermke, Matthias/Kunkel-Razum, Kathrin/Scholze-Stubenrecht, Werner: Duden. Das Bedeutungswörterbuch, Band 10, 4. Aufl., Mannheim 2010.

Wicklund, Robert A./Frey, Dieter: Die Theorie der Selbstaufmerksamkeit, in: Frey, D./Irle, M. (Hg.), Kognitive Theorien der Sozialpsychologie, 2. Aufl., Bern 1993, S. 155–173.

Windel, Peter A.: Über Privatrecht mit Verfassungsrang und Grundrechtwirkungen auf der Ebene einfachen Privatrechts, Der Staat 37 (1998), 385–410.

Winter, Regine: Deutliche Worte des EuGH im Grundrechtsbereich, NZA 2013, 473–478.

Wittke, Stefan: Minister Lies will mehr Sicherheit in allen Regionalzügen, Pressemitteilung der Landesnahverkehrsgesellschaft Niedersachsen (LNVG) Nr. 142/2016, v. 30.06.2016, abrufbar unter: http://www.lnvg.de/uploads/media/2016-06-30.pdf (abgerufen am 30.12.2016).

Wittmann, Philipp: Der Schutz der Privatsphäre vor staatlichen Überwachungsmaßnahmen durch die US-amerikanische Bundesverfassung: Eine Untersuchung unter besonderer Berücksichtigung des Schutzes der Privatsphäre in der Öffentlichkeit, zugl. Diss. jur. Freiburg, Baden-Baden 2014.

- Nobody Watches the Watchmen – Rechtliche Rahmenbedingungen und zunehmende Ausweitung der öffentlichen Videoüberwachung in den USA, ZaöRV 73 (2013), 373–426.

Wolff, Heinrich Amadeus/Brink, Stefan (Hg.): Beck'scher Online-Kommentar Datenschutzrecht, München Stand: 01.02.2013 (zit.: *Bearbeiter*, in: Wolff/Brink (Hg.), BeckOK DatenSR, 2016).

- Datenschutzrecht in Bund und Ländern, Grundlagen, Bereichsspezifischer Datenschutz, BDSG, Kommentar, 2013 (zit.: *Bearbeiter*, in: Wolff/Brink (Hg.), BDSG, 2013).

Wong, Yongkang/Chen, Shaokang/Mau, Sandra/Sanderson, Conrad/Lovell, Brian C.: Patch-based Probabilistic Image Quality Assessment for Face Selection and Improved Video-based Face Recognition, IEEE Conference on Computer Vision and Pattern Recognition Workshops (CVPRW) 2011, 74–81.

Würtenberger, Thomas: Abschlussbericht Mustererkennung und Video Tracking: sozialpsychologische, soziologische, ethische und rechtswissenschaftliche Analysen (MuViT), Teilprojekt Mustererkennung und Video

Tracking – rechtsvergleichende Perspektiven (MuVit-ReviP), Februar 2014, abrufbar unter: https://www.tib.eu/de/suchen/id/TIBKAT%3A817955216/Mustererkennung-und-Video-Tracking-sozialpsychologische/?tx_tibsearch_search%5Bsearchspace%5D =tn (abgerufen am 19.01.2017).

– Videoüberwachung in rechtsvergleichender Perspektive, in: Becker, Ulrich/Hatje Armin/Potacs, Michael/Wunderlich, Nina (Hg.), Verfassung und Verwaltung in Europa, Festschrift für Jürgen Schwarze zum 70. Geburtstag, Baden-Baden 2014, S. 453–474.

– Entwicklungslinien des Sicherheitsverfassungsrechts, in: Ruffert, Matthias (Hg.), Dynamik und Nachhaltigkeit des Öffentlichen Rechts, Festschrift für Meinhard Schröder zum 70. Geburtstag, Berlin 2012, S. 285–304.

– Verfassungsänderungen und Verfassungswandel des Grundgesetzes, Der Staat 2012, 287–305.

– /*Tanneberger, Steffen*: Gesellschaftliche Voraussetzungen und Folgen der Technisierung von Sicherheit, in: Winzer, Petra/Schnieder, Eckehard/Bach, Friedrich-Wilhelm (Hg.), acatech DISKUTIERT, Sicherheitsforschung – Chancen und Perspektiven, Berlin/Heidelberg 2010, S. 221–240.

– Verfassungsänderung und Verfassungswandel: Von der nationalen zu einer globalen Perspektive, in: Wahl, Reiner (Hg.), Verfassungsänderung, Verfassungswandel, Verfassungsinterpretation, Vorträge bei deutsch-japanischen Symposien in Tokyo 2004 und Freiburg 2005, Berlin 2008, S. 49–63.

– /*Heckmann, Dirk*: Polizeirecht in Baden-Württemberg, 6. Aufl., Heidelberg 2005.

Wybitul, Tim/Fladung, Armin: EU-Datenschutz-Grundverordnung – Überblick und arbeitsrechtliche Betrachtung des Entwurfs, BB 2012, 509–515.

– /*Rauer, Nils*: EU-Datenschutz-Grundverordnung und Beschäftigtendatenschutz. Was bedeuten die Regelungen für Unternehmen und Arbeitgeber in Deutschland?, ZD 2012, 160–198.

Zakariás, Kinga: Die Rechtsprechung des Bundesverfassungsgerichts zur Grundrechtswirkung im Privatrecht, Iustum Aequum Salutare 2009, 147–166.

Zippelius, Reinhold/Würtenberger, Thomas: Deutsches Staatsrecht. Ein Studienbuch, 32. Aufl., München 2008.

Zöller, Mark A.: Standpunkt: Neue Studie zur (Un-)Wirksamkeit der Videoüberwachung, NJW-Aktuell 2010, 10–12.